JN197369

音響聴覚心理学

大串健吾

Ohgushi Kengo

誠信書房

はじめに

音に関する心理学的研究の萌芽はギリシャ時代にすでに存在していた。ピタゴラスは紀元前 6 世紀に，弦の長さの比が 1：2，2：3，3：4 などの単純な整数比の場合にはその他の場合よりもはるかに快いハーモニーとなることを発見していた。その後，長い停滞を経て，19 世紀頃から音の科学的研究が急速に進展してきた。本書はそれらの研究成果の中から主として音の心理学的研究を中心に記述したものである。

音響心理学と聴覚心理学の違いは明確ではないが，音響心理学は音の物理量と心理量の対応関係を明らかにすることとそれを実生活に取り入れていくことに重点が置かれており，また聴覚心理学はどちらかといえば聴覚生理学とも関連が深く，聴覚の情報処理メカニズムを探求する方向に重点が置かれているように考えられる。本書では，聴覚生理学の基礎分野からオーディオなどの応用分野まで，できるだけ広い範囲を含めるように意図したので，音響聴覚心理学という題名にしている。

第 1 章は，本書で使われる物理的な基本事項の説明を行った。音圧，音圧レベル，感覚レベルなどの類似した用語を明確に理解し記憶することは後の章を読むために必要である。音響物理に関する入門書・専門書は多いので，ここでは最小限のことだけに止めた。

第 2 章は，聴覚の構造と機能について述べた。とくに耳の入口から内耳の聴神経の段階の生理実験データは聴覚心理学の実験データと関連が深く，聴覚の情報処理メカニズムを探求するためには必要な知識である。

第 3 章は，感覚・知覚心理学の基礎知識，心理測定と尺度構成，代表的な物理量の検知閾や弁別閾について簡単に述べた。入門書や専門書も多いので簡単な記載に止めている。

第 4 章では，聴覚系の周波数分析に密接に関連するマスキング現象および聴覚フィルタについてかなり詳しく述べ，またマスキングの応用である音響情報圧縮符号化にも触れている。

第 5 章から第 7 章までは，いわゆる音の 3 要素に関する記述である。第 5 章では音の大きさ（ラウドネス）の基本的なデータの説明から，騒音の評価法，テレビ音声のラウドネスメータへの応用などについて述べている。

第6章は，聴覚理論の中心的テーマであり研究の歴史も古い音の高さ（ピッチ）についての研究を概観している。この章の内容については，すでに『音のピッチ知覚』というタイトルで出版（コロナ社，2016）しているので，この章の詳細や西洋音楽との関連について関心のある方はそちらも参照していただきたい。

第7章では，音色知覚に関する基礎的な実験結果とともに，楽器音の音色，音の協和性，オーディオ機器に必要な周波数帯域やハイレゾリューションオーディオについても記述している。

第8章では，外界から到来するさまざまな音からどのようにして聴覚情景の分析が行われているのかについての研究を概観している。この章ではとくにトップダウン過程についての記述が多い。

第9章は，2つの耳があることによって可能となる方向知覚に関する諸問題やカクテルパーティ効果に関連する基礎的研究結果について述べている。

第10章は，高齢者の聴覚の問題に関する耳鼻咽喉科学，生理学，心理学等の分野の研究成果をまとめたものである。高齢になるとほとんどの人が程度の差はあれ，難聴になる。さまざまな観点から高齢者と若年者の聴覚を比較している。

第11章では，臨場感のある音響再生の基礎知識について述べ，また2チャンネルステレオからハイビジョンの音響方式への発展過程などについて記述している。

第12章ではコンサートホールの音響について述べている。コンサートホールの良さは音楽の質にまで大きく影響するので，演奏者にとっても聴衆にとっても極めて重要なトピックである。音楽を楽しむためにも必要な知識であると思われる。

本書が音響心理学あるいは聴覚心理学に関心のある学生や研究者の方々の参考になれば幸いである。

2019年4月

大串　健吾

目　次

第1章　音の物理的基本事項

第1節　音と音波

音（sound, tone）という用語は物理的な意味で用いられることもあり，また感覚的な意味で用いられることもある。概して sound は音全般を指すが，tone は純音や楽器音などの周期的な波形をもつ音について用いられる。

物理的には振動の波が空気，水，固体などの物質の中を伝わっていく状態を音波（sound wave）という。音波が伝わる物質を媒質という。本書では，媒質は窒素や酸素などの空気を構成する気体分子である。音波は媒質の中を一定の速度で進行するが，媒質の各部分はそれぞれの一定の場所を中心にして振動するだけで進行はしない。この振動のために媒質の密度が高い部分（密）と低い部分（疎）が生じ，疎密の場所が進行するのである。密の場所では大気圧（静圧）よりも圧力が高く，疎の場所では大気圧よりも圧力が低い。ある場所の圧力の大気圧からの時々刻々の変化分を瞬時音圧（instantaneous sound pressure）という。

音波の速度 $c\,(m/s)$ は，気温を摂氏 x 度とすれば，近似的には次のようになる。

$$c\,(m/s) = 331 + 0.6x \tag{1.1}$$

すなわち，摂氏 15 度では音速はほぼ毎秒 340 m となる。

瞬時音圧が正弦波状に変化している音はあらゆる音の中で最も単純で最も澄んだ音色をもつので，純音（pure tone）と呼ばれている。純音は周波数（frequency），振幅（amplitude）および位相（phase）の 3 つの変数によって表現される。ただし，位相は単に時間的なずれを示すだけである。周波数とは 1 秒間に繰り返される疎密状態の変化の回数で単位は Hz（ヘルツ），振幅は瞬時音圧の最大値（波高値）である。

純音の空間上のある場所の時刻 t における瞬時音圧 $P(t)$ は，振幅を A，周波数を f，位相を θ とすると次のように表現される。

$$P(t) = A \sin(2\pi ft + \theta) \tag{1.2}$$

正弦波は一定の周期（period）をもつ周期波形である。ここで純音の瞬時音圧波形を図形で表すと図 1-1 (a) のようになる。横軸は時間でこの場合の周期は 1/f となる。

一方，時刻を固定したときの各場所の瞬時音圧波形も図 1-1 (b) に示すように正弦波になる。この場合の横軸は場所，波形の 1 周期を音波の波長（wave length）という。また音速は波長に周波数を掛けた値になるから，波長 λ (m)

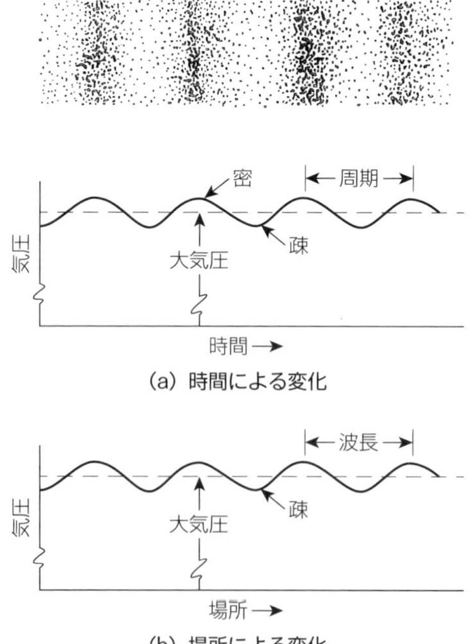

図 1-1　音圧が正弦波状に変化した場合の空気中の分子の分布状態を示す模式図

は次のようになる。

$$\lambda(m) = c/f \tag{1.3}$$

よって，摂氏 15 度の場合に純音の波長は，100 Hz で 3.4 m，1000 Hz 純音で 34 cm，10000 Hz 純音で 3.4 cm となる。波長は，両耳聴の知覚現象に大きく関わっている。

第 2 節　音圧と音圧レベル

図 1-1 (a) に示すように，瞬時音圧は時間と共に変化するが，瞬時音圧の 2 乗平均平方根である実効値（RMS：root mean square）が音圧（sound pressure）である。すなわち瞬時音圧を $P(t)$，波形の周期を T とすれば，音圧 p は次のように表される。

$$p = \sqrt{\frac{1}{T}\int_0^T P^2(t)\,dt} \tag{1.4}$$

ここで瞬時音圧の最大値を 1 とすれば，（実効）音圧の値は $1/\sqrt{2}$（＝0.707）となる。音圧の単位は Pa（パスカル）で，1 Pa は単位面積（＝1 m^2）あたり 1 N（ニュートン）の力が加わったときの大気圧からの変化分である。

音波が周期波形でない場合（騒音など）の音圧は，瞬時音圧を $P(t)$，対象とする時間を t_1 から t_2 までとすると，対象とする時間内の音圧 p は次のように表される。

$$p = \sqrt{\frac{1}{t_2 - t_1}\int_{t_1}^{t_2} P^2(t)\,dt} \tag{1.5}$$

ヒトの最小可聴音圧はおおよそ 20 μPa（20 マイクロパスカル＝2×10^{-5} Pa），最大可聴音圧（ここでは，強い不快感あるいは痛みを感じる音圧をいう）は 20 Pa である。大気圧は 1013 hPa（1013 ヘクトパスカル＝1.013×10^5 Pa）であるから，最大可聴音圧でも大気圧の 0.02％ の変動幅に過ぎない。

最大可聴音圧と最小可聴音圧の比は 10^6 という大きな値になるので，そのままの数字で音圧を表現すると直感的に分かり難く不便である。そこで問題にしている音圧 p と基準音圧 p_0 の音圧比の常用対数をとり，この値に 20 を掛けた値を音圧レベル（SPL：sound pressure level）と呼ぶ。すなわち，ある音の音圧レベル L_s は次のようになる。

$$L_s(\mathrm{dB}) = 20\log_{10}(p/p_0) \tag{1.6}$$

基準音圧は，1000 Hz のほぼ最小可聴値である 20 μPa と定められている。音圧レベルを用いると，最小可聴音圧が 0 dB，最大可聴音圧が 120 dB と圧縮され，さらに音の大きさの感覚量は物理量に対して大まかには対数的（フェヒナーの法則，第 2 章参照）に変化するので直感的に分かりやすい。

一方，聴く人の最小可聴音圧を基準音圧 p_0 として，式(1.6) にしたがって計算した音圧レベルを感覚レベル（SL：sensation level）という。当然のことながら，感覚レベルは音の種類によっても異なり，聴く人によっても変化する。

第 3 節　音の強さと音の強さのレベル

音圧と密接に関係のある物理量は，音の強さ（sound intensity）である。音の強さは，単位面積（＝1 m^2）を単位時間（＝1 s）に通過するエネルギーで，単位は W/m^2 である。音の強さ I は，空気の密度を ρ (kg/m^3)，音速を c (m/s) とすれば次のように近似的に表現できる。

$$I(\mathrm{W/m^2}) = p^2/\rho c \tag{1.7}$$

と音圧の 2 乗に比例する。ρc は媒質に固有な定数で，固有音響インピーダンスという。

ここで乾燥空気の密度 ρ は温度によって変化し，大気圧が 1 気圧で t°C のとき

$$\rho(\mathrm{kg/m^3}) = 1.293/(1 + t/273.15) \tag{1.8}$$

であるので，気温が 15°C の場合には，式(1.8) から ρ は 1.226 kg/m^3，式(1.1) から c は 340 m/s となるから，次のように表される。

$$I(\mathrm{W/m^2}) = 0.0024\,p^2 \tag{1.9}$$

なお湿度の影響はわずかである。式(1.9)のpに音圧レベルの基準値である20 μPa (＝2×10^{-5} μPa) を代入すると，次のようになる。

$$I\,(\mathrm{W/m^2}) = 0.0024 \times 4 \times 10^{-10} = 0.96 \times 10^{-12} \tag{1.10}$$

すなわち，音圧レベルの基準値に対応する音の強さは，小さな誤差を無視すれば，1 p W/m^2 (1ピコワット/m^2＝1×10^{-12} W/m^2) となる。

人間に聴こえる音の強さの範囲はおおよそ10^{-12} W/m^{2}から1 W/m^{2}までの10^{12}の広い範囲にわたっている（音圧は10^{6}の範囲）ので，対象となる音の強さのレベル（sound intensity level）L_iは，基準値I_0を1 p W/m^2 (＝10^{-12} W/m^2) とし，次式で表す。

$$L_\mathrm{i}\,(\mathrm{dB}) = 10 \log_{10}(I/I_0) \tag{1.11}$$

この場合の基準値I_0は1000 Hz純音に対する人間の最小可聴値に近い値になっている。

第4節　複合音の波形とそのスペクトル

日常生活でわれわれが耳にする純音はラジオの時報音であるが，その他の音は周波数の異なる複数個あるいは無限個の純音を含む複合音（complex tone, complex sound）である。

複合音のうち，弦楽器や管楽器などのような音楽的ピッチ（musical pitch）の明確な（つまり音階上に対応づけられる高さをもつ）楽器音や音声中の母音は，ほぼ周期的な波形をもっている。周期波形をもつ音の瞬時音圧は，次のように表される。

$$P(t) = \sum_{n=1}^{m} A_\mathrm{n} \sin(2\pi nft + \theta_\mathrm{n}) \tag{1.12}$$

ここで，mは倍音の最高次数である。このように周波数がf, $2f$, $3f$, ‥‥などの正弦波を合成した音を調波複合音（harmonic complex tone）と呼ぶ。この場合，fを基本周波数（fundamental frequency）と呼び，この成分を基本波，周波数が$2f$, $3f$, ‥‥などの成分を高調波（harmonic）という。また，基本波に対応する音を基音，第 n 高調波に対応する音を第 n 倍音という。基音と倍音のそれぞれを部分音（partial）あるいは成分（component）ともいう。

上式から，各倍音の位相 θ_n が異なれば波形 $P(t)$ が変化することがわかる。θ_n すべてが等しい角度（例えばすべて 0 ならば，SINE 位相という）ならば，波形のピーク値（最大値）は大きくなる。波形のピーク値を実効値で割った値をピークファクター（波高率）と呼ぶ。

ある複合音を構成する成分の振幅や位相を周波数の関数として表した図をスペクトル（spectrum）という。横軸に周波数，縦軸に各成分の振幅を示した図を振幅スペクトル，各成分の位相を示した図を位相スペクトル，各成分のパワーを示した図をパワースペクトルという。一般的には複合音の知覚に関しては，位相スペクトルは振幅スペクトルよりも影響力が弱いので，複合音の物理的性質として，振幅スペクトルあるいはパワースペクトルだけを表示する場合が多い。

式(1.2）と式(1.12）は，音波を音圧波形（瞬時音圧の時間的変化）として時間領域で表現したものであるが，スペクトルは周波数領域での表現である。時間領域での表現は周波数領域での表現に等価に置き換えられる。図 1-2(a）は上から順に，それぞれ 1000 Hz，2000 Hz，3000 Hz，4000 Hz の純音およびそれらを加え合わせた複合音の音圧波形を示したものである。図 1-2(b）はそれぞれの音圧波形の振幅スペクトルである。この場合の複合音の基本周波数は 1000 Hz であるが，音圧波形を見れば分かるように，周期は基本周波数の周期（＝1 ms）と同じである。

次に，例えば滝の音のように連続している雑音や花火の爆発音のように瞬間的な衝撃音（単発パルス音）は，音楽的高さが明確でない。このような複合音の波形は非周期的であって，連続的な無限個の周波数から合成されている（連続スペクトル）とみなすことができる。この場合には，基音や倍音は存在しない。つまり離散スペクトルではなく，連続スペクトルとなる。純音とは異なり可聴範囲のあらゆる周波数成分を等しい強さで含み，それらの位相がランダムであるような音を，白色雑音あるいはホワイトノイズ（white noise）という。白色雑音のパワースペクトルは平坦な連続スペクトルとなっており，波形は不規則的である。白色という名前の由来は，白色光が可視光線のあらゆる波長の成

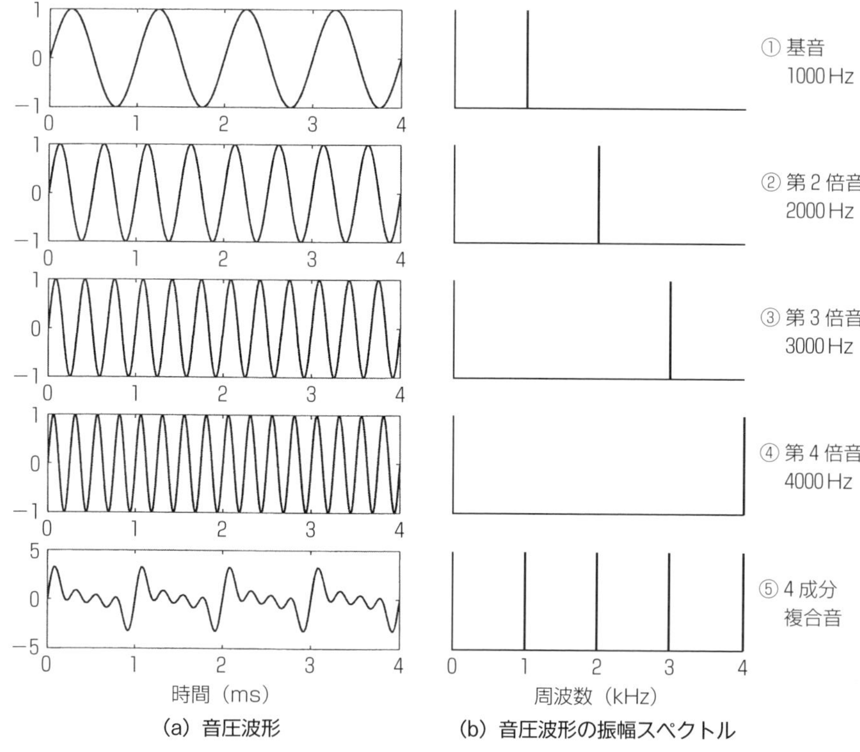

図 1-2　基音，倍音，4 成分複合音の音圧波形とスペクトル

分を均等に含んでいることからきている。日常生活の中で体験する騒音のパワーは，概して高い周波数になると弱くなり，パワースペクトルは右下がりになる傾向がある。周波数が２倍になるとパワーが 1/2（−3 dB）に減衰するような雑音をピンクノイズ（pink noise）と呼ぶ。周波数の高い方のパワーが減衰しているということは，可視光線にたとえると白色光のうち相対的に周波数の低い赤い光の成分が強くなるので，ピンクノイズと呼んでいる。

第5節　2成分複合音

複合音のうち最も単純なものは2つの純音から成る2成分複合音であろう。2成分複合音は，それらの周波数の遠近関係によって，うなり（beat）やラフネス（roughness）などの知覚現象に直接結びつく。

振幅が等しく周波数（f_1, f_2；$f_1 > f_2$）の異なる2つの純音を加算した複合音 $y(t)$ は，次のようになる。

$$y(t) = \sin(2\pi f_1 t) + \sin(2\pi f_2 t) = 2\cos[\pi(f_1 - f_2)t]\sin[\pi(f_1 + f_2)t] \tag{1.13}$$

図1-3に，上から100 Hz純音，104 Hz純音およびそれらを加算した音である2成分複合音の波形の例（0.5秒間）を示す。この図では，102 Hz［$(f_1+f_2)/2$］純音が周波数差（f_1-f_2）に対応して1秒間に4回だけ振幅の変化を繰り返すことが示されている。つまりこの2成分複合音は1秒間に4回音の大きさが変化して知覚される。周波数差（f_1-f_2）が大きくなると，音の大きさの変動は知覚されなくなり，音の粗さ（ラフネス）が感じられるようになる。ラフネスは音の協和性に大きく影響する。この問題については第7章で述べる。

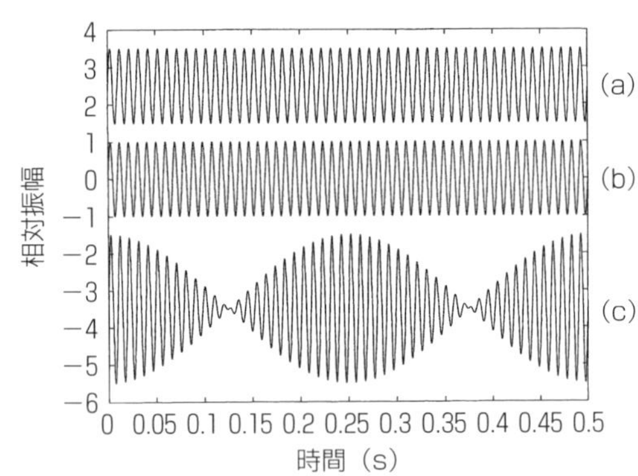

(a) 100 Hz純音，(b) 104 Hz純音，(c) 2成分複合音

図1-3　純音と2成分複合音の音圧波形

第6節　振幅変調音と周波数変調音

ここで音響心理学の実験にしばしば使用される振幅変調音（AM音：amplitude-modulated tone）および周波数変調音（FM 音：frequency-modulated tone）について述べる。

AM 音は時間とともに音刺激の振幅が規則的に変化する複合音である。とくに周波数がf_cの純音を周波数f_mの純音（$f_c > f_m$）で振幅変調した AM 音 $y_{am}(t)$ は，次のようになる。

$$\begin{aligned} y_{am}(t) &= [1 + m\sin(2\pi f_m t)]\sin(2\pi f_c t) \\ &= (m/2)\cos[2\pi(f_c - f_m)t] + \sin(2\pi f_c t) \\ &\quad - (m/2)\cos[2\pi(f_c + f_m)t] \end{aligned} \tag{1.14}$$

よって AM 音 $y_{am}(t)$ は 3 周波成分から成る複合音である。ここで m は変調度で，通常 0 から 1（0～100％）までの値をとる。f_cを搬送波（キャリア）周波数，f_mを変調周波数と呼び，f_c+f_mを上側帯波周波数，f_c-f_mを下側帯波周波数という。図 1-4 の波形は，搬送波周波数が 2000 Hz，変調周波数が 400 Hz で，100％変調の場合の，上から搬送波，変調波および AM 変調音の波形を示す。包絡線（envelope）の周期は（1/400）秒（＝2.5 ms）で，変調波と同じである。

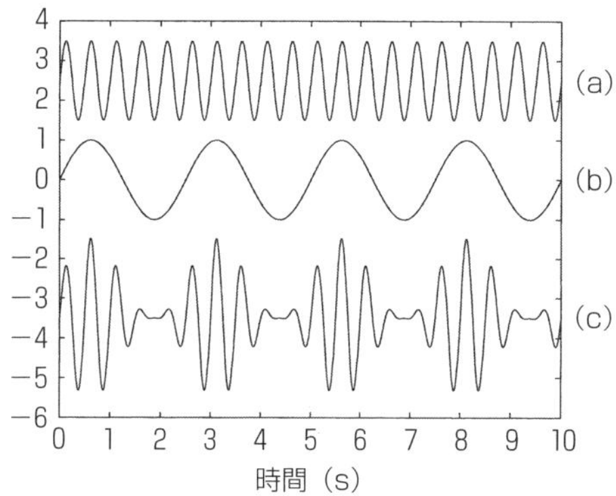

(a) 搬送波（2000 Hz），(b) 変調波（400 Hz），(c) 振幅変調波

図 1-4　振幅変調音の音圧波形

一方，FM 音は，波形の振幅は一定で瞬時周波数が時間と共に変化する複合音をいう。とくに周波数がf_cの純音を周波数f_mの純音（$f_c > f_m$）で周波数変調した FM 音 $y_{fm}(t)$ は次のように表される。

$$y_{fm}(t) = \sin[2\pi f_c t + m_f \sin(2\pi f_m t)] \tag{1.15}$$

ここで m_f は変調指数で，最大周波数偏移幅 Δf を変調周波数 f_m で割った値になる。すなわち，次のようになる。

$$m_f = \Delta f / f_m \tag{1.16}$$

図 1‒5 は，$f_c = 2000\,\text{Hz}$，$f_m = 400\,\text{Hz}$，$\Delta f = 1000\,\text{Hz}$，$m_f = 2.5$ の場合の FM 音の波形例を示す。FM 音の振幅は一定であるが，瞬時周波数が時々刻々，変調周波数周期で変化していることが示されている。

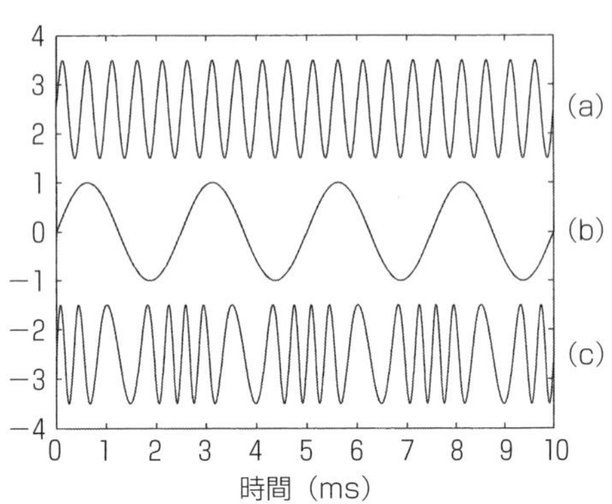

(a) 搬送波（2000 Hz），(b) 変調波（400 Hz），(c) 周波数変調波

図 1‒5　周波数変調音の音圧波形

上述の AM 音では搬送波の上下に 1 個ずつの側帯波があるが，FM 音では搬送波の両側に無数の側帯波が存在しスペクトルは広がっている。しかしスペクトルの広がりは変調指数 m_f によって大きく異なる。m_f が 0.5 以下になると，次のように近似することができる。

$$\begin{aligned} y_{fm}(t) &= \sin[(2\pi f_c t) + m_f \sin(2\pi f_m t)] \\ &= -J_1(m_f)\sin[2\pi(f_c - f_m)t] + J_0(m_f)\sin(2\pi f_c t) \\ &\quad + J_1(m_f)\sin[2\pi(f_c + f_m)t] \end{aligned} \tag{1.17}$$

ここで，$J_0(m_f)$ と $J_1(m_f)$ は第 1 種ベッセル関数で，$m_f < 0.5$ ならば，$J_0(m_f)$ は 0.94～1.0，$J_1(m_f)$ は 0.24 以下である。この式は式 (1.14) の AM 音に類似した形となっている。

第 7 節　フィルタ

音を扱う心理実験において，刺激音の特定の周波数成分を除去する必要の生じる場合がしばしばある。例えば調波複合音から基音を除去すると音の高さや音色がどのように変化するかを調べるような場合である。フィルタ（filter）はこのような場合に使用する装置で，周波数によって周波数成分を通過させる割合を変化させるものである。

代表的なフィルタとしては次の 4 種類があげられる。

（1）低域（通過）フィルタ（LPF：low-pass filter）

周波数が遮断周波数あるいはカットオフ周波数（cut-off frequency）以下を通過帯域とし，それ以上の周波数を減衰帯域とするフィルタである。遮断周波数は，平坦な通過帯域に比較してパワーが 1/2（−3 dB）となる周波数である。つまり，フィルタを通過するパワーと減衰するパワーが等しくなる周波数である。遮断周波数からの減衰特性（勾配）は，1 オクターブ毎に何 dB 減衰するかを，例えば，12 dB/octave（あるいは 12 dB/oct.）というような形で表現する。

（2）高域（通過）フィルタ（HPF：high-pass filter）

遮断周波数以上を通過帯域とし，それ以下の周波数を減衰帯域とするフィルタである。

（3）帯域（通過）フィルタ（BPF：band-pass filter）

2 つの遮断周波数があり，その間を通過帯域とし，それ以外を減衰帯域とするフィルタである。2 つの遮断周波数の比で表した値を帯域幅（bandwidth）という。帯域幅は通常，1/3 オクターブなどと，オクターブ単位で表現する。

（4）帯域阻止フィルタ（BSF：band-stop filter）

帯域通過フィルタの逆で，2 つの遮断周波数の間を減衰帯域，それ以外を通過帯域とするフィルタである。

第2章　聴覚系の構造と機能

第1節　聴覚系の構成

聴覚系は聴覚器官と聴覚神経系および大脳の聴覚皮質から成り立っている。聴覚器官は図 2-1 に示すように，外界からの音波を導き入れるための耳介と外耳道，空気振動である音波を鼓膜の振動に変換しさらに３つの小さい骨の振動に変換して前庭窓まで伝送する中耳，前庭窓の振動を電気信号に変換する蝸牛から成り立っている。

聴覚神経系は，内耳から発した聴神経からいくつかのシナプスを経て聴覚皮質に至るまでの神経経路である。図 2-2 に聴神経から蝸牛神経核，上オリーブ

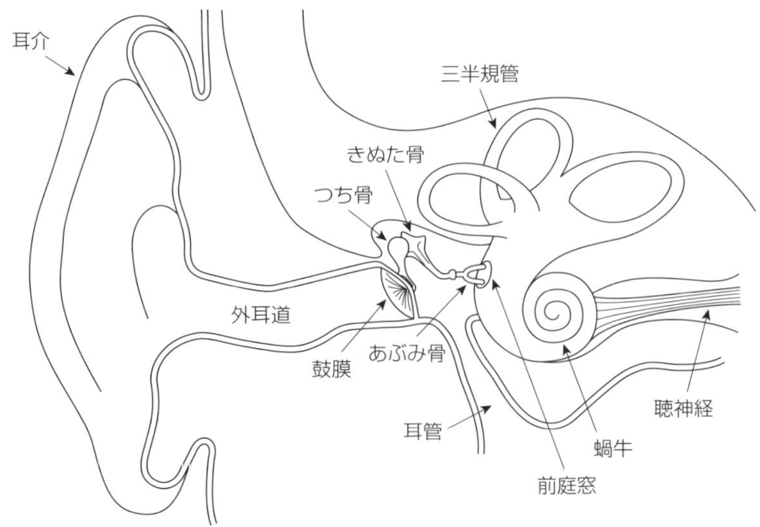

図 2-1　聴覚器官の模式図

複合体，外側毛帯，下丘，内側膝状体を経て聴覚皮質までの求心性（上行性）神経経路の主要部分のみを模式的に示している。まず聴神経の出力は同側の蝸牛神経核に入る。蝸牛神経核は３つの部分核から成っている。神経核とはニューロンの集まっている部位である。

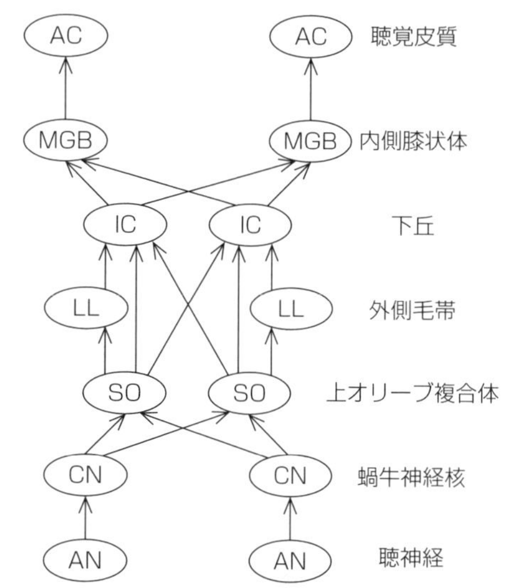

図２-２　聴神経から大脳皮質までの求心性神経経路を簡易化した模式図

また上オリーブ複合体，外側毛帯，下丘，内側膝状体もそれぞれ３つ以上の核から成っている。蝸牛神経核からは同側だけでなく，反対側の上オリーブ複合体にも入っている。第３次ニューロンである上オリーブ複合体においてはじめて，音の方向知覚などに必要な左右耳からの情報が出合うことになる。聴覚皮質は大脳の中で主として聴覚を司る部分である。なおこの図には示していないが，聴覚皮質から発していくつかのシナプスを介して蝸牛に至る遠心性経路も存在する。生理実験については，多くの動物を使っているが，ここではヒトに近いであろうと思われる哺乳動物の実験データについて述べる。

第２節　外耳

外耳（external ear）は，耳介（pinna）と外耳道（external auditory canal）から成り，外界の音波を鼓膜（tympanic membrane, ear drum）まで導く役目をしている。耳介は空気中を伝搬してきた音波を集め外耳道に導くが，音源の前後方向や上下方向の認知にも寄与している。

外耳道はほぼ直径 7 mm，長さ 25 mm，容積は 1 cm^2 で，近似的には片方が閉じている閉管とみなすことができる。閉管では，管の長さが音の波長（＝音速/周波数）の 1/4，3/4，5/4，・・・・倍のときに共振（＝共鳴）する。したがって，外耳道の共振周波数 f_r は，管の長さを l，音速を c とすれば，次のようになる。

$$f_r = nc/4l \qquad (n = 1,\ 3,\ 5,\ \cdots\cdots)$$

$c = 340$ (m)，$l = 25 \times 10^{-3}$ (m)，$n = 1$ を代入すると，共振周波数 f_r は 3400 Hz となる。その 3 倍，5 倍等の周波数も共振周波数となる。

ヒトの外耳道入口から鼓膜前面までの音圧増幅度の周波数特性の測定結果（Wiener & Ross, 1946；山口・壽司，1956）によると，音圧は 3～4 kHz の周波数範囲で 10 dB ほど増大している。この結果は上の計算結果によく対応している。

第 3 節　中耳

中耳（middle ear）は鼓膜とその奥の鼓室および 3 つの耳小骨（ossicles），すなわち，つち骨（malleus），きぬた骨（incus），あぶみ骨（stapes）から成っており，鼓膜の振動を前庭窓（oval window）に伝えている。前庭窓はリンパ液に接しているので，これを振動させるためには空気中の鼓膜を振動させるよりもはるかに強い力が必要になる。鼓膜の振動面の面積は約 0.55 cm^2，前庭窓の面積は約 0.032 cm^2 なので，約 17 倍（0.55÷0.032）の強さの改善になっている。また，つち骨とあぶみ骨の長さの違いなども含めると，中耳全体ではほぼ 100 倍の強さの改善を行っている。また鼓室は耳管という細い管で鼻の奥とつながっている。これは鼓室内の気圧を大気圧と等しくし，鼓膜を正常な位置に保ち，振動しやすくするために必要である。

ヒトの中耳の周波数特性，つまり外耳道の鼓膜直前における音圧を蝸牛の前庭窓にかかる音圧に変換する際の増幅度の周波数特性が 11 人について測定されている（Aibara et al., 2001）。その結果によれば，平均的には 1.2 kHz で 23.5 dB の増幅度があり，それより周波数が高くても低くても増幅度は 1 オクターブにつきほぼ 6 dB の割合で低下している。

第4節　蝸牛

1.　蝸牛の構造

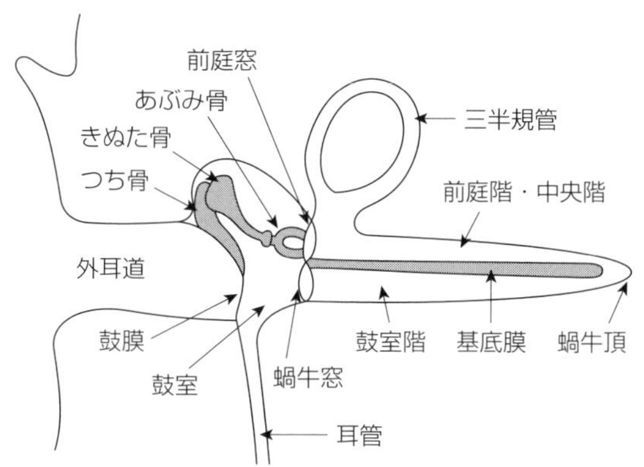

図2-3　蝸牛を引き伸ばして示した模式図

内耳（inner ear）は，三半規官（semicircular canal），前庭（vestibule）および蝸牛（cochlea）より成るが，聴覚情報処理に最も関連の深いのは蝸牛である。蝸牛は図2-1に示すとおり薄い骨でできた管がカタツムリのように2回と3/4回転だけ巻いた形をしており，先端の方に行くほど細くなっている。図2-3は蝸牛を引き延ばした形として示した模式図である。蝸牛には，あぶみ骨から振動を受け取る前庭窓（または卵円窓）と圧力の抜け口である蝸牛窓（または正円窓，round window）がある。蝸牛頂（apex）には基底膜の上下階を連絡する小さな蝸牛孔（helicotrema）があいている。

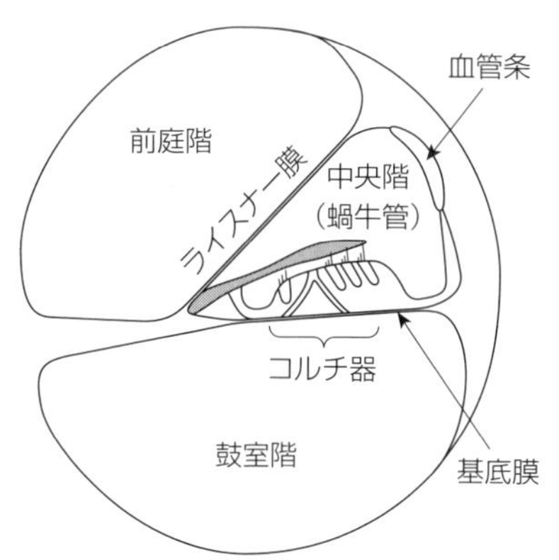

図2-4　蝸牛の断面の模式図

蝸牛は，図 2-4 の断面図に示すように，ライスナー膜（Reissner's membrane）と基底膜（basilar membrane）によって 3 つの階，すなわち前庭階（scala vestibuli），中央階（scala media），鼓室階（scala tympani）に分けられている。中央階は蝸牛管（cochlear duct）ともいう。前庭階と鼓室階はそれぞれ外リンパ液（perilymph）で，中央階は内リンパ液（endolymph）で満たされている。外リンパ液と内リンパ液はイオン組成が異なり，外リンパ液の電位は 0～ +7 mV であるが，内リンパ液はカリウムイオン K^+ を豊富に含み，電位は+80 mV と高い。ライスナー膜は非常に薄いので，機械的な振動には影響を与えずに，内リンパ液と外リンパ液を分ける役目をしている。

2. 基底膜

A. ベケシーの観測

基底膜は，長さが約 35 mm でその幅は前庭窓に近い基底側では狭く，また硬くて共振周波数が高い。先端（蝸牛頂）に近づくほど幅は広くなり，また軟らかくなるので共振周波数は低くなっている。

ベケシー（Békésy, 1947；1949；1960）はヒトの死体を用いて基底膜の振動特性を測定した。彼はさまざまな周波数の正弦波であぶみ骨を振動させ，基底膜の振幅や位相特性を調べた。当然のことながら，後に知られるようになった外有毛細胞の基底膜振動に及ぼす影響は含まれていない。

音波があぶみ骨を振動させ，前庭窓が振動しはじめると，基底膜をはさんで圧力差が生じ，この圧力差は基底膜を振動させ，その振動は進行波（travelling wave）となって蝸牛頂側に伝わって行く。200 Hz の正弦波に対する進行波の進行の様子を図 2-5 に示す。横軸は基底膜のあぶみ骨からの距離，縦軸は波の振幅を表している。2 つの実線は位相が $\pi/2$（1/4 周期）だけ離れた場合の進行波の瞬時波形

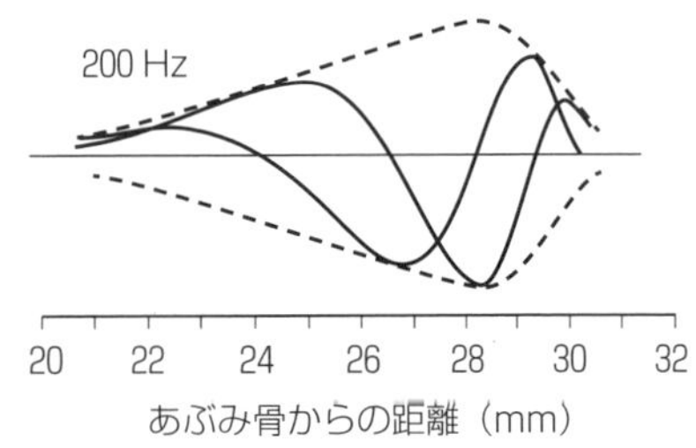

図 2-5 基底膜上の進行波とその包絡線
（Békésy, 1947）

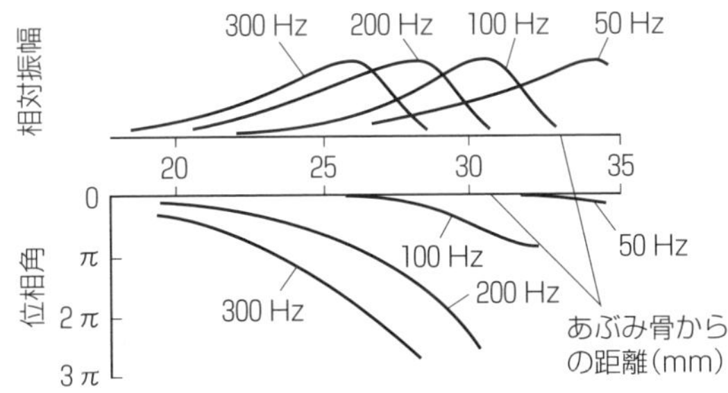

図 2-6　4 つの正弦波刺激に対する基底膜の振動の包絡線と位相角（Békésy, 1947）

（Békésy, 1947）である。また破線は振動の包絡線を示す。

ここで横軸にあぶみ骨からの距離をとり，いくつかの周波数に対する振幅と位相角を観測した結果を図 2-6 に示す（Békésy, 1947）。高い周波数では振幅包絡線のピークはあぶみ骨側に寄り，周波数が低くなるとピークは蝸牛頂側に移動する。この事実は，基底膜において音の周波数の情報が場所という情報に置き換えられていることを示している。

一方，図 2-7 は，あぶみ骨を一定の振幅でさまざまな周波数の正弦波で振動させた場合のあぶみ骨からそれぞれ 13，17，20，24，28，31 mm の 6 つの場所での基底膜の振幅の周波数特性を示している（Békésy，1949）。図の横軸は正弦波の周波数，縦軸は各測定場所における振動振幅で，基底膜の場所と周波数の対応関係を示している。

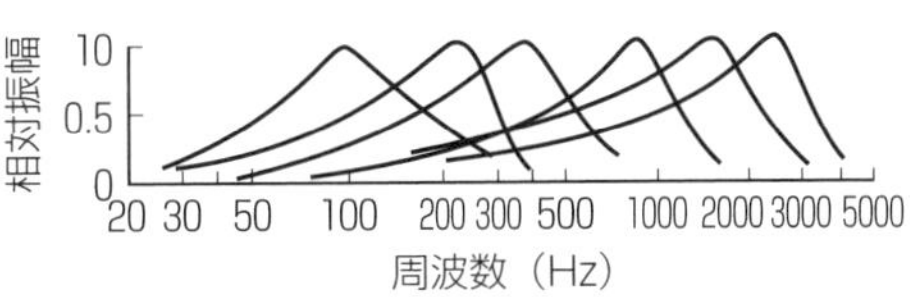

図 2-7　基底膜の 6 つの場所における振動振幅の周波数特性（Békésy, 1949）

なお, ベケシーはこれらの独創的研究によって 1961 年にノーベル生理学・医学賞を受賞した。

B. 基底膜の非線形特性

その後，ジョンストンら（Johnstone et al., 1970）がメスバウアー（Mössbauer）法という新しい方法でモルモットの基底膜の振動を生きたままで測定することに成功した。彼はあぶみ骨から約 2mm の場所における振幅周波数特性（共振曲線）を音刺激周波数を変化させて測定した。その結果，共振周波数は 18kHz で，高域のカットオフ特性は 95dB/oct. と鋭く，低域は 12dB/oct. で緩やかであった。一方ベケシーの観測では，高域特性が 20dB/oct. で低域特性が 6dB/oct. なので，生きたモルモットからの観測値の方がはるかに鋭い形をしていることが見出された。ただし両実験における刺激音圧の違いや測定した基底膜の場所の違いなどがあるので，同じ条件での厳密な比較ではない。

次いで，ローディー（Rhode, 1971）は同じくメスバウアー法を用いて生きたままのリスザルの基底膜基部の振幅周波数特性を調べた。この実験における画期的に重要な発見は，基底膜が非線形特性を示すことである。図 2-8 は音圧レベルが 70～90dB の場合の基底膜の共振曲線を示す。音圧が低くなるほど共振曲線の鋭さは共振周波数（ほぼ 7kHz）近くの 6～9kHz の範囲内では大きくなっており，明確に圧縮性の非線形性を示している。ただしその外側の周波数では線形特性を示した。

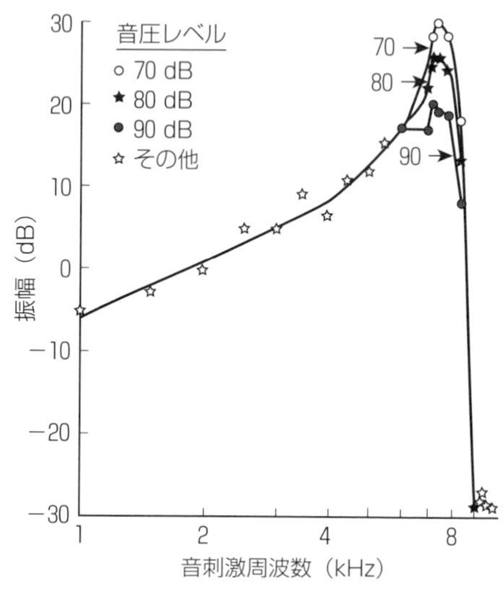

図 2-8　メスバウアー法による基底膜（リスザル）の共振曲線（Rhode, 1971）

さらにルゲロら（Ruggero et al., 1997）は，生きているチンチラ（リスに似た小動物）を使い，レーザー分光法という新しい手法で実験を行った。基底膜の基底側から 3.5mm の場所のさまざまな音圧レベルの純音刺激に対する反応を測定した。実験結果の 1 例を図 2-9 に示す。横軸は刺激音の周波数，縦軸は単位音圧で基準化した振動速度（ゲイン）で，パラメータは刺激音の音圧レベルである。下方の太線はあぶみ骨のゲインを示す。音圧が低いときにはゲインが大きく，共振曲線が鋭くなり，音圧が上昇するに従って共振曲線の鋭さが減少

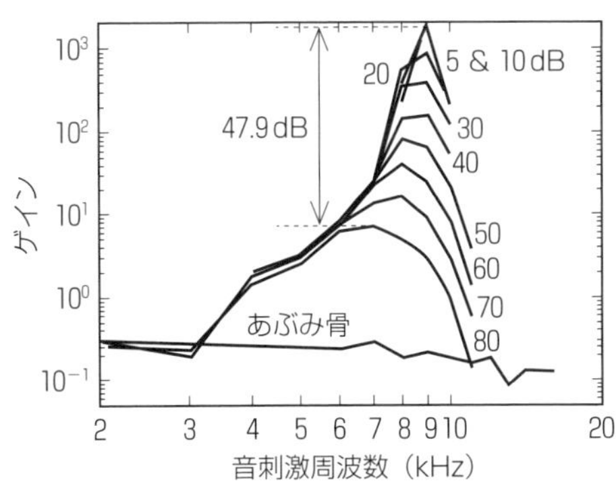

図 2-9　レーザー分光法による基底膜（チンチラ）の共振曲線（Ruggero et al., 1997）

しており，共振周波数の付近では，圧縮性の非線形性が明確に見られる。このデータは図 2-8 のローディーによる基底膜の非線形性の結果を広い音圧レベルの範囲（5～80 dB）で確認したものといえよう。また音圧レベルが 5 dB と 80 dB の場合のピークゲインの差は 47.9 dB もある。さらにここで特記すべきことは，基底膜の特定の場所の最大振動周波数が音圧レベルによって変化することである。図 2-9 では，音圧レベルが 5 dB のときは 9 kHz の純音刺激の場合に最大振動であったが，80 dB では 7 kHz の刺激に対して最大の振動をすることが示されている。

生きたままの哺乳動物を対象にした上述の測定結果は，ベケシーの測定結果(図 2-7)から予想されるよりもはるかに鋭い共振特性や非線形特性を示しており，このことは基底膜が単なる受動素子として振る舞うのではなく，蝸牛の中の能動的プロセスが影響を与えていることを示唆するものである。この能動プロセスには外有毛細胞が関わっており，これについては後述する。

メスバウアー法やレーザー分光法は解剖学的な制約から基底膜の基部に近い 1 つの場所について観測するものであるが，それに対してベケシーのデータは，音圧が低い場合に対応する小振幅のあぶみ骨振動に対する観測はしていないが，いくつかの周波数に対して基底膜の振動パターンの場所による変化についても測定（図 2-6）を行っており，現在でも極めて貴重なものである。

3.　有毛細胞

A.　有毛細胞の種類とコルチ器上の配置

図 2-10 に示すように，基底膜，内有毛細胞，外有毛細胞，支持細胞，聴神経の神経端末などを含む部分をコルチ器（organ of Corti）という。また，コルチ

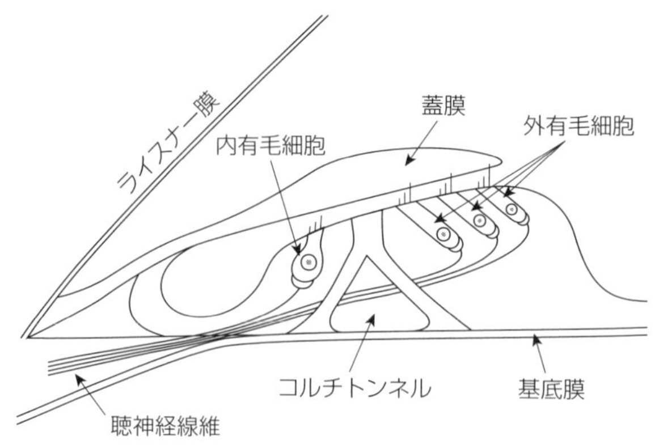

図 2-10　コルチ器の模式図

器の上部には蓋膜（tectorial membrane）が蓋のように有毛細胞を覆っている。内有毛細胞（IHC：inner hair cell）は，基底膜の長軸方向へ 1 列に並んでおり，外有毛細胞（OHC：outer hair cell）は 3 列に並んでいる。これらをあわせて有毛細胞（hair cell）という。ヒトの場合は片耳だけで，内有毛細胞の数はほぼ 3500 個，外有毛細胞の数はほぼ 12000 個である。

B．有毛細胞の構造

有毛細胞の頂部には不動毛（stereocilia）と呼ばれる硬い毛の列がある。内有毛細胞は 1 個につき約 40～60 本の不動毛を持ち，不動毛は蓋膜には接していない。一方，外有毛細胞は 1 個につき約 100～150 本の不動毛を持ち，不動毛の先端部は蓋膜に食い込んでいる。内有毛細胞の細胞内静止電位は約 −45 mV，外有毛細胞の細胞内静止電位は約 −70 mV である。

C．有毛細胞の動作

図 2-11 に単一の有毛細胞の模式図を示す。基底膜が振動し蓋膜の方向へ動いたときに，内有毛細胞の上部の不動毛はリンパ液の流れに従い，根元が曲がり傾きが変わる。また外有毛細胞の不動毛は蓋膜に食い込んでいるので，同様に不動毛の根元が曲がり傾きが変わる。不動毛はそれぞれ長さが異なり，ほぼ 3 列で長さの順に並んでいるが，図 2-11 において基底膜が上方に振れたときに

長い不動毛の方向（右方向）に不動毛全体が傾く。

短い不動毛は図 2-11 のように長い不動毛と糸（tip links）で結ばれており，最も長い不動毛が右方向に動くと他の不動毛は糸に引っ張られれる。その結果，不動毛の先端部付近にあるイオンチャンネルが開き，中央階の中に高濃度で含まれているカリウムイオン（K^+）が細胞内に流入し，低かった細胞内電位を上昇（脱分極）させる。細胞内電位が上昇すると，図 2-11 の有毛細胞下部にある聴神経との間のシナプスに化学物質を放出し聴神経の興奮性シナプス後電位（EPSP：excitatory postsynaptic potential）を高める。EPSP が発火の閾値を越えると聴神経は神経インパルスを放出する。

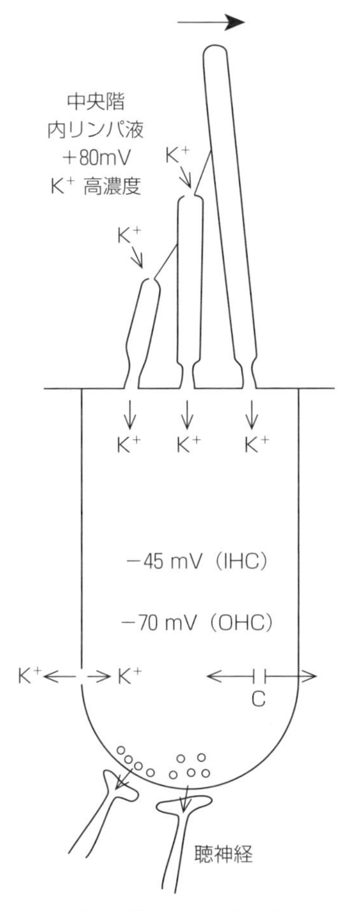

図 2-11　単一有毛細胞の模式図

また不動毛が短い方向へ傾くと，イオンチャンネルが閉じる方向に変化し，細胞内電位は低下（過分極）する。イオンチャンネルの開閉は音の周波数が高くなると追従しにくくなる。純音刺激（100～5000 Hz）に対するモルモットの内有毛細胞の細胞内電位変動を観測した結果（Palmer & Russel, 1986）によれば，音波と同じ周波数の交流成分と直流成分が混合している。低い周波数では交流成分が大きく，直流成分は小さい。また周波数の上昇とともに交流成分は小さくなり，直流成分が大きくなっている。この理由は，周波数が高くなると不動毛の傾きの変化が基底膜の振動の速さに追随することが困難になり，それに従ってイオンチャンネルの開閉が追いつかなくなるからである。このことは，有毛細胞の膜はキャパシタンス性（コンデンサのような容量性）の特性をもつので，高い周波数成分に対してはインピーダンスが小さくなり，高い周波数の交流分に対しては短絡的に働くことを示している。

D．カリウムイオンの循環

内リンパ液に高濃度にあるカリウムイオンは有毛細胞から，鼓室階の外リンパ液中に移動し，さらに血管条（stria vascularis）に移動する。またカリウムイオンは血管条からは中央階に供給され，循環的に移動している。血管条は基底膜を横断する蝸牛内電位（endocochlear potential）を設定する。

E．外有毛細胞の可動性

音の情報は，主として内有毛細胞からシナプスを介してインパルス列の形で聴神経へ伝達される。外有毛細胞からもシナプスを介して聴神経に接続されているが，その経路の機能はよく分かっていない。

さらに重要なことは，音刺激や電気刺激に対して外有毛細胞の長さは最大で4～5％も短くなったり長くなったりすることである。基底膜が上方向に振れたときに短くなるので，基底膜はさらに上方へ引っ張られてより大きく振れ，基底膜が下方向に振れたときには長くなり，さらに下方へ動くことになる。つまり外有毛細胞は基底膜の振動を増幅する作用がある。この外有毛細胞の可動性が，音刺激が小さいときの基底膜の振動を増幅する源となっていると考えられている（Ashmore, 1987）。

F．耳音響放射

蝸牛は音波を電気信号に変換して聴神経に伝える働きをするが，逆に音を外耳道内に放射するという現象が知られている（Kemp, 1978）。この現象は耳音響放射（OAE：otoacoustic emission）と呼ばれ，外耳道に小型マイクロホンを挿入してその波形を観測することができる。OAEは，外有毛細胞の伸縮により生じた基底膜の振動が逆に中耳から鼓膜に伝わり，外耳道に音が放射されることによって生じると考えられている。

第５節　聴神経

1.　聴神経の構造と機能

聴神経（auditory nerve）の数はヒトの場合は片耳約 30,000 本と推定されているが，聴神経のほぼ 90〜95％は双極細胞で，細胞体の入力側，出力側両方に線維が伸びており，これらはⅠ型細胞と呼ばれている。これらの細胞の入力側は枝分かれしていないので，それぞれ一つの内有毛細胞のみにシナプスを介して接続している。一方，内有毛細胞の数は約 3,500 個で１個の内有毛細胞はその下部で数本から約 20 本の聴神経にシナプス接続している。音のほとんどの情報は内有毛細胞から聴神経を経て中枢に伝達されていると考えられている。残りの約５〜10％の細胞はⅡ型細胞と呼ばれている単極細胞で，６〜100 個の外有毛細胞とシナプス接続している（Slepecky, 1996）。しかしⅡ型細胞の働きについてはよく分かっておらず，以下の記述はⅠ型細胞に関するものである。

2.　聴神経のインパルス発生

有毛細胞は脱分極により，有毛細胞の下部から聴神経端末との間のシナプス間隙（synaptic cleft）に化学伝達物質を放出する。この化学伝達物質を受け取った聴神経の端末部分の細胞内電位が発火の閾値を越すと，電気的な神経インパルス（nerve impulse）を発生する。この場合，基底膜の振動が大きいほど，有毛細胞への陽イオンの流入量は大きくなり，化学伝達物質の放出も多くなり，聴神経の発生するインパルス数も多くなる傾向がある。神経インパルスの発生を放電（discharge）あるいは発火（emission）ともいう。

生理実験によって聴神経線維の近傍に微小電極を挿入して単一神経線維の音刺激に対する反応を記録することができる。図 2-12 は純音刺激

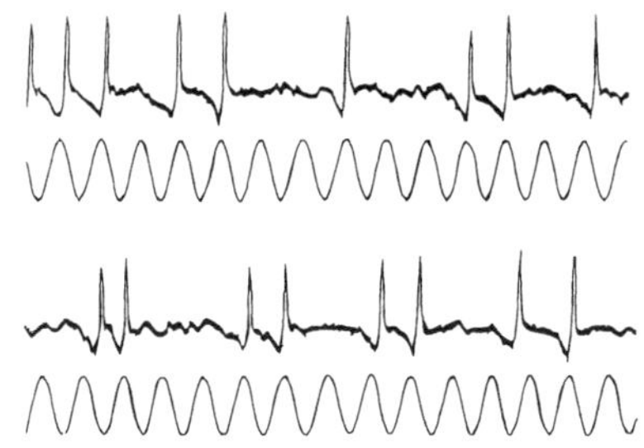

図 2-12　純音刺激に対する単一聴神経の発火時間パターンの例

(Evans, 1989)

に対する反応の例（Evans, 1989）で，極めて短い持続時間（1 ms 以下）をもつインパルスの列である。この図は純音波形に対して神経インパルスが波形のピーク付近で発生している模様を示している。神経インパルスの発火が波形に対応しているのは，内有毛細胞の細胞内電位の変動が波形に同期していることに対応している。ただし，聴神経の場合は，波形のピークすべてに対応して発火するのではなく，ピークに対して発火しないこともある。多くの聴神経は，音刺激が存在しないときにも，自発的にインパルスを発生している。これを自発性放電（spontaneous discharge）と呼ぶ。自発性放電の頻度は各聴神経によって異なる。なお，神経インパルスをスパイク（spike）と呼ぶこともある。

3. 同調曲線と 2 音抑制

多くの生理実験によって純音に対する耳から各部位の単一神経細胞までの周波数特性（通常は発火閾値曲線で表される）が調べられている（Katsuki et al., 1962；Sachs & Kiang, 1968；Arthur et al., 1971）。概して低周波側の勾配がゆるやかなV字形をしている。勾配の非対称性は基底膜の振動パターンの非対称性が起源となっている。1 例としてネコを使ったアーサーらの結果を図 2–13 に示す。横軸は音刺激（純音）の周波数，縦軸は音圧レベルである。○印を接続した曲線を同調曲線（tuning curve），同調曲線で囲まれた領域を応答野（response area, excitatory area）と呼ぶ。聴神経の最も発火閾値（threshold）の低い周波数（この図では 8 kHz）を特徴周波数（CF：characteristic frequency）あるいは最良周波数（BF：best frequency）という。こ

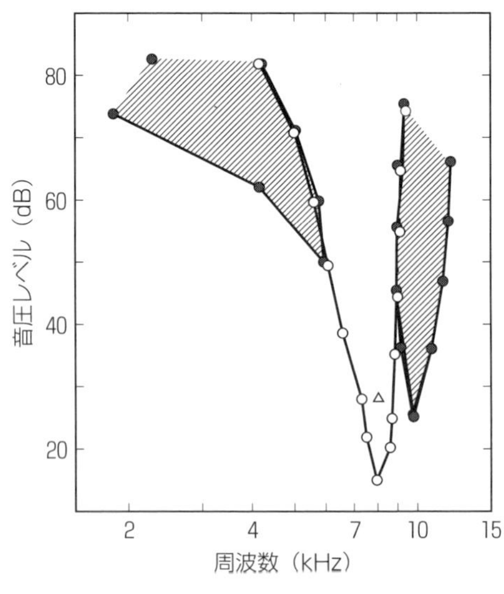

図 2–13　聴神経（ネコ）の応答野とプローブ音（△印）に対する抑制野

（Arthur, 1971）

の聴神経は応答野の範囲にある純音に対して神経インパルスを発生する。聴神経によって閾値の高いものから低いものまでさまざまである。

応答野内の1つの純音（図2-13の△印：プローブ音という）を与えると，この聴神経は応答するが，新たに応答野の外側の音を第2音として与えると聴神経の応答は抑制されることがある。このように第1音に対する応答を完全に抑制する第2音の範囲を抑制野（inhibitory area）という。一般に抑制野は図2-13に斜線で示されるように，応答野の両側に，応答野と一部分重複して存在することが観測されている。なお，聴神経のレベルでは神経線維相互間の抑制結合は存在しないので，抑制（inhibition）という用語を使わず抑圧（suppression）という場合もあるが，ここでは原論文通り抑制という表現にした。

4.　音圧レベルと発火インパルス数の関係

概して聴神経の発火インパルス数は刺激の音圧が上昇すると増加するが，その関係は直線的ではない。さまざまな純音刺激についての実験結果（ネコ）によると，音刺激周波数と聴神経の特徴周波数（CF）の関係によって異なる傾向を示す（Sachs & Abbas, 1974）。音の周波数がちょうどCFに等しい場合には，発火数は音圧レベルが聴神経の発火閾値上20～30 dBの間は急速に増加し，それ以上のレベルでは飽和するかあるいは30～40 dBまでゆっくりと増加する。CFより高い周波数の音に対しては，発火の閾値は高くなり，また周波数の上昇に従って発火数は全体的に減少する。CFより低い周波数の音に対しては，閾値は高くなり，音圧レベルの上昇に対する発火数の増加の勾配は音刺激がCFの場合と近く，また飽和せずに一定の勾配である傾向が見られる。これらの結果は，ほぼ基底膜の振動パターン（Rhode, 1971）の非線形性を反映して生じるという考え（Sachs & Abbas, 1974）とそれぞれのニューロンのチャンネルの性質に基づくという考え（Palmer & Evans, 1980）がある。

5.　神経興奮パターン

先に示した図2-6は，ベケシーの観測による単一純音に対する基底膜の振動の最大振幅の場所パターン（興奮パターン：excitation pattern）である。純音に対する聴神経の興奮パターンが測定できるならば，基底膜の場所パターンと類似の形になることが予想される。実際にネコの聴神経で神経興奮パターンが測定されている（Delgutte, 1990）。図 2-14 は，さまざまな特徴周波数（CF）の聴神経の，1 kHz 純音で音圧がそれぞれ 40，60，80 dB の音刺激（マスキング音）があるときとないときのさまざまな周波数の信号音に対する発火閾値の差（masked threshold）である。

この値は 1 kHz の音刺激が与えられたときの各特徴周波数（各場所に対応）の興奮の程度を表していると考えられるので，神経興奮パターンと見做すことができる。図 2-14 から，神経興奮パターンは音圧が 40 dB のときはほぼ 400 Hz～2 kHz まで広がっているが，音圧が 60 dB では 400 Hz～10 kHz までと高い周波数範囲にまで延び，80 dB では 200 Hz～20 kHz までとさらに広がっている。音圧が高くなるに従って，周波数が高い方へより広がっている。一見して神経興奮パターンは基底膜の興奮パターン（図 2-6）とは左右が逆になった形であるが，これは周波数軸が逆だからであって，同じ傾向である。

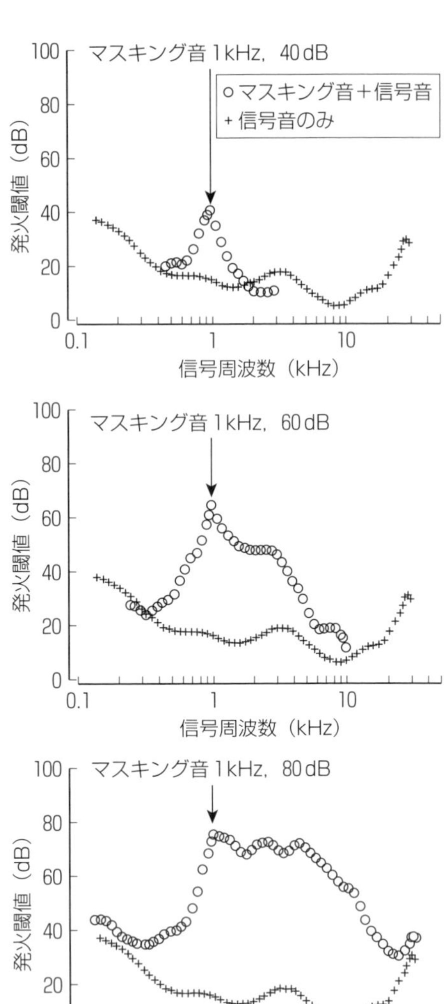

図 2-14　聴神経（ネコ）の神経興奮パターンの例（Delgutte, 1990）

6. 発火頻度の時間的変化

聴神経は，音刺激の始まりに対しては発火頻度は高いが，音の強さは一定であるにもかかわらず，すぐに発火頻度は低くなってくる。このような順応特性（adaptation）は程度の差はあるが，聴神経の一般的特性であり，この順応特性は日常生活の中でも音の大きさの順応として感覚的にも経験することである。発火頻度の時間的変化を示す生理実験データをPSTヒストグラム（post-stimulus-time histogram）という。

7. 位相固定

A. インパルス間隔ヒストグラム

純音ならば，ヒトはほぼ20kHzまで聴くことができるが，音楽の旋律に使用可能な音楽的ピッチを有する純音の周波数（複合音の場合は基本周波数）はほぼ5kHz以下である。ピアノの最高音の基本周波数は理論値では4186Hzである。

このことに関連する生理的事実としては，位相固定（phase locking）という現象がある。聴神経は，接続している内有毛細胞の場所に対応する基底膜が蓋膜側に動いた時に発火する。すなわち，ある1本の聴神経を考えると，この聴神経は図2-12に示すように，純音波形のどのサイクルに対しても必ず発火するわけではないが，発火は概して波形のほぼ同じ位相の部分で生じている。

実際に神経インパルスが波形の位相とどのような関係で発生しているかを詳細に見てみよう。図2-15(a)，(b)は，周波数1000Hzと2000Hzの各純音刺激に対するリスザルの単一聴神経(CF＝1.1kHz)のISIヒストグラム(interspike interval histogram)である（Rose et al., 1968)。図において，横軸は隣り合う神経インパルス間の時間間隔，横軸の下の黒い点は音刺激波形の周期とその整数倍に対応する時間である。縦軸は，神経インパルスの間隔を0.1ms毎に区切って，その時間窓（bin）に入る度数を示している。図中のNの第1項はカウントされた全体の度数，第2項は隣り合う神経インパルス間隔が横軸の限度を越えたので，図中には表示されなかった度数である。また図2-15(c)は，100Hz

の純音刺激に対する聴神経（CF＝400 Hz）の ISI ヒストグラムを示す。これらの図によれば，聴神経は波形の周期およびその整数倍の時間間隔で発火する傾向のあることが示されている。この現象を位相固定と呼ぶ。音刺激周波数が高くなると，有毛細胞の細胞内電位の変動の速さや聴神経の絶対不応期や相対不応期のために，位相固定は崩れてくる。

なお図 2-15（c）に見られる 4 ms 以下の ISI は主として音刺激の立ち上がり部分に対する過渡的応答によるものである。

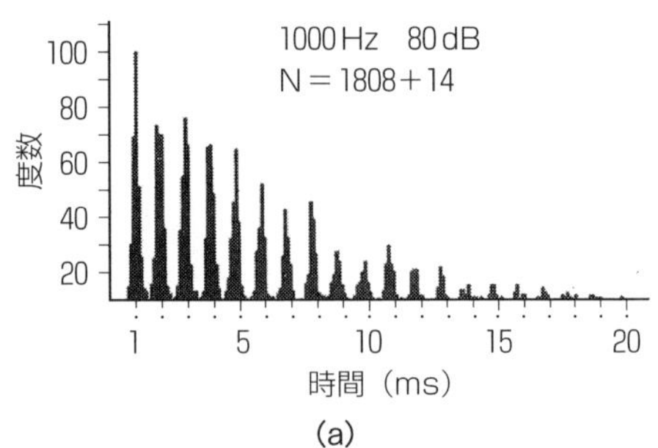

(a)

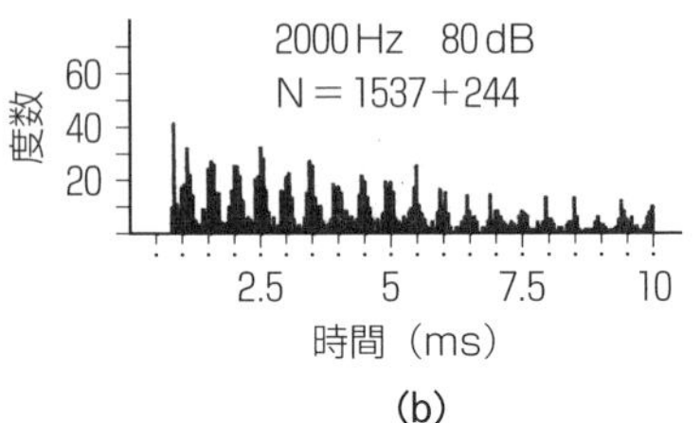

(b)

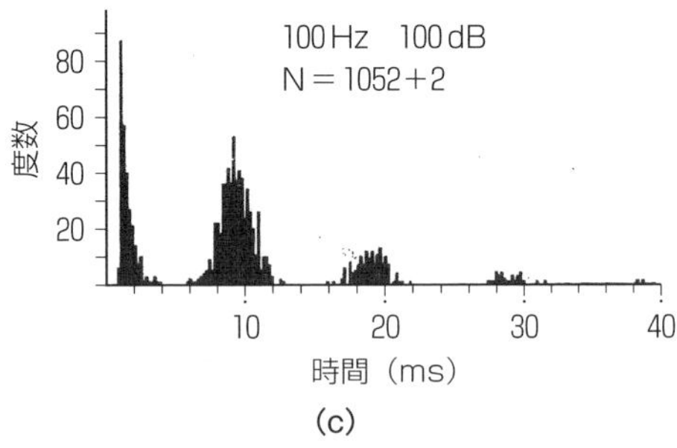

(c)

図 2-15　聴神経（リスザル）の純音刺激に対する ISI ヒストグラム

（Rose et al., 1968）

B. 周期ヒストグラムと同期係数

音刺激の周波数が異なる場合の位相固定の程度がどのように変化するかについても生理実験で調べられている。図 2-16 は純音刺激の 1 周期に対応するどの位相の点で聴神経が発火したかを示す単一聴神経の周期ヒストグラムである（Rose et al., 1967）。音刺激は純音で音圧レベルは 90 dB，持続時間は 10 s である。縦軸は神経インパルスの総数に対する各区間（bin）毎のパーセンテージである。同期の程度を示す同期係数 S は，音の 1 周期のうち，最多の発火インパルス数を含む半周期のインパルス数を 1 周期全体のインパルス数で割った値の % 表示である。S_{1000} は，1000 Hz

純音に対する同期係数Sを示す。周波数が高くなるに従って，位相固定は不明瞭になり，同期係数も低下していることがわかる。この同期係数Sの値を単一聴神経について調べた結果によれば，図2-16に示すように，ほぼ5kHz附近で50%近くまで低下している。つまり，位相固定の現象はリスザルでは5kHz附近の周波数以上では消失する（Rose et al., 1968）。

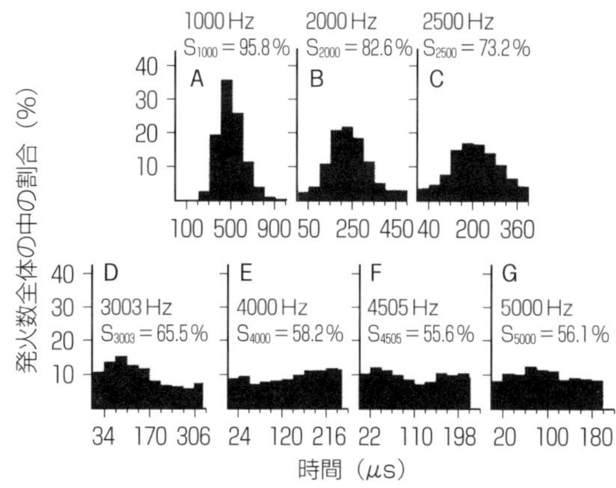

図2-16　聴神経（リスザル）の純音に対する周期ヒストグラム（Rose et al., 1967）

C．同期指標

ジョンソン（Johnson, 1980）もネコを使って純音刺激に対する位相同期の実験を行っている。その結果を図2-17に示す。同期指標SIは，周期ヒストグラムをフーリエ変換し，基本周波数（周期の逆数）の成分が全成分中に占める割合で表現し，完全に同期すればSI＝1.0となり，完全にランダムになれば，SI＝

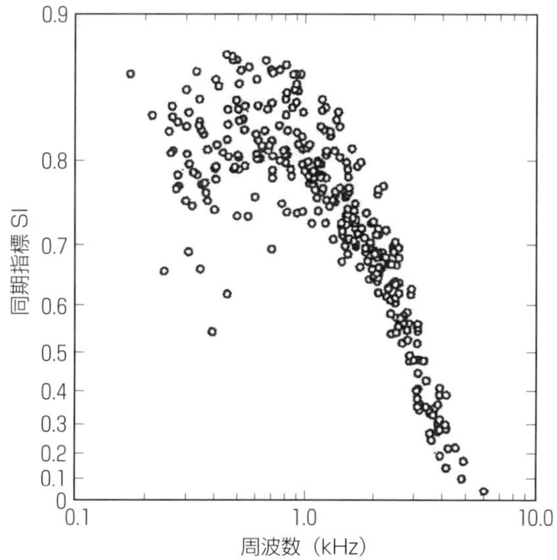

図2-17　純音刺激周波数と聴神経（ネコ）の位相同期指標の関係（Johnson, 1980）

0となる。図2-17によれば，5kHz付近以上で位相固定の現象が消失することがわかる。ただモルモットを使った実験では3.5kHz以上では位相固定が消失する（Palmer & Russel, 1986）という結果が報告されており，動物によって多少の違いが見られる。

D. 1周期に対応する発火間隔の周期からのずれ

図2-15(a)，(b)に示したISIヒストグラムの第1番目のピーク（波形の1周期に対応）となる時間に注目しよう。音刺激が1000Hzのときにはちょうど1周期に等しくなっているように見えるが，2000Hzのときには明らかに1周期よりも長くなっている。さらに図2-15(c)に示す周波数が100Hzのときのヒストグラムを見ると1周期に対応するピークは明らかに1周期（＝10ms）よりも短くなっている。なお最初の2ms付近の発火は，音刺激の始まりに対して聴神経が2つ以上の神経インパルスを短時間内（この図では，1～2ms）に放電したことを示す。

そこで波形の1周期をそれに対応するピークを生じる時間で割った値が音刺激の周波数によってどのように変わるかを，生理実験データ（Rose et al., 1967；1968）から計算した結果（Ohgushi, 1978；1983）を図2-18に示す。この図から明らかなように，周波数が上昇するに従って聴神経が音圧波形の隣接するピークに対して発火する場合の時間間

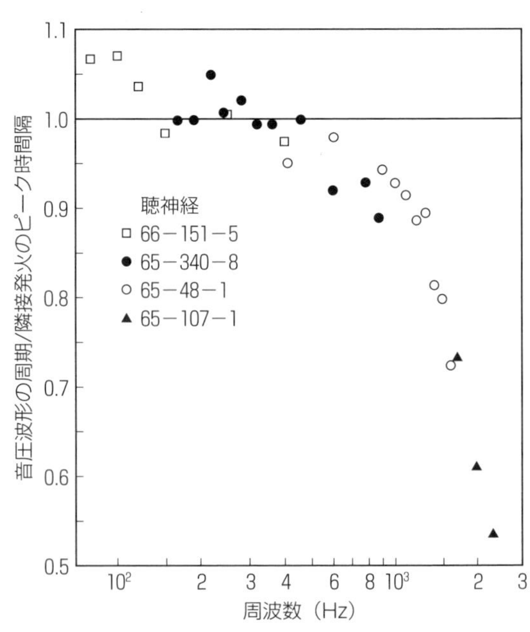

図2-18　聴神経の発火時間間隔の周期からのずれ
（Ohgushi, 1983）

隔は周期に比べて次第に遅れ，2.3kHz を越えるとほとんど1周期に対応する発火は見られなくなる。この生理学的事実は後で述べるように，複合音のピッチがその基本周波数に等しい純音からわずかにシフトするという現象やオクターブ伸長現象に深く関わっていると考えられる。

図 2-18 に示すような傾向は，ネコの聴神経による生理実験（Mckinney & Delgutte, 1999）でも確認されている。

E. 結合音に対応する発火の時間パターン

周波数 f_1 の純音と f_2 の純音（$1<f_2/f_1<2$）を同時に聴くと，2つの純音の他に，周波数が f_2-f_1 である差音，周波数が $2f_1-f_2$ である結合音の聴こえることがある。差音や結合音が聴神経レベルで発生しているのかどうかを調べる実験（リスザル）として，2つの純音の同時刺激に対する ISI ヒストグラムが調べられている（Rose et al., 1969）。$f_1=800$ Hz，$f_2=1200$ Hz で，800 Hz 純音の音圧レベルは 80 dB 一定である。1200 Hz 純音の音圧レベルが 70 dB および 90 dB の場合の ISI ヒストグラムをそれぞれ図 2-19 (a)，(b) に示す。横軸は連続して発火した神経インパルス間隔

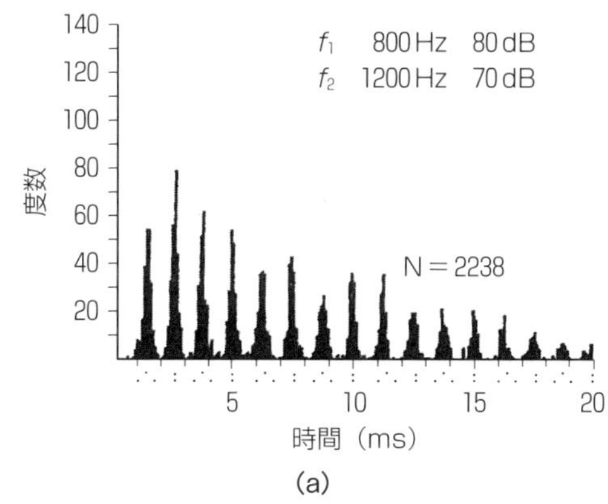

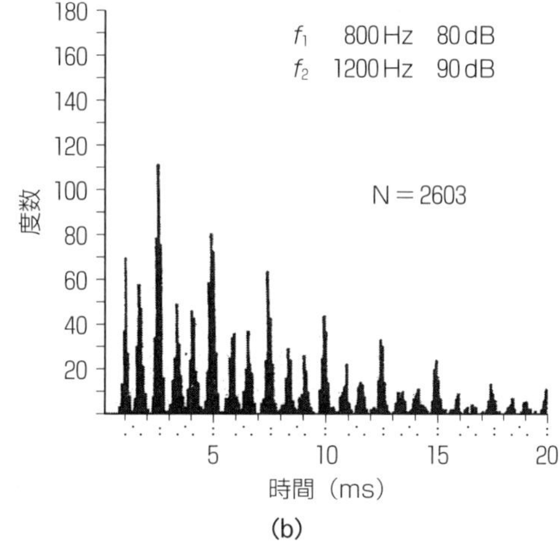

図 2-19　聴神経（リスザル）の2周波成分複合音に対する ISI ヒストグラム
（Rose et al., 1969）

で，上の・印は800 Hzに対応する周期（＝1.25 ms），下の・印は1200 Hzに対応する周期（＝0.833 ms）である。・印が縦に重なった時間（＝2.5 ms）は差音・結合音（＝400 Hz）に対応する周期である。図2-19 (a) によれば，差音・結合音の周期およびその整数倍の時間間隔で発火する頻度が多くなっているが，音圧レベルの高いf_1に対して反応していることが分かる。また図2-19 (b) によれば，f_2の音圧を90 dBにすると，さらにf_2に対する反応も生じてくるのが分かる。これらの神経インパルス間隔によって各部分音，差音・結合音が知覚されるようになると考えられる。

結合音の生理学的対応として，ゴールドシュタインら (Goldstein & Kiang, 1968) は，ネコを使って聴神経の2純音に対する応答を調べた。その中で，特徴周波数が2.69 kHzのある聴神経は，5.50 kHz（$=f_2$）および4.13 kHz（$=f_1$）のそれぞれの純音刺激に対しては，応答野と離れているために応答しなかった。しかし，この2つの純音刺激を同時に与えると，その聴神経が応答し，応答の周期は0.36 msとなっている。2つの純音刺激の結合音$2f_1-f_2$に対応する周波数は，$2\times4.13-5.50=2.76$ (kHz) と特徴周波数に近い。この周期は，$1/2.76=0.36$ (ms) である。すなわち，この応答は2純音の結合音によって生じたことが分る。したがって，この結合音の発生部位は聴神経以前のレベルつまり蝸牛のレベルであることが推測できる。すでに述べたように基底膜には非線形特性が観測されており，また内外有毛細胞による信号伝達においても線形特性とは考えにくいので蝸牛レベルで発生したと予測することができる。

8. 変調周波数伝達関数

高い周波数の純音を低い周波数の純音で振幅変調した振幅変調音 (AM音) を聴くと，変調周波数に等しい純音とほほ等しいピッチが知覚される。そこでその現象に対応するような生理実験も行われている。キャリア周波数も変調周波数も低ければ（例えば1 kHz以下），CFがキャリア周波数付近の聴神経は波形のピークに対応して発火する。しかしキャリア周波数が5 kHz以上になると，波形のピークには対応できず変調周波数周期に対応して発火するようになる (Javel, 1980)。

図2-20はネコの聴神経（CF＝20.2 kHz）のAM音（キャリア周波数＝CF,

変調周波数＝100 Hz，変調度 m＝0～0.99）に対する繰り返し刺激に対する累積応答を横軸は時間，縦軸は累積スパイク数ヒストグラムとして，変調周波数の 2 周期（20 ms）分に対して示したものである（Joris & Yin, 1992）。また各ヒストグラムの右側の図は各変調度に対する音刺激の半波整流波形（音圧波形の上半分のみ：見やすくするためにキャリア周波数は低く描いている）を示したものである。この図によれば，変調度 m が大きくなるほど応答のヒストグラムの変化も大きくなり，また音刺激の変化よりも応答の変化の方が大きく見える。この変化の大きさを比較して数値化した値を変調ゲイン（modulation gain, dB）という。また図 2-19 (b) は変調度に対する変調ゲインと同期発火の程度を示している。横軸に変調周波数，縦軸に同期発火の程度を示した特性を変調周波数伝達関数（MTF：modulation transfer function）という。聴神経の MTF は低域フィルタ（LPF）特性を示す。この特性のカットオフ周波数は各聴神経によって異なるが，だいたい 1.0～2.0 kHz 以下である。

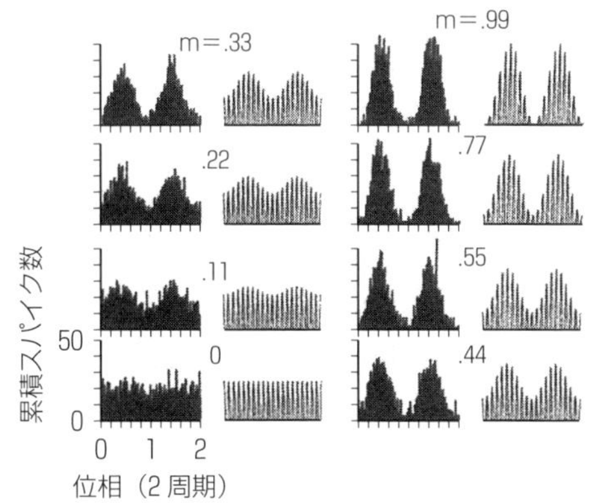

図 2-20　振幅変調音の変調度による聴神経（ネコ）の応答の変化（Joris & Yin, 1992）

9.　白色雑音に対する発火の時間パターン

白色雑音に対する聴神経の発火は完全にランダムになるわけではない。基底膜により周波数分析が行われているので，聴神経の特徴周波数の逆数に近い時間間隔（あるいは

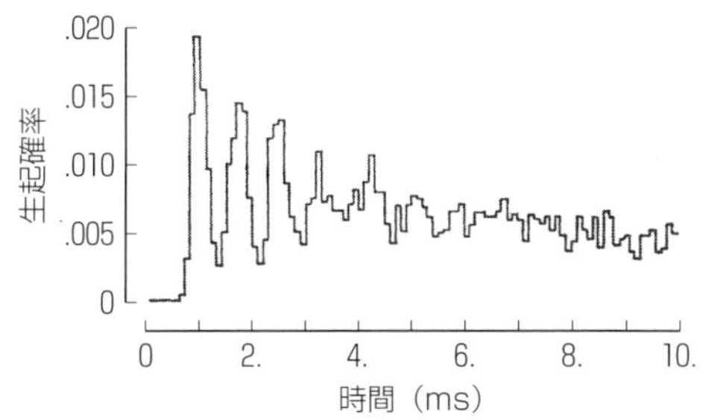

図 2-21　聴神経（リスザル）の白色雑音に対する ISI ヒストグラム（Reggero, 1973）

その整数倍）で発火する傾向がある。図 2-21 に特徴周波数が 1167 Hz の聴神経（リスザル）の ISI ヒストグラムの 1 例を示す（Ruggero, 1973）。横軸は隣り合う神経インパルス間の時間間隔，縦軸は各 bin に対応する神経インパルス間時間間隔の生起確率である。この聴神経は特徴周波数の逆数（＝0.857 ms）あるいはその整数倍の異なった時間間隔で発火している確率の高いことが分かる。

第 6 節　蝸牛神経核から内側膝状体まで

この節では，蝸牛神経核，上オリーブ核，下丘，内側膝状体などの神経核の構造や音響刺激の神経細胞（ニューロン：neuron）による符号化について簡単に述べ，その後に純音に対する発火の位相同期性と変調周波数伝達関数について各神経核を比較しながら簡単に述べる。

1.　蝸牛神経核

聴神経（第 1 次ニューロン）からシナプス結合によって信号を受け取っている蝸牛神経核（CN：cochlear nucleus）は，前腹側核（AVCN：anteroventral cochlear nucleus），後腹側核（PVCN：posteroventral cochlear nucleus）および背側核（DCN：dorsal cochlear nucleus）の 3 つの領域に別れており，領域によって細胞の形状が異なり，音刺激に対する応答パターンも異なっている。

前腹側核のニューロンの応答は聴神経の応答に近く，音圧が高くなるに従って発火率は単調に増加する。また位相固定の現象は 3 kHz を越す周波数まで見られる。一方，背側核のニューロンの応答は極めて複雑な特性を示し，多くのニューロンの音圧と発火率の関係が単調増加ではない。また同調曲線も広いものから狭いものまでがあり，マルチピークのものも見られる。位相固定は 1.5 kHz 以下である（Goldberg & Brownell, 1973）。後腹側核のニューロンはそれらの中間的な特性を示す。いずれの領域においても聴神経と同様に，ニューロンは特徴周波数 CF の順序で並んでいる。このような配列構造は周波数局在性（tonotopic organization）と呼ぶ。また CF の配列を示した図をトノトピー地図（tonotopic map）あるいは単に周波数地図（frequency map）などという。背側核においては，音の強さがある程度以上増加すると，単に飽和するだけでなく，かえって発火率が減少するようなニューロンも存在する。

聴神経のレベルでの2音抑制現象は蝸牛の中での何らかの非線形性によるものとされているが，蝸牛神経核以上のレベルでは抑制性シナプスの存在することが明らかにされており，蝸牛神経核レベル（とくに背側核）においても2音抑制現象は観測される。また背側核のニューロンは，純音の短いトーンバーストに対してさまざまな応答の動特性を示す。蝸牛神経核（ネコ）のニューロンはその動特性によって次のように分類されている（Pfeiffer, 1966）。

（1）1次神経型応答（primary-like）

聴神経によく似たPSTヒストグラムを示す。このタイプは，音刺激のはじめに対する応答は強いが，応答は短時間のうちに弱くなってほぼ一定値になり音刺激の持続している間だけ続く。この型のニューロンは前腹側核に多く見られる。

（2）オンセット型応答（on）

このタイプのニューロンは，音刺激のはじめだけに応答し，その後は応答しない。

（3）チョッパー型応答（chopper）

音刺激波形の周期とは無関係に発火と休止を繰り返す。

（4）中休み型応答（pause）

音刺激の最初に対するオンセット型応答と抑制区間，その後の応答の回復という複雑な応答をする。

ただし音圧レベルや音の持続時間によって応答のパターンが変化することもある。ニューロンによって応答の型が変化するのは，聴神経からの遅延時間，各興奮性シナプスや抑制性シナプスの強さや時定数などが各ニューロンによって異なっているからだと考えられる。

2. 上オリーブ複合体

音源が見えなくてもその方向が分かるのは，音の両耳間レベル差（ILD：interaural level difference）と音の到着時間の両耳間時間差（ITD：interaural time difference）がその主要な要因であることが明らかにされているが，上オリーブ複合体（SOC：superior olivary complex）は方向定位に重要な役割を果たす部位である。

周波数があまり高くない場合には，ITD の代わりに両耳間位相差（IPD：interaural phase difference）を使うこともある。

上オリーブ複合体は，図 2-2 に示されるように，はじめて左右両耳からの情報を受け取る場所である。上オリーブ複合体の中で求心性経路にある主要な神経核は，外側核（LSO：lateral superior olivary nucleus），内側核（MSO：medial superior olivary nucleus）および台形体内側核（MNTB：medial nucleus of the trapezoid body）である。上オリーブ複合体のニューロンの中には両耳から興奮性（Excitatory）信号を受け取る EE ニューロン，同側耳から興奮性信号を受け取り，反対側の耳から抑制性（Inhibitory）信号を受け取る EI ニューロンなどが見出されている。

外側核（LSO）には，同側の前腹側核（AVCN）から興奮性の入力を受け，反対側の前腹側核（AVCN）から台形体内側核（MNTB）を経て抑制性の入力を受け取っている EI ニューロンが多い。したがって LSO では，片方の耳からの興奮性入力と他方の耳からの抑制性入力の差分を検出することができ，両耳間レベル差（ILD）を検知していると考えられる。また特徴周波数の高いニューロンが多く，両耳間位相差は検出しにくい。この核は，ネコの場合 S 字状をしているが，ニューロンは特徴周波数の順に並んでおり，周波数局在性を示している（Tsuchitani & Boudreau, 1966）。

内側核（MSO）は，両耳からの音刺激の情報を，LSO の場合とは異なり左右の前腹側核（AVCN）から直接興奮性の入力を受け取るので，その多くは EE ニューロンである。一方，MSO のニューロンの中には反対側の AVCN から発し MNTB を経た抑制性入力も受けており，EI ニューロンも存在する（Brand et al., 2002）。MSO のニューロンからは，両耳から入った音刺激のわずかな時間差によって，反応の強さが周期的に変化することが記録されている。その周期は音刺激（純音）の周期に等しい。最も強く反応する両耳間時間差をそのニューロンの特徴遅延（characteristic delay）という。MSO における抑制性入力の存在が特徴遅延を説明するのに重要ではないかと考えられている（Brand et al., 2002）。また MSO には LSO とは逆に，特徴周波数の低いニューロンが多いので，両耳間位相差（IPD）の検知には都合がよい。

3. 外側毛帯

外側毛帯（LL：lateral lemniscus）は，中間核，腹側核，背側核に分かれている。音の時間的変化や強さの変化には敏感であるが，機能はほとんど明らかではない。

4. 下丘

下丘（IC：inferior colliculus）は中脳にあり，中心核（ICC：central nucleus of the inferior colliculus），背側核（ICD：dorsal nucleus of the inferior colliculus）および外側核（ICX：external nucleus of the inferior colliculus）から成っている。左右の下丘は求心神経経路内で連絡している。それらのうち中心核は最大で，また中心核の多くのニューロンは他の核のニューロンに比べて潜時（latency：音刺激から応答までの遅れ時間）が短く，蝸牛神経核や上オリーブ複合体などの下位のニューロンから直接に入力を受けていると考えられている（Liu et al., 2006）。また中心核は求心神経系の主要経路であり，中心核においては，特徴周波数の近いニューロンが層を形成しており，低い特徴周波数をもつニューロン層は背側に，高い特徴周波数をもつニューロン層は腹側に配列されて，特徴周波数の順に多層構造になっている（Merzenich & Reid, 1974）。また，刺激の音圧レベルが上昇したとき，発火インパルス数は定常的に増加あるいは飽和するニューロンもあるが，ある音圧レベルでピークとなり，さらに音圧を上昇させると発火数が減少するニューロンや，音圧レベルの上昇に従って発火数のピークが複数現れるようなニューロンも存在する（Ehret & Merzenich, 1988）。

背側核のニューロンの多くは，自発性放電はわずかか，あるいはまったくない。発火までの潜時は中心核のニューロンに比べてはるかに長く，またその変動も大きい。発火の時間パターンは持続的であったりON型やOFF型，あるいはその両方である。多くのニューロンは同調曲線が複雑で，CFと場所との対応はない。また音刺激に特有の順応があり，このことは音環境の中に新しい音刺激が発生したときに検知するような役目をしていることを示唆している（Lumani & Zhang, 2010）。

外側核のニューロンは一般的に中心核のニューロンに比べて同調曲線が広

い。また聴覚刺激だけでなく体性感覚刺激に対しても反応する（Aitkin et al., 1978）。

5. 内側膝状体

内側膝状体（MGB：medial geniculate body）は視床（thalamus）にあり，聴覚情報を下丘から聴覚皮質に伝送する主経路である。内側膝状体は，腹側核（MGBV：ventral division of the MGB），背側核（MGBD：dorsal division of the MGB）および内側核（MGBM：medial division of the MGB）の３つの部分に分けることができる。腹側核は，下丘中心核からの投射を受け，鋭い周波数選択性をもち，周波数地図がある。また潜時が短く，発火の閾値が低い。同調曲線の鋭さ，純音に対する同期固定の強さ，抑制性介在ニューロンの密度などは，周波数地図の変化方向に直交する方向に沿って系統的に変化している。背側核においては，ニューロンは広い応答野をもち，純音に対する応答は弱く，複合音に対する応答の方が強い。内側核のニューロンは複数の感覚の入力を受けており，広い応答野あるいは複数の応答野をもち，周波数地図はあまり明確ではない。聴覚皮質のコア，ベルト，パラベルト領域などの広いエリアに投射している。そして皮質から視床へのフィードバックを受けている。（Joris et al., 2004）。

6. 上位神経層における応答の変化

A. 位相固定

純音刺激に対する聴神経の発火の同期性は，周波数が高くなると低下してくるが，前述のようにほぼ5 kHzまでは残存する。蝸牛神経核以上になるとニューロンが複数のシナプスから入力を受けそれぞれの入力にわずかな時間ずれが生じることになるので，シナプス後電位（PSP：post-synaptic potential）の波形の鋭さが減少し（PSP 波形の高周波成分が減衰し），位相固定が認められる純音刺激の最高周波数は減少してくる。最高周波数はネコの場合，蝸牛神経核で３kHz，上オリーブ複合体で２～３kHz，内側膝状体では１kHz 程度である（Rouiller et al., 1979）。下丘では神経核によって大きな違いがあり，80～1034 Hz の範囲であったが，最高周波数はモルモットの場合，中心核では１kHz 以上，背側核では700 Hz，外側核では320 Hzであった（Liu et al., 2006）。

B．変調周波数伝達関数（MTF）

振幅変調音の変調周波数伝達関数（MTF）は，横軸は変調周波数であるが，縦軸としてはニューロン発火の同期性の程度をとる場合もあり，1秒当たりの発火数をとる場合もある。これらを区別する場合には，前者をtMTF（temporal MTF）といい，後者をrMTF（rate MTF）という。

聴神経と蝸牛神経核ニューロン（ネコ）のMTFの主要な違いは次の3点である（Joris et al., 2004；Rhode & Greenberg, 1994）。すなわち，①聴神経では低域フィルタ（LPF）特性を示し，蝸牛神経核ではLPF特性よりも帯域フィルタ（BPF）特性を示す神経細胞が多くなる，②聴神経に比べると蝸牛神経核では広い範囲の音の強さに対して同期性が保たれる（ダイナミックレンジが広い），③蝸牛神経核は背景雑音の影響がより小さい。なお，MTFのピークを示す周波数を最適変調周波数（BMF：best modulation frequency）という。腹側蝸牛神経核（gerbil：ネズミの一種）の4つのタイプのニューロンの中で，変調ゲインが最も大きいのはオンセット型で，チョッパー型，中休み型，1次神経型と続き，階層的順序に従っている（Frisina et al., 1990）。また蝸牛神経核（ネコ）では，多くの場合BMFは300～900 Hzの範囲にある（Rhode & Greenberg, 1994）。

上オリーブ複合体についてはあまり調べられていないが，オリーブ蝸牛束の遠心性ニューロン（モルモット）では，帯域フィルタ（BPF）特性をもち，BMFは100 Hz以下であったが，400 Hz以下のAM音によく同期して発火した（Gummer et al., 1988）。

下丘においては，蝸牛神経核に比べるとMTFのBPF特性の帯域幅が狭くなっており，その傾向はtMTFよりもrMTFにおいて顕著である（Joris et al., 2004）。また下丘（ネコ）ではBMFが10 Hzから1000 Hz位までのニューロンの存在が報告されている（Langner & Schreiner, 1988）。さらに興味を惹くのは，下丘の背側−腹側（dorsoventral）軸に沿ってニューロンの特徴周波数（CF）が変化しているが，その軸と直交して等BMF曲線が存在するという構造になっているという主張がある（Schreiner & Langner, 1988）。しかしそのようなBMFとCFの位置関係については他の研究では確認されておらず，今後の課題となっている。中枢になるにつれて一般的に BMF は低くなり，内側膝状体および聴覚皮質では BMF は 8 Hz から 30 Hz 程度までの低い変調周波数には位相同期して反応するニューロンが見出されている（Joris et al., 2004）。

C．FM ニューロン

上オリーブ複合体以上のレベルでは，周波数の上昇変化あるいは下降変化のみに選択的に応答するニューロンが見出されている（Nelson et al., 1966；Watanabe & Ohgushi, 1968）。このようなニューロンを FM ニューロンと呼ぶことがある。聴神経や蝸牛神経核レベルでは FM ニューロンは見られない。

第 7 節　大脳皮質聴覚野

大脳皮質（cerebral cortex）とは大脳の表面を覆っている灰白質の層で神経細胞が集まっている部分である。大脳側頭葉にある聴覚皮質（auditory cortex）の構造や機能地図（functional map）は同じ哺乳類であっても種によってずいぶん異なっており，例えば，サル（macaque：アジア・北アフリカ産の旧世界サル），キヌザル（marmoset：中南米産の新世界サル），ネコ（cat），ケナガイタチ（ferret）の構造や機能地図を比較し，異なることが示されている（Wang & Walker, 2012）。この節では主としてサルおよびヒトの機能地図について述べる。

1.　サルの聴覚皮質

大脳の基本的な構造は，ヒトとサルの間では共通の部分が多いと考えられている。図 2-22 はサル（macaque）の大脳皮質の左側面の模式図で，図中の曲線は脳溝を示している（Hackett et al., 1998）。側頭葉の外側溝（LS：lateral sulcus）と上側頭溝（STS：superior temporal sulcus）の間（溝の中も含む）が聴覚皮質の中心になる部分である。図中の影をつけた部分を上側頭回（STG：superior temporal gyrus）という。外側溝の内部に横側頭回（transverse temporal gyrus）があり，また横側頭回の前方向の一部を側頭極平面（PP：planum polare）といい，また後方の一部を側頭平面（PT：planum temporale）という。

図 2-23 は外側溝の中を見えるような形に展開した（unfolded）場合の模式図

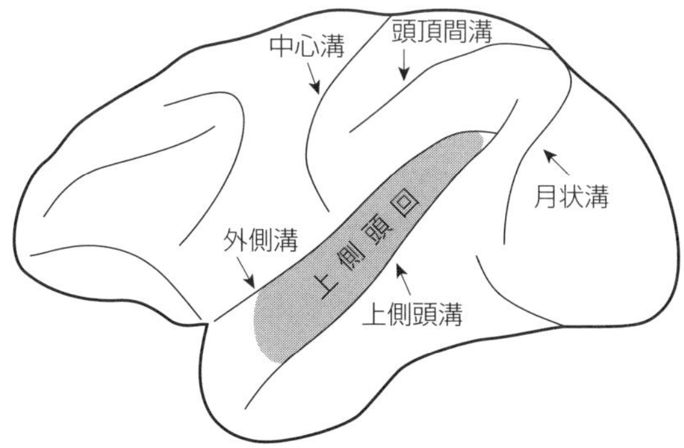

図 2-22　サル大脳皮質左側面の模式図（Hackett et al., 1998）

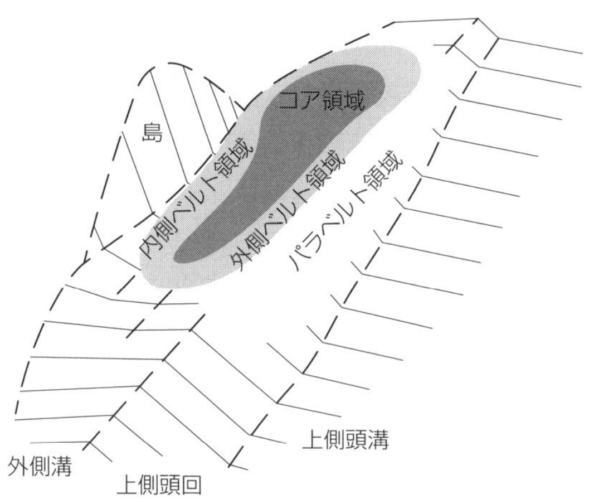

図 2-23　外側溝の中を見えるように展開した模式図（Hackett et al., 1998）

である（Hackett et al., 1998）。外側溝の中に，コア領域（core），内側ベルト領域（medial belt），外側ベルト領域（lateral belt）があり，上側頭回にはパラベルト領域（parabelt）がある。これらの領域を細分化した機能地図が報告されている（Kaas & Hackett, 2000；Wang & Walker, 2012）。機能地図の 1 例を図 2-24 に示す（Wang & Walker, 2012）。解剖学的な場所や方向を示す場合に次のような表現が用いられている。

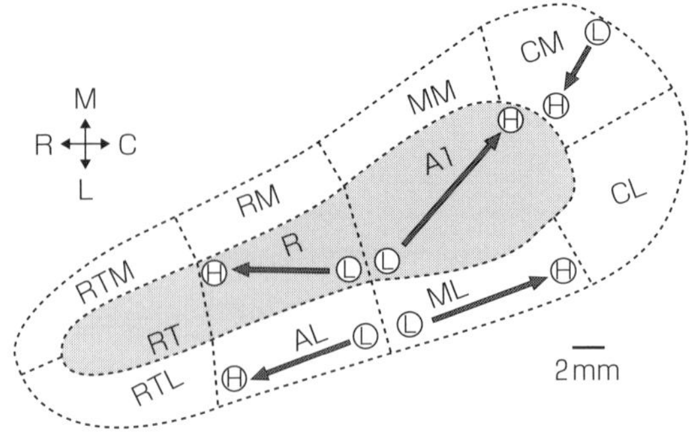

図 2-24　サル聴覚野のコア領域とベルト領域の機能地図（Wang & Walker, 2012）

V：ventral	（腹側）	－	D：dorsal	（背側）
R：rostral	（吻側）	－	C：caudal	（尾側）
M：medial	（内側）	－	L：lateral	（外側）
S：superior	（上側）	－	I：inferior	（下側）
A：anterior	（前側）	－	P：posterior	（後側）

なお，temporal は側頭部あるいは横方向を意味する。

機能地図の中心部はコア領域（core area）で，コア領域は 1 次聴覚野（A1：primary auditory cortex），R 野（rostral field）および RT 野（rostrotemporal field）の 3 つの部分から成る。コア領域の各野のニューロンは内側膝状体（腹側核）のニューロンから直接の入力を受けており，皮質情報処理の第一段階を形成している。コア領域の中では A1 野のニューロンの潜時が最も短く，また各ニューロンの特徴周波数（CF）の配列を示す周波数地図が最も明確である（Recanzone et al., 2000）。このことは A1 野が聴覚皮質の主要な入口であることを示している。

一方，RT 野のニューロンは音刺激に対する反応が弱く，A1 野や R 野と比べると周波数地図もあまり明確ではない。またコア領域の各野は相互に連結し合っている。コア領域のまわりには，コア領域からの入力を受け，さらに聴覚の高度な情報処理を行うベルト領域がある。ベルト領域はコア領域とは細胞構造によって区別される（Bendor & Wang, 2006）。ベルト領域は外側（lateral）と内側

（medial）に分かれ，外側（側頭方向）には次のような4つの外側ベルト野（LB：lateral belt fields）に属するAL野（anterolateral belt），ML野（mediolateral belt），CL野（caudolateral belt），RTL野（lateral rostrotemporal belt）がある。また頭の中心方向には，4つの内側ベルト野（medial belt fields）に属するRTM野（medial rostrotemporal belt），RM野（rostromedial belt），MM野（midmedial belt），CM野（caudomedial belt）がある。

外側ベルト野のさらに側頭方向（上側頭回）に，パラベルト領域があり，さらに高度な情報処理がなされていると考えられるが，機能についてはほとんど明らかにされていない。パラベルト領域はRPB野（rostral parabelt）とCPB野（caudal parabelt）の2つに分かれている。

図2-24において，各野内のニューロンは概してその特徴周波数の順序で並ぶ傾向が見られる。図中の文字のHはこの特徴周波数の高い方向を，Lは低い方向を示す。図に示すように，A1野とR野の周波数地図は鏡像のように対称的である。またR野とRT野もかなり対称的であるが，RT野においては周波数地図があまり明確ではない。

ペトコフら（Petokov et al., 2006）は機能的磁気共鳴画像法（fMRI：functional magnetic resonance imaging）を用い，無麻酔および麻酔をしたサル（macaque）の周波数地図や純音と雑音に対する反応の違いなどから隣接領域の境界を調べ，コア領域およびベルト領域の11野（Kaas & Hackett, 2000；Wang & Walker, 2012）を確認した。周波数地図については，コア領域のA1野，R野では描くことができたが，ベルト的性格の強いRT野では周波数地図は明瞭ではなかった。またベルト領域ではAL野，ML野，CL野，CM野のみは隣接のコア領域と平行の周波数地図を描くことができた。ベルト領域では純音に対する反応は弱いことが原因であろう。

2.　ヒトの聴覚皮質

A.　機能地図

ウッズら（Woods et al., 2010）は，ヒトに対して音刺激の周波数（225，900，3600 Hz），音圧レベル（70，90 dB），刺激耳（左，右，両耳），音の高低パターン，刺激モダリティ（聴覚，視覚，視聴覚），視覚（単語，顔の表情），注意（視覚，聴覚）などを組み合わせた刺激を与え，fMRI を用いて，聴覚皮質の反応を調べた。その結果，鏡像的な周波数地図をもつコア領域とその周囲のベルト領域が確認された。各野は周波数地図，周波数選択性，強さに対する感度，反対側感受性，両耳による感受性の増大，注意による変化，左右半球の非対称性などによって各領域が区別された。

これらの結果から，次のような 3 つの結果が得られた。①コア領域は音の音響的特徴（周波数，強さ，音の方向）に対して，ベルト領域よりも鋭い選択性を示した，②一方，ベルト領域のニューロンの反応は，注意（attention）によって大きく影響（attentional enhancement）された，③隣接するコア領域とベルト領域の間よりも，コア領域あるいはベルト領域内の隣接野間の選択性の方が差が小さかった。これらの結果は，ヒトの聴覚皮質の機能的構成がサルに見られるパターンと類似していることを示唆している。

B．コア領域の間の機能差

ヒトのコア領域においても，RT 野ではベルト的性格の活動が見られる。RT 野の機能的性質は隣接するコアの R 野とは，周波数選択性，強さの選択性，半球対称性が異なっている。それに比べて，RT 野と隣接する外側ベルト領域の AL 野との間には機能的性質の有意差は見られない。さらに，AL 野は隣接する外側ベルト領域の RTL 野からは 3 種類の性質によって区別されている。一方，RTL 野は隣接するパラベルト領域の RPB 野と機能の有意差はなかった。これらのことから，RT 野はコア領域よりも外側ベルト領域に割り当てた方がいいのかもしれない。一方，RTL 野はベルト領域よりもパラベルト領域に割り当てた方が適切かもしれない。

C．ベルト領域間の機能差

外側ベルト領域は，内側ベルト領域に比べてわずかに周波数選択性がよく，右半球の相対活動振幅は増加している。また注意に対してより大きな効果を示す傾向がある。外側ベルト領域の間にも機能的な違いはいくつかみられる。周波数選択性は，CL 野，RTL 野よりも AL 野や ML 野がよい。また逆説的な強さの感受性，つまり弱い音で大きな活動がRTL野で見られる。これは他の外側ベルト領域から区別される。対照的に，内側ベルト領域は各野のあいだでは活動の振幅が小さく，機能差も有意差がない。

D．ヒトとサルの場合の特徴的な違い

機能的に定義されたヒトの聴覚皮質は，パラベルト領域を除いて，サルのほぼ10倍に広がっている。とくにベルト領域は，サルの場合に比べてヒトの場合は，聴覚皮質のより大きなパーセンテージを占めている（Woods et al., 2010）。

3.　聴覚皮質ニューロンの特性

音の物理的特徴は，時間領域と周波数領域の両面から把握することができる。自然界における環境音の中では，雑音と調波複合音が2つの主要な柱といえるであろう。それらの物理的特徴に時間的な変化をつけたさまざまな音が入り混じって自然音を形成している。自然音の物理的特徴から3つの要素を抜き出してそれらに対する聴覚皮質のニューロンの反応について述べる。

A．雑音

コア領域のニューロンはベルト領域のニューロンに比べて，主として音刺激の物理量自体の分析を行い，前述のように純音にも応答しとくにA1野やR野では周波数地図も明確である。

一方，ベルト領域のニューロンはコア領域のニューロンよりも概して純音刺激に対する応答は不活発であるが，隣接するコア領域と並行した周波数地図がある。また外側ベルト領域のニューロンは純音に対するよりも狭帯域雑音に対してよく反応する。ここで注目すべきことは，各ニューロンは特定の中心周波数および帯域幅に最もよく反応することである。この周波数を最良中心周波数（BCF：best center frequency）と呼び，また帯域幅を最良周波数帯域幅（BB：best bandwidth）という。BCFは頭の前後軸（rostrocaudal axis）に沿って変化し，BBは中心から横方向への軸（mediolateral axis）に沿って変化した。またサルの鳴き声に対しては，多くのニューロンが他の刺激に対してよりも強く反応した。これらの研究は皮質情報処理の階層性を示している（Rauschecker et al., 1995；Rauschecker, 1998)。

B. 周波数変調音

サルの鳴き声を周波数分析すると，周波数成分が時間的に周波数変化（FM）している部分がある。そこで外側ベルト領域のAL野，ML野，CL野のニューロンのFM音に対する反応を調べたところ，各野のニューロンの中には周波数変化方向（上昇あるいは下降）や周波数変化の速さに対して選択的に反応するニューロンが見出された。とくにAL野のニューロンはコミュニケーション音に使うゆるやかな周波数変化によく反応し，CL野のニューロンは速い変化によく反応し，またML野のニューロンは広い範囲の周波数変化速度に反応した（Tian & Rauschecker, 2004）。

C. 振幅変調音

ラングナーら（Langner et al., 2009）は，高解像度の脳機能マッピングが可能な内因性光計測法（optical recording of intrinsic signals）を用いて，ネコ聴覚皮質のA1野における，純音，調波複合音，AM音に対するさまざまな場所での反応の大きさを調べた。その結果によれば，周波数地図は尾側（caudal）から頭側（rostral）に向かって周波数が高くなるように構成されていた。一方，振幅変調音（AM音）のBMF（最適変調周波数）は背側（dorsal）から腹側（ventral）に向かって高くなる方向に構成されていた。すなわち複合音のピッチを決定する周期情報と周波数成分の存在によるスペクトル情報が直交していた（Langner et al., 2009）。しかしサルやヒトのA1野ではBMFの地図的な組織（topographic oraganization）は見つからなかった（Schwarz & Tomlinson, 1990；Fishman et al., 1998）。

しかし，ヒトのAM音に対するfMRIによるヘシュル回（Heschl's gyrus, HG：コア領域に対応）付近の反応を調べた結果では，HGの外側部では低い変調周波数（2Hz，4Hz）に対してより強く反応し，またHG内側部では高い変調周波数（16Hz，32Hz）に強く反応した。この場所関係は，周波数地図とのおおよその直交関係を示している（Herdener et al., 2013）。ただし変調周波数は狭い範囲に限定されている。

さらに，広帯域雑音を0.5～512 Hzの範囲の6つの変調周波数で振幅変調したAM音を刺激とし，fMRIを用いて無麻酔サル（macaque）の聴覚皮質の反応が調べられた。その結果によれば，高い変調周波数に対しては両半球の聴覚皮質の内側部，低い変調周波数に対しては外側部が強い反応を示した。等変調周波数帯域は両半球にまたがり，周波数地図とは直交していることが示された（Baumann et al., 2015）。

D．聴覚皮質における情報処理の2つの経路

ラウシェッカーら（Rauschecker & Tian, 2000）は，サルのさまざまな鳴き声を水平面のさまざまな方向のスピーカから音刺激として提示し，サルの3つのベルトエリアの170のニューロンの反応を調べた。その結果，AL野のニューロンはサルの鳴き声に対して選択性を示し，CL野のニューロンは空間的な方向の選択性を示した。彼らは，霊長類の聴覚皮質システムは少なくとも2つの経路に分割でき，音源の内容（What）は外側ベルト領域の前部で処理され，また音源の方向（Where）は外側ベルト領域の後部で処理されるという考えを提示している。ただしヒトの場合は言語野であるウェルニッケ野（Wernicke's area）は上側頭回の後部（側頭平面と一部重複）にあることが知られており，上のサルの状況とは異なっている。この点については今後議論が必要であろう。

第3章　音の心理的基本事項

第1節　感覚の測定

心理物理学（psychophysics，精神物理学とも呼ばれる）は，物理量としての刺激と心理量としての感覚の対応関係を数量的に測定・記述する学問である。心理物理学は1860年にフェヒナー（Fechner, G. T.）によって創始されたが，その後スティーブンス（Stevens, S. S.）ら多くの研究者によって発展してきた。

心理物理学の研究においては，2つの変数，物理的連続体と心理的連続体が仮定されている。物理的連続体とは例えば音刺激の強さや周波数などの物理量として数量的に表現できるものであり，心理的連続体とはそれに対応するもので，例えば音の大きさや音の高さなどである。心理的連続体は2種類に分類でき，音の大きさや白色光の明るさなどのように量的な連続体をプロセティック連続体（prothetic continuum）と呼ぶ。また音の高さや視覚における色などのように質的な連続体をメタセティック連続体（metathetic continuum）という（Stevens, 1957；Stevens & Galanter, 1957）。プロセティック連続体は主に応答するニューロンの数や応答頻度が高くなることに基づく感覚で，メタセティック連続体は主に応答するニューロン群の位置が少しずつ入れ替わってくることに基づく感覚である。また連続体に数値を対応させることを尺度化といい，1次元的な尺度化だけでなく多次元的な尺度化もある。

第2節　絶対閾・弁別閾・主観的等価値

刺激強度が非常に弱いと感覚は生じない。感覚が生じうる最低強度の刺激値を絶対閾（absolute threshold）あるいは刺激閾（stimulus limen, stimulus threshold）という。実際には，感覚が生じる場合と生じない場合の確率が50％になる場合の刺激値である。単に閾値あるいは域値（threshold）あるいは最小可聴値（threshold of hearing）ともいう。純音の最小可聴値は周波数によって異なるが，1 kHz 純音の場合にはほぼ 20 μPa である。

また２つの音刺激を聴き比べたとき，物理的性質がある程度以上異なっていればその違いを弁別（discrimination）することができる。その違いを検知できる最小の刺激強度の差を弁別閾あるいは弁別限（DL：difference limen，difference threshold）という。また丁度可知差異（JND：just noticeable difference）ともいう。白色雑音の強度の弁別閾は感覚レベルが 20 dB 以上ではほぼ 0.4 dB で，1 kHz 純音の周波数の弁別閾はほぼ 1 Hz である。

ある質的に異なる２つの刺激が特定の属性に関して等しいと判断されたとき，それらの刺激はその属性に関しては等価な刺激ということができる。標準刺激を一定に保ち，比較刺激を変化させて特定の属性に関して等価になったとき，比較刺激の物理量を主観的等価値（PSE：point of subjective equality）という。

物理刺激に対する感覚は，感覚神経系の反応によって生じるので，神経細胞（ニューロン）の自発性放電などのために確率的に変動する。

第３節　弁別閾とウェーバーの法則

音の物理的性質の異なる２つの音を聴き比べたとき，物理的性質がある程度以上異なっていればその違いを弁別することができる。

刺激の弁別閾の値 ΔS は，大まかにいえば，基準刺激の物理量 S に比例する。すなわち，k を定数とすれば，次のような関係が近似的に成立する。

$$\Delta S = kS \tag{3.1}$$

式（3.1）をウェーバーの法則（Weber's law）と呼ぶ。また，k をウェーバー比（Weber fraction）あるいは比弁別閾という。ウェーバー比あるいは比弁別閾はそのままの数値で表わされることもあり，% 表示されることもある。またウェーバー比を dB 表示する場合には，次のようにする。

$$k(\mathrm{dB}) = 10 \log_{10}(1 + \Delta S/S) \tag{3.2}$$

しかし実際にはウェーバーの法則は常に厳密に成り立つわけではない。さまざまなモダリティ（視覚，聴覚，重さ感覚など）において，刺激が非常に小さい場合にはウェーバー比は大きな値になるが，ある刺激値の範囲では大まかには成り立つことも知られている（Gescheider, 1997）。

第４節　物理量と心理量の基本法則

1.　フェヒナーの法則

フェヒナーは，刺激の物理量と感覚の大きさ（心理量）の対応関係を数式で表現しようとした。ウェーバーの法則から，刺激のJNDは刺激の強さに比例する。すなわちある一定の心理量を変化させるためには，刺激が強くなるにつれてより大きな刺激の変化が必要となる。そこでフェヒナーは，刺激の物理的強度に関わらず，JNDを感覚の大きさの基準となる基本単位と仮定した。さらに絶対閾を心理量の心理尺度上の零点だと仮定した。そうすると刺激の絶対閾上20 JNDの刺激によって生じた感覚は10 JNDの刺激によって生じた感覚の2倍であるということになる。

フェヒナーはこのようにしてウェーバーの法則から次のような基礎公式を導いた。

$$R = k\log\left(\frac{S}{S_0}\right) \tag{3.3}$$

k は感覚のモダリティ（視覚や聴覚などのような）や種類（音の大きさや音のシャープネスなど）による定数，S_0 は刺激閾の値である。ここで刺激の単位として，$S_0 = 1$ とおけば次の式が導かれる。

$$R = k\log S \tag{3.4}$$

心理量 R は物理量 S の対数に比例するという式（3.4）の関係をフェヒナーの法則（Fechner's law）あるいはウェーバー・フェヒナーの法則（Weber-Fechner's law）という。

この公式は長い間心理学だけではなく，工学や生理学の分野で受け入れられてきた。しかしながら，当然のことであるが，すべての刺激強度範囲で成立するわけではない。その主な理由としては，①ウェーバーの法則が成立するのはある刺激範囲だけである，②弁別閾に対応する感覚は一定ではない，ということがあげられる。

2. スティーブンスの法則

スティーブンスはJNDを重ねて感覚の大きさを測るという考えを捨て，感覚の大きさを直接数値で表現する方法（マグニチュード推定法）を考案した。ある標準刺激に対する心理量に数値を与え，次いで与えられる比較刺激による感覚の大きさが何倍の大きさになるかを直接に数値で答えるのである。さまざまなテスト刺激の強度に対する心理量の大きさを求めた結果，心理量 R と物理量 S との関係を次式のように提案した（Stevens, 1957）。この関係をスティーブンスの法則（Stevens' law）という。

$$R = kS^n \tag{3.5}$$

k は定数，n は感覚のモダリティや刺激の種類によって決まる定数である。音の大きさに関しては，$n = 0.3$ としている。もし物理量 S として音圧を用いるならば，音の強さは音圧の2乗に比例するので，$n = 0.6$ となる。

第5節　心理物理学的測定法

刺激閾，弁別閾，主観的等価値は，感覚・知覚の判断によって測定されるものであり，確率的に変動する。このような定数の測定に用いられる代表的な方法としては，古典的な測定法である調整法，極限法，恒常法があり，また比較的新しい方法として適応法がある（Gescheider, 1997）。以下それらについて簡単に述べる。

1. 調整法（method of adjustment）

この方法は主観的等価値の測定に最も適している。聴取者は標準刺激と変化の操作が可能な比較刺激を聴き比べ，等価であると判断できるように比較刺激を調整する。注意事項としては，比較刺激が標準刺激より明らかに小であると判断される値から始める上昇系列と明らかに大と判断される値から始める下降系列を交互に繰り返すとか，標準刺激と比較刺激の提示時間関係を入れ替えるなどの配慮が必要である。なお，標準刺激を無刺激とすれば刺激閾の測定も可能で，また弁別閾の測定も可能である。

2.　極限法（method of limits）

この方法は刺激閾，弁別閾，主観的等価値の測定すべてによく用いられる。実験に要する時間が少なく効率のよい方法である。測定には標準刺激と比較刺激を用い，実験者は比較刺激を小きざみに段階的に変化させ，標準刺激と対にして提示する。刺激閾の測定の場合には，無刺激の状態が標準刺激となる。聴取者に提示される比較刺激は，標準刺激よりも明らかに大と判断される刺激から始め，段階的に小さくしていく下降系列と，その逆に標準刺激よりも明らかに小と判断される刺激から段階的に大きくしていく上昇系列の２つの系列からなる。

聴取者は各刺激対に対して，比較刺激が標準刺激よりも大であるか，小であるか，あるいは等しいかを判断（刺激閾の場合には，比較刺激が存在するか否かを判断）する。刺激の提示は聴取者の判断が変化した段階で打ち切り，次の系列に移る。「小」から「等しい」あるいは「等しい」から「小」に判断に変わったときの比較刺激の値を下弁別閾といい，「大」から「等しい」あるいは「等しい」から「大」に判断に変わったときの比較刺激の値を上弁別閾という。下弁別閾と上弁別閾は異なるので，平均値を求める。

3.　恒常法（method of constant stimuli）

恒常法は５～９段階の値をとる同じ刺激を20～100回以上繰り返して聴取者に提示し判断を求める方法である。恒常法は，刺激閾，弁別閾，主観的等価値のすべての測定に用いられる。実験に要する時間は長くかかるが，最も正確で適用範囲も広い。

刺激閾の測定のためには，聴取者はランダムに提示される刺激に対して，「感じられる」あるいは「感じられない」の二件法で判断を行う。各刺激に対して感覚の「有」判断の割合を縦軸に，刺激値を横軸にとった図を心理測定関数

（psychometric function）という。縦軸が 0.5 になる横軸の値（刺激値）が刺激閾となる。刺激閾を求めるには，実験データを正規確率紙上にプロットし，視察によってあるいは最小 2 乗法によって直線をあてはめる方式が一般的である。

弁別閾と主観的等価値の測定のためには，聴取者は標準刺激に対してランダムに提示される比較刺激を比べ，「大きい」，「等しい」あるいは「小さい」の三件法で判断を行う。「大」，「等」，「小」それぞれの判断比率を，P_g，P_e，P_l とすれば，上弁別閾 L_u は $p_g = 0.5$ に対応する刺激値，下弁別閾 L_l は $P_l = 0.5$ に対応する刺激値である。また不定域は $L_u - L_l$ となり，その 1/2 を弁別閾とする。主観的等価値は，「等」判断の 1/2 を「大」判断に加え，新たな「大」判断の比率 P_g が 0.5 となるときの刺激値とする。

4.　適応法（adaptive procedure）

適応法とは，各試行で聴取者に提示される刺激値が前回までの試行における刺激値と聴取者の反応によって逐次的に決定される手法をいう。ここでは代表的な上下法について述べるが，適応法にはこれを発展させた数多くの手法がある。

上下法（up-down method）は極限法の変形とみなすことができる。すなわち実験者は刺激強度を 1 段階ずつ変化させ，聴取者が直前の試行と同じ反応をしたときには同じ方向に刺激強度を変化させ，聴取者の反応が逆方向に転換したら刺激強度を反対方向に 1 段階変化させる。極限法では反応が転換した時点で刺激提示を打ち切るが，上下法では刺激強度の変化の方向を変えるのである。閾値は少なくとも 6～8 回以上の系列（同一方向の試行）の反応の転換点の平均値とする。ただし最初の系列の値は除く。

第 6 節　心理測定と尺度構成

音の大きさは刺激の物理量と心理量の関連性が比較的単純であるが，音色のように物理量との関連性が非常に複雑な属性もあり，その印象を言葉だけで表現すると，しばしばあいまいになる。そこで，単純な属性から複雑な属性までについて，主観的な印象を 1 次元尺度上あるいは多次元尺度上に配置する方法が研究されている。

1. 尺度の種類

測定とはある規則にしたがって，対象に数字を割り当てることであるが，この規則の違いによって1次元尺度としては次のように4つの尺度がある。

(1) 名義尺度 (nominal scale)

名義尺度は単なる符号，レッテルとして数字を用いただけの尺度である。名義尺度は2つに分類され，野球やサッカーの選手の背番号のように各選手を独自の番号によって同定するための場合と商品の形式番号のように同じ番号をもつものが複数個存在する場合がある。

(2) 順序尺度 (ordinal scale)

順序尺度は大小関係の順序づけという操作によって決まる。個人に数字を割り当てる場合，例えば身長の順番とか成績の順番に数字を決めれば，この尺度は順序尺度である。尺度値の加算や減算，あるいは算術平均値を求めるなどの操作はできない。

(3) 間隔尺度 (interval scale)

間隔尺度は対象に割り当てた数字の順序だけでなく，相互の間隔（距離）が意味をもつ。しかしこの尺度上には絶対的な零点は存在しない。摂氏や華氏の温度は間隔尺度上で表現している代表例である。数学的操作としては，加算，減算，平均値や相関係数を求める操作など，ほとんどの操作が可能であるが，尺度値の比を求める操作はできない。

(4) 比率尺度 (ratio scale)

比率尺度上には絶対零点が存在し，この尺度では尺度値の比を求める操作を含めすべての数学的操作は可能である。音の大きさの感覚には零点が存在するので比率尺度上で表現できる。

2. 1次元尺度法

A. 間隔尺度の構成

測定対象間の間隔尺度構成法の1つとして，サーストン（Thurstone）の一対比較法がある。この方法は，複数個の対象から２つずつのすべての組み合わせの刺激対を聴取者に提示し，聴取者は与えられた判断基準（例えば，音の大きさ，音の良さなど）にしたがって，どちらかの対象を選択する方法である。この判断結果からサーストンの比較判断の法則によって対象を１次元尺度上に配置することができる。その場合に，判断の散らばり具合などのさまざまな仮定を設ける。ただし対象自体が多次元的性質を内包しているような場合には，形式的に１次元的尺度を構成しても，本質的な対象の尺度化にはならない。例えば無限音階を構成する複合音の高さを尺度化する場合には多次元尺度が必要である（Ueda & Ohgushi, 1987；大串ら，1991）。

B. 比率尺度の構成

比率尺度の構成法としてしばしば用いられる方法として，マグニチュード推定法（magnitude estimation）がある。まず基準刺激によって生じる感覚量に対して例えば 100 という値を聴取者に与え，さまざまな刺激量のテスト刺激に対して感覚量が２倍ならば 200 という数値を，1/2 倍ならば 50 という数値で答える。また最初の刺激から聴取者が答えやすい数値を設定し，その後のテスト刺激に対する感覚量を最初の値と比較して答えるのである。

マグニチュード推定法は当初は感覚の領域で使用されたが，現在ではさまざまな領域に使われている。この方法の具体例としては，大画面テレビを見ながら２チャンネルステレオを中央で聴取する場合の総合品質（臨場感，映像と音響の相互作用など）を 100 としたとき，同じく４チャンネルステレオを中央で視聴したとき，あるいは中央から横へずらした席で視聴したときの総合品質などを数字で報告するという適用例がある（Ohgushi et al., 1987；黒住ら，1988）。

またマグニチュード産出法（magnitude production）は，マグニチュード推定法とは逆の方法で，実験者は聴取者にある感覚量に対応する数値を与え，聴取者はその感覚量になるように刺激量を調整する。マグニチュード推定法とマグニチュード産出法による実験データを統合することにより偏りの少ないデータが得られると考えられている（Hellman & Zwislocki, 1963）。

3. 多次元尺度法

これまで扱ってきたのは1次元的な性質をもつ対象（例えば音の大きさ）であるが，音色のように多次元的な性質をもつものについては，1次元尺度法では対応できない。その場合には多次元尺度法を使用する必要がある。

A. SD法と因子分析

音色や音の良さなどのように要因が複雑な対象に関しては，要因数を整理し物理量と対応をつけるためにSD法（semantic differential）と因子分析（factor analysis）の組合わせがしばしば用いられる。この方法は，対象となる多くの音刺激の印象を，多種類の形容詞対（例えば，明るい－暗い，やわらかい－かたい，澄んだ－濁った，等）について，聴取者が7段階（あるいは5段階など）で評価する場合に使われる。すなわち，評価データは，各対象（音刺激）に対するさまざまな形容詞対上の得点（変数）というデータ行列になる。この行列から変数間の相関係数行列を作ると，変数間に相関係数が高い組合わせや低い組合わせが生じる。相関係数が高いということは，2つの形容詞対の意味が似ているということである。相関係数が高いさまざまな形容詞対はそれらの背後にあるなんらかの変数に支配されていると考えることができる。この背後の変数を因子（factor）という。

相関係数行列を因子分析することにより，多種類の形容詞対で表されている変数をなるべく少数の変数（因子）にまとめることができる。例えば，「澄んだ－濁った」「美しい－きたない」は一般に相関が高く，美的因子と呼ばれ，「力強い－かよわい」「迫力のある－ものたりない」は迫力因子と呼ばれる。また「明るい－暗い」「かたい－やわらかい」は金属性因子と呼ばれる。これらの具体例については第7章で述べる。またSD法と因子分析の応用例については，難波ら（難波・桑野，1998）にくわしい。

B. 多次元尺度構成法

多次元尺度構成法（MDS：multidimensional scaling）は，対象相互間の何らかの距離行列（あるいはその逆の類似度行列）を求め，距離行列になるべく合うように対象を多次元空間に配置する手法である。例えば第7章で述べるように，楽器音の音色の類似の程度の印象を7段階で判断した行列から各楽器の音色の空間地図を求めることができる。もとの距離行列が地図として表現されたときにどの程度正しく表現されているかを示す指標をストレス（ひずみ）という。ストレスが大きいと地図が正確に表現できていないので，より多い次元の地図で表現する必要があるが，次元は多くても3次元までに抑えないと地図としての見やすさがなくなってしまう。

空間地図に意味づけをするために重回帰分析を行うと地図の解釈が数学的に可能になる。MDSと重回帰分析の応用例については，下記の文献（大串ら，1991；難波・桑野，1998）に詳細に述べられている。

第7節　聴覚の感じうる周波数と強度の範囲

聴覚が音として感じ取ることのできる純音の周波数範囲は，若い成人ならばほぼ20～20000 Hzとされている。この範囲より低い周波数では，身体が音としてではなく振動として感じる。またこの範囲より高い周波数の音響振動は超音波（ultrasound）と呼ばれており，音圧レベルをかなり高くしないとヒトには聴こえない。図3-1に自由音場で測定されたヒトの最小可聴値の周波数による違いを示す。この曲線は，第5章で示す「音の大きさの等感曲線」の最小可聴値と同じである（ISO 226, 2003）。一見して分かるように，最小可聴値は周波数によって大きく異なっている。また個人差は大きく，例えば1000 Hzでの標準偏差は4 dB程度もある（Kurakata et al., 2013）。音圧レベルが

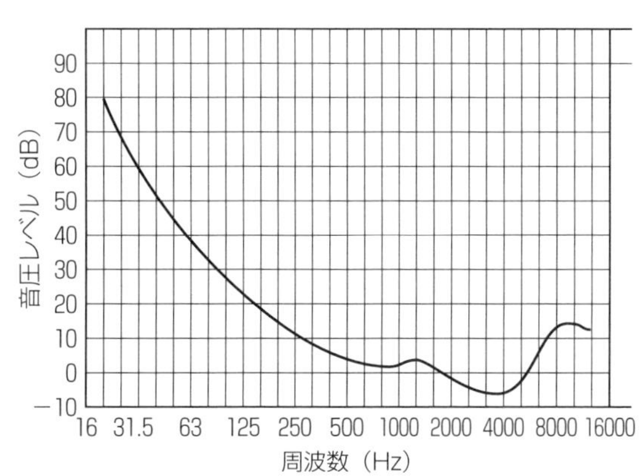

図3-1　さまざまな周波数の純音の最小可聴値
（ISO 226, 2003）

高くなり 100 dB を越えると，耳に圧迫感や不快感を感じるようになり，高いレベルの音を長時間聴き続けると，内耳の有毛細胞が強い力によって傷つき，一時的に聴力が低下したり，永久的な難聴になることがある。

最近になって測定法や技術が進歩し，純音の周波数が 20 kHz を越えた場合にどの程度まで聞こえるかが調べられている。その結果によれば，15 人の成人（18～33 歳）のうち 6 人は 22 kHz まで聴こえ，4 人は 24 kHz まで聴くことができた。ただし 24 kHz での最小可聴値は 88 dB 以上であった（Ashihara et al., 2006）。また別の実験では，16 人（19～25 歳）の左右耳（32 耳）について 100 dB をやや越えたレベルの場合には 28 kHz まで聞こえた人（3 耳）がいた（Ashihara, 2007）。ただし 90 dB での中間値は 20 kHz であった。

可聴周波数よりも低い周波数の音響振動を超低周波音（infrasound）という。可聴周波数の下限付近の周波数では音を聴覚で感じている以外に皮膚感覚で振動としても感じている。

第 8 節　音の強さと周波数の弁別

1.　強さの弁別

強さの弁別閾を測定する主な方法には，音をゆっくりと振幅変調させて変調を検知させる方法，強さの増加を検知させる方法，それに強さの異なる短音の強さのどちらがより強いかを判断させる方法（二肢強制選択法）などがある。

強さの弁別閾（DL）を dB 表示する場合には，基準音の強さを I，弁別閾に対応する強さを ΔI とすると，DL は，$(I+\Delta I)$ と I のレベル差であるから，強さの比の対数として表示される。

$$\mathrm{DL}\ (\mathrm{dB}) = 10\log_{10}(I+\Delta I) - 10\log_{10}(I) = 10\log_{10}[(I+\Delta I)/I] \quad (3.6)$$

図 3-2 に白色雑音の強さの弁別閾をさまざまな感覚レベルについて測定した結果を示す（Miller, 1947）。この図によれば，感覚レベル（SL）が 30～100 dB の範囲では，弁別閾はおおよそ 0.4 dB で，ウェーバーの法則にほぼ当てはまっている。ただし SL = 10 dB では DL = 1.2 dB，SL = 3 dB では DL = 3.2 dB と，感覚レベルが低くなると弁別閾は急激に高くなる。

ここで絶対閾上 20 dB 以下ではウェーバー比が急激に大きな値になるが，そこでもし適当な定数 a を選んで，式(3.1)のウェーバーの法則を次のように修正すると，絶対閾付近のウェーバー比を小さくすることができる（Gescheider, 1997）。

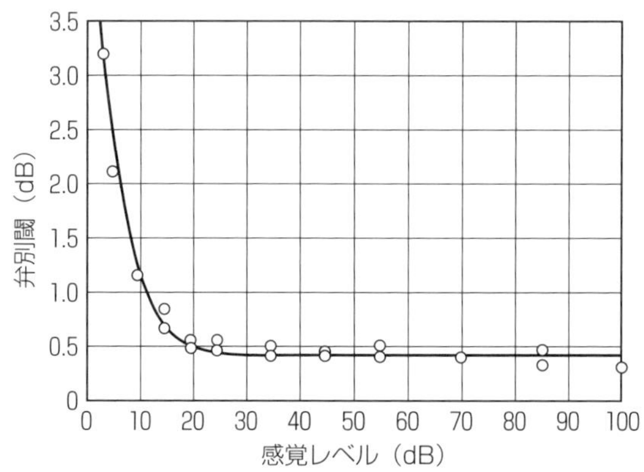

図 3-2　白色雑音の強さの弁別閾（Miller, 1947）

$$\Delta S = k(S + a) \tag{3.7}$$

音の大きさは聴神経の放電インパルス数に対応すると考えられているので，この定数 a は聴覚末梢系の聴神経の平均的な自発性放電に対応するものと解釈できる。

一方，純音を用いた実験（Jesteadt et al., 1977）では，周波数の差は認められなかったが，感覚レベルの上昇に従って弁別閾は小さくなり，弁別能力がよくなっていくことが観測された。この現象は「ウェーバーの法則へのニアミス」と呼ばれている（McGill & Goldberg, 1968a；1968b）。この原因としては，音圧レベルが増加するに従って，興奮パターンが広がり，純音刺激の周波数に近い周波数チャンネルだけではなく，もっと広い範囲の周波数チャンネルからの情報を統合することにより，弁別能力が向上すると考えられている（Moore & Raab, 1974；Florentine & Buus, 1981）。

2.　周波数の弁別

周波数の弁別閾を測定する主な方法としては，交替に提示される２つのわずかに周波数の異なる純音を聴き比べ，どちらが高いかを判断し，正しい判断が75％に対応する周波数差を周波数弁別閾とする。また古くには交互に提示される低い周波数（2～4 Hz）で周波数変調された音と変調されていない音を聴き

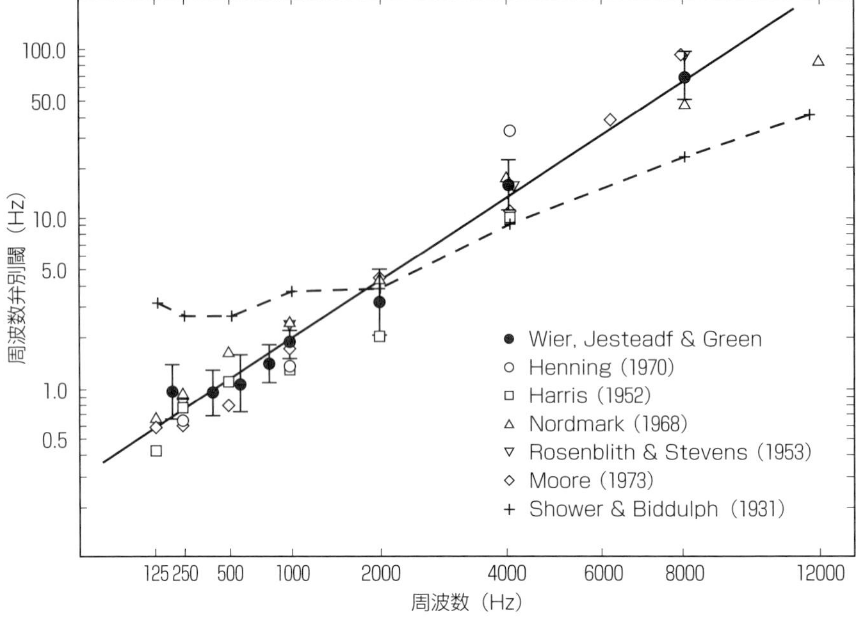

図 3-3　純音の周波数弁別閾（Wier et al., 1977）

比べ，どちらが変調されているかを判断するシャワーらの実験(Shower & Biddulph, 1931)もあった。

いくつかの実験結果（感覚レベルが 30～50 dB）をまとめたものが図 3-3 である(Wier et al., 1977)。シャワーらのデータのみが周波数変調の検知閾値を調べたものである。横軸に周波数（f）の平方根，縦軸に周波数弁別閾（Δf）をとった場合にはすべての周波数弁別閾がほぼ実線

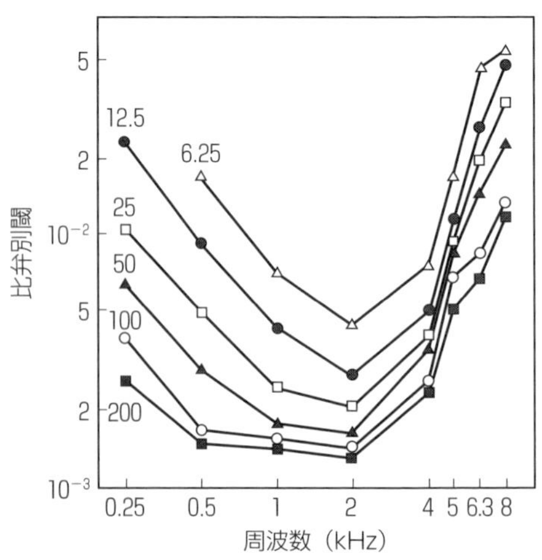

図 3-4　持続時間の異なる純音の周波数の比弁別閾（Moore, 1973）

上に乗っている。ただ平方根を取ることの理論的な意味は明らかになっていない。これらのデータから，例えば1000 Hzの純音では，1〜2 Hz変われば弁別でき，楽譜の中央ラ音に対応する440 Hzでは，約1 Hz変わっただけで弁別できることが分かる。

次に持続時間を変えて純音の周波数の比弁別閾（$\Delta f/f$）を測定した1人の聴取者の結果を図3-4に示す（Moore, 1973）。横軸は周波数，縦軸は比弁別閾である。6本の曲線につけられた数値は音刺激の持続時間（ms）を示す。比弁別閾は基準となる周波数や持続時間によって異なる。持続時間が200 msで250〜4000 Hzの周波数範囲では0.0015〜0.0025程度であるが，その周波数範囲を越えると急激に大きくなる。4〜5 kHz以上の高い周波数における弁別閾の上昇は，聴神経の位相同期の消失に関連があると考えられる（Moore, 1989）。

第9節　時間分解能の検知閾と弁別閾

時間分解能（temporal resolution, temporal acuity）とは，音刺激のなんらかの時間的変化を検知する能力のことである。音声や音楽または環境音などにおいて，一般的には音の定常的な部分よりも時間的な変化部分により多くの情報が含まれている。音の時間分解能を測定する場合の大きな問題は，音の時間的構造を変化させると周波数スペクトルまでが変化してしまうことである。例えば，10 μs幅のパルス対と20 μs幅の単一パルス（全エネルギーは同じ）の弁別実験ではパルス対の時間間隔が10 μsになれば弁別できた（Leshowitz, 1971）。しかしこの結果は2つの音刺激（10 μsのパルス対と20 μsの単一パルス）のスペクトルが異なっているので，純粋に時間分解能を測定したことにはならない。

1.　ギャップの検知閾

連続している定常音が瞬間的に途切れたとき，つまり定常音中に時間的なギャップ（空隙：gap）があったとき，その時間がどのくらいであれば検知できるかが調べられている。ギャップ検知（gap detection）は時間分解能の1つの測度である。

2つの白色雑音バーストのどちらかにギャップを入れ，聴取者はどちらにギャップが入っているかを選ぶ二肢強制選択法(2AFC)が代表的な実験法である。この場合の検知閾は，感覚レベル（SL）が30dB以上だとだいたい3msである(Plomp, 1964)。SL＝30dB以下だと，検知閾は長くなる。ギャップを入れても長時間振幅スペクトルの変化がない白色雑音は時間分解能を調べるための対象としては好都合である。

一方，狭帯域雑音に対しては，ギャップ検知閾は，音刺激の感覚レベル，帯域幅，帯域の中心周波数などによってほぼ3～40msの範囲で変化することが知られている。まず感覚レベルに関しては，ほぼ30dB程度まではギャップ検知閾は短くなっていくが，それ以上のレベルではほぼ一定である（Shailer & Moore, 1983；Fitzgibbons, 1983)。また帯域幅が広くなるほど，ギャップ検知は容易になり，閾値は短くなる(Shailer & Moore, 1983；1985；Fitzgibbons, 1983；Eddins et al., 1992)。中心周波数については，高くなるほどギャップ検知閾値は短くなる（Fitzgibbons, 1983；Shailer & More, 1983；Green & Forrest, 1989)。

白色雑音を低域通過フィルタに通した低域雑音の場合はカットオフ周波数が500Hzから6000Hzまで上昇するに従ってギャップ検知閾は短くなっていくが，高域通過フィルタに通した高域雑音の場合にはカットオフ周波数が500～6000Hzの範囲では検知閾は一定である（Fitzgibbons, 1983)。

ギャップを入れる時間的位置をランダムにすると，聴取者がギャップの時間的位置に注意を集中できなくなる。この場合には広帯域雑音，狭帯域雑音および純音のいずれの場合でもギャップ検知閾は長くなる（Green & Forrest, 1989)。

純音刺激にギャップを入れた場合については，ギャップが波形のどのような部分で切断されているかによって変化するが，ギャップの初めと終わりがスムーズにつながるような条件（位相保持条件）では，0.4，1.0，2.0kHzのどの周波数でもほぼ5msとなった。位相保持条件でない場合にはギャップがもっと短くても検知可能であった（Shailer & Moore, 1987)。

2. 持続時間の弁別

音の持続時間（duration）の弁別閾については，図3-5に示すように，持続時間が0.16～960msで，200Hz，1000Hz，3500Hzの帯域幅の低減通過雑音と1000Hz純音に対する持続時間Tの弁別閾ΔTが調べられている（Abel, 1972)。

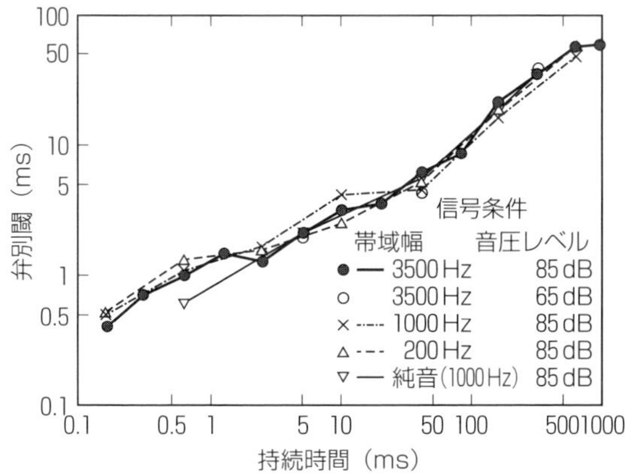

図 3-5　音の持続時間の弁別閾（Abel, 1972）

その結果は，基本的には帯域幅や強さには影響されない。ΔT は，$T = 0.16$ ms で 0.5 ms，$T = 960$ ms で 60 ms となっており，T の増加と共に単調に増大する。比弁別閾（$\Delta T/T$）は，持続時間の増大とともに 3.0 から 0.06 と小さくなっており，ウェーバーの法則は当てはまらないが，$T = 50 \sim 500$ ms の範囲に限定すればウェーバー比は 0.1 一定となっており，ウェーバーの法則が当てはまっている。

第 10 節　音の 3 要素

音の感覚は多面的であり，言葉で表現するのは難しいが，他の人に伝えるには何らかの言葉にして表現することが必要である。そこで古くから，音の多面的な感覚や印象をできるだけ単純な心理的要素に分解し，それぞれの要素について，音の物理的性質との対応づけを行う努力が続けられてきた。それらの努力の過程で，「高さ」（pitch），「強さ」（intensity），「太さ」（volume），「母音性」（vocality），「明るさ」（brightness），「緻密さ」（density），「調性」（tonality）などの音の系統が提案され，議論されてきた（和田，1950）。系統とは，一定の原理に従って並んでいる統一のあるつながりである。

ピアノの鍵盤を左から右の方へ順次叩いていくと，音の高さが低い方から高い方に変化していくという印象を受ける。このような印象の表現は世界の多くの国に共通の表現であり，「高さ」は明確な系統の１つであると考えられる。次にピアノの同一の鍵盤を強く叩くと音が強くなった印象を受ける。この「強さ」も明確な系統の１つであったが，現在では物理量には「強さ」(intensity)，感覚量には「大きさ」(loudness) と用語を使い分けている。次に，ピアノの左の方の鍵盤を叩いたときには音が太く感じられ，右端の方では細く感じられる。このような系統を「太さ」と呼んだ。次に，風鈴の音はチリン，笛の高音はピー，大きな鐘の音はゴーンというように，高い音は母音の/イ/に類似し，低い音は/オ/に類似した感覚を引き起こす。そこでこの「高さ」に関連し母音に対応する系統を「母音性」と呼んだ。

次に音が「引き締まった」，「濃い」，「固い」，「緻密さ」などの言葉で表現できるような「緻密さ」が提案されている。「緻密さ」は周波数との関係が「太さ」とは逆である。最後に「調性」であるが，ピアノの白鍵を左から右に弾いていくと，高さが一方向的に高くなっていくという感じの他に，１オクターブ離れた音はもとの音と類似な感じをもたらす。このような循環的な性質の系統は調性あるいは音調性 (tonality) と呼ばれた。これらの議論は 20 世紀初頭に盛んに行われたが，統一した明快な結論は得られなかった。

さまざまな試行錯誤が重ねられたが，現在では「音の大きさ」(loudness)，「音の高さ」(pitch) の２つの系統がある程度独立した音の基本的な系統だということで抜き出され，その他の系統は一括して「音色」(timbre, tone color) と呼ばれている。そこで現在では，「音の大きさ」，「音の高さ」，「音色」を音の３要素と呼んでいる。音の３要素については，それぞれ第５章，第６章および第７章で述べる。

第4章 マスキングと聴覚フィルタ

第1節　マスキングの定義と種類

静かなときには聴こえた音が，周囲の騒音の影響で聴こえなくなることは，日常的にしばしば経験することである。このような現象をマスキング（masking）という。なお，完全に聴こえなくならなくても音の大きさが小さくなるような状態を部分マスキング（partial masking）という。

JIS（音響用語 JIS Z 8106，2000）によれば，マスキングという用語は次のように2通りの意味に定義されている。

①他の（マスクする）音の存在によって，ある音の聴覚域値が上昇する現象。

②①の現象による聴覚域値の上昇値。単位は，デシベル，単位記号は，dB。

ここで，聴覚域値は最小可聴値と同じ意味である。また域値は閾値と同じ意味であるが，本書では閾値という用語を用いる（外林ら，1981）。また，以下では意味の混同を避けるために，上の②の意味のマスキングをマスキング量と呼び，dB 値で表す。

マスキング状況において，聴くべき音を，信号音（signal），プローブ音（probe），テスト音（test tone），マスキー（maskee），ターゲット音（target）などとさまざまな呼び方をする。プローブ音は探針，ターゲット音は標的というような意味で，マスキングの時間特性を細かく探る場合に用いられる持続時間の短い音（10 ms 以下程度）である。妨害となる音はマスキング音（masking tone, masking sound）あるいはマスカー（masker）と呼ばれることが多い。本書では主として，信号音とマスキング音という用語を用いる。

マスキングは，信号音がマスキング音に時間的に重畳して存在する場合だけでなく，時間的にわずかに離れているときにも生じる。重畳して存在する場合を同時マスキング（simultaneous masking），時間的に離れている場合を非同時マスキング（non-simultaneous masking）あるいは継時マスキング（temporal masking）という。

一般に，マスキングに関する主要部分は信号音とマスキング音のエネルギーの比較でほとんど説明ができるので，エネルギーマスキング（energetic masking）と呼ばれている（Pollack, 1975）。しかしマスキング音に不確定性を持たせることによって，エネルギーマスキングから予測されるよりももっと強いマスキングの生じることがある。このようなマスキングを情報マスキング（informational masking）と呼ぶ（Pollack, 1975）。

第２節　マスキングパターン

1. マスキングパターンと興奮パターン

エネルギーマスキングにおいて最も顕著で重要な現象は，信号音とマスキング音の周波数が近いほどマスキング量が大きく，遠くなるに従ってマスキング量が減少することである。

マスキング音を固定し，信号音の周波数の関数として，信号音のマスキング量を表現した図をマスキングパターン（masking pattern）あるいはマスキングオージオグラム（masked audiogram）という。マスキングパターンは，マスキング音に対するさまざまな特徴周波数（CF）の聴神経の興奮量（発火数）の場所パターン，すなわち神経興奮パターン（neural excitation pattern）あるいは興奮パターン（excitation pattern）を反映していると考えられる（Moore, 1989）。

信号音による聴神経（CF が信号音周波数に近い）の興奮量とマスキング音による興奮量が一定の比になるときにマスキングが生じると考えられるので，マスキングパターンは神経興奮パターンを上下方向に平行移動させたものに近い形となる（Moore, 1989）。また心理物理学的には，神経興奮パターンは聴覚フィルタ（第 4 章 10 節参照）の出力をフィルタの中心周波数の関数として示すものと定義される。

同時マスキングの心理実験は古くから行われている（例えば，Wegel & Lane, 1924）。マスキング量の測定においては，マスキング音のみとマスキング音に信号音を重畳した音を聴き比べ，その違いが知覚できる信号音の閾値を測定する。その値から信号音のみの場合の閾値を差し引いた値がマスキング量である。

ここでは代表的な心理実験結果の例を図 4-1 および図 4-2 に示す（Egan &

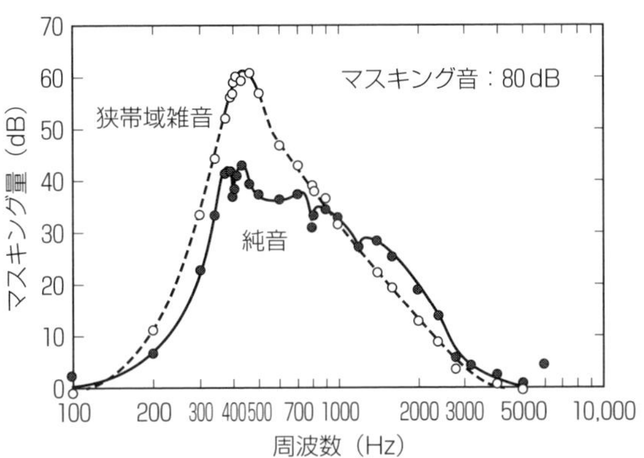

図 4-1　マスキング音が純音（実線）あるいは狭帯域雑音（破線）である場合のマスキングパターン（Egan & Hake, 1950）

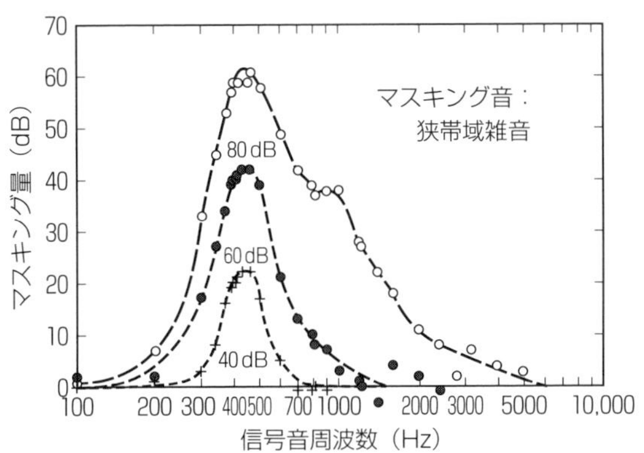

図 4-2　マスキング音が狭帯域雑である場合のマスキングパターンの音圧レベルによる変化（Egan & Hake, 1950）

Hake, 1950)。図 4-1 においては，マスキング音が周波数 400 Hz，音圧レベル 80 dB の純音刺激の場合のマスキング量を実線で示し，マスキング音が中心周波数 410 Hz，帯域幅 90 Hz，音圧レベル 80 dB の狭帯域雑音の場合のマスキング量を破線で示す。信号音は持続時間 700 ms の純音である。これらの実験結果は，ヘッドホンによる片耳聴取で聴取者 5 人の平均値である。この結果を要約すると，以下のようになる。

①信号音とマスキング音の周波数差が小さければマスキング量は大きく，周波数差が大きくなるに従って，マスキング量は減少する。
②マスキング量は周波数軸に関して非対称で，周波数の低い音は高い音をマスクしやすいが，高い音は低い音をマスクしにくい。マスキングの非対称性については，図 2-6 に示される基底膜の振動パターンから説明できる。すなわち，低い周波数に対しては基底膜が広い範囲にわたって振動するが，高い周波数に対しては基底側に振動が限定されている。したがって，低い周波数の音は高い周波数の音をマスクしやすいが，高い周波数の音は低い周波数の音をマスクしにくくなることが説明できる。
③マスキング音が純音の場合に，信号音とマスキング音の周波数が近くなると，うなり（beat）が生じ，マスキング音単独で聴く場合とは知覚的に異なるのでマスキング量は低下する。この実験では，マスキング音単独で聴いたときと比べて何らかの違いがあれば，信号音を検出したと解釈しているからである。なおこの場合はマスキング音の音圧レベルが 80 dB と大きいので，聴覚末梢系の非線形性により第 2 倍音（800 Hz）と第 3 倍音（1200 Hz）が耳内で生じ，この近くの周波数でもうなりが発生するのでマスキング量は低下している。うなりによるマスキング量の増大は，エネルギーマスキングとは異質のものなので，マスキング音として純音だけでなく狭帯域雑音が使用されたのである。マスキング音が狭帯域雑音の場合には，うなりがほとんど生じないので，ほぼエネルギーマスキングの特性を表現している。

次に，図 4-2 はマスキング音の音圧レベルを変化させた場合の狭帯域雑音によるマスキングパターンの変化の状況を示している。この図は，次のように要約される。

①マスキング音の音圧が上昇するとマスクする周波数範囲が広がりマスキング量も増大する。逆にマスキング音の音圧が低下するとマスクする周波数範囲は狭くなりマスキング量は減少する。

②マスキング音の音圧レベルが高い場合のマスキングパターンは周波数に関して非対称的であるが，音圧レベルが低下すると対称的になってくる。ベケシー（Békésy, 1947）の観測による基底膜の振動パターンは音圧レベルが非常に高い場合に対応するものである。音圧レベルが低くなると振動パターンは急峻になるので，マスキングの非対称性は弱くなると考えられる。

③音圧レベルが高くなるとわずかなうなりのため，800 Hz 付近でマスキング量のわずかな減少が見られる。

2.　聴神経におけるマスキングパターン

実際に生理実験により聴神経レベルでのマスキングパターン（興奮パターン）が測定されている（Delgutte, 1990）。彼はネコを使って，さまざまな特徴周波数（CF）の聴神経の発火閾値（無音時）およびマスキング音として周波数が 1 kHz の純音（音圧レベルは，40，60，80 dB）を与えた場合の信号音の発火閾値（masked threshold）について測定した。この結果はすでに図 2-14 に示している。

マスキングの生理的起源としては，信号音に対する聴神経の応答がマスキング音に対する神経応答の中に埋没してしまうという考え方と，聴神経における2 音抑制現象から推測して，信号音に対する聴神経の応答がマスキング音によって抑制されるという考え方がある（Moore, 1989）。おそらく埋没と抑制の両過程が混じり合って生じているものと考えられる。

第3節　マスキングの時間的効果

マスキング音の持続時間中にあるいはその前後に持続時間の短い信号音（10

ms 以下程度）が提示された場合，マスキング量が提示時刻によってどのように変化するかを調べた多くの実験がある。

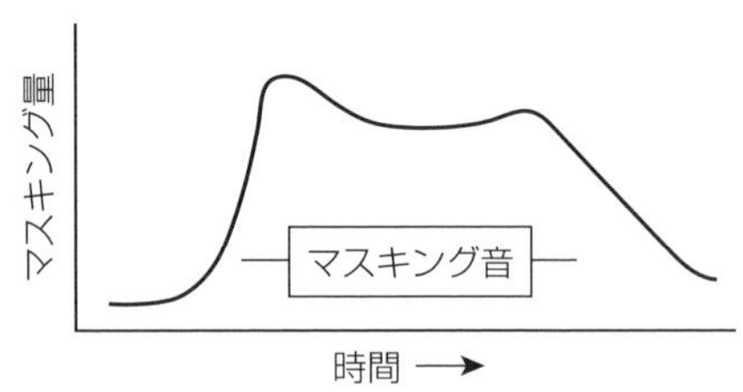

図 4–3　信号音（短音）がマスキング音と重畳される時間的位置によってマスキング量がどのように変化するかを示した模式図

図 4–3 は，短い持続時間の信号音のマスキング量が，信号音の時間的位置によってどのように変化するかを示した模式図である。ただしこの図は代表的な一つの例であって，実験条件や聴取者によって形状は異なってくる。図 4–3 を見るとマスキング音の持続時間中だけでなくその前後においてもマスキングの生じていることがわかる。マスキング音に先行する時間領域でのマスキングを逆向性マスキング（backward masking）と呼び，またマスキング音よりも後で生じるマスキングを順向性マスキング（forward masking）と呼ぶ。

またマスキング音の開始時に生じるマスキング量の増大をオーバーシュート（overshoot）という。さらにマスキング音の終了時に対応してマスキング量の増大が観測されることもあるが，これは実験条件や聴取者の違いによって観測されない場合もある。なお，逆向性マスキングをプレマスキング（premasking），順向性マスキングをポストマスキング（postmasking）と呼ぶこともある（Zwicker & Fastl, 1990）。

1.　同時マスキング

一般的な傾向として，マスキング量はマスキング音の開始時に大きく，時間の経過とともに小さくなる。

図 4–3 に示すように，マスキング音の開始に対応してマスキング量は増大する。ツヴィッカー（Zwicker, 1965a, 1965b）は，短い白色雑音あるいは純音（持続時間：2 ms または 5 ms）を信号音，持続時間が 600 ms の白色雑音をマスキング音とし，マスキング音の開始時からの信号音の遅延時間 Δt をさまざまに変えて，信号音のマスキング量を測定した。その結果，信号音が純音の場合には，マスキング音の開始時（$\Delta t = 0$）に対してマスキング量が最大となるオー

バーシュートが観測されたが，信号音が白色雑音のときにはオーバーシュートは生じなかった。また，エリオット（Elliott, 1965）は，信号音として持続時間が5 msあるいは10 msの1000 Hz純音を用い，マスキング音としては持続時間が30～1000 msの7 kHz低域フィルタを通した広帯域雑音（70 dB）を用いて実験を行った。いずれの場合もマスキング音の開始時に明らかなオーバーシュートが観測された。

その後，さまざまに異なる条件において，オーバーシュートは多くの研究者によって確認されている（Green, 1969；Zwicker & Fastl, 1972；伊福部，1973, 1975；宮坂，1983；Bacon & Viemeister, 1985；Klitzing & Kohlrausch, 1994）。

オーバーシュートの後には時間とともにマスキング量は徐々に減少していき，マスキング音の開始からほぼ200～300 msくらい経過するとマスキング量はほぼ一定になる。この現象を同時マスキングにおける順応現象と呼ぶ（Zwicker, 1965 a）。

マスキング音の終了が近づくとマスキング量が増大しはじめることがある。実験条件によっては必ず存在するとはいえないが，これらの現象はいくつか報告されている（Elliott, 1965；Elliott, 1969；宮坂，1983；Bacon & Viemeister, 1985）。

2.　逆向性マスキング

逆向性マスキングについては多くの研究がある。一般的には，短音を信号音とし狭帯域雑音あるいは広帯域雑音をマスキング音として，信号音とマスキング音の時間間隔によるマスキング量の変化を調べるのである。

逆向性マスキングの実験結果の1例を順向性マスキングの結果も含めて図4-4（Elliott, 1962）に示す。横軸は信号音とマスキング音の時間間隔である。この場合の信号音は，持続時間が5 msの1000 Hz純音，マスキング音は持続時間50 ms白色雑音（立ち上がり立ち下がり時間＝各10 ms）で，音圧レベルが90 dBである。また実線は単耳聴取の場合，破線は信号音とマスキング音が反対耳に提示された場合である。この結果（図4-4左側の実線）によれば，逆向性マスキングは無音間隔Δtが0～50 msの範囲では生じ，またΔtが長くなるに従って減少することがわかる。

一般的な傾向としては，信号音の持続時間が短いほど，マスキング音の音圧

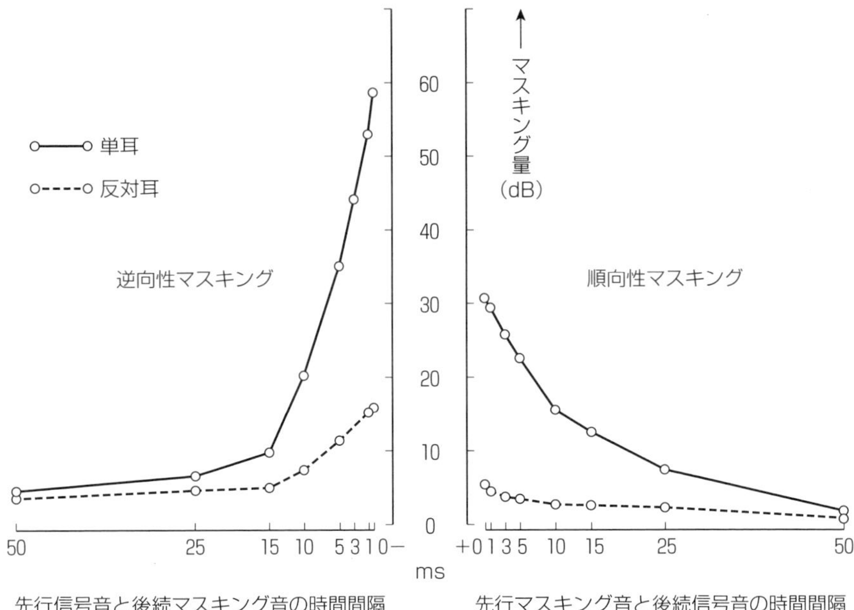

図 4-4　信号音が純音（1000 Hz，5 ms）でマスキング音が白色雑音（50 ms，90 dB）の場合の逆向性マスキングと順向性マスキングの実験結果（Elliott, 1962）

レベルが高いほど，また信号音とマスキング音が近いほどマスキング量は大きくなるが，聴取者の個人差はかなり大きい（Pickett, 1959）。

逆向性マスキングは，信号音の後に提示されたマスキング音によって生じるので，因果律に反しているように見える。しかし，この現象の説明に有力だと考えられる生理実験データが存在する（Watanabe & Simada, 1971）。図 4-5 はさまざまな相対音圧レベルのクリック音刺激に対する，ネコの各レベルのニューロンの潜時（latency）を測定したものである。潜時とは音刺激の開始からニューロンの発火までの時間をいう。

この図では，P：聴神経，C.N.：蝸牛神経核，I.C.：下丘，M.G.：内側膝状体のそれぞれのニューロンを表わす。またその右側の数字は，ニューロンの番号と，特徴周波数（Hz）を表している。ただし，N_1 は蝸牛窓のクリック音に対する応答である。この図によると，聴神経や蝸牛神経核のような末梢のニュ

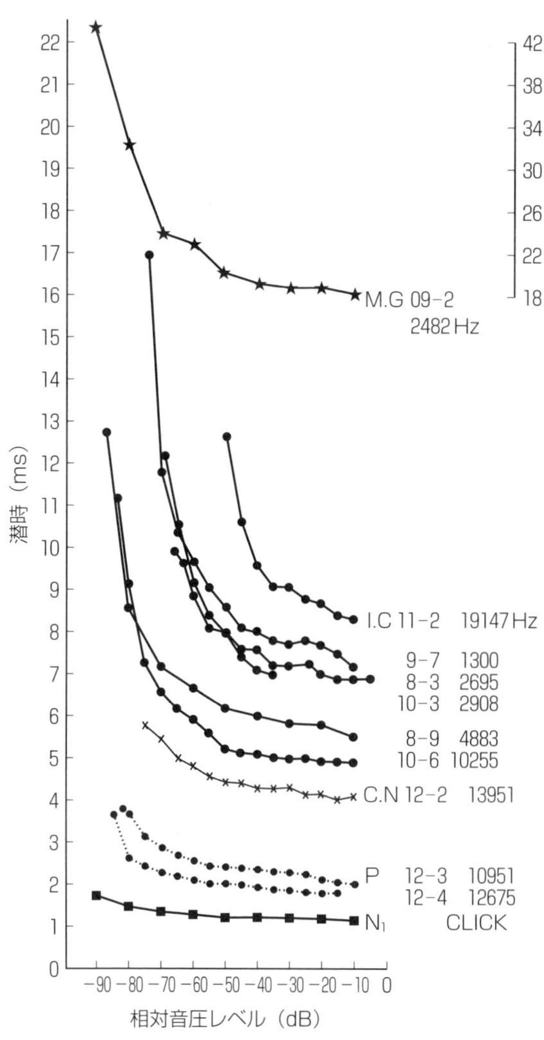

図4-5　聴覚系各レベルのニューロン応答潜時の音圧レベル依存性（Watanabe & Simada, 1971）

ーロンでは，音圧による潜時の変化は比較的少ないが，上位レベルの下丘および内側膝状体のニューロンではこの変化が大きく，相対音圧レベルの低い音に対しては潜時が非常に長くなることが示されている。この理由は，音圧レベルの低い音刺激に対しては当然にシナプス遅延が大きくなるからであろう。

したがって，先行する弱い信号音に対する上位レベルのニューロンの応答は，神経系を伝送される間に相対的に遅延し，後続する強いマスキング音に対する応答に追いつかれてその中に埋没してしまう。すなわち，逆向性マスキングは，主として下丘以上のレベルで生じているものと推測される。

3. 順向性マスキング

マスキング音が終了してからでもしばらくの間ならば信号音が提示されるとマスキング現象が生じる。この場合のマスキングを順向性マスキングと呼ぶ。順向性マスキングの実験結果の 1 例を逆向性マスキングの結果も含めて図 4–4（Elliott, 1962）に示す。この結果（図 4–4 右側の実線）によれば，順向性マスキングは無音間隔 Δt が 0～50 ms の範囲で生じ，また Δt が長くなるに従って減少するが，逆向性マスキングよりもマスキング量の変化範囲が狭い。また同時マスキングと同様にマスキング音の音圧レベルが上昇するほどマスキング量は大きくなる。

順向性マスキングがなぜ生じるのかという生理学的な説明はまだ十分になされていないが，基底膜に原因の 1 つがあると考えることができる。一般に，帯域幅の狭い帯域フィルタに音刺激が入力されるとその出力はゆるやかに成長し，ゆるやかに減衰する。基底膜は帯域幅の狭い帯域フィルタと考えることができるので，強いマスキング音が停止しても振動はしばらく続く。そこで聴神経の発火もしばらく続き，後続の信号音に対する発火が，マスキング音に対する発火の中に埋没するか，あるいは神経の疲労のために抑制される可能性が考えられる。

4. マスキングパターンの時間的変化

逆向性マスキングの時間領域では，信号音がマスキング音に近づくに従ってマスキングパターンは広がり，マスキング音の開始時に最も広がる（Elliott, 1965；宮崎・佐々木，1981；宮坂，1983；Miyazaki & Sasaki, 1984）。同時マスキングの領域では，マスキング音の開始後次第にマスキングパターンは狭くなるがマスキング音の終了時に向かって次第に広がる。また順向性マスキングの領域では，マスキング音終了直後にマスキングパターンは最も広くなり時間の経過と共に狭くなる（宮崎・佐々木，1981；宮坂，1983）。

第4節　周波数変調音によるマスキング

パトカーや消防車は警報音として周波数変調音（FM音：frequency-modulated tone）が用いられている。この理由としてはFM音が聴覚を特に刺激するからであろう。伊福部（1973）は，FM音をマスキング音とした興味ある実験を行っている。この実験では図4-6に示すように，信号音を5msの短い純音（3kHz）とし，マスキング音を持続的な1kHz純音の途中で20msという短時間の間に2kHzまで上昇させ，約300ms後にまた1kHzまで下降変化させている（片耳聴取）。このとき，マスキング量は音刺激が定常的な場合に比べて，周波数の変化時には10dB以上大きくなっている。またマスキングは周波数変化の前後にも生じる。つまり，同時マスキングだけでなく逆向性及び順向性マスキングも生じるのである。さらに信号音の反対耳にFM音を与えた場合にもマスキングが生じた。

この現象の生理的な起源としては，周波数変化とともに基底膜上の振動のピークが移動し，聴神経のもつ微分特性（音刺激の振幅や周波数の急激な変化に

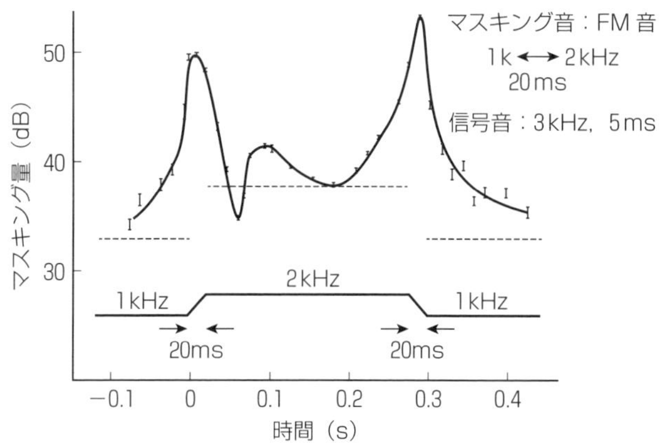

図4-6　FM音によるマスキングの実験結果（伊福部，1973）

より強く応答する特性）を効率よく働かせて聴神経の発火量を全体的に多くさせているからであろう。さらに上オリーブ核以上のレベルのニューロンで見られるいわゆるFMニューロン（第2章6節参照）も定常音に比べてマスキング量が大きくなることに貢献すると考えられる。

第5節　中枢性マスキング

信号音とマスキング音が左右別々の耳から入ってきたときに生じるマスキングを中枢性マスキング（central masking）あるいは両耳マスキング（binaural masking）という。ツビスロッキら（Zwislocki et al., 1968）は，信号音が1000 Hz純音で持続時間が10 msの短音に対するマスキングの実験を行った。マスキング音は300 Hzから2000 Hzまでの範囲のいくつかの純音（感覚レベル60 dB，持続時間250 ms）である。マスキング音の開始時からの信号音の遅延時間 Δt は0～160 msの範囲で変化させている。実験結果の1例を図4-7に示す。それらの結果は以下のように要約できる。

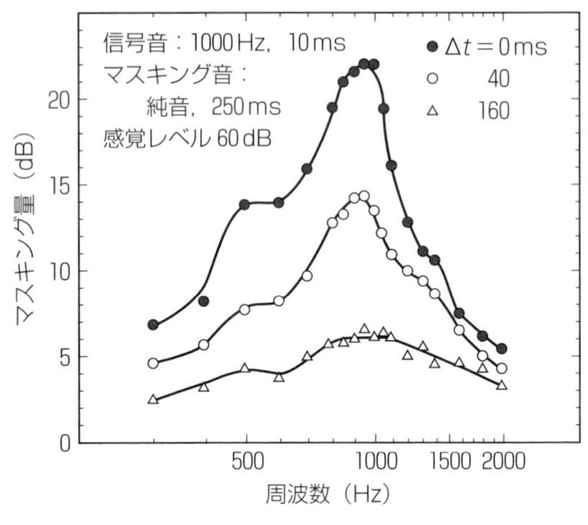

図4-7　中枢性マスキングの実験結果
（Zwislocki et al., 1968）

①マスキング音の周波数が信号音の周波数（＝1000 Hz）に等しいときにマスキング量は最大になる。

②信号音がマスキング音の開始時に一致した場合（$\Delta t = 0$）にマスキング量は最大になり，10～20 dBにもなる。マスキング量は Δt が150 ms以内に急速に減少して小さな値になる。

③中枢性マスキングは単耳条件に比べてマスキング量が小さい。また図4-4に示したように，逆向性あるいは順向性マスキングにおいても中枢性マスキングは生じるが，それらのマスキング量は単耳条件に比べてかなり小さくなる。

中枢性マスキングは両耳から別々に入ってきた信号音とマスキング音の干渉効果であるので，生理学的には聴神経と蝸牛神経核のニューロンは関与しておらず，3次ニューロンである上オリーブ複合体以上で生じる現象である。

第6節　情報マスキング

ある信号音に対してマスキング音がなんらかの意味で類似していたり，マスキング音の特性が1回の提示ごとにランダムに変化するような場合に，エネルギーマスキングからは予測できないような強いマスキングの生じることがある。このマスキングを情報マスキング（Pollack, 1975；Watson et al., 1976；Leek et al., 1991）という。

ネフら（Neff & Callaghan, 1988）は，信号音を1000 kHz純音とし，マスキング音を300～3000 Hzの範囲の多数の周波数成分を含む非調波複合音とした実験を行った。マスキング音の周波数あるいは振幅を毎回の提示ごとにランダムに変化させた。周波数成分が2成分あるいは6成分の場合には，周波数成分がランダムに変化する場合のマスキング量は，周波数を固定した場合のマスキング量よりも15 dBほど大きくなった。一方，成分の振幅をランダムに変化させた場合には影響は見られなかった。また10人の聴取者を訓練しても情報マスキングにおける個人差はなくならなかった。この実験結果は，音の選択的注意に関する聴覚中枢系が関与するものと考えられる。

さらに個人差の問題では，音楽経験の豊富な聴取者は経験の少ない聴取者と比べて情報マスキングの影響を受けにくいことが示されている（Oxenham et al., 2003）。このことは，音楽経験の豊富な人々は，音の特定のスペクトル的あるいは時間的な特徴に対して選択的聴取を行う訓練がなされているからであろう。

また音声知覚の領域でも情報マスキングが調べられている。1人の話者の声を聴いている間に，他の話者の声が聴こえてくると音声の了解度に影響を及ぼす場合がある。ブルンガルト（Brungart, 2001）は，9人の聴取者が英語のフレーズ（信号音）中に含まれる数字あるいは色を表す単語の了解度を，マスキング音（異なるフレーズで，同一人あるいは別人の発声）をさまざまに変化させて調べた。実験ではマスキング音の音圧レベルをほぼ60～70 dBとし，信号音のフレーズの音圧レベルに対するマスキング音の音圧レベルの比（S/N）を－12～＋15 dBの範囲内で変化させた。また比較のためにマスキング音として，実験試行に用いた白色雑音をフレーズの時間包絡線で変調した変調雑音と，スペクトルの形をフレーズの平均的なスペクトルと等しくした雑音も用いた。聴取者は信号音のフレーズに含まれる2つの単語（数字と色）を答えるのである。実験結果を図4-8に示す。横軸にS/N，縦軸に英単語（数字および色）が2つとも正解であった場合の正答率を示す。この実験は，エネルギーマスキングと情報マスキングの両方のマスキングを含んでいるが，下記のことから2人の発声者の音声を同時に聴取する場合には情報マスキングの影響が強いことが分かる。

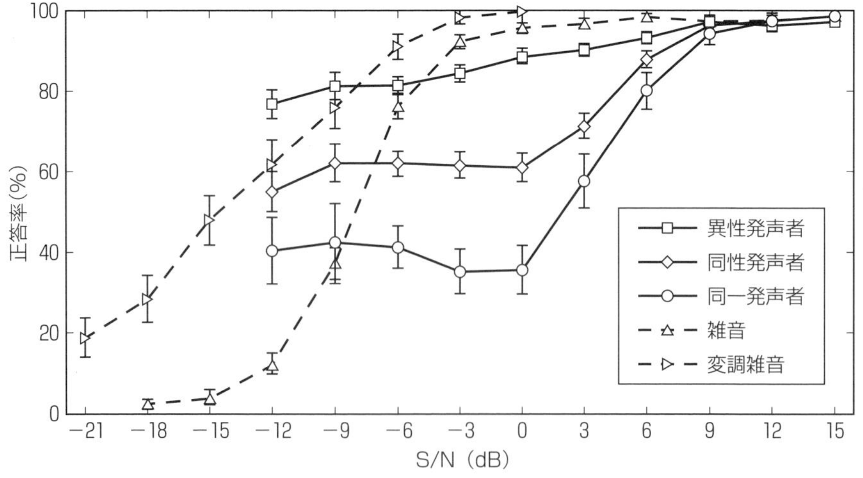

図4-8　情報マスキングの実験結果（Brungart, 2001）

①マスキング音の発声者が異性，同性，同一人である順に正答率が低くなっている。このことは，マスキング音が信号音に何らかの意味で類似しているほど聴き取り難くなるという情報マスキングの特徴に合っている。

②マスキング音として雑音を用いた場合には，正答率は S/N に対して単調に変化するが，フレーズを用いたときには正答率は S/N が 0 ～ 12 dB の範囲でほぼ一定である。

③マスキング音として雑音を用いた場合には，変調雑音よりもスペクトルの形をフレーズの平均的なスペクトルと等しくした雑音の方がマスキング効果は強かった。

第 7 節　マスキングの応用 —— 音響情報圧縮符号化

マスキング現象は，信号音に対する他の音の妨害現象であるから，一般的にはマイナスのイメージで捉えられることが多い。しかし，マスキング現象は音響信号の情報圧縮符号化方式の開発に利用されている。

1980 年代には高忠実度の音響信号伝送のための周波数帯域は 20 Hz ～ 20 kHz で十分であることが多くの実験で明らかにされた（第 7 章参照）。したがってディジタル録音や伝送のためには，サンプリング周波数が 44.1 kHz（CD）あるいは 48 kHz（DAT）で十分である。ダイナミックレンジは 16 bit で十分な S/N（16×6＝96 dB）を確保できる。伝送容量は 1 チャンネルあたり，CD の場合は 705.6 kbps（＝44.1 kHz×16 bit），DAT の場合は 768 kbps（＝48 kHz×16 bit）となる。2 チャンネルステレオだと伝送容量はこの 2 倍になる。しかしこのままだと 5.1 サラウンド用の音響信号やもっと多くのチャンネルが必要な音響信号を録音あるいは伝送することが困難になるので，国際標準化機構（ISO）と国際電気標準会議（IEC）の合同技術委員会の下部組織である MPEG（Moving Picture Experts Group）は，ビデオやオーディオの符号化方式の国際標準を 1992 年以降制定している。

とくに，MP3（MPEG-1 Audio Layer-3 の略）は CD に近い音質を保ったまま 1/12 程度まで情報を圧縮でき，インターネットや携帯音楽プレーヤーなどで使用されている。また，MPEG-2 AAC 符号化方式（Advanced Audio Coding）は 5.1 音響方式（第 11 章参照）の符号化に使用されており，やはり 1/12 程度まで情報を圧縮できる。さまざまな種類の音源を用いた 2 チャンネルステレオ再生の評価実験で，MPEG-2 AAC は，MP3 よりも音質が良いことが示されている（小森ら，1998）。さらにこれを発展させた MPEG-4 AAC 符号化方式は，22.2 ch 音響（第 11 章参照）を原音に比べて劣化させることなしに，1/20 程度の情報圧縮をすることが可能である（杉本，2016）。

音響信号の情報圧縮へのマスキング現象の利用の仕方を大まかに図 4-9 の模式図で示す。図 4-9 に示すような強いマスキング音 A（純音あるいは狭帯域雑音）が存在する場合，そのマスキングパターンは左側の勾配が急峻な三角形となる。ここで周波数の異なる別の 3 つの純音が同時に存在するとすれば，純音 B はマスクされて聴こえないが，純音 C は部分マスキングを受けて音が小さくなるが聴こえる。しかし純音 D はマスキングの影響を受けないので完全に聴こえる。つまり，これらの音響信号を符号化するためには，A 音と D 音を完全に符号化し，B 音は除外し，C 音はマスキングに影響された分だけを除き符号化すればよい。

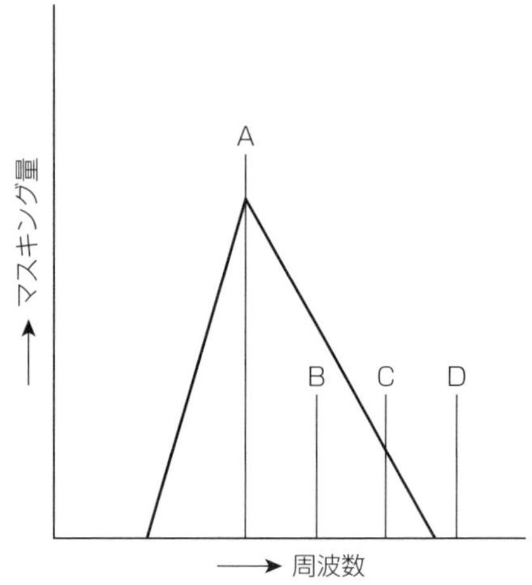

図 4-9　マスキング音 A が他の音，B，C，D に及ぼす影響を示す模式図

実際には音響信号を短時間ごとに切り取り，周波数分析を行い，各スペクトル成分の周波数と強さを求める。次に各スペクトル成分ごとにマスキングパターンを求め，音響信号全体のマスキングパターンを計算する。そして聴覚の各臨界帯域（本章第 8 節参照）にほぼ対応させた帯域フィルタ（サブバンド）ごとに量子化を行う。この量子化のビット数が小さいほど，圧縮の効率は上昇するが量子化雑音は大きくなる。そこで量子化雑音がマスキングパターンのレベルよりも低くなる範囲でなるべく小さいビット数で量子化を行えば，量子化雑音をマスキングによって消すことができる。さらに同時マスキングだけではなく，逆向性マスキングも利用されている。

マスキングパターンはツヴィッカーが標準化したものを基礎としてさらに変形したものを使用しているが，現実には聴取者によってマスキングパターンには個人差がある。したがって，符号化音声の質が原音に比べて劣化していないかどうかを多くの人による主観評価実験で確認している。

第8節　臨界帯域

マスキングパターン（図4-1参照）から明らかなように，マスキング効果は信号音とマスキング音の周波数関係に大きく依存する。信号音が純音である場合，マスキングに貢献するのは，雑音全体ではなく信号音の周波数を中心とする狭い周波数範囲の雑音のみである。この周波数帯域を臨界帯域（CB：critical band）と呼ぶ。また臨界帯域の周波数幅を，臨界帯域幅（CBW：critical bandwidth）と呼ぶ。臨界帯域幅は中心周波数によって変化する。

臨界帯域は単にマスキングという現象に関係があるだけでなく，音の大きさの知覚やその他の聴知覚現象にも関係している。

1.　フレッチャーの臨界比

臨界帯域の基礎となる実験をはじめて行ったのはフレッチャー（Fletcher, 1940）であった。フレッチャーは心理実験によって，帯域雑音をマスキング音とした場合の純音の閾値を，帯域幅の関数として調べた。ここで純音の周波数と帯域雑音の中心周波数を等しく設定し，雑音のパワー密度（1Hzあたりのパワー密度）は一定とした。したがって，帯域幅を広げると帯域雑音の全パワーは帯域に比例して増加する。この実験において，雑音の帯域幅を広げていくと，帯域幅が狭い範囲では純音の閾値は上昇するが，ある程度以上帯域を広げると閾値は変化しなくなることが見出された。すなわち，純音をマスクするのは，その周波数の近傍の雑音だけで，ある程度以上周波数の離れた雑音成分はマスキングに寄与しない。

この結果を説明するためにフレッチャーは，聴覚末梢系は通過帯域が連続的に重なり合う帯域通過フィルタ群として振る舞うと考え，基底膜の各場所はそれぞれ異なった中心周波数をもつ帯域通過フィルタに対応すると考えた。これらのフィルタは現在では聴覚フィルタ（auditory filter）と呼ばれている。

雑音のある環境で信号音を聴取する場合には，聴取者は信号音に近い中心周波数をもつ聴覚フィルタを使うと考えられる。なぜならば，その聴覚フィルタは信号音を最小損失で通過させ，雑音の大部分を阻止し信号音の周波数に近い部分だけしか通過させないので，聴覚フィルタの出力の信号対雑音比（S/N）が最も大きくなり，聴取者は信号音を最も聴取しやすくなるからである。信号音の閾値は，このフィルタを通過する信号と雑音のパワーの比（つまり S/N）によって決定されると仮定している。このような考え方のモデルは，雑音の長時間スペクトルのみを問題とし，雑音の各周波数成分の振幅変動や相対位相などを無視しているので，マスキングのパワースペクトルモデルという（Patterson & Moore, 1986）。

フレッチャーは，それ以上帯域幅を広げても純音の閾値が上昇しなくなる帯域幅を臨界帯域幅と呼んだ。彼は問題を単純化するために，聴覚フィルタの形状を矩形で近似した。臨界帯域という用語は，この矩形フィルタを指すことが多い。彼はまた次のような2つの仮定をし，白色雑音中の純音の閾値を測定することによって，臨界帯域の値を間接的に求めることが可能であると述べている。2つの仮定とは，以下の通りである。

①純音の近傍の狭い範囲（臨界帯域）内の周波数成分のみが純音のマスキングに貢献する。

②雑音がちょうど純音をマスクするとき，臨界帯域内の雑音のパワーで純音のパワー P を割った値は定数 K になる。

K の値は信号音を検出する効率の測度で，聴取者によって異なる。

雑音のパワー密度を N_0，臨界帯域幅を W（Hz）とすると，前述の②より，次のようになる。

$$P/(W \times N_0) = K \tag{4.1}$$

したがって，次の式が得られる。

$$W = P/(K \times N_0) \tag{4.2}$$

P と N_0 の値を測定し，K の値が分かれば W の値は推定可能である。フレッチャーは $K=1$ と推定した。そうすると，次のようになる。

$$W = P/N_0 \tag{4.3}$$

すなわち，雑音のパワーが純音のパワーに等しく（あるいはそれ以上に）なったときにマスキングが生じると推定した。しかしその後，2 音マスキングやラウドネスに関する実験結果から，現在では K の値はほぼ 0.4 とされている (Scharf, 1961)。

また，式 (4.3) で表わされる W の値は，現在では臨界比（critical ratio）と呼ばれている。

2.　ツヴィッカーの臨界帯域幅

ツヴィッカーら (Zwicker et al., 1957) は，4 つの純音から成る複合音のラウドネスを，最高周波数と最低周波数の差（周波数幅：Δf）の関数とし，4 成分の中心周波数に対応する純音とマッチングさせて測定した。中心周波数は，500 Hz，1000 Hz および 2000 Hz である。その結果，図 4-10 に示すように，Δf を増加させていくと，ラウドネスは Δf が狭い範囲内では一定であ

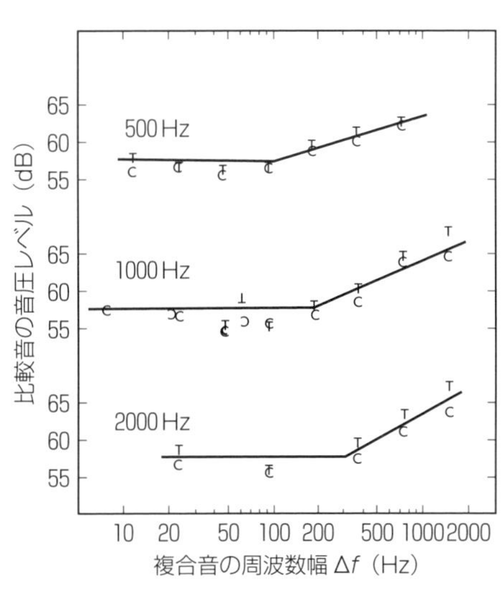

図 4-10　4 成分複合音のラウドネス
(Zwicker et al., 1957)

るが，ある臨界値を越すとラウドネスは大きくなることを示した。ここでT印は純音をマッチング音とした場合，C印は4成分複合音をマッチング音とした場合の結果である。この Δf の臨界値を臨界帯域幅（CBW：critical bandwidth）と呼んだ。

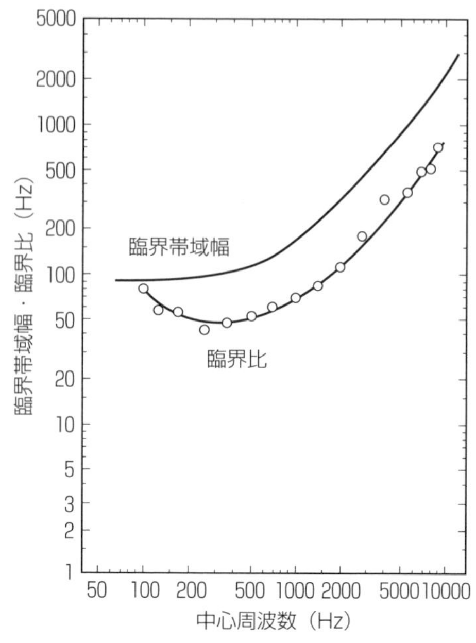

図 4-11　臨界帯域幅と臨界比
（Zwicker et al., 1957）

臨界帯域幅は中心周波数が高くなるに従って広くなる。この結果は4成分複合音だけではなく帯域雑音を実験に用いたときにも同じであった。また他の方法も含めてツヴィッカーらがまとめた臨界帯域幅を図4-11に示す。フレッチャーによる臨界比の測定値も併せて示している。ほぼ300 Hz以下の低い周波数領域を除いては，臨界帯域幅は臨界比の約2.5倍（＝1/0.4）となっている。

ツヴィッカーは可聴範囲で臨界帯域の数が24でそれぞれが周波数軸上に隣接して並んでいるような聴覚系のモデルを考え，各臨界帯域に対して低い方から帯域に番号（1から24まで）をつけている（Zwicker, 1961）。さらに各臨界帯域の周波数幅を1 Bark（バーク）と名付けた。表4-1はそれぞれ左から臨界帯域番号（critical band number），中心周波数，高い周波数側の遮断周波数，臨界帯域幅を示す。また後に，臨界帯域番号を基準にした周波数軸 z 上の値を臨界帯域レート（critical-band-rate）と呼び，0から24 Barkまで連続的な値として（整数値だけではなく小数値までも含める）表現した。臨界帯域の中心周波数 f と臨界帯域幅CBWの関係は後に数式でも近似的に次のように与えられている（Zwicker & Terhardt, 1980）。ただし中心周波数 f の単位はkHzである。

表4-1　臨界帯域（Zwicker, 1961）

臨界帯域番号	中心周波数（Hz）	遮断周波数（Hz）	帯域幅（Hz）
		20	
1	50	100	80
2	150	200	100
3	250	300	100
4	350	400	100
5	450	510	110
6	570	630	120
7	700	770	140
8	840	920	150
9	1000	1080	160
10	1170	1270	190
11	1370	1480	210
12	1600	1720	240
13	1850	2000	280
14	2150	2320	320
15	2500	2700	380
16	2900	3150	450
17	3400	3700	550
18	4000	4400	700
19	4800	5300	900
20	5800	6400	1100
21	7000	7700	1300
22	8500	9500	1800
23	10500	12000	2500
24	13500	15500	3500

$$\mathrm{CBW\,(Hz)} = 25 + 75\,(1 + 1.4f^{2})^{0.69} \tag{4.4}$$

また臨界帯域幅を単位とする尺度で表現した周波数軸 z は，次のように表される。

$$z\,(\mathrm{Bark}) = 13\tan^{-1}(0.76f) + 3.5\tan^{-1}(f/7.5)^{2} \tag{4.5}$$

ツヴィッカーは，臨界帯域の数が24でそれぞれが隣接して並んでいるように示したが，これは応用のための便利さや分かりやすさのためであって，実際には臨界帯域は離散的ではなく連続的なものである。

第９節　心理物理的同調曲線と離調聴取

マスキング現象を表現する手法として前述のマスキングパターンの他に心理物理的同調曲線（PTC：psychophysical tuning curve）がある。PTCは，信号音を低い音圧レベルに固定し，マスキング音（純音か狭帯域雑音）の周波数を何通りか変えて信号音をちょうどマスクする音圧レベルを測定するのである。代表的なPTC（Small, Jr., 1959）の例を図4-12に示す。横軸はマスキング音（純音）の周波数，縦軸は信号音が，400，800，1600，3200あるいは6400Hzの純音で感覚レベルが15dBの場合に，ちょうどマスクされるマスキング音の音圧レベルである。各データの上下の棒は95％の信頼区間を示す。また○で囲まれたデータは，聴取者のうち何人かが信号音はマスクされないと判断したマスキング音の音圧レベルである。

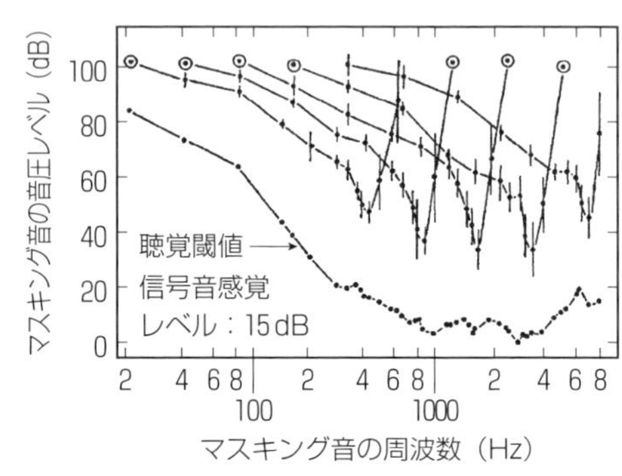

図4-12　心理物理的同調曲線
（Small, Jr., 1959）

このPTCは周波数軸に対して非対称で，高周波数側は勾配が急峻で，低周波側の勾配は比較的緩やかになっている。またわずかではあるが，PTCの最低点に対応するマスキング音の周波数は，信号音周波数よりも高くなっている（Small, Jr., 1959；Vogten, 1978）。

PTCは，聴神経の神経同調曲線とよく似た形をしている。しかし，神経同調曲線は単一聴神経から測定されたのに対し，PTCは特徴周波数（CF）のわずかに異なる多くの聴神経の活動によって生じたものと考えられる。そうするとマスキング音と信号音の周波数が異なる場合には，聴取者は必ずしも中心周波数が信号音の周波数に等しい聴覚フィルタを使用しているわけではないと考えられる。マスキング音が信号音よりも高い周波数の場合には，聴取者は信号周波数よりもわずかに低い中心周波数をもつ聴覚フィルタを通した方が信号の検出能力が上昇するからである。なぜならば，聴覚フィルタは頂上付近では平坦に近くなるが，中心から離れると傾きが急峻になるからである。

したがって，フィルタの出力での信号レベルの減少の程度はマスキング音のレベルの減少の程度よりも少ない。つまりS/Nは大きくなり，信号は検出しやすくなる。聴取者は信号を検出しやすくするためにこのような戦略をとっていると考えられる。このような聴取の仕方を離調聴取（off-frequency listening）という。

なお，聴取者が注意を集中する聴覚フィルタは必ずしも1つであるとは限らない。とくに複数の臨界帯域にわたってエネルギーが分布する音声の知覚等には，複数の聴覚フィルタの出力を使用していると考えられる（Moore, 1989）。

第10節　聴覚フィルタと等価矩形帯域幅

1.　パターソンによる聴覚フィルタの形状の測定

フレッチャーは，聴覚末梢系は帯域が連続的に重なり合う帯域通過フィルタ群として振る舞うと考えたが，この考えは現在に引き継がれている。これらのフィルタは，現在では聴覚フィルタ（auditory filter）と呼ばれている。パターソン（Patterson, 1976）は，離調聴取（信号周波数よりもわずかに高い中心周波数をもつ聴覚フィルタを用いる聴取の仕方）を避けて聴覚フィルタの形状や帯域を測定する方法を考案した。その方法を図4-13に示す。信号音は周波数を固

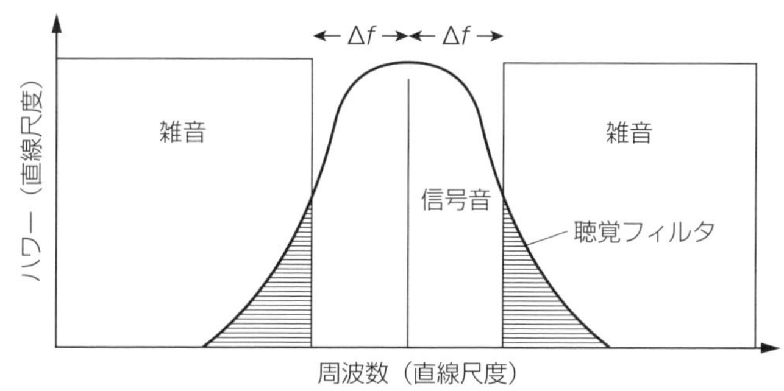

図4-13　帯域阻止雑音を用いて聴覚フィルタの形状を測定する方法（Patterson, 1976）

定した純音で，マスキング音は帯域阻止雑音（notched noise）である。

白色雑音から除去した帯域部分をノッチと呼び，帯域阻止雑音をノッチ雑音ともいう。信号音周波数と下側のノッチ雑音の上限周波数および上側のノッチ雑音の下限周波数の差は等しくし，その値をΔfとすると，Δfが小さければマスキング効果のために信号音は聴き取り難くなり，Δfが大きくなればマスキング効果は減少し，信号音は容易に聴き取れるように変化するであろう。聴覚フィルタを通る雑音のパワーは図 4-13 の斜線の部分に比例する。そこで，信号音の周波数を固定してノッチの帯域（$2\Delta f$）を変化させ，信号音の閾値を測定する。聴覚フィルタ出力における S/N が一定値になる信号音の強さを閾値に対応すると仮定すると，$2\Delta f$の変化に伴う信号音の閾値の変化が測定できる。

このようにして計算された聴覚フィルタの形状の例を図 4-14 に示す。この聴覚フィルタの周波数帯域幅（出力のパワーが半分，すなわち 3 dB 減衰する帯域幅）は中心周波数の 10～15 %の値となる。この値はツヴィッカーの臨界帯域幅よりも小さい値になっている。

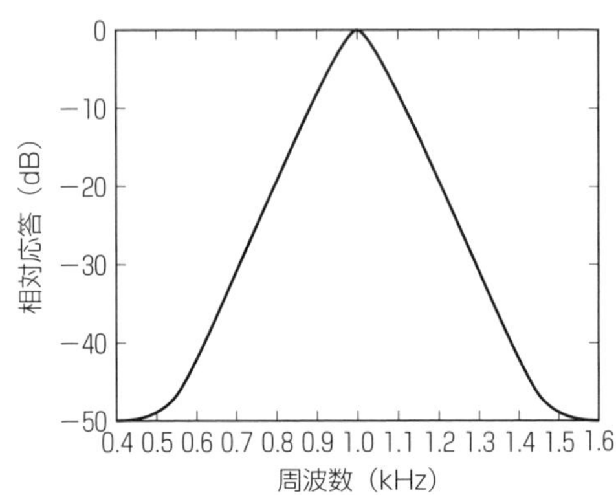

図 4-14　パターソンの方法で測定した聴覚フィルタの形状（Moore, 1989）

2.　等価矩形帯域幅と臨界帯域幅の比較

一方，この聴覚フィルタの帯域幅は，3 dB 減衰帯域幅ではなく，等価矩形帯域幅（ERB：equivalent rectangular bandwidth）としても表されている（Moore & Glasberg, 1983）。ERB とは，図 4-15 に示すように，矩形フィルタをもとのフィルタの最大の高さと等しくし，もとのフィルタの面積と等しくなるように定めたときの矩形のフィルタの帯域幅である。パターソンの方法を用いた聴覚フィルタの ERB は中心周波数の 11～17 %となっている。この値は 3 dB 降下帯域で定義した値よりもツヴィッカーの臨界帯域幅にやや近づいている。

さまざまな研究者の実験データ（Moore, 2012）をもとにして，ERB_N が中心周波数 f の関数として式(4.6)のように近似されている（Glasberg & Moore, 1990）。ここで添字の N は健聴者（normal hearing）を意味しており，ERB_N は若い健聴者に対して，中程度の音圧を用いて測定した ERB の値の平均値である。右辺の f の単位は kHz である。以後，簡単のために添字の N は省略する。そうすると，次のように表すことができる。

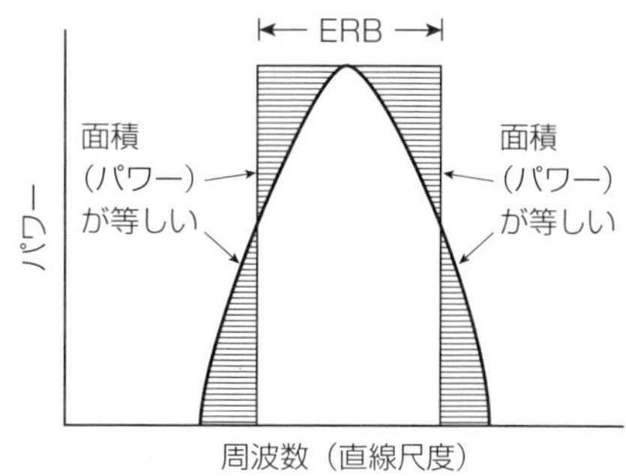

図4-15　等価矩形帯域幅（ERB）

$$\mathrm{ERB}\,(\mathrm{Hz}) = 24.7\,(4.37f + 1) \tag{4.6}$$

この等価矩形帯域幅 ERB とツヴィッカーの臨界帯域幅を比較して示したのが，図4-16（Moore, 2012）である。この結果によれば，ERB の方が全体的にやや狭いが，とくに低い周波数では臨界帯域幅はほぼ一定値であったのが，ERB では中心周波数の低下とともに狭くなっているところが大きく異なっている。

また，周波数軸をツヴィッカーらの Bark 尺度（Zwicker & Terhardt, 1980）のように，ERB を基準とした単位に変換した尺度が導入されている（Glasberg & Moore, 1990）。すなわち，ERB の番号に整数値だけではなく小数点以下の値も含めるのである。この値をツヴィッカーらの臨界帯域レートに対応させて，ERB レート（ERB rate）と呼ぶこともあるが，後には ERB 番号（ERB_N-number）と呼んでいる（Moore, 2012）。ERB 番号の単位 Cam は，ムーアらの研究所の所在地である Cambridge に因んで最初にハルトマンが Cam という名称で呼んだものである（Hartmann, 1997）。ERB 番号は，式(4.7）で表されている。ここで，中心周波数 f の単位は kHz であることに注意する必要がある。

$$\mathrm{ERB番号}(\mathrm{Cam}) = 21.4\log_{10}(4.37f + 1) \tag{4.7}$$

この値は，$f = 0$ で ERB 番号＝0 Cam, $f = 0.1$ kHz で ERB 番号＝3.37 Cam, $f = 1$ kHz で ERB 番号＝15.6 Cam, $f = 10$ kHz で ERB 番号＝35.3 Cam となる。1 Cam は基底膜上で 0.89 mm に相当する（Moore, 2012）。

ツヴィッカーの臨界帯域の数は 24 であったが，ムーアらの ERB は図 4-16 から分かるようにツヴィッカーの臨界帯域より狭いので，ERB の数は多く，35 以上になっている。

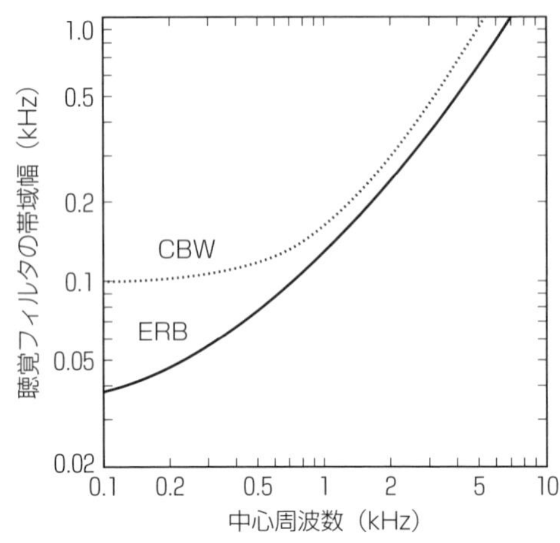

図 4-16　臨界帯域幅（CBW）と等価矩形帯域幅（ERB）の比較（Moore, 2012）

第 11 節　聴覚フィルタの相互作用と振幅変動の効果

1.　共変調マスキング解除

前述したように，純音に対する帯域雑音のマスキング量は，帯域雑音の周波数帯域を広げるに従って，臨界帯域幅（CBW）までは増大するが，それ以上雑音の帯域を広げてもマスキング量は変わらない。したがって従来は，マスキング音の存在する中から特定の周波数の純音信号を検知する場合には，聴取者は信号音対マスキング音の比が最も大きくなる単一の聴覚フィルタの出力だけを使っていると考えられてきた。

しかし，白色雑音に対しては異なる聴覚フィルタの出力はそれぞれ独立の変動をするのに対し，音声や音楽では異なる聴覚フィルタの出力間でもある程度相関のある変動をしている。ホールら（Hall et al., 1984）は，単一の聴覚フィルタの出力だけを用いるのでは説明できない現象を発見した。彼らのマスキングの実験においては，信号音は 1 kHz で 400 ms の純音である。マスキング音は 2 種類あり，1 つは中心周波数が 1 kHz のさまざまな帯域幅の帯域雑音（ランダム雑音）である。これらは異なる周波数領域では振幅は独立に変動する。もう

1つのマスキング音は，50 Hz の低域フィルタを通した雑音波形で 1 kHz の信号音を振幅変調した変調雑音である。この変調雑音の振幅は，異なる周波数領域でも同じように変動する。異なる周波数領域間での振幅変動が共通する変調は共変調（co-modulation）と呼ばれている。

帯域雑音を用いた実験結果では，マスキング音の帯域が 100～200 Hz あたりまでは閾値が上昇し，それ以上では閾値は一定になるという従来の結果と同じであったが，変調雑音を用いた場合には，雑音の帯域幅が臨界帯域幅を越えると図 4-17 に示すように信号音の閾値が低下する。つまりマスキングの効果が低下するのである。図において，横軸はマスキング音の帯域幅，縦軸は信号音の閾値である。また測定値は，マスキング音がランダム雑音（random noise）の場合には R 印で示し，変調雑音（modulated noise）の場合には M 印で示しており（各データ点の上下の線分は標準偏差を表す），両条件の間で信号音の閾値が異なることが分かる。この閾値の違いは最大で 10 dB 程度になった。

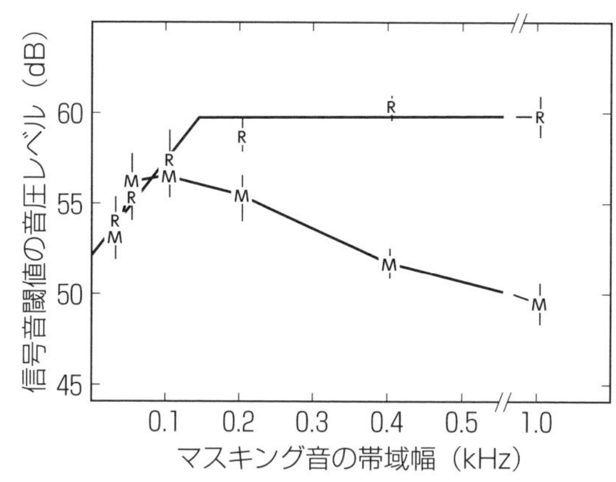

図 4-17　帯域雑音（R）と変調雑音（M）による 1 kHz 純音に対するマスキング（Hall et al., 1984）

ランダム雑音の振幅包絡は周波数帯域が変われば異なるのに対し，変調雑音の振幅包絡はどの周波数帯域でも類似しており，帯域間の相関が強い。周波数帯域が広くなるに従って信号音の閾値が低下する（信号音が検出しやすくなる）。この現象を，ホールらは共変調マスキング解除（CMR：comodulation masking release）と呼んだ。CMR は信号周波数が 500～4000 Hz の広い範囲で生じ，変調雑音の帯域幅が広くなるほど大きくなった（Haggard et al., 1990）。また変調速度が遅くなるほど CMR は大きくなった（Schooneveldt & Moore, 1989）。

従来のマスキングに対しては，信号音を含む単一の聴覚フィルタの出力のみで説明しており（パワースペクトルモデル），多くの場合にこのモデルで説明することができた。しかしながら，CMR はこの考えでは説明できない。CMR を説明するには 2 つの考え方がある（Moore, 2012）。第一の考え方は，聴覚系は中心周波数の異なる多くの聴覚フィルタの出力での包絡変調パターンを比較している。もし信号音がなければ各フィルタ出力での包絡変調パターンは類似している（相関が高い）が，信号音がある場合には信号に同調した聴覚フィルタの包絡変調パターンは他の聴覚フィルタ出力の包絡変調パターンとは異なる筈である。その差異を検出することによって CMR が生じるのである（Piechowiak et al., 2007）。第二の考え方は，聴覚系は信号周波数から離れた聴覚フィルタ出力における振幅包絡が極小値になるときの時刻を聴取者に知らせる。信号対雑音比はこの時刻において最も大きくなる（信号を検出しやすくなる）ので，聴取者はこの時刻に信号に同調した聴覚フィルタで信号を聴き取るのである（Buus, 1985）。この聴き方は振幅包絡の極小値（窪んだ部分）を利用するので，窪み聴取（dip-listening）と呼ばれている。この 2 つのメカニズムは相互に矛盾するものではないので両者が使われていると考えられる。

2. チャンネル内手がかり

共変調マスキング解除（CMR）は異なる聴覚フィルタの出力を比較して生じる現象である。しかしマスキング音の帯域幅が聴覚フィルタの帯域幅より狭くなった場合でも，マスキング音を振幅変調することによってマスキングの解除が生じることがある（Schooneveldt et al., 1989）。このことは，CMR と異なり単一聴覚フィルタの出力の中にマスキング解除を引き起こす何らかの手がかりが存在することを示している。この手がかりをチャンネル内手がかり（within-channel cues）という。このようなマスキング解除は，信号音の持続時間が少なくとも 100 ms 以上でないと生じない。マスキング音は振幅変調により振幅包絡が変動しているが，信号音が加わることによって，その変動パターンに違いが生じるのでその違いが検知されるのだと考えられる。

3. プロフィール分析

グリーンら（Green, 1983；Green et al., 1984；Bernstein & Green, 1987）は，複数

の周波数成分から成る複合音とその中心成分（信号）の強さを上げた場合の弁別閾を測定したときに奇妙な現象を発見した。それは，複合音の成分を増やしたり，成分の周波数範囲を広くすると弁別閾が低下するのである。彼らはこの現象を，聴取者が狭い周波数範囲での比較をするのではなく，スペクトルの分析を行い，記憶として貯え，2つのスペクトル形状の記憶内容を比較する包括的なメカニズムによるものと考えた。またこの現象をプロフィール分析（profile analysis）と名付けた。実験では音刺激全体の音圧レベルをランダムに変化させているので，聴取者は単一の聴覚フィルタの出力だけからでは比較ができない筈である。

複合音の音色はスペクトルの形状に大きく依存する。全体としての音圧レベルが変化しても聴取者は信号のわずか1～2dBのレベルの変化でも検知することができた。日常生活のなかで，音圧レベルとは無関係に音色（例えば母音）の違いを識別しているのはプロフィール分析の結果であると考えられる。

4.　変調マスキング

耳に入ってくる音（音声，音楽，その他）の情報としては，その音の周波数スペクトルは極めて重要であるが，一方強さの変動（包絡）を伝える情報も極めて重要である。一般にある搬送波（キャリア）音を低い周波数の正弦波で振幅変調し，さらに別の振幅変調音が重畳された場合に生じる変調の検知閾の上昇を変調マスキング（modulation masking）という。

ハウトガスト（Houtgast, 1989）は変調マスキングに関する興味深い実験を行った。ここで，マスキング音は，搬送波をピンク雑音，変調波を1/2オクターブ幅の狭帯域雑音（中心周波数は，4，8，16Hzの3通り）とし，信号音は，搬送波を同一のピンク雑音，変調波を低い周波数（1～64Hz）の正弦波とした。

実験では，この低い周波数の正弦波による振幅変調の検知閾を，狭帯域雑音の変調度の関数として聴取実験によって調べた。その結果を図4-18に示す。横軸は正弦波の周波数，縦軸は変調の検知閾である。0dBが変調度100％に対応し，－20dBが10％に対応する。正弦波の変調周波数とマスキング変調周波数が一致した場合に変調検知閾が最大になっていることがわかる。実線は，それぞれ中心周波数が4Hz（×印），8Hz（○印），16Hz（＋印）のマスキング音が

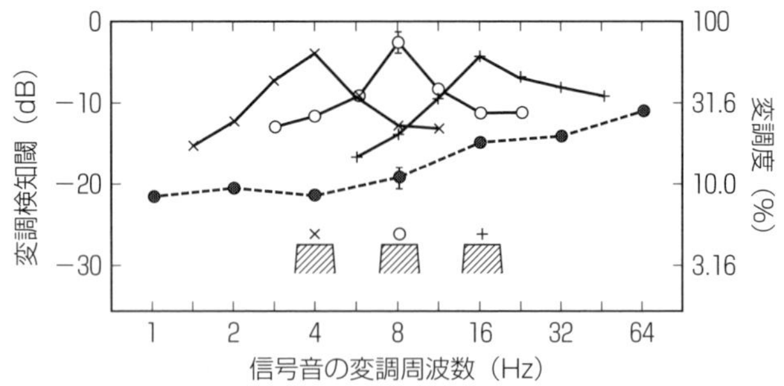

図 4-18　変調マスキングの実験結果（Houtgast, 1989）

存在する場合の検知閾である。

3 つのマスキング音それぞれに対して，マスキングパターンは中心周波数に等しい変調周波数でピークを示す逆 V 字形となった。このパターンは，変調周波数領域における選択性を示していると考えられる。なお破線はマスキング音がないときの変調の検知閾で，信号音の変調周波数が高くなるに従って上昇する。

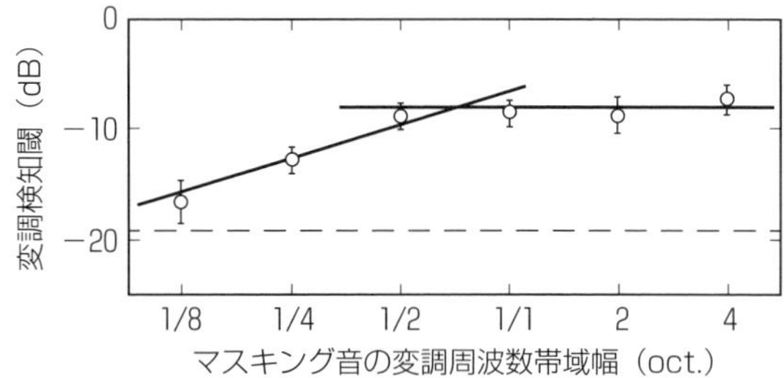

図 4-19　マスキング音の変調周波数帯域幅による変調検知閾の変化（Houtgast, 1989）

次に正弦波の変調周波数を 8 Hz とし，さらにマスキング音の変調の中心周波数も 8 Hz とした場合の変調検知閾を，マスキング音の変調の周波数帯域幅を変えて聴取実験で調べたところ，図 4-19 に示すように，帯域幅が 1/2 オクターブまでは検知閾は上昇するが，それ以上の帯域幅になると検知閾は一定となった。この現象は古典的なフレッチャーの臨界帯域の実験（Fletcher, 1940）の結果を変調周波数領域で表現したものと考えることができる。

エバートら（Ewert & Dau, 2000）の類似の実験では，マスカーの変調周波数が 64 Hz までは逆 V 字形のマスキングパターンが得られたが，変調周波数が 256 Hz まで高くなるともはや変調マスキングは生じないことが示されている。

5. 変調検知妨害

純音を低い周波数の正弦波で振幅変調したAM音（信号音）の変調を検知する場合には，その変調周波数と同じ周波数で振幅変調した別のAM音（マスキング音）を加えると，両AM音のキャリア周波数が大きく離れていても変調の検知閾が増大する（Yost & Sheft, 1989）。この現象を変調検知妨害（MDI：modulation detection interference）という。信号音の変調の検知閾は，変調されていない音をマスキング音として加えてもほとんど変化しない。信号音とマスキング音のキャリア周波数を1kHzと4kHzあるいはそれらを入れ替えた場合，MDIは最大15dBにもなった。さらに変調周波数を5Hzから200Hzまで高くしていくとMDIは減少した。また信号音とマスキング音の変調周波数が等しい場合にMDIは最も大きく，両変調周波数が離れるに従って小さくなった（Yost et al., 1989）。

変調マスキングや変調検知妨害などの現象と関連して，聴覚系にはさまざまな変調周波数に同調している変調フィルタバンクが存在するという主張がある（Houtgast, 1989；Bacon & Grantham, 1989）。この各変調フィルタの帯域幅は，変調周波数が10Hz以下では一定で，変調周波数が10～1000Hzの範囲では対数尺度上で一定（$Q=2$）となる（Dau et al., 1997）。生理学的な基礎としては，下丘のニューロンに変調周波数に選択的に反応するニューロンのあることが知られている（Langner & Schreiner, 1988）。

なおMDIはAM音だけでなく，周波数変調音（FM音）の場合にも同様の現象が生じることが知られている（Wilson et al., 1990）。

第12節　時間的変調周波数伝達関数

ある定常音に振幅の時間的変動を与え，その変動の検知閾を測定すると，時間分解能の1つの側面を知ることができる。時間分解能の測度の1つとして時間的変調周波数伝達関数（TMTF：temporal modulation transfer function）が使用されている。TMTFは，定常音（雑音や純音）を正弦波で振幅変調をした振幅変調音（AM音）について，変調度がどの程度になったときに検知できるかを調べたものである。キャリア（搬送波）を白色雑音（音圧レベル：40 dB）とし，変調波を正弦波としたときのAM音についてTMTFを4人の聴取者について測定した結果を図 4-20 に示す（Viemeister, 1979）。横軸は変調周波数，縦軸は検知閾に対応する変調度指数（0〜1の範囲の変調度の対数に20を掛けた値）である。

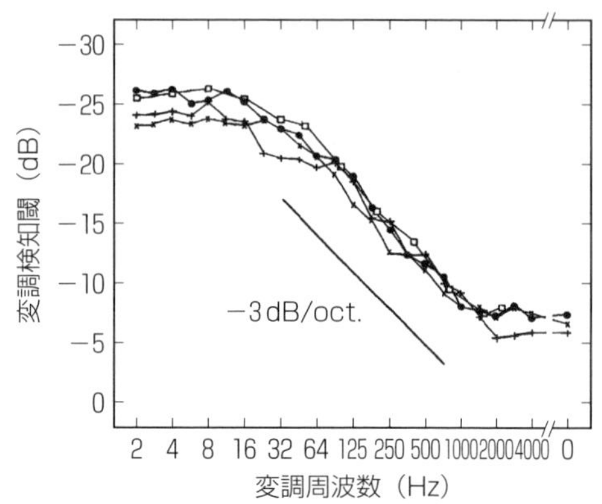

図 4-20　キャリアが白色雑音の場合の時間的変調周波数伝達関数（TMTF）
（Viemeister, 1979）

この結果によれば，変調の検知閾は変調周波数が 16 Hz 位まではほぼ平坦であるが，それ以上になると 1000 Hz 位までは 1 オクターブにつき 3 dB の勾配で検知感度が低下（検知閾が上昇）する。それ以上の周波数になると，4000 Hz までは一定となる。これらの値はキャリアの強さによってはあまり変化しない。また白色雑音を帯域フィルタに通し，帯域の効果を調べると，中心周波数を 10 kHz，1 kHz，200 Hz と低くするに従って TMTF を表す曲線は下方に（検知閾が上昇する方に）ほぼ平行移動した形になる。大まかな傾向や帯域の効果は他の実験でも同様である（Eddins, 1993）。

一方，純音（音圧レベル：75 dB）を正弦波で振幅変調した AM 音についての実験結果（TMTF）を図 4-21 に示す（Kohlrausch et al., 2000）。この図では，縦軸の方向が図 4-20 とは逆に表示され

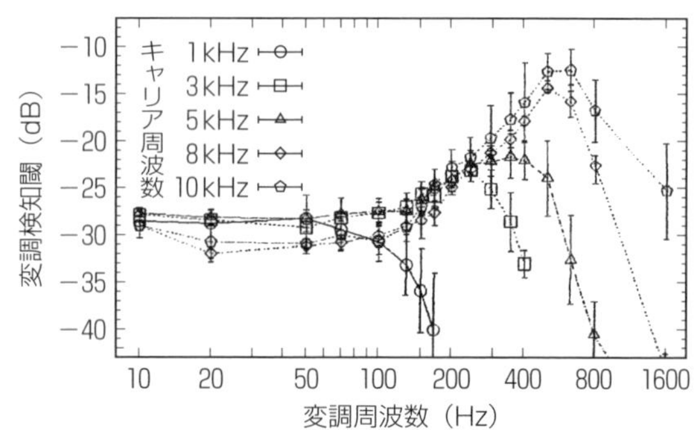

図 4-21　キャリアが純音の場合の時間的変調周波数伝達関数（TMTF）（Kohlrausch et al., 2000）

ているので注意しなくてはならない。つまり縦軸の下方がより検知感度がよい方向になる。TMTF の特性はキャリア周波数によって異なっているように見える。すなわちキャリア周波数が 1 kHz ならば TMTF は変調周波数が 100 Hz 程度以上で下方に屈曲しているが，キャリア周波数が高くなると TMTF にピークが生じるようになる。この下方への屈曲（検知閾の下降）は，振幅変調によって側帯波（キャリア周波数±変調周波数）が生じ，キャリア周波数成分と側帯波成分の周波数間隔が広くなり，1 つの聴覚フィルタに入り切れなくなるために生じたものと考えられる。つまり時間分解能の問題ではなく，周波数分解能の問題になる。そこで各キャリア周波数に対応する曲線の下方向への屈曲点までを観察するとキャリア周波数に関わらずほぼ一致しており，TMTF は低域フィルタ特性を示すことが分かる。

第5章　音の大きさ

第1節　音の大きさとは

一般に，強い音を聴くと大きな音として感じ，弱い音を聞くと小さな音として感じる。しかしわれわれが通常耳にする音は，音声や音楽や自然界の騒音など，時間的に強さが変動する音である。これらの音の大きさについては後述することとし，最初は時間的に音の大きさが変動しない定常音について述べる。

「音の強さ」は第1章で述べたように音圧の2乗に比例する物理量であるが，主観的な大きさを表す用語は，「音の大きさ」または「ラウドネス（loudness）」といい，心理量（感覚量ともいう）である。ただし，「音の大きさ」は「音の強さ」だけではなく，純音の場合には音の周波数，複合音の場合にはスペクトル構造によって異なり，また音の時間構造（音刺激の包絡線など）によっても影響される。

音の大きさは，「聴覚にかかわる音の属性の一つで，小から大に至る尺度上に配列される」と定義されている（JIS Z 8106, 2000；American National Standard Acoustical Terminology, 2013）。また音の大きさの単位はソン（対応英語は sone）で，1ソンは，平面波として前方から提示された音圧レベルが 40 dB で周波数が 1000 Hz の純音の大きさに等しい。さらに，1ソンの n 倍と聴取者に判断された音のラウドネスが n ソンである。また，純音の場合でも周波数が異なれば，音圧レベルが等しくてもラウドネスは異なる。なお，ある音の「音の大きさ」という表現は，「音の」が重複していて冗長になるので，本書では，主としてラウドネスという用語を用い，場合によって併用することとする。

さまざまな音のラウドネスを表現する場合に，基準となる音が必要になる。そこで，古くから 1000 Hz の純音が，①数学的に表現が簡単，②中音域であって聴覚閾値（＝聴覚域値）が比較的低い，③音の高さの基準音として 1000 Hz

が用いられている，などの理由で，基準音として採用されている（Fletcher & Munson, 1933）。

そこである音について，正常な聴力をもつ人が，その音と同じラウドネスに聴こえると判断した1000 Hz純音の音圧レベルを,「音の大きさのレベル」あるいは「ラウドネスレベル（loudness level）」という。ラウドネスレベルは，さまざまな音のラウドネスと等しくなる1000 Hz純音の音圧レベル（dB）であり，物理量で表現されている。ラウドネスレベルの単位はフォン（対応英語はphon）である（JIS Z 8106, 2000；American National Standard Acoustical Terminology, 2013）。例えば，1000 Hzで40 dBの純音のラウドネスレベルは40フォンであり（40ホンという言い方は誤り），50 dBの1000 Hz純音のラウドネスレベルは50フォンである。

第2節　音の大きさの等感曲線（等ラウドネス曲線）

純音のラウドネスは同じ音圧レベルであってもその周波数によって異なる。聴取実験によって，1000 Hzの純音と同じラウドネスとなる他の周波数の純音の音圧レベルを求め，それらを結んだ曲線を「音の大きさの等感曲線」あるいは「等ラウドネス曲線（equal-loudness contours）」という。また「等ラウドネスレベル曲線（equal-loudness-level contours）」ともいう。この実験は最初にフレッチャーとマンソンによって行われ（Fletcher & Munson, 1933），彼らの実験結果の曲線は「フレッチャー・マンソン曲線」と呼ばれている。

しかしこの測定にはヘッドホンが使用されたので，自由音場条件に変換する誤差の問題が指摘され，後にロビンソンとダッドソン（Robinson & Dadson, 1956；Robinson, 1957）により，自由音場（無響室内）で測定された等ラウドネス曲線が国際規格（ISO 226, 1987）となった。

さらにその後，この曲線はフレッチャー・マンソン曲線に比べて500 Hz以下の周波数で10 dB以上も小さな値になることが問題となり，デンマーク，日本，ドイツでいくつかの周波数やラウドネスレベルに関して12の独立な実験が行われた。1999年から東北大学の鈴木が中心になり，デンマーク，ドイツ，アメリカとの国際的な共同研究を行い，特定の周波数ごとの離散的実験データを内挿式に当てはめて各ラウドネスレベルについての連続的な等ラウドネス曲線を導いた (Suzuki & Takeshima, 2004；鈴木・竹島, 2004)。図 5-1 は自由空間（無響室内）において聴力が正常な 18〜25 歳の聴取者が，正面からの純音を両耳で聴いたときの等ラウドネス曲線で，現在の国際規格となっている (ISO 226, 2003)。図中の 10 フォンの曲線は，聴覚閾値と 20 フォンの間のデータがないので点線で示されている。また 100 フォンの曲線は 1 つの研究機関のデータしかなかったので同じく点線で示されている。

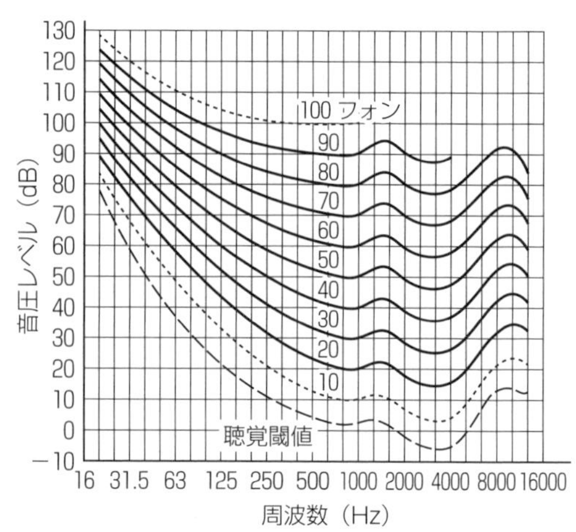

図 5-1　等ラウドネス曲線（ISO 226：2003）

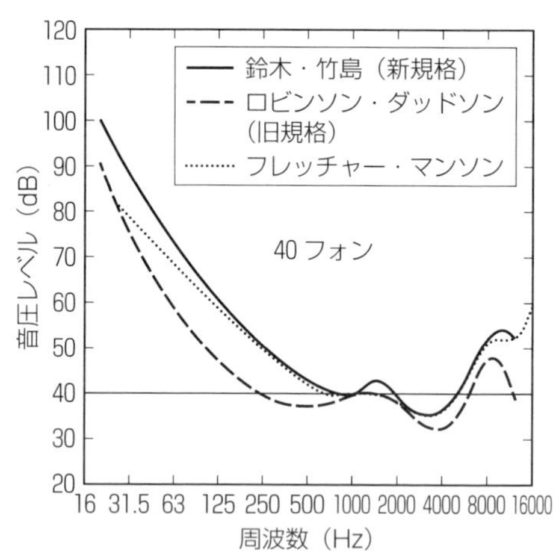

図 5-2　3 つの等ラウドネス曲線の比較

現在の等ラウドネス曲線（鈴木・竹島曲線）がフレッチャー・マンソン曲線やロビンソン・ダッドソン曲線とどのように異なるのかを図 5-2 に示す。見やすくするためにラウドネスが 1 ソン（ラウドネスレベルは 40 フォン）の曲線のみを示す。この図によれば，ロビンソン・ダッドソン曲線がとくに 1 kHz 以下で他の曲線とは異なっている。またロビンソン・ダッドソン曲線では最も聴覚閾値の低い周波数は 4000 Hz であったが，鈴木・竹島曲線では 3150 Hz となっている。

第3節　ラウドネス関数

心理量（感覚量）であるラウドネスは，物理量である音圧レベルが増大するに従って大きくなる。そこで，ラウドネスを音圧レベルやラウドネスレベルなどの物理量の関数として表現した関係をラウドネス関数（loudness function）と呼ぶ。ラウドネス関数がどのような形をしているのかを知ることはラウドネスを理解するためには極めて重要である。

1.　スティーブンスの公式 ── ラウドネスレベルとラウドネスの関係

スティーブンス（Stevens, 1957）は，さまざまなモダリティや感覚の種類（視覚：明るさ，聴覚：音の大きさ，味覚：砂糖の甘さ，など）について，刺激に対する感覚量は刺激の物理量のべき関数で表現できると考えていた。すなわち，感覚量を S，物理量を I とすると，次のようになる。

$$S = kI^n \tag{5.1}$$

ただし k は比例定数で，n は感覚のモダリティや種類によって異なった値をとる。この公式をスティーブンスのべき乗則（Stevens' power law）という。

スティーブンス（Stevens, 1955）は心理量であるラウドネス（ソン）と物理量であるラウドネスレベル（フォン）の関係をべき乗則を用い，式(5.2）で表現した。すなわち，ラウドネスを S，ラウドネスレベルを L とすると，次のようになる。

$$S = 2^{(L-40)/10} \tag{5.2}$$

以下，この式が得られた過程について述べる。なお，ここでは 1000 Hz 純音を対象にしているので，ラウドネスレベルは音圧レベルと等しくなる。

スティーブンスは，1930 年から 1954 年までに多くの研究者によって行われた，ラウドネスが感覚的に半分になるための 1000 Hz 純音の強さの減衰量および 2 倍になるための増加量を調べた心理実験結果（マグニチュード推定法，恒常法，調整法による）を集計した。その結果，178 のデータの中間値（median）

はちょうど 10.0 dB で，平均値は 10.9 dB，標準偏差は 3.9 dB であった。標準偏差はずいぶん大きな値であるが，ラウドネスを尺度化するために，ある程度の個人差を無視して，平均的な聴取者の 2 つの 1000 Hz 純音のラウドネスが 2：1 となるための強さの比を中間値の 10 dB とした。

そこでまず，式 (5.1) の n を求める。2 つの 1000 Hz 純音の強さをそれぞれ I_1 および I_2 とし，対応する 2 音のラウドネスをそれぞれ S_1 および S_2 とすると，式 (5.1) と 2 つの音のラウドネスの比 (S_1：S_2) が 2：1 となることから，次のようになる。

$$(S_1/S_2) = (I_1/I_2)^n = 2 \tag{5.3}$$

対数を取り，$\log_{10} 2$ の値として近似値の 0.3 を用いると，

$$n \log_{10}(I_1/I_2) = \log_{10} 2 = 0.3 \tag{5.4}$$

実験結果から，次のようになる。

$$10 \log_{10}(I_1/I_2) = 10 \tag{5.5}$$

よって，式 (5.4) と式 (5.5) から，

$$n = 0.3/\log_{10}(I_1/I_2) = 0.3 \tag{5.6}$$

次に，式 (5.1) の両辺の対数を取ると，

$$\log_{10} S = \log_{10} k + 0.3 \log_{10} I \tag{5.7}$$

1000 Hz 純音に対しては，ラウドネスレベル L は音の強さのレベルに等しくなるので，

$$L = 10 \log_{10}(I/I_0) \tag{5.8}$$

ここで I_0 は基準の音の強さ ($I_0 = 1\,\mathrm{pW/m^2}$) である。式 (5.8) から，

$$\log_{10} I = L/10 + \log_{10} I_0 \tag{5.9}$$

式 (5.9) の $\log_{10} I$ を式 (5.7) に代入すれば，

$$\log_{10} S = \log_{10} k + 0.03L + 0.3\log_{10} I_0$$
$$= 0.03L + (\log_{10} k + 0.3\log_{10} I_0) \tag{5.10}$$

$L=40$ フォンのときに $S=1$ ソンであるから，それらの値を式(5.10) に代入すれば，

$$0 = 0.03 \times 40 + (\log_{10} k + 0.3\log_{10} I_0) \tag{5.11}$$

すなわち，

$$(\log_{10} k + 0.3\log_{10} I_0) = -1.2 \tag{5.12}$$

これを式(5.10) に代入すると次の式が得られる。

$$\log_{10} S = 0.03L - 1.2 = 0.03(L - 40) \tag{5.13}$$

となる。ここで次のことに留意する。

$$\log_{10} S = \log_2 S/\log_2 10 \tag{5.14}$$

式(5.14) を式(5.13) に代入すると，

$$\log_2 S = \log_2 10 \times 0.03(L - 40) \tag{5.15}$$

ここで 0.03 を $\log_{10} 2/10$ で置き換えると，

$$\log_2 S = (\log_2 10 \times \log_{10} 2) \times (L - 40)/10$$
$$= (L - 40)/10 \tag{5.16}$$

したがって，

$$S = 2^{(L-40)/10} \tag{5.17}$$

となる。式(5.17) は式(5.2) と同じである。

また逆に L を S の関数として表すと，次のようになる。

$$L = 40 + 10\log_{10} S \tag{5.18}$$

2. 心理実験結果

スティーブンスがまとめた結果においても，音圧レベルが 30 ～ 40 dB 以下になるとラウドネスが半分になるのに要する音圧レベル差は，ラウドネスが 2 倍になる音圧レベル差よりも小さくなる傾向が示されている（Stevens, 1955）。つまり，音圧レベルが低い場合には，より小さい音圧レベル差でラウドネスの変化が大きくなる傾向が示されている。しかし彼は式(5.2) を近似式として可聴音圧レベルの全体にわたってラウドネス関数とした。

その後，ヘルマンら（Hellman & Zwislocki, 1961, 1963）は，静かな環境の中で 1000 Hz 純音を聴いたときのラウドネス関数を調べた。ここで彼らが注目したのは，各聴取者の 1000 Hz 音の閾値には個人差が大きいことである。したがって，ラウドネス関数の横軸を音圧レベルとはせず，感覚レベル（各人の聴覚閾値を基準とした音圧レベル）とした。その結果は，感覚レベルがほぼ 30 dB 以上ではスティーブンスの式(5.2) ともかなりよく合っているが，30 dB 以下では感覚レベルの低下とともにラウドネスが急激に低下していることが明らかになった。

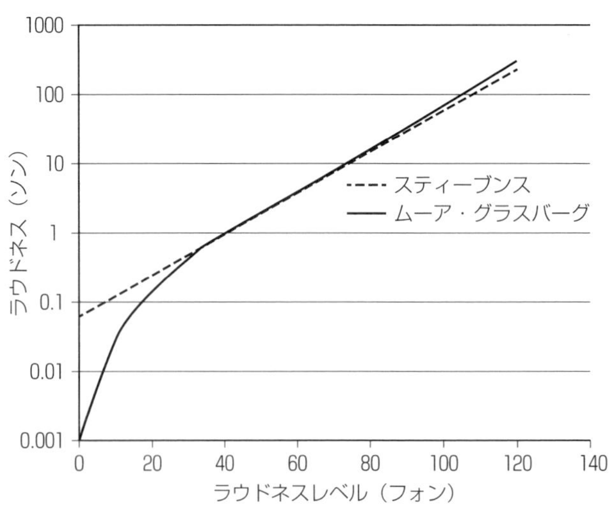

図 5-3　1000 Hz 純音のラウドネス関数

図 5-3 は 1000 Hz 純音に対するラウドネス関数をスティーブンスの式 (5.2) と最新のムーアとグラスバーグ（ISO 532-2, 2017）の設定値を比較して示している。破線はスティーブンスの式，実線はムーアとグラスバーグの設定値である。実線の方は，ラウドネスレベルが低くなるとラウドネスの変化が急峻になることが示されている。またツヴィッカー（ISO 532-1, 2017）は，ラウドネス N が 1 ソン未満のときのラウドネスレベル L（フォン）の計算値を，次のようにしている。

$$L = 40\,(N + 0.0005)^{0.35} \tag{5.19}$$

この計算値は，$10 < L < 40$ の範囲では上述のムーアとグラスバーグの設定値とほぼ等しい値をとる。

以上は 1000 Hz 純音のラウドネス関数について述べたものであるが，他の周波数についてはどうなるであろうか。1000 Hz 以下の低い周波数では，聴覚閾値が 1000 Hz よりも高くなるので，ラウドネス曲線は右下方向に移動する（Hellman & Zwislocki, 1968）。また 3000 Hz で調べた結果では，聴覚閾値が低くなるので 1000 Hz のラウドネス曲線の左上方向に移動する（Hellman, 1976）。

第４節　ラウドネスの両耳加算

ラウドネスの単位ソンは，自由音場で前方から到来した音を両耳で聴取した場合の単位である。音刺激を両耳で聴取した場合のラウドネスは，両耳に別々に分離して提示された音刺激の場合のラウドネスの単純な和となると考えられてきた（Fletcher & Munson, 1933, 1937；Hellman & Zwislocki, 1963；Marks, 1978）。つまり両耳によるラウドネス（binaural loudness）は単耳によるラウドネス（monaural loudness）の２倍（ソン値で）になるというわけである。したがって単耳によるラウドネスを両耳によるラウドネスに等しくするためには，単耳に提示する音を両耳提示の場合よりも 10 dB だけ高くしなければならない。しかし，別の実験結果やその後の実験結果から，両耳によるラウドネスは単耳によるラウドネスの２倍よりは小さな値になることが明らかにされてきた。

このような実験結果として，シャーフ（Scharf, 1969）は，両耳によるラウドネスは単耳によるラウドネスの1.4～1.7倍となるという結果を報告した。しかも，両耳に異なった周波数の等しい大きさの音を与えたとき，総合ラウドネスは周波数差には関係がないことも示した。この結果は，単耳によるラウドネスと両耳によるラウドネスが等しくなるために必要な音圧レベル差BLDEL（binaural level difference for equal loudness）で表現するとほぼ5～8dBとなる。またツヴィッカーら（Zwicker & Zwicker, 1991）は1.5倍（BLDEL＝6dB）という結果を得た。さらにウィルビーら（Whilby et al., 2006）は1.4～2倍（BLDEL＝5～9dB）という同じ傾向を見出した。またBLDELは提示音圧レベルによっても変わり，音圧レベルが40～70dBで最も大きくなり（8～9dB），音圧レベルがそれより高くても低くても小さくなる傾向が見られた。

最小可聴値も，自由音場で測定した場合とヘッドホン聴取の場合では当然異なった値となる。自由音場の場合は両耳聴取で耳介の形なども影響を及ぼすが，ヘッドホン聴取の場合は片耳聴取で耳介の影響は受けない。自由音場における最小可聴値をMAF（minimum audible field）と呼び，ヘッドホン聴取の場合の最小可聴値をMAP（minimum audible pressure）と呼んでいる。一般にMAFの方がMAPよりも音圧レベルでは6dB程度低くなる。

さらに，帯域雑音の両耳間相関係数を変えた場合には，相関係数が0の場合に，相関係数が＋1あるいは－1の場合に比べてラウドネスがわずかに大きくなった。この現象は帯域雑音に低い周波成分が含まれている場合に生じた（Edmonds & Culling, 2009）。またこの結果は，相関係数が0の場合には音像が広がる（Kurozumi & Ohgushi, 1983；黒住・大串，1985）ことに関連がありそうである。

第5節　マスキング音の存在中におけるラウドネス

ある音を聴いている場合にマスキング音が同時に存在すると，聴くべき音（信号音）は当然聴こえにくくなる。この現象を，マスキング現象と呼ぶ。マスキング音が存在すると，信号音の閾値が上昇するだけではなく，信号音のラウドネスが低下する。

ロヒナーら（Lochner & Burger, 1961）は，マスキング雑音がない場合の1000Hz純音と1オクターブ帯域（700～1400Hz）のランダム雑音（1000Hz純音の閾値を 15dB, 35dB, 55dB とする強さ）中の 1000Hz 純音とを両耳ヘッドホンで交互に聴取し，両方の純音のラウドネスが等しくなるように雑音がない方の純音のラウドネスを調整する心理実験を行った。

また彼らは，スティーブンスのベキ関数である式（5.1）の代りに，次のように考えた。

$$S = k(I^n - I_t^n) \tag{5.20}$$

ここで I_t はさまざまな雑音レベルに対する音の強さの閾値である。また k は感覚レベルが 40dB のときにラウドネスを 1 ソンとするための係数である。n の値はヘルマンら（Hellman & Zwislocki, 1961）の実験結果に従って 0.27 としている。

図 5-4 は，ロヒナーらの実験結果（○印）と式(5.20) による計算値（実線）で，(a) は式(5.1) による計算値，(b)，(c)，(d)，(e) はそれぞれマスキング雑音が 0dB（体内の生理的雑音のみ），15dB，35dB，55dB の場合の計算値である。図に見られるように，マスキング音のレベルが大きくなると，ラウドネス関数の勾配が急峻になる。この現象を補充現象（recruitment）という。補充現象は感音性難聴者の場合においても生じる。

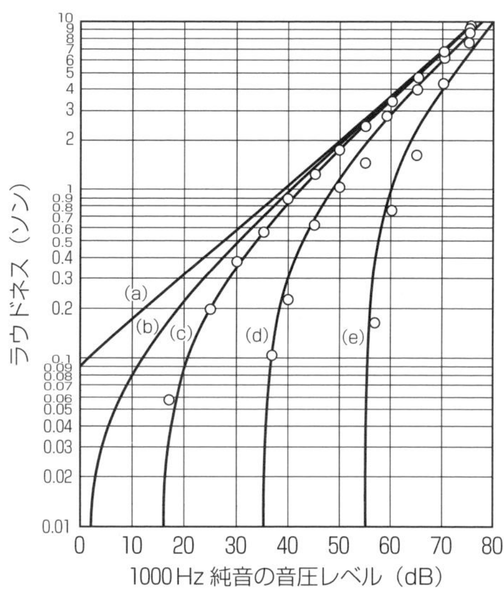

図 5-4　雑音にマスキングされた場合の純音のラウドネス関数（Lochner & Burger, 1961）

第6節　短音のラウドネス

持続時間の短い音（短音）は，持続時間の長い音よりも音のエネルギーが小さいので，ラウドネスは一般に小さくなる。それでは短音の持続時間を長くしていくとラウドネスはどのように変化するのであろうか。マンソン（Munson, 1947）は，1000 Hz の純音について，持続時間をそれぞれ 5 ms から 200 ms まで長くしていくと，200 ms まではラウドネスが上昇することを見出した。このことは，ラウドネスの知覚に関しては，聴覚は積分的な機能を含んでいることを示している。また彼は，聴神経の順応作用（同じ音刺激が続いたときにインパルスの頻度が減少すること）を考慮すると，おそらく 500 ms くらいまではラウドネスは上昇するが，1 s を越えると減少するであろうと予測している。

ガーナー（Garner, 1949）は，1000 Hz，500 ms の純音のラウドネスを，第 2 音（1000 Hz で持続時間が 10 ms ～500 ms の純音）のラウドネスと等しくなるように第 1 音の強さを調整する実験を行った。この結果を図 5-5 に示す。聴取レベルが 80 dB のとき，6 人の聴取者のうち，3 人（D，E，F）は持続時間を長くするに従ってラウドネスは上昇したが，他の 3 人（A，B，C）には持続時間の効果は認められなかった。また聴取レベルが 40 dB の場合にも，ほぼ同様の傾向が見られた。

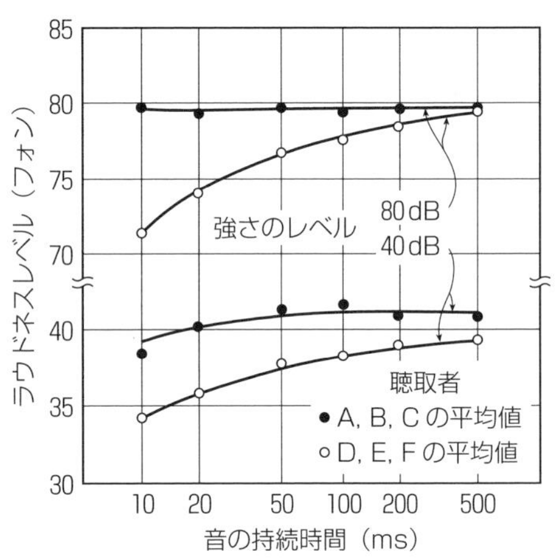

図 5-5　1000 Hz 純音のラウドネスに及ぼす持続時間の効果（Garner, 1949）

持続時間が 200 ms よりも長い音を含む場合の実験として，竹島ら（Takeshima et al., 1988）は，1000 Hz 純音を 50 ms から 10 s までの持続時間についてラウドネスを調べた。この実験は 80 dB のテスト音と 1 s の無音時間の後に持続時間が 200 ms（あるいは 1 s）の比較音を片耳ヘッドホンで聴取し，比較音の音圧レベルをランダムに変えて，その度にテスト音と比較音のどちらのラウドネスが大であるかを判断する方法（恒常法）である。その結果，持続時間が長くなるに従ってラウドネスの主観的評価値は大きくなるという傾向が得られた。しかし実験条件（比較音の持続時間，テスト音と比較音の提示順序，短音の立ち上がり時間等）によって実験結果が異なった。さらに持続時間が 2s よりも長い音のラウドネスは単一音としてのラウドネスを判断するのが困難で，一部分の印象のみからラウドネスを判断した可能性もある。そこで竹島らは，1000 Hz の短音は持続時間が 500 ms を越えてもラウドネスの上昇が見られるということのみを結論としている。

その後，1000 Hz 純音と白色雑音を用い，持続時間が 5 ms と 200 ms のそれぞれのラウドネスをいくつかの実験手法を用いて比較する実験が行われた（Florentine et al., 1996）。それらの実験の結果，同じラウドネスに聴こえる 5 ms の音と 200 ms の音の音圧レベル差は，音圧レベルの上昇に対して非単調的（多くの場合は逆 U 字形）に変化することが明らかになった。また最大値は平均して 18 ～ 19 dB にもなった。これらの実験結果は，短音のラウドネスは音圧レベルによって大きく変化する可能性を示したものである。また，聴取者によっても大きく異なることが示されている。

第7節　定常複合音のラウドネス計算法

これまではラウドネスの基本として純音のラウドネスについて述べてきた。しかしわれわれが実際に耳にするほとんどすべての音は複合音である。また複合音の種類も多種多様なので，すべての複合音について心理実験を行うわけにはいかない。そこで複合音の物理量が与えられたときには，それらの値から複合音のラウドネスを予測する計算法（モデル）の研究が行われてきた。複合音には，知覚的にラウドネスが一定の定常複合音とラウドネスが時間的に変動する複合音があるが，この節では定常複合音について述べる。

定常複合音のラウドネス計算法は，基本的にはまず複合音をいくつかの帯域に分割して各帯域の音圧レベルを求め，それらの値からある規則による計算法を考え，それによって各帯域のラウドネスを加算し，全体のラウドネスを算出する。その過程で帯域が狭くなれば当然隣接帯域間のマスキングを考慮する必要がある。

1. 等価音法

ベラネクら（Beranek et al., 1951）は広帯域雑音のラウドネス計算法を提案した。まず雑音をいくつかの周波数帯域に分け，それぞれの帯域の音圧レベルを測定する。次に，フレッチャー・マンソン曲線から各帯域の平均周波数に等しい純音のラウドネスレベルを求め，それらに対応する各純音のラウドネスをラウドネス関数から求めて，それらを加算して全体のラウドネスを求めるのである。ここで周波数帯域は 20～9600 Hz を 5 帯域に分割し，あるいは 20～9000 Hz 帯域を 10 帯域に分割してラウドネスを計算した。計算結果は心理実験結果とよく合っていると述べている。

2. スティーブンスの方法

スティーブンス（Stevens, 1956）は連続スペクトルをもつ定常的な雑音のラウドネスを計算するための方法を提案した。彼の方法は基本的には，①複合音を帯域フィルタでいくつかの周波数帯域に分け，②各帯域毎のラウドネスを計算し，③それらを加算して全体のラウドネスを計算するというものである。ただし，全体のラウドネスを加算する場合に隣接帯域間のマスキングを考慮し，さらに最もラウドネスの大きな帯域を重視している。

まず，雑音を 75 Hz 以下とそれ以上はオクターブ帯域（最高周波数：9600 Hz）の 8 チャンネルに分割し，各帯域毎に拡散音場におけるラウドネス関数（音圧レベル対ラウドネス）を実験により求め，さらにこの関数を見やすいように数表化した。次に各帯域の音圧レベルを測定し，この値を数表に照らし合わせて各帯域のラウドネスを求め，それらの値から全体のラウドネスを式 (5.21) にしたがって計算する方法である。

その計算式は，次の通りである。

$$S_{\mathrm{t}} = S_{\mathrm{m}} + F\left(\sum S - S_{\mathrm{m}}\right) \tag{5.21}$$

ここで，S_{t} は全体のラウドネス（ソン），S_{m} は最もラウドネスの大きかった帯域のラウドネス，$\sum S$ はすべての帯域のラウドネスの和である。F は S_{m} 以外のラウドネスの影響を表現する係数で，1 よりも小さな値としている。ここでは，

$F=0.3$ である。

さらに，周波数帯域を 1/3 オクターブ帯域，1/2 オクターブ帯域を使った場合についてもラウドネス関数を求めており，F の値はそれぞれ 0.13，0.2 としている。なお全体のラウドネスレベル（フォン）は全体のラウドネス（ソン）値から式(5.18)により計算することができるが，この式は図表化されて簡単に変換できるようになっている。

スティーブンス（Stevens, 1961）は複合音のラウドネスを簡単に計算するために上記論文を改訂した。すなわち，帯域雑音の等ラウドネス曲線を直線の組み合わせによって近似し，ラウドネスレベルをラウドネスインデックスと呼んだ。ラウドネスインデックスは，帯域幅が 1 オクターブ，1/2 オクターブ，1/3 オクターブのいずれの場合についても同じ値であり，各帯域のラウドネスとは異なる。また各等ラウドネスインデックス曲線間の線間距離は，帯域雑音音圧レベル対ラウドネスレベルの関係に生じる非線形的な上昇（growth）を反映するために変えられている。ラウドネス加算の方式は式(5.21)と同じであるが，S_t は全体のラウドネス（ソン），S_m は最もラウドネスインデックスの大きかった帯域のラウドネスインデックス，$\sum S$ はすべての帯域のラウドネスインデックスの和である。帯域が 1/3 オクターブのときには $F=0.15$ としている。なお，この方式は ISO 532(1975)に採用されたが，あまり使用されなかったので 2017 年に廃止された。

3.　ツヴィッカーの方法

ツヴィッカーら（Zwicker & Scharf, 1965；Zwicker, 1982；Zwicker & Fastl, 1990）は，聴覚の周波数特性（等ラウドネス曲線），周波数と臨界帯域の関係，および隣接臨界帯域にわたる興奮パターンの広がり（マスキングパターン）を考慮して，定常複合音のラウドネスの計算法を考案した。その後，さまざまな修正・改良を経た結果が 2017 年に国際規格（ISO 532-1, 2017）として採択された。この計算法のソフトウェアは公開され，自由にダウンロード可能となっている。

ツヴィッカーのラウドネス計算法は大まかには図 5-6 に示す通りである。

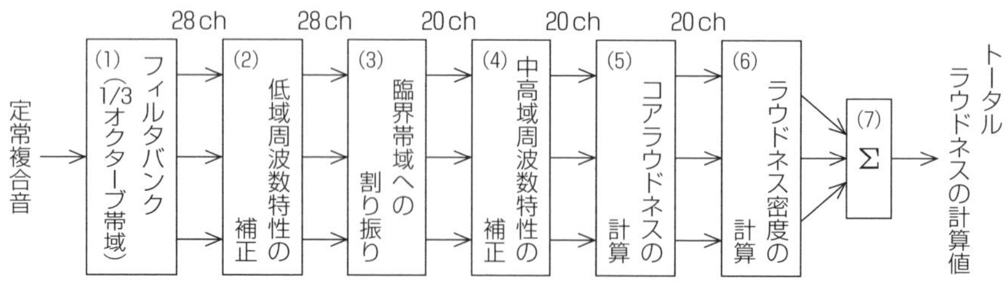

図 5-6　ツヴィッカーによる定常複合音のラウドネスモデル

A. 計算法

①まず，定常複合音を 1/3 オクターブの帯域通過フィルタで分析する。とくに低い周波数を除いては，臨界帯域幅は 1/3 オクターブに近いからである。フィルタの中心周波数は 25 Hz から 12500 Hz までで，チャンネル数は 28 チャンネルとなる。

②周波数が 300 Hz 未満では中域周波数に比べて聴覚の感度が大幅に低下し，またその低下の程度は入力音圧レベルによっても異なるので，中心周波数が 250 Hz 以下のフィルタ（11 チャンネル）の出力を，フィルタの中心周波数とフィルタに加わる音圧レベルごとにレベル補正（最大 32 dB 減衰）を行う。

③低い周波数領域では，臨界帯域幅は 1/3 オクターブよりも広いので，中心周波数が 25，31.5，40，50，63 および 80 Hz の 6 帯域の出力を加算して臨界帯域番号 1 の出力とし，また 100，125 および 160 Hz の 3 帯域の出力を加算して臨界帯域番号 2 の出力とし，さらに 200 Hz と 250 Hz の 2 帯域の出力を加算して臨界帯域番号 3 の出力とする。なお，帯域出力の加算は，単に dB 値の加算ではなく 2 乗平均値の加算値を対数変換した値である。このことによって，各フィルタ出力は 20 チャンネルの近似的な臨界帯域に割り振られたことになる。

④中域および高域の各臨界帯域フィルタ出力を聴覚の感度特性に基づいてレベル補正を行う。また拡散音場か自由音場かを選択する。

⑤コアラウドネス（core loudness：1 つの臨界帯域内で生起するラウドネスで，ま

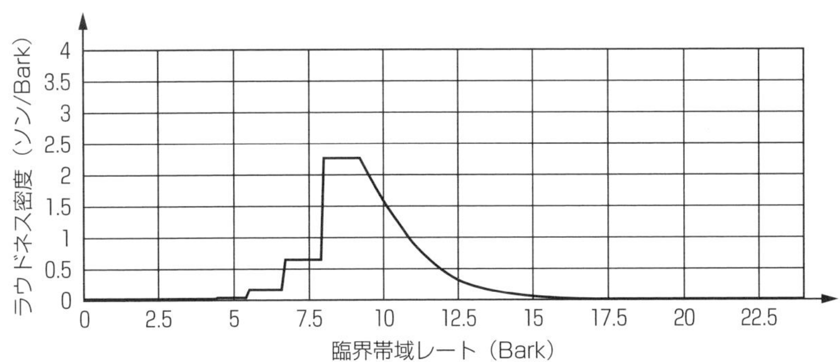

図 5-7　自由音場における純音の臨界帯域レート上のラウドネス密度パターンの例
（ISO 532-1：2017）

だマスキングの影響を考慮していない）の計算を行う。1kHz 純音と臨界帯域雑音（uniform exciting noise）のラウドネスに及ぼす効果を比較した心理実験結果（Zwicker & Fastl, 1990）によれば，40dB の臨界帯域雑音は，55dB の 1kHz 純音とほぼ同じラウドネスとなる。20dB 以下を除けば，等しい音圧では臨界帯域雑音の方が 1kHz 純音よりも大きくなる。これらの実験結果に基づき，コアラウドネスを計算する。

⑥近接臨界帯域にわたる興奮パターン（マスキングパターン）を考慮し，1 Bark あたりのラウドネス（specific loudness：ここではラウドネス密度と呼ぶ）の計算を行う。興奮パターンは周波数軸に関して周波数の高い側に広がった非対称形になっている（図 4-1, 4-2 参照）。この計算法で用いた例として，1kHz 純音（あるいは 1/3 オクターブ帯域雑音）の 70dB の音圧レベルに対する興奮パターンを図 5-7 に示す。横軸は周波数軸に対応する臨界帯域レート z（第 4 章 8 節参照）で，縦軸はラウドネス密度（specific loudness）である。

⑦全帯域にわたるラウドネス密度を加算し，定常複合音全体のラウドネス（total loudness）を求める。

B. 工場騒音のラウドネスの計算例

次に，広い周波数帯域にわたる工場騒音のラウドネスの拡散音場での計算例を図 5-8 に示す。横軸の上側の数字は 1/3 オクターブフィルタの中心周波数，下側はカットオフ周波数を示す。縦軸の左側は騒音全体のラウドネス（ソン），右側は同じく騒音全体のラウドネスとそれに対応するラウドネスレベル（フォン）を示している。太い実線とハッチ（細い左下向き斜線）で囲まれた領域がこの騒音の全体のラウドネスに対応する。この太い実線で示された曲線をラウドネスパターンと呼ぶ。

ラウドネスおよびラウドネスレベルの数値は，この領域で囲まれた面積に等しい長方形（一辺の長さが横軸全体）の高さ（縦方向の高さ）に対応する。この図においては，内側に右下がりの斜線を引いた直線（破線）がラウドネスおよびラウドネスレベルに対応する。右側の尺度を見ると，全体のラウドネスは 24 ソン，ラウドネスレベルは 86 フォンということが示されている。

なお，各臨界帯域の出力レベル（コアラウドネス）を示すために，図の各臨

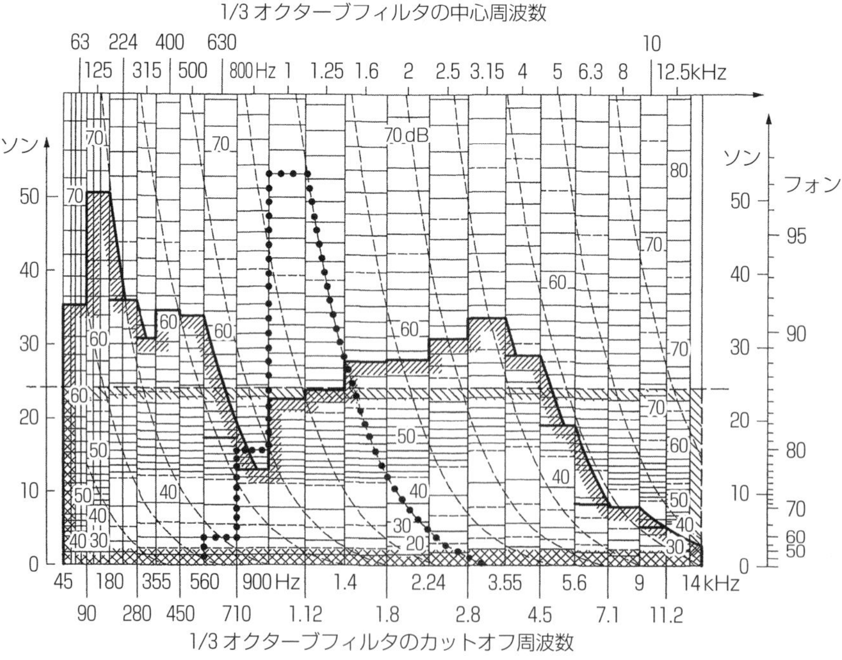

図 5-8　工場騒音のラウドネス計算の例（ISO 532-1：2017）

界帯域毎に，はしご状の横線が引かれている。また長い右下がりの破線は，ある臨界帯域から周波数の高い方への帯域へのラウドネス加算の程度を示す。この図の例では，中心周波数が630 Hzの帯域は出力（コアラウドネス）が低いため，500 Hzの帯域から完全にマスキングされ，630 Hzの帯域の出力（コアラウドネス）は全体のラウドネスには全く寄与していないことになる。

4.　ムーア・グラスバーグの方法

ムーアら（Moore & Glasberg, 1996；Moore et al., 1997；Moore & Glasberg, 2007；Moore, 2014；ISO 532-2, 2017）は，定常複合音のラウドネスの計算モデルをツヴィッカーのモデルを修正することからはじめて改良を重ね，2017年にISO 532-2として採択された。

A. ツヴィッカーの方法との違い

ツヴィッカーの計算法もムーアらの計算法も，聴覚の周波数特性を模擬するために，最初に定常複合音の周波数特性の補正を行い，その後に周波数分析を行い，周波数軸に沿って興奮パターンを計算し，それらからラウドネス密度を計算し，それらを加算することによって複合音全体のラウドネスを求めるのである。両方法の主な差異は次の通りである。

①周波数軸の単位として，ツヴィッカーは臨界帯域レート（単位：Bark）を用い（第4章8節参照），ムーアらはERB番号（単位：Cam）（第4章10節参照）を用いる。

②両耳に音が提示された場合には，ツヴィッカーの方法では各耳のラウドネスを単純加算する。一方，ムーアらは反対耳の広い周波数帯域からの抑制効果を考慮している。したがって両耳に同じ音が提示された場合には，ラウドネスはツヴィッカーの方法では2倍，ムーアらの方法では1.5倍となっている。

③等ラウドネス曲線に関しては，ツヴィッカーは，先にISOで採択されたラウドネスモデル（ISO 532, 1975）との継続性を重視し，1987年のロビンソン・ダッドソン曲線（ISO 226, 1987）を用いているが，ムーアらは正確

性を重視し，2003 年の鈴木・竹島曲線（ISO 226, 2003）を用いている。

B. ラウドネスの計算の手続き

計算の手続きを大まかに図示すると図 5-9 のようになる。

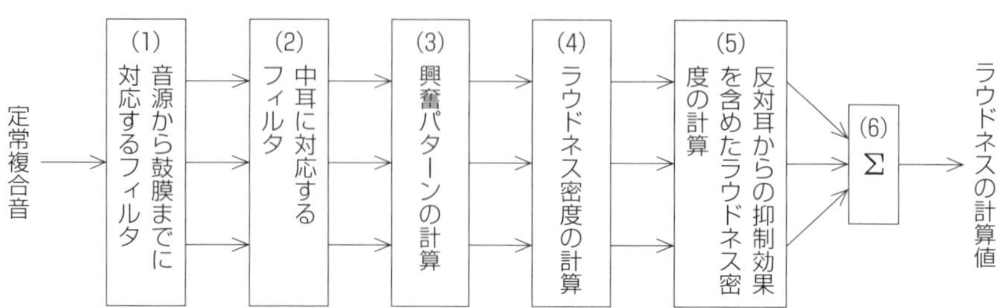

図 5-9　ムーアらによる定常複合音のラウドネスモデル

①音源（定常複合音）から左耳および右耳の鼓膜までの周波数特性に対応するフィルタを通し，鼓膜上の音のスペクトルに変換する。このフィルタは，自由音場（拡散音場）における聴取，またヘッドホン聴取などの聴取条件によって異なる。

②中耳の周波数特性に対応するフィルタを通し，前庭窓上での音のスペクトルに変換する。

③前庭窓上の音のスペクトルから基底膜上の興奮パターンを計算する。興奮パターンは，ERB（聴覚フィルタの等価矩形帯域幅，第 4 章 10 節参照）の 1/10 毎に計算される。図 5-10 に，音圧レベルが 20 dB から 100 dB（10 dB ステップ）の場合の 1000 Hz 純音に対する興奮パターンを示す。横軸は聴覚フィルタの中心周波数（上側）とそれに対応する ERB 番号（下側）で，縦軸は興奮レベルである。音圧レベルが増大するに従って，興奮レベルは高くなり，また興奮パターンはとくに周波数の高い方に広がっている。

④興奮パターンを ERB 毎のラウドネス（specific loudness），つまりラウドネス密度（単位：ソン/ERB）に変換する。この変換過程は蝸牛の段階で生じる圧縮的非線形性を含んでいる。

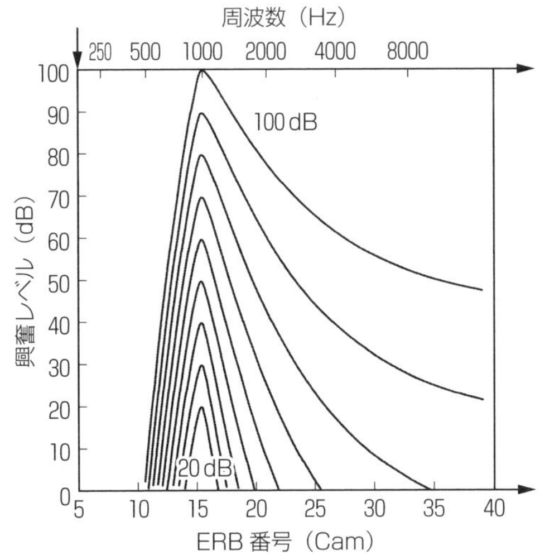

図5-10　1000 Hz 純音の音圧レベルが 20～100 dB（10 dB ステップ）の場合に対する興奮パターン（ISO 532-2：2017）

⑤反対耳の広い周波数帯域からの抑制効果を計算し，抑制効果により低減されたラウドネス密度を計算する。

⑥抑制効果を含めたラウドネス密度の値を全 ERB 番号にわたって加算することによって，対象となる複合音のラウドネスを計算する。また，両耳聴取によるラウドネスは，左耳と右耳単独で計算されたラウドネスを加算することによって得られる。得られたラウドネスに対応するラウドネスレベルは図 5-3 の実線で示されているとおりである。

第8節　時間的に変動する複合音のラウドネス

1.　時間変動音のラウドネスの意味

日常生活の中でわれわれの経験する音の大部分は時間的に変動する複合音である。本書ではこれらを時間変動音（time-varying sounds）と呼ぶ。時間変動音のラウドネスというだけでは意味がややあいまいであるが，大別して次のような2通りの異なる意味に使われている。

①ラウドネスの時間変動分については問題にせず，全体としてのラウドネスに主観的に最も合うような単一の数値を割り当てて代表値とする。この意味でのラウドネスを，全体としてのラウドネス（overall loudness）と呼ぶことにする。

②時間変動音のラウドネスを単一の数値としてではなく時間の関数として表現する。計算時に用いる時間積分特性によって，瞬時ラウドネス（instantaneous loudness），短時間ラウドネス（short-term loudness）あるいは長時間ラウドネス（long-term loudness）などと呼び，区別されている（Moore et al., 2016）。

なお，計算法（モデル）で得られたラウドネスは，計算されたラウドネス（calculated loudness）であり，心理実験によって得られたラウドネス（observed loudness）とは異なるので，この両者は明確に区別しなければならない。

2. 等価騒音レベル

等価騒音レベル（equivalent continuous A-weighted sound pressure level）とは，対象となる音をA特性（フレッチャー・マンソンの40フォンの等ラウドネスレベル曲線の逆特性を模して聴覚の周波数特性に近似した特性，図5-11参照）回路で周波数補正を行った後で音圧レベルを求める操作をすることによって得られた値で，測定時間内の時間変動音のエネルギーの総量が，時間変動のない音（定常音）のエネルギーの総量に等しく（等価に）なるように定常音の音圧レベルを合わせた場合の値をいう。等価騒音レベルは，時間平均サウンドレベルあるいは等価サウンドレベルとも呼ばれる（JIS Z 8106：2000）。

等価騒音レベルを $L_{\mathrm{Aeq,T}}$ とし，対象となる時間変動音をA特性回路を通した場合の瞬時音圧を $P_{\mathrm{A}}(t)$ とし，その音圧（実効値）を p_{A}，基準音圧を p_0（＝ $20\,\mu\mathrm{Pa}$），測定時間を T（＝ t_2-t_1）とすると，等価騒音レベルは次のようになる。

$$L_{\mathrm{Aeq,T}} = 10\log_{10}\left[(1/T)\int_{t_1}^{t_2}(P_{\mathrm{A}}{}^2(t)/p_0{}^2)\,dt\right]$$
$$= 10\log_{10}(p^2{}_{\mathrm{A}}/p^2{}_0) \qquad (5.22)$$

等価騒音レベルの定義には，聴覚の周波数特性の補正回路（A特性）を導入しているのに加えて，2乗時間平均値の対数圧縮操作を導入しているので，フェヒナーの法則（感覚量は刺激量の対数に比例する）を考慮に入れており，大まかなラウドネス予測機能をもつと考えられる。

実際に，難波ら（難波・桑野，1982）は自動車騒音，音楽，音声，衝撃音など種類の異なる変動音の音圧レベルを変動させて，マグニチュード推定法によりラウドネスの主観的等価値を求める聴取実験を行った。その結果，音源別にみればラウドネスと等価騒音レベルとの対応関係はよく，簡便なラウドネスの評価法として適切であることが実証された。ただし，音源の種類が異なれば同じ等価騒音レベルでもラウドネスは等しくはならず，とくに衝撃音のラウドネスは他の音源との差が比較的大きかった。

等価騒音レベルを時間変動音のラウドネスの指標として用いる場合に問題なのは，①持続時間が短い音，②持続的な広帯域騒音の中に強い純音成分が混じった場合，③強い低音成分を含んでいる場合，などである。これらの場合には等価騒音レベルはラウドネスの物理的指標としてやや正確性に欠けるのである。

等価騒音レベルは，以上のような欠点があるものの，環境騒音の簡便なラウドネス評価量としてよく使われている。

3. ツヴィッカーのラウドネスモデル

先に述べたツヴィッカーの定常音のラウドネスモデル（図5-6）によって時間変動音のラウドネスを計算すると，得られた値は実際に知覚されるラウドネスと比べてかなり低い値になる。そこでツヴィッカーは自らの定常音のラウドネスモデルを基本とし，聴覚系の動特性すなわち，①変動音に対する時間積分特性，②減衰特性，③順向性マスキングの効果を加え，時間変動音のラウドネスを計算するモデル（Zwicker, 1977；ISO 532-1, 2017）を発表した。

入力音信号は28チャンネルの1/3オクターブフィルタでフィルタリングされた後，2乗され1次低域フィルタで平滑化される。平滑化信号は2kHzでサンプリングされ，各帯域毎にコアラウドネスの算出までは定常音と同様に処理される。その後で，短音に対する聴覚の減衰特性を模擬した非線形フィルタが付加されている。短い音に対する興奮の減衰は長い音に対する興奮の減衰よりも急峻な特性となるように設定している。また最後の段階で各帯域のラウドネス密度を加算した後に，時定数 3.5 ms および 70 ms の 2 つの 1 次低域フィルタを並列に通し，それぞれ 0.47 および 0.53 を掛けて加算している。この結果は，2 ms 毎に計算された時間の関数として表される。

この関数はトータルラウドネス（total loudness）$N(t)$ と呼ばれる。$N(t)$ は単なる計算値であって，心理実験で検証されたものではない。対象となる時間変動音の全体としてのラウドネス（overall loudness）としては，時間関数 $N(t)$ の時間平均値を取れば実際よりも低くなりすぎる。そこでこの時間関数 $N(t)$ の上位 5% となる値（パーセンタイル，ソン値で表現）N_5 を全体としてのラウドネスを表現する指標としている。ただし，N_5 は測定時間に大きく依存するので，持続時間の短い衝撃音のラウドネスを評価するには適切ではない。衝撃音のラウドネスの場合には，測定時間を付記すべきである（ISO 532-1, 2017）。

4. ムーアらのラウドネスモデル

ムーアらも時間変動音を対象にして，ラウドネスを計算するモデルを発表（Glasberg & Moore, 2002）し，後に反対耳からの抑制機構を含んだモデル（Moore et al., 2016）に発展させた。さらに，両耳間位相の異なる狭帯域雑音のラウドネスを説明するために 2 年後に改良版を発表（Moore et al., 2018）した。これらは TVL（time-varying-loudness）モデルと呼ばれている。TVL モデルは左右耳への音の時間波形を入力とし，3 つの形の時間変動ラウドネスを生成している。すなわち，①瞬時ラウドネス（計算上のみのラウドネスで知覚とは直接的には結びつかない），②短時間ラウドネス（短い音の断片，例えば文章中のシラブルのラウドネスに結びつく），③長時間ラウドネス（より長い音のサンプル，例えば 1 つの文章の全体としてのラウドネスに結びつく），を求めることができる。

長時間ラウドネスでも変動の激しい音に対しては当然変動はするが，全体としてのラウドネス（overall loudness）は，長時間ラウドネスの最大値に対応するとしている。

なお，両耳 TVL モデルを装備した C と Matlab ソフトウェアは無料でダウンロード可能である。

A. 計算法

①外耳・中耳の伝送系：音源が，自由空間あるいは拡散空間の正面方向から提示される場合，また鼓膜の近くで録音された場合，それぞれについて異なる伝送周波数特性が用意されている。

②ランニング短時間スペクトルの計算：20 Hz～15 kHz の範囲を 6 分割し，1 ms ごとに並列的にスペクトルを FFT によって計算する。

③短時間興奮パターンの計算：中心周波数の関数として ERB 番号尺度上で 0.25 Cam 間隔で，1 ms ごとに聴覚フィルタの出力（興奮パターン）を計算する。

④興奮パターンのラウドネス密度への変換：各中心周波数における短時間興奮は，中心周波数の 1 Cam の範囲に誘発されるラウドネス（ラウドネス密度）に変換される。この変換は蝸牛の圧縮的非線形性を含む。なお，この段階では，反対耳からの抑制効果は含まれていない。

⑤短時間ラウドネス密度の計算：ラウドネス密度を中心周波数の関数として表したものを，ラウドネス密度パターンと呼ぶ。また単一の短時間スペクトルから計算されたパターンを瞬時ラウドネス密度パターンと呼ぶ。これは時間的に平滑化（smoothing）され，短時間ラウドネス密度パターンとなる。この平滑化においては，短時間ラウドネス密度の立上がり時間（attack time）は 22 ms とし，立下り時間（release time）は 50 ms と立上がり時間よりも長くしている。

⑥空間的にスムージングされた短時間ラウドネス密度の計算：ここで中心周波数の各 1 Cam あたりの短時間ラウドネス密度の値は，近傍の短時間ラウドネス密度の値とガウス型のウェイティング関数とのコンボリューション演算により，空間的にスムージングされた短時間ラウドネス密度の値を計算する。

⑦抑制を受けた短時間ラウドネス密度の計算：反対耳から受ける抑制量を短時間ラウドネス密度から計算する。もし両耳に同じ音が提示されたとすると，片方だけに提示された場合の 1.5 倍になる。

⑧短時間ラウドネスの計算：各耳の短時間ラウドネスは，ERB番号尺度上の1.75から39までのCam値にわたって抑制を受けた短時間ラウドネス密度を加算して計算される。全体としての両耳短時間ラウドネスは，両耳の短時間ラウドネス値を合計することによって得られる。

⑨長時間ラウドネスの計算：各耳の長時間ラウドネスはその耳の短時間ラウドネスから計算される。ここで再び時間的な平滑化を行う。ここで立上がり時間は99ms，立下り時間は2000msとしている。全体としての長時間ラウドネスは，左右耳の長時間ラウドネス値を加算することによって得られる。

⑩全体としてのラウドネス：時間変動音に対する長時間ラウドネスはやはり変動するので，全体としてのラウドネス（overall loudness）は長時間ラウドネスの最大値とする。

B．その後の変更

ムーアらのモデル（Moore et al., 2016）は，中心周波数が1000Hz以下の狭帯域雑音において，左右耳無相関雑音が左右耳相関雑音（相関係数が +1 あるいは −1）よりもわずかにラウドネスが大きくなるという心理実験データ（Edmonds & Culling, 2009）を十分に説明することはできなかった。そこでモデルの短時間ラウドネスを計算する場合の立ち下がりの時定数を50msから30msへ変更すること，および長時間ラウドネスを計算する場合の立ち下がり時定数を2000msから751msへ変更することによって上記実験データによく合うようになった（Moore et al., 2018）。

5. 時間変動音のモデルの評価と今後の問題

A．時間変動音のモデルの評価

ツヴィッカーのモデルにおいてトータルラウドネスの N_5 は順序尺度上の数値であり，その音のラウドネスレベルの上から5%以上の部分をさらに上げてもラウドネスの計算値は変化しない。すなわち N_5 は時間変動音のラウドネスの予測値としては適切ではない可能性が考えられる。

難波ら（2011）は，交通騒音，音声，音楽，建設工事騒音などの時間変動音それぞれに対するラウドネスレベルの新しい計算法を開発した。まず対象とする音を1/3オクターブ帯域フィルタで分割し，125ms毎に各帯域の強さのレベルを求め，ツヴィッカーとムーアらの定常音のそれぞれのラウドネスモデルを用いてラウドネスレベルを計算した。次にこの125ms毎のラウドネスレベルを音源の継続時間にわたってエネルギー的に平均（強さの次元に変換し，それらを時間軸上で平均し，フォンに戻す）し，時間変動音のラウドネスレベルとした。また，全体としてのラウドネス（overall loudness）の実験をマグニチュード推定法により行い，その実験結果とツヴィッカーおよびムーアらの定常音のそれぞれのラウドネスモデルによって計算したラウドネスレベル，等価騒音レベル，N_5との相関を求めた。

その結果によれば，実験データとN_5の相関がもっとも低く（0.94程度），ラウドネスモデルや等価騒音レベルとの相関は高かった（0.98程度）。この結果は，N_5は音全体の物理量を用いたものではないということや少なくとも等価騒音レベルよりも実験データと相関が低いということなどから，時間変動音の全体としてのラウドネスの十分良い予測値とは言えないであろう。

また新たに，交通雑音や商店街などの背景雑音とさまざまな衝撃音を組み合わせた時間変動音を対象とし，上記の新しい計算法とツヴィッカーの定常音用のモデルで計算されたラウドネスレベルLLp（ただし100ms毎に計算されたラウドネスレベルの平均）とN_5のどちらが聴取実験結果によく合うかを調べる研究が行われた（Schlittenlacher et al., 2017）。ここでLLpはほぼ一定値であるがN_5は大きく変化する複数の音，およびその逆の傾向の音も加えられた。LLpおよびN_5の予測値と実験結果を対応させたところ，LLpと実験結果の相関は高く，またN_5と実験結果の相関は極めて低いことが示された。すなわちN_5はとくに衝撃音を含む音のラウドネスの予測値としては適切ではないことが示された。

持続時間が2秒程度の音声や音声と同じ長時間スペクトルをもつ雑音などを対象にしたラウドネスの聴取実験（Rennies et al., 2013a, 2013b）によれば，これらの音のラウドネスは音の時間変動パターンにはほとんど影響されず，主に長時間スペクトルによって支配されている。またこれらの音のラウドネスは，ムーア等のモデルの長時間ラウドネス（Glasberg & Moore, 2002；Moore et al., 2016）による予測結果に最もよく合うという結果が得られた。ツヴィッカーのモデルのトータルラウドネスやムーアらの短時間ラウドネスによる予測結果は聴取実験結果とは食い違いが生じた。

さらに衝撃音を含む音（ハンマー，機関銃，小太鼓，ヘリコプターなど）と時間的に連続的な雑音（基準音）のラウドネスマッチング実験を行ったところ，多くの音は基準音に比べて音圧レベルが 4～13 dB（実効値で）だけ低い場合に同じラウドネスと判断されたが，ヘリコプター音だけは 7 dB ほど高い場合に同じラウドネスになるという結果となった（Rennies et al., 2013b, 2015）。これらの音に関してはムーアらのモデルもツヴィッカーのモデルもラウドネスを十分に予測することができなかった。

B．今後の課題

長時間ラウドネスは記憶や認知などの大脳の上位機能が関与すると考えられている。そもそも，人間は時間変動音を聴いたときに，全体としてのラウドネス（overall loudness）という概念を頭の中で構成し，知覚できることがしっかりとできるものだろうかという疑問（例えば，Fiebig & Sottek, 2015）が生じる。人間は時間変動音の中ではとくにスペクトル的・時間的に変化の激しい（目立つ）部分に対して大きく反応する傾向がある。このことは聴覚の神経細胞の特徴である。ただしこの傾向には大きな個人差が存在するようである。またラウドネスモデルの構成要素としては，単なる狭帯域フィルタや積分回路というような受動的な回路だけではなく，記憶，経験，嗜好などを含めた能動的な回路が寄与している可能性が強い。最終的には，平均的なラウドネスと個人差の分析までが可能なラウドネスモデルの開発が望まれる。

第 9 節　サウンドレベルメータ（騒音計）

騒音計に関する JIS 規格は，IEC（国際電気標準会議）が新しい規格（IEC 61672-1, 2002）を決定したことに伴い大きく変更された。例えば普通騒音計（JIS C 1502：1990）および精密騒音計（JIS C 1505：1988）の規格は廃止され，騒音計という名称はサウンドレベルメータと変更され，騒音計という用語は副次的な名称になった。

2002 年の IEC 規格に基づいて JIS C 規格（JIS C 1509-1：2005）が作成された。またその後 IEC 規格（IEC 61672-1, Edition 2.0, 2013）も JIS 規格（JIS C 1509-1：2017）も新しくなっている。

1.　サウンドレベルメータの構成

サウンドレベルメータは，マイクロホンで拾った音の音圧レベル（周波数重み付けと時間重み付け）の時間的変動を，測定時間範囲を順次移動させながら計算し表示する装置である。その構成の主要部分は次のようになる。

①マイクロホンによる瞬時音圧の電気信号への変換
②周波数重み付け演算
③瞬時音圧波形の 2 乗演算
④時間重み付け演算
⑤基準音圧（20 μPa）の 2 乗で割る
⑥常用対数を取り 10 を掛け，dB 値として表示

2.　周波数重み付け特性

音圧レベルを測定する場合には，聴覚の感度の周波数特性を考慮して補正する等の目的で，図 5-11 に示すように，現在では A 特性，C 特性，Z 特性と呼ばれる周波数重み付け特性が使用されている。Z 特性の周波数特性は平坦である。

A 特性は聴覚の周波数による感度の違いを補正するための周波数特性で，フレッチャー・マンソンの 40 フォンの等ラウドネスレベル曲線の逆特性に近似した特性をもつ。C 特性は低い周波数成分や超音波領域の高い周波成分を除去するために 31.5 Hz 以下および 8 kHz 以上の周波数を 3 dB 以上減衰させた特性である。また Z 特性は平坦特性である。以前には B 特性（A 特性と C 特性の中間的な特性）や D 特性（3 kHz 付近にピークをもつ：ジェット機などの騒音測定に用いられた）があったが，現在ではほとんど使用されていない。

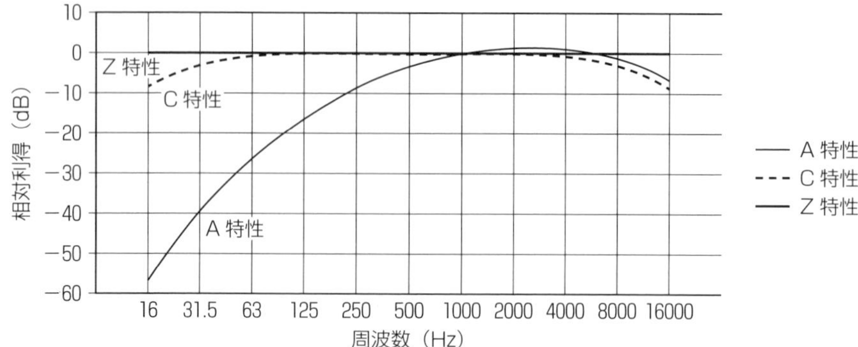

図 5-11　サウンドレベルメータの周波数重み付け特性（IEC 61672-1：2002）

3.　時間重み付け特性

音の大きさの知覚特性は積分機能を含んでいる（第 5 章 6 節参照）ので，サウンドレベルメータはその指示値が人間の感覚に近くなるように，積分回路を備えている。2 種類の時間重み付け特性（動特性）が定義されている。F 特性（fast）は時定数が 125 ms，S 特性（slow）は時定数が 1000 ms となっている。

4.　サウンドレベルメータの出力

周波数重みづけが A 特性あるいは C 特性，時間重みづけが F 特性あるいは S 特性の場合に，サウンドレベルメータの出力（時間関数）を，添字をつけて，$L_{\mathrm{AF}}(t)$，$L_{\mathrm{AS}}(t)$，$L_{\mathrm{CF}}(t)$ および $L_{\mathrm{CS}}(t)$ とそれぞれ表現する。

$L_{\mathrm{AF}}(t)$ を数式で表現すると下記のようになる。

$$L_{\mathrm{AF}}(t) = 10\log_{10}\left[(1/\tau_{\mathrm{F}})\int_{-\infty}^{t} p^2{}_{\mathrm{A}}(\xi)\, e^{-(t-\xi)/\tau_{\mathrm{F}}} d\xi / p^2{}_0\right] \tag{5.23}$$

ここで，各記号の意味は次の通りである。

τ_{F}：F 特性の時定数（＝125 ms）
ξ：過去のある時刻（−∞で示す）から観測時刻 t までの積分変数
$p_{\mathrm{A}}(\xi)$：時刻 ξ における瞬時 A 特性音圧
p_0：基準音圧 ＝20 μPa

なお，時間重みづけがS特性の場合には，τ_F の代りに τ_S（＝1000 ms）とする。$L_{AF}(t)$ はA特性時間重み付きサウンドレベル（A-weighted and F-weighted sound level）と呼び，またこのA特性時間重み付きサウンドレベルの場合に限って，等価騒音レベルともいう。他の添字の場合も含めて一般的には，指数時間重み付きサウンドレベルという。

5.　音響暴露量と音響暴露レベル

指定された時間内またはある事象についての瞬時A特性音圧の2乗積分値を音響暴露量あるいは騒音暴露量（sound exposure）といい，$E_{A,T}$ で表せば，次のようになる。

$$E_{A,T} = \int_{t_1}^{t_2} p^2{}_A(t)\,dt \tag{5.24}$$

ここで，$p_A(t)$ は時刻 t_1 から t_2 までの瞬時A特性音圧で，T は t_1 から t_2 までの時間である。

とくに持続時間の短い音の場合（数百 ms 以下）には，その持続時間とともにラウドネスが増大し，等価騒音レベルの値は実際のラウドネスとは合わなくなるので，基準時間 T_0（1秒）と基準音圧レベル p_0（20 μPa）を導入して，音響暴露量を基準化する。

音響暴露レベル（sound exposure level）$L_{AE,T}$ の単位は dB で表され，次のようになる。

$$\begin{aligned} L_{AE,T} &= 10\log_{10}\left[\int_{t_1}^{t_2} p^2{}_A(t)\,dt/(p^2{}_0 T_0)\right] = 10\log_{10}(E_{A,T}/E_0) \\ &= L_{Aeq,T} + 10\log_{10}(T/T_0) \end{aligned} \tag{5.25}$$

E_0 は基準値で，$p^2{}_0 T_0 = (20\,\mu\text{Pa})^2 \times (1\,\text{s}) = 400 \times 10^{-12}$　(Pa^{2}s)，T_0 は時間の基準値で，1 s である。

音響暴露レベルは，音の持続時間が1秒間の場合の等価騒音レベルと同じになる。単発騒音暴露レベルともいう（JIS Z 8731, 1999）。

6. 時間率騒音レベル

時間率騒音レベルとは，時間重み特性Fで測定した騒音レベルが，対象とする時間TのNパーセントの時間にわたってあるレベル値を超えている場合，そのレベルをNパーセント時間率騒音レベル（percentile level）という。単位はdBである。例えば，$LA_{95,1h}$は，1時間のうちの95%の時間にわたって騒音レベルがその値以上である場合に用いる（JIS Z 8731：1999）。

なお，サウンドレベルメータには一般に，選択された周波数重み付き・時間重み付きサウンドレベルおよびその最大値・最小値，等価騒音レベル，音響暴露レベル，ピークサウンドレベル（瞬時音圧の最大値），時間率騒音レベルなどが測定できる。時間率については，95，90，50，10，5%値がよく用いられる。

第10節　放送音声のラウドネス管理

1. VU計（音量計）

ラジオやテレビでニュースを聴いた場合，アナウンサーの声の大きさは時々刻々変動しているが，われわれは一定の音量の音声として大きさの変動を意識せずに認知している。

放送音響の分野では，古くから変動音の大きさを表現する用語として「音量」という用語を使用している（日本放送協会出版協会，1962）。音量という用語の明確な定義は困難であるが，日本では1948年頃からVU計（音量計）を使用しており，変動音のラウドネスの時間変化を大まかに表現するものとみなしている。単位VU（volume unit）とは，「所要の電気的ならびに力学的特性を有する音量計（VU計）によりプログラムレベルを一定の約束にしたがって読みとったときの単位」と定義されている。VUは定常状態の正弦波の場合にのみdBと一致する。1000Hzで0.775V（すなわち，負荷抵抗が600Ωで1mW）のとき，VU計の目盛は0VUとなる。

目盛の範囲は −20～+3VUである。1000Hzの基準レベルの −2VUに対して，音楽の場合は0VU，スピーチの場合は −4VU付近を中心にしてプログラムレベルを調整する。ただし音楽でもスピーチでもそれぞれの強さの時間的変化やダイナミックレンジが異なるので，調整者の個人差は避けられない。VU 形の針の振れは，1000 Hz で 0 VU を指示する正弦波電圧を 0 から突然加えたとき，指示は 0.27～0.33 秒で 99％に達するものとすると規定されている。

VU 計には聴覚の周波数特性を補正するための回路はないので，針の振れは聴感に正確に対応するものとはいえないが，現在でもミクシングや音量の監視に使用されている。

2. テレビ音声のラウドネスメータ

テレビのアナログ放送時代から，チャンネルを変えると音量が変わる，コマーシャルになると音量が急に大きくなる，など放送局間や番組間の音量の違いがあり，大きな問題になっていた。テレビの音声処理がアナログからディジタルに変わると，ダイナミックレンジが大きくなり，また放送チャンネルも多くなり，放置すると音量差がさらに拡大する可能性があった。

そこで ITU-R（国際電気通信連合無線通信部門）ではディジタル放送の音声番組のラウドネス測定のアルゴリズムを国際的に統一するための勧告を作成した（ITU-R BS.1770-2, 2011；1771-1, 2017）。日本ではその勧告を受けて NHK と民放が共通の規則によるべきであるという考えのもとに，電波産業会で「デジタルテレビ放送番組におけるラウドネス運用規定」が策定された（ARIB TR-B32, 2016）。以下，テレビ音声のためのラウドネスメータについて述べる。

A. 平均ラウドネス値の導入

1 つの番組全体のラウドネスは時間的に変動するのであるが，この変動を何らかの形で平均化し，全体としてのラウドネスを 1 つの代表値で表現する「平均ラウドネス値」を導入する。それによって，さまざまな番組間の平均ラウドネス値を狭い範囲内に抑え，番組間の音の大きさの違いを少なくすることを目的としている。

平均ラウドネス値は，後述のように −24 LKFS（フルスケールより 24 dB 低い値）を目標に製作するべきであると定めている。この −24 LKFS をターゲットラウドネス値という。ターゲットラウドネス値の許容誤差は ±1 dB である。

B. ラウドネス値の測定アルゴリズム

ラウドネス値の測定のブロックダイアグラムを 5.1 ch サラウンド方式（第 11 章 6 節参照）の場合を例として図 5-12 に示す。ただしラウドネス値はチャンネル数に関わらず，単一値として表示される。K 特性フィルタへの入力 x_i は瞬時音圧に対応し，添字 i は L，R，C，Ls，Rs のいずれかで，それぞれ左，右，中央，左後，右後チャンネルの出力電圧である。低音域効果用の LFE チャンネルは含まない。K 特性フィルタは，頭部を硬質球体に置き換えた場合の周波数特性と聴覚の周波数特性を含めてモデル化したフィルタで，図 5-13 のようになる。K 特性フィルタの出力 y_i は 2 乗平均され，それらの値は，次のようになる。

$$z_i = (1/T)\int_0^T y^2_i\,dt \qquad (i = L,\ R,\ C,\ Ls,\ Rs) \tag{5.26}$$

ここで，T は測定時間の 400 ms である。

これらの値は，チャンネル毎に重み付けがなされる。重み係数 G_i は，左，右，中央の各チャンネルに対し 1.0，左後および右後チャンネルに対し 1.41 となっている。

各チャンネルの出力を重み付けし和を取った後に対数化し，0.691（図 5-13 の 1000 Hz での値）を差し引いた値が式(5.27) に示す測定区間 T のラウドネス値 L_K で単位は LKFS（Loudness K-weighted relative to nominal Full Scale）である。

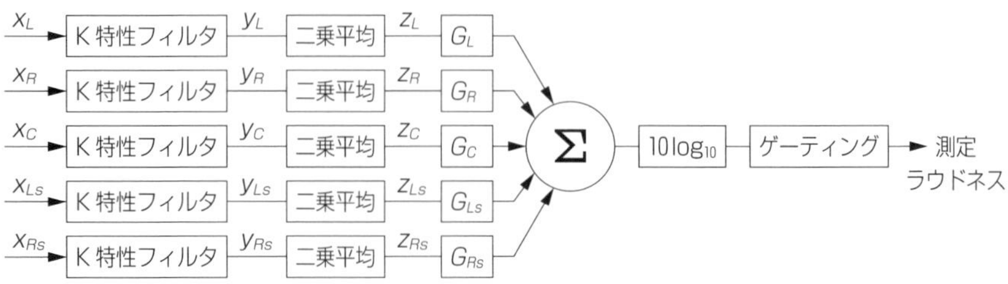

図 5-12　多チャンネル再生系のラウドネス測定アルゴリズムのブロックダイアグラム
（ITU-R BS.1770-4, 2015）

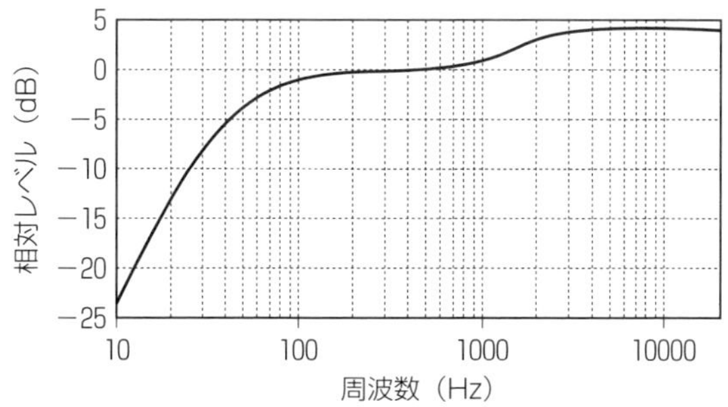

図5-13　K特性フィルタの周波数特性
（ITU-R BS.1770-4, 2015 の Fig.2 と Fig.4 より合成）

$$L_K(LKFS) = -0.691 + 10\log_{10}\sum G_i z_i \qquad (i = L, R, C, Ls, Rs) \qquad (5.27)$$

LKFS 単位で 1dB のレベルの増減は 1LKFS のラウドネス値増減と同じである。調整用信号である 1000Hz, −24dBFS（フルスケールよりも 24dB 低い値）の信号を入力した場合のラウドネス値は, −24LKFS となる。

C. ゲーティングと平均ラウドネス値

ラウドネス値は, 図5-14 に示すように, 番組音を 400ms のゲーティングブロック毎に切り出して求める。さらにゲーティングブロックを 100ms ずつずらしながら重複させて測定する。測定終了時に 400ms に満たないゲーティングブロックは計算に含めない。この 400ms の区間に無音区間とみなせる絶対閾値（−70LKFS）以下の部分が含まれる場合には, そのゲーティングブロックを除去する。この処理を絶対ゲーティングという。絶対ゲーティングの後に, 残ったゲーティングブロックの対数計算の前の真数で平均した後に対数計算を行った平均ラウドネス値から 10dB 低い値を相対閾値とする。そしてゲーティングブロックのラウドネス値が相対閾値以下となるゲーティングブロックを除去する。この処理を相対ゲーティングという。最終的に残ったゲーティングブロックから平均ラウドネス値を計算する。

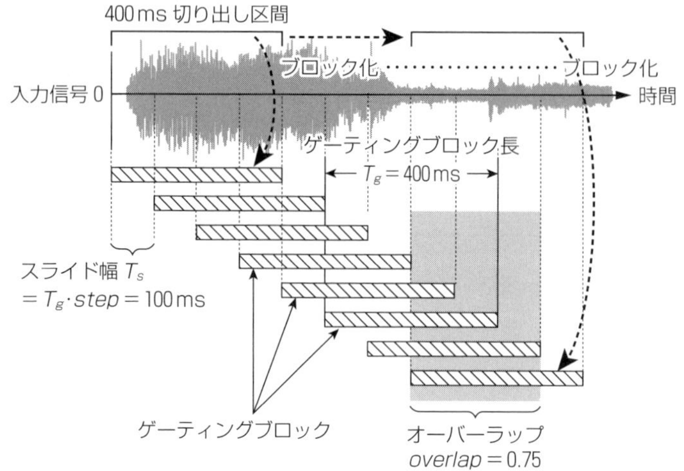

図 5-14　ゲーティングブロックとオーバーラップ法（ARIB TR-B32, 2016）

D. ラウドネスの計測モードとその運用

①番組の平均ラウドネス値（Integrated loudness）：すべてのゲーティング処理を行ったあとの平均ラウドネス値を表示する。また平均ラウドネス値は小数点以下 1 桁までを表示する。平均ラウドネス値（−24 LKFS ± 1 LKFS）を順守することにより，放送局間あるいは番組間の音量の違いは以前に比べて大きく改善されている。

②瞬時計測モード（Momentary loudness）：番組音のゲーティング処理をしないで 400 ms の積分回路を通したラウドネス値の変動を表示する（ITU-R BS.1771-1, 2017）。K 特性フィルタで高域を強調しているためだと考えられるが，VU 計に比べて動きが速くピークメータに近い動きをするので，現在はミクシングには使用されていない。

③短時間計測モード（Short term loudness）：番組音のゲーティング処理をしないで 3 s の積分回路を通したラウドネス値の変動を表示する（ITU-R BS.1771-1, 2017）。トーク番組のレベル管理には向いているが，音楽の中などのアタック音（急に現れる強音）に対しては反応が遅く後追い表

示になるので使いづらく，現在では使われていない。

E. ピークメータ

ディジタル信号処理においては，高い周波数成分を含んだ音声信号の場合には，サンプル点以外に真のピーク値（true peak：トゥルーピーク）が存在する。信号の最大値をフルビット以内に収めなければならないので，ピークメータを使用したピーク値の管理が重要である。まず，サンプルピークメータでは，0 dBFS（ちょうどフルビット）以下であっても信号波形がクリップされることがある。そこで番組を制作する場合には，ピークメータの指示値が 0 dBFS よりも低い値以下に制限する必要がある。サンプルピークメータを使用する場合には，指示値が −3 dBFS（フルビットから 3 dB 低いレベル）以下になるようにすればよいし，4 倍のオーバーサンプリングをしたトゥルーピークメータを使用すれば，−1 dBTP（トゥルーピークメータ測定したレベル）以下になるように制作すれば波形のクリップによる音質の劣化は生じない（民放連，2017）。

第6章　音の高さ

第1節　音の高さとは

古くから，音響心理学関連の研究のなかでは，音の高さ（pitch）は多くの研究者の関心を惹き，数多くの研究が行われてきた。音の高さの知覚の問題は，聴覚生理学にも密接な関連があり，聴覚の情報処理のメカニズムの探求と直接に結びついている。

音の高さは人間の生活に極めて密接に関連している。例えば，日常会話において母音部分の高さを変化させることによって，ちょっとしたニュアンスの違いや感情表現，また意味的な表現（肯定文か疑問文かなど）を行っている。音楽における旋律は音の高さの時間的変化であり，またハーモニーは音の高さの同時的結合である。

音の高さの対応英語は pitch であることから，日本語でもしばしばピッチという表現をする。本書でもピッチと呼ぶ場合や音の高さを略して単に高さと呼ぶ場合もある。分野によっては音高と呼ばれる場合もある。

なお，しばしば音程（musical interval）が音の高さ（pitch）と混同して使用される場合があるが，音程とは2つの音の高さの間隔（例えば，長3度，完全5度など）を指すので間違わないようにしなければならない。

1.　音の高さの定義

音の高さはピッチとともに，JIS（Z 8106：2000）の中に音響用語として，下記のように定義されており，聴覚心理学関連の研究分野でも受け入れられている。またこれらの規定はアメリカ音響学会（ASA）の音響用語の規定（アメリカ国家規定でもある：ANSI S1.1-1994, ASA 111-1994）の pitch の定義と内容的には一致している。

- 定義（JIS）：聴覚にかかわる音の属性の一つで，低から高に至る尺度上に配列される。
- 備考1：複合音の音の高さは，主として刺激の周波数成分に依存するが，音圧，波形にも関係する。
- 備考2：音の高さは，人がその音と同じ高さであると判断した純音の周波数で表すことがある。純音の音圧レベルは，別途指定する。

またJISには，音の高さの単位メル（mel）についても次のような規定がある。

- 定義：音の高さの単位。正面から提示された，周波数1000 Hz，音圧レベル40 dBの純音の高さを1000メルとする。
- 備考：被験者が1000メルの n 倍の高さと判断する音の高さが $n \times 1000$ メルである。

なお，ASAの1994年版（Acoustical Society of America & American National Standards Institute, 1994）では，“That attribute of auditory sensation in terms of which sounds may be ordered on a scale extending from low to high.”である。

しかし，ASAのpitchの定義1951年版（American Standards Association, 1951）では，最後に“such as a musical scale.”という句が付け加わっていた。この句は1960年版では削除され，1973年版，1994年版と変更がなかったが，2013年版（Acoustical Society of America & American National Standards Institute, 2013）では定義自体が次のように変更された。すなわち，“That attribute of auditory sensation by which sounds are ordered on the scale used for melody in music.”となった。通常は旋律が成り立つのはだいたい基本周波数が5 kHz以下の音であるので，ピッチの定義に音階とか旋律という用語を入れると10 kHzとか15 kHzの音にはピッチの定義が適用できるのかどうかという問題に関わってくる。さまざまな研究で，旋律を構成したり音階上に並べられることが可能なピッチを扱う場合には，意味を明確にするために，音楽的ピッチ（musical pitch）という用語を用いている。

2. 音の高さの定義の問題点

JISの定義によれば，音の高さは「低から高に至る尺度上に配列される」と，単純に1次元的に表現されている。しかし音の高さは常に1次元的に表現できるわけではない。

具体的な例としては，われわれはピアノで弾く音の高さ（例えば，中央のドの高さ：基本周波数は261.6Hz）に合わせて，/ア/，/エ/，/イ/，/オ/，/ウ/などと歌うことができる。この場合は，これらの5つの母音は音楽的には同じ高さである。しかし，この場合に，例えば/イ/と/オ/のどちらがより高いかの判断を強制的に求められると，/イ/の方が高いと判断する人が多いであろうことは容易に想像できるであろう。このことは，音楽的には同じ高さであっても，異なる母音間には高さの違いがあることを示している。これらのことは，各母音の高さの1次元的性質だけでは説明することはできない。

第2節　音の高さの二面性

1. 音の高さのらせん構造モデル

上に述べたように，音の高さは一般には低から高への尺度上に配列される1次元的性質をもち，メルという高さの単位が採用されている。しかし，音の高さは，上述のように単に1次元的な性質だけでは説明できないような側面も持つ。古くからこのことは指摘されており，音の高さのらせん構造モデルが提案されている。この1例を図6-1に示す。すなわち，音の高さは基本周波数が上昇していくに従って，循環的に上昇していくような性質を持っている。

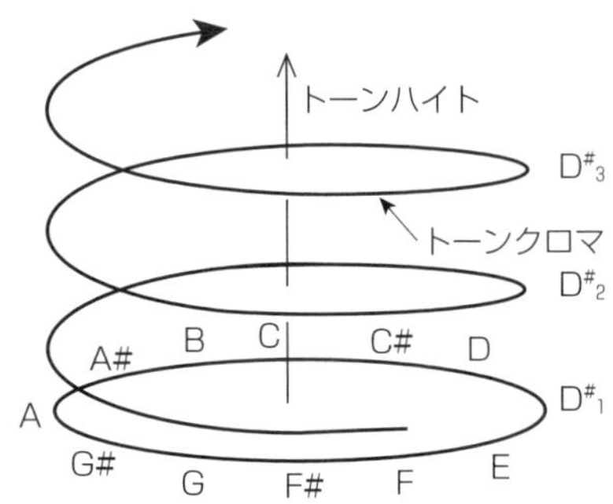

図6-1　音の高さのらせん構造モデル

この図の垂直方向の性質をトーンハイト（tone height）と呼び，循環的な性質をトーンクロマ（tone chroma）と呼んでいる（Bachem, 1948）。また最近はトーンハイトをピッチハイトとも呼ぶ（ANSI/ASA S1.1-2013）。日本語では，前者を音色的ピッチ，後者を音楽的ピッチと呼ぶこともある。ただし，基本周波数が5kHzを越える音は，トーンクロマが消失し，キーンという高さの感じが変わってくるだけで，それらの音どうしでは旋律を構成することができなくなる。つまり音楽的ピッチは消失する。なお，基本周波数が2^n倍（n：整数）だけ異なる楽音はトーンクロマが同じであるが，それらの楽音の集合をピッチクラス（pitch class）と呼ぶ。同じピッチクラスに属する音は，同じ音名（C，D，E，…，あるいは，ド，レ，ミ，‥‥）で呼ばれ，トーンハイトの違いを同時に表示するためには，C_1，C_2，C_3，…，などと添字をつける。通常は，C4はピアノの中央のド音（261.6 Hz）を意味する。

しかしながら，トーンクロマとトーンハイトを分離せず，それらが統合された音の高さとして議論されることが多い。

2.　聴神経におけるピッチの時間情報と場所情報

ピッチを知覚するための情報を聴神経レベルで探ってみると，主として音刺激に対して発火している聴神経の発するインパルス間の時間間隔と神経興奮パターンのピークの位置という2つの情報が考えられる。これらの情報をそれぞれ，時間情報および場所情報と呼ぶ。純音刺激の場合について考えると，周期（＝周波数の逆数）に対応するインパルス間の時間間隔によって時間情報が生成され，また神経興奮パターンのピーク位置によって場所情報が生成される（第2章参照）。前者によるピッチを時間ピッチ（temporal pitch），後者によるピッチを場所ピッチ（place pitch）と呼ぶこともある。また時間ピッチはトーンクロマに，場所ピッチはトーンハイトに対応すると考えられる。

3.　音の高さの2面性の知覚地図

ピッチは上述のようにトーンハイトとトーンクロマに分析できるが，トーンハイトは音色の要素と考えることもできる。プロンプら（Plomp & Steeneken, 1971）は，広いスペクトルをもつ周期的パルス列音を1/3オクターブバンドの帯域通過フィルタに通した複合音について知覚的類似性の実験を行い，その結果を多次元尺度法で分析した。実験に用いた複合音は，基本周波数が200 Hz,

250Hz，320Hz の 3 種類，帯域通過フィルタの中心周波数は 2kHz，2.5kHz，3.2kHz の 3 種類で，それらを組み合わせた 9 種類の複合音である。

これらの類似性判断の 9 人の類似性データを合計して 類似性行列を作り，クラスカルの多次元尺度法で分析した。この結果は図 6-2 に示されるように，9 種の複合音相互間の知覚的な距離関係（近ければ似ている）を表現するもので，知覚地図あるいは知覚空間（perceptual space）とも呼ばれる。この知覚空間は複合音の基本周波数とフィルタの中心周波数の 2 つの次元に明確に分かれ，それぞれ複合音の基本周波数と周波数成分に対応することを示している。また基本周波数の逆数は，波形の周期になるので時間情報に対応し，フィルタの中心周波数は場所情報に対応する。知覚的には，フィルタの中心周波数はトーンハイトに，基本周波数はトーンクロマに対応している。

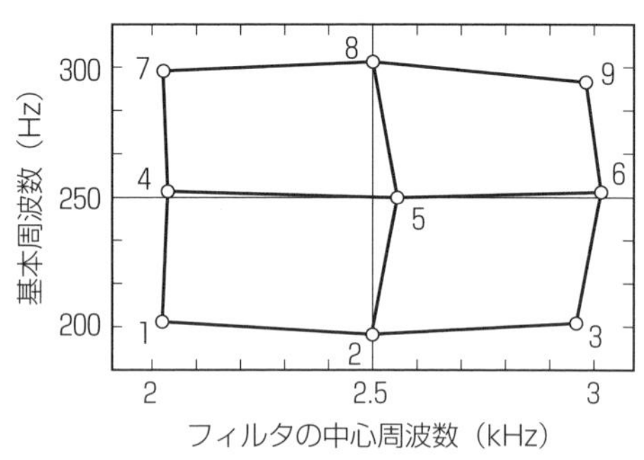

図 6-2　9 種の複合音の知覚空間
（Plomp & Steeneken, 1971）

4.　音楽的ピッチの周波数限界

人間の純音に対する可聴周波数範囲はだいたい 20Hz～20kHz である。しかし音楽的ピッチの感じられる周波数範囲はある範囲に限定されており，この問題についてはさまざまな研究がある。研究の手法としては大別して 2 つの方法がある。1 つは，絶対音感保有者による各周波数の音名の絶対判断で，もう 1 つは相対音感による音程判断（曲の同定や旋律の書き取り等も含む）である。なお絶対音感とは，ある音を単独で聞いたときに他の音と比較せずにその音の音名を指示できる能力をいう。

A. 周波数上限

バッチェム（Bachem, 1948）は，絶対音感保有者に純音を聴かせて音名を絶対判断させる実験を行った。周波数を少しずつ上げていってその度ごとに音名を

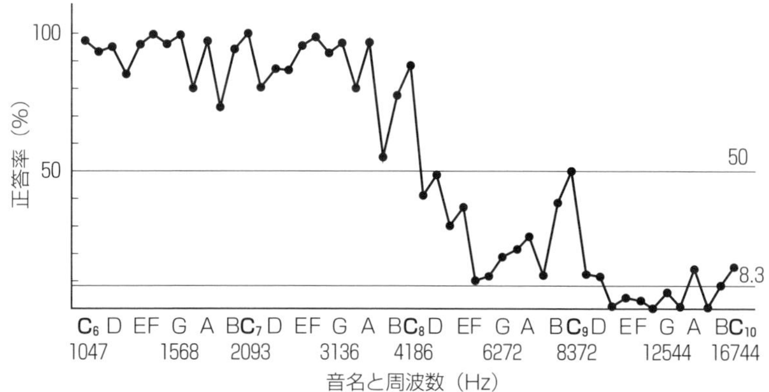

図 6-3　絶対音感保有者（46 人）の純音に対する音名判断の正答率
（Ohgushi & Hatoh, 1992）

判断させると，周波数に音名を対応させることができ，周波数が 2 倍になると同じ音名に判断された。しかし 4～5 kHz 以上の高い周波数では音名の判断が固定してしまうという現象（クロマ固定）が生じ，正確な音名判断が不可能になった。

羽藤ら（羽藤・大串，1991；Ohgushi & Hatoh, 1992）は，絶対音感保有者（音楽専攻学生）に 1047 Hz（C_6）から 16744 Hz（C_{10}）までの周波数範囲の半音ごとの純音を教室内でスピーカからランダムに提示し，音名判断を求める実験を 3 回行った。46 人の絶対音感保有者の正答率を図 6-3 に示す（Ohgushi & Hatoh, 1992）。横軸は純音の音名と周波数，縦軸は正答率（%）である。横軸に平行に正答率 50% とチャンスレベルに対応する 8.3%（＝1/12）の線が引かれている。この結果から，次のようなことを読み取ることができる。

① 4186 Hz（＝ピアノの最高音）以下では，正答率はほぼ 70% を越えるが，その周波数を越えると正答率が急激に低下する。
② 白鍵に対応する周波数の音に対する正答率は高く，黒鍵に対応する周波数の音に対する正答率は低い。
③ C 音や A 音に対する正答率は他の音に対するよりは相対的に高い。

これらの結果の中の①は，バッチェム（Bachem, 1948）の結果と定性的には合っており，音楽的ピッチの上限は4～5kHzあたりにあることを示している。さらに②，③も含めて音楽の練習中に聴く機会の多い音の音名になるほど，しっかりと記憶されることによるのであろう。上記②，③については宮崎（Miyazaki, 1989）の結果とも一致している。

音程判断によって音楽的ピッチの上限周波数を調べた研究としては純音の調整法によるオクターブマッチングの実験がある（Ward, 1954）。この結果によれば，基準音が2.7kHzを越える（つまり比較音は5.4kHzを越える）と調整が困難になり個人のデータのばらつきが100セント*[1]以上になるので，音楽的ピッチの上限は5.5kHzとした。

またアトニーブら（Attneave & Olson, 1971）は，移調ができる上限の周波数として4978Hzと5274Hzの間，すなわちほぼ5kHzを音楽的ピッチの上限とした。さらにセマルら（Semal & Demany, 1990）は，10人の音楽熟練者による同様な実験を行った。その結果，上限周波数の平均値は4.7kHzであったがかなり大きな個人間および個人内の差（15％程度）があった。

これらの結果は聴神経が音圧波形に同期して発火可能な最高周波数に対応しており（第2章参照），音楽的ピッチは場所情報によるのではなく時間情報に基づいているという見解の根拠となっている。

B．周波数下限

プレスニッツアーら（Pressnitzer et al., 2001）は，広帯域複合音で長3度内の半音階4音旋律を提示し，続いて同じ旋律の1音を半音だけ変えて提示し，3人の聴取者は何番目の音が変化したのかを答えた。実験結果によれば，音楽的ピッチの周波数下限の平均値はほぼ30Hzであった。

C．高域周波数における音楽的ピッチ

図6-3に示すように，絶対音感保有者の純音の音楽的ピッチの知覚は4kHzを越えると急激に困難になってくるが，それでも音名同定率は10kHz近くまで

＊注1　セントは音程の単位で，100セントが1半音（2音の周波数比が1.059……）に対応する。

はチャンスレベルを越えている。また，聴取者の中には 8870 Hz（＝C#$_9$）までは正答率を高く保持している聴取者や 11839 Hz（＝F#$_9$）までもチャンスレベルよりはるかに高い正確さで正答をする聴取者も存在した（羽藤・大串，1991；Ohgushi & Hatoh, 1992）。

バーンズら（Burns & Feth, 1983）は，10 kHz 以上の純音と，比較のために 1 kHz 付近の純音を用いて，音楽的ピッチの知覚実験（曲の同定，旋律の書き取り，音程の調整）を行った。最初は 4 小節のよく知られた 12 曲（旋律の範囲は長 6 度を越えない）の同定実験で，曲の最低音が 10 kHz であった。14 人の聴取者の平均同定数は，10 kHz 以上の曲に対しては 2.9，1 kHz 付近の曲に対しては 8.3 であった。しかし個人差が大きく，10 kHz の曲については，同定率の高い 3 人の聴取者の成績はそれぞれ 10，9，8 であったが，4 人の聴取者はまったく同定ができなかった。

このことから，バーンズらは，10 kHz を越える周波数の音からでも音楽的ピッチの情報を引き出すことのできる聴取者が存在すると結論づけた。また 3 人の音楽経験者が聴取者になり，4 音旋律の書き取り（相対音程）実験が行われた。さらに同じ聴取者による音程調整実験も行われた。これらの結果から，10 kHz 以上の音は 1 kHz 付近の音に比べて大きく低下はしているが，音楽的ピッチの情報を含んでいると結論づけた。

オクセンハムら（Oxenham et al., 2011）は，基本周波数は 2000 Hz 以下であるが低い周波数の倍音成分を除去し，さまざまな最低成分周波数の場合の調波複合音について純音とのピッチマッチング実験を行った。結合音をマスクするためにノイズを重畳させている。聴取者は 6 人で，マッチングした周波数が±0.25 半音内かそのオクターブ違いならば正解とした。その結果によれば，正答率は最低成分周波数が 8400 Hz まで 80％以上となっており，従来の常識を越えている。ノイズを重畳しているとピッチの聴こえ方が変化する（Hall & Peters, 1981；Houtgast, 1976）場合があるのでこの影響の可能性も考えられる。

ローズら（Rose et al., 1967）はリスザルの聴神経の中に例外的ではあるが 12 kHz 付近まで音刺激に対して発火を同期させることのできるニューロンが存在すると報告している。このような聴神経が高い周波数の音楽的ピッチの知覚を可能にしているのかもしれない。

5. オクターブ類似性とオクターブ伸長現象

A. オクターブ類似性

図 6-1 のらせん構造モデルには同じピッチクラスに属する音名は距離的に近いというオクターブ類似性（octave similarity）が見られるが，実験によってそのような類似性が実現されるであろうか。

アレン（Allen, 1967）は 1000 Hz の純音の標準音と，225～4800 Hz の周波数範囲からの 23 の比較音（純音）を，聴取者に継時的に聴き比べてもらい，7 段階の類似性判断実験を行った。聴取の 1 試行ごとに，前回の記憶を消すために，聴取者に白色雑音（10 秒間）を聴かせた。聴取者は音楽専攻大学生 10 人および正式の音楽教育を受けていない大学生 10 人であった。

実験結果によれば，音楽専攻生群は 1 オクターブおよび 2 オクターブ離れた音に対しては他の音に比べ強い類似性を示した。一方，非音楽学生群は概して周波数が離れるに従って類似性が弱いと判断し，トーンクロマの影響は弱かったが，1 オクターブ離れた音に対しては，隣接音よりもわずかに類似性を高く判断した。この結果は，音楽経験によってトーンハイトよりもトーンクロマの方が類似性に強い影響を与えるようになったことを示唆している。

またカルマン（Kallman, 1982）は，標準音を 400～800 Hz の純音とし，比較音を 2 オクターブ以上にわたる周波数の半音ごとの 19 の純音とし，35 人の一般大学生に知覚的類似性の判断を行わせた。その結果は，標準音と比較音の周波数間隔が広くなるほど類似性が低下し，周波数間隔が 1 オクターブの場合も 2 オクターブの場合にもとくに類似性が高くなることはなかった。つまりトーンクロマは判断に影響せず，トーンハイトのみで類似性を判断していた。次に音楽専攻の大学院生 3 人について同じ実験を行ったところ，1 人は 1 オクターブおよび 2 オクターブ離れた音に対して高い類似性を示したが，あとの 2 人はオクターブ離れた音に対してほとんど類似性の上昇を示さなかった。

アレンとカルマンの結果が必ずしも一致しないのは，おそらく実験条件の違い（白色雑音を聞かせることによる聴覚記憶の弱化，比較音刺激の周波数設定など）によるものであろう。

B. オクターブ伸長現象

基本周波数が1オクターブの整数倍だけ離れた音は，音名では同じ文字が当てられており，これらの集合をピッチクラスと呼ぶ。1オクターブは物理的には周波数がちょうど2倍になることに対応するが，2つの純音を継時的にあるいは同時的に聴取した場合には周波数比が2倍よりもわずかに広くなったときにちょうど1オクターブ離れていると知覚される。2つの音がちょうど1オクターブだけ離れているように知覚される周波数比を心理的オクターブ（subjective octave）という。

心理的オクターブが物理的オクターブ（physical octave）よりも広くなるという現象はウォード（Ward, 1954）によって発見された。この現象をオクターブ伸長現象（octave enlargement phenomenon）と呼ぶ。その後の実験結果（Walliser, 1969 a；Terhardt, 1971 a；Ohgushi, 1983）も含めて物理的オクターブと心理的オクターブの関連性を図6-4に示す。横軸は低い方の純音の周波数，縦軸は心理的オクターブを2（＝物理的オクターブ）で割った値である。周波数が高くなるに従って伸長現象は顕著になる傾向が示されている。なお○印は理論（Ohgushi, 1983）による予測値である。

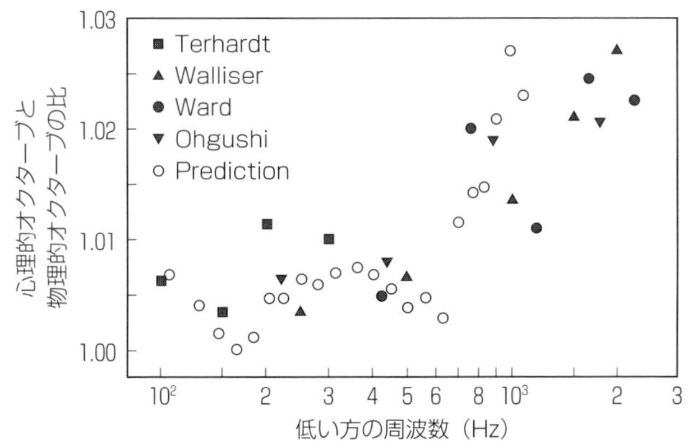

図6-4　純音の心理的オクターブと物理的オクターブの比（Ohgushi, 1983）

C. オクターブ伸長を説明する理論

オクターブ伸長現象は，これまでに場所説に基づくピッチ理論と時間説に基づくピッチ理論により説明されてきた。場所説による理論はテアハルト（Terhardt, 1974）により提案されたものである。彼の理論は2つのアイディアを結合させたものである。すなわち，聴覚の音刺激に対する反応を聴覚神経上の興奮（場所）パターンとして捉えるという場所説による考え方と学習モデルの考え方である。

人間は幼児期から毎日音声（母音は周期的複合音）を聴いて育っているが，このような毎日の繰り返しの中で，周期的複合音に対する神経興奮パターンのテンプレート（鋳型）が脳の中に記憶されるようになる。ここで第2倍音が基音をマスクするために基音に対する神経興奮パターンはさらに周波数の低い方にシフトする。したがって，人間は周期的複合音を繰り返し聴くことにより，1オクターブという音程を伸長したより広い神経興奮パターンとして記憶している。そこで2つの純音のオクターブ判断を行うときには，伸長したテンプレートを用いることになるのでオクターブ伸長が生じるのであると説明している。ただしこの理論では，オクターブマッチングが高い方の周波数が5.5kHz以下でないと困難であるというような実験事実は説明できない。

さまざまな実験データから音楽的ピッチはほぼ5kHz以上では消失し，また生理実験データから聴神経の純音に対する同期性は5kHz以上で消失するという対応関係が知られている。つまり音楽的ピッチは音刺激の時間情報に基づくと考えられている。時間説による説明が大串（Ohgushi, 1983）によってなされている。この説明は次のような聴神経の生理実験結果に基づいている。すなわち，神経細胞は一度インパルスを発火するとその間は次のインパルスを発火することが不可能（絶対不応期）となり，その直後には発火の閾値が上がって発火しにくい期間（相対不応期）がある。したがって，純音刺激の周波数が高くなると，波形の連続するピークに対応して発火するインパルスの間隔は，図2-18に示したように，統計的には波形のピーク間隔（周期）よりも遅れるようになってくる。

時間説による説明を図6-5の模式図の例を使って行う。図6-5(a)においては，500 Hz の純音刺激（周期＝2 ms）に対して聴神経がほぼ 2 ms の間隔でインパルスを発生している。音刺激の周波数が 1 オクターブ高くなると，図 6-5（b）に示すように，インパルス間隔は周期（＝1 ms）よりもやや広くなる。ここでは例題的に 1.02 ms としている。つまり音刺激の周期情報は周波数が高くなるに従って相対的に長くなる（つまり周波数が低くなる）のである。

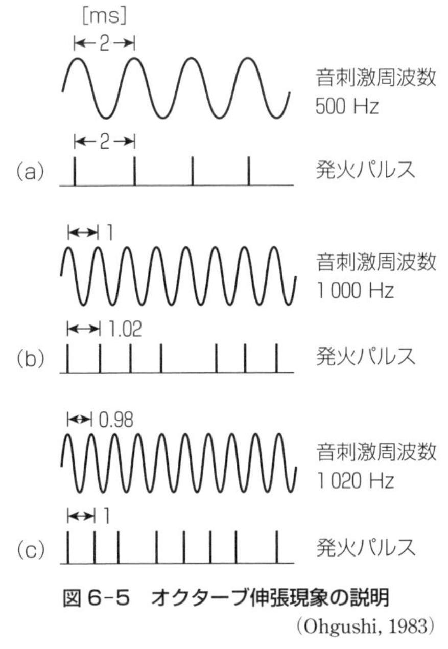

図 6-5　オクターブ伸張現象の説明
（Ohgushi, 1983）

そこで聴神経の段階では周期に対応するパルス間隔がちょうど半分になったときに 1 オクターブ高くなると仮定すれば，図 6-5（c）に示すように，音刺激周波数が 1020 Hz となり，インパルス間隔がちょうど 1 ms になったときに 1 オクターブ高いと判断することになる。このようにしてオクターブ伸長現象を説明することができる。この理論は最初に大串（Ohgushi, 1983）によって提案された。後に，マッキニーら（McKinney & Delgutte, 1999）は生理実験によりネコの多くの聴神経について，図 2-18 の傾向を確認し，時間説による説明を支持した。またムーア（Moore, 2012）は，大串の理論（Ohgushi, 1983）を支持してこの理論を紹介している。

D. 多重オクターブの伸長幅

以上は 1 オクターブの伸長に関する問題であったが，2 オクターブあるいは 3 オクターブにマッチングしたときの伸長現象はどのようになるのであろうか。実験結果によれば，2 オクターブあるいは 3 オクターブの間の伸長幅は個々の 1 オクターブの伸長の和になることが示されている（Walliser, 1969 a）。

6. 無限音階

A. 無限音階構成音のスペクトル

図 6-6 は左まわりに一段ずつ階段を上っていくとまた元の場所に戻ってくるという不可思議な階段で，視覚心理学の分野で無限階段の錯視と呼ばれるものである。聴覚心理学においても，基音が1オクターブの範囲内の音だけで音の高さが無限に上昇（あるいは下降）しつづける音の無限階段，すなわち無限音階（endless scale）をつくることができる（Shepard, 1964）。複合音のスペクトル包絡線を一定にし，音色の違いをできるだけ少なくすれば，トーンハイトの変化はほとんど感じさせずにトーンクロマの違いのみを感じさせる音の系列をコンピュータで合成することが可能である。

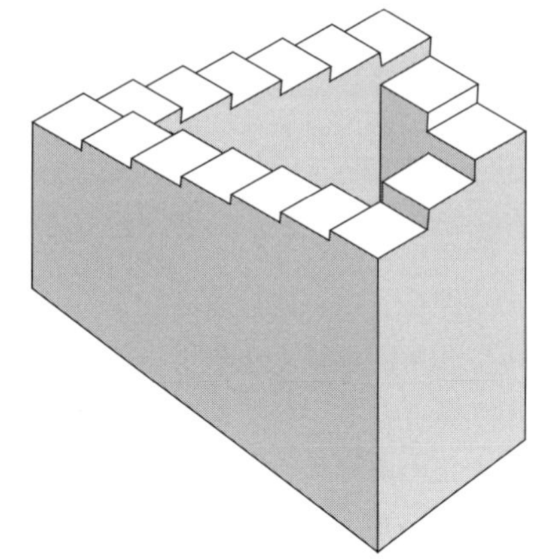

図 6-6　無限階段の錯視
(Shepard, 1964)

シェパードの合成した無限音階を構成する各複合音のスペクトルは，図 6-7 に示すように基本周波数とその 2^n 倍（$n = 1 \sim 10$）の周波数の 10 の部分音から成っている。すなわち，どの部分音も単独では同じ音名となる。図に示す実線は第1番目の部分音の振幅スペクトル，点線は第6番目の部分音の振幅スペクトルを示す。スペクトル包絡線の最大になる周波数は，ここでは 155.6 Hz としている。また，基本周波数を一定の割合で上昇させると，スペクトル包絡

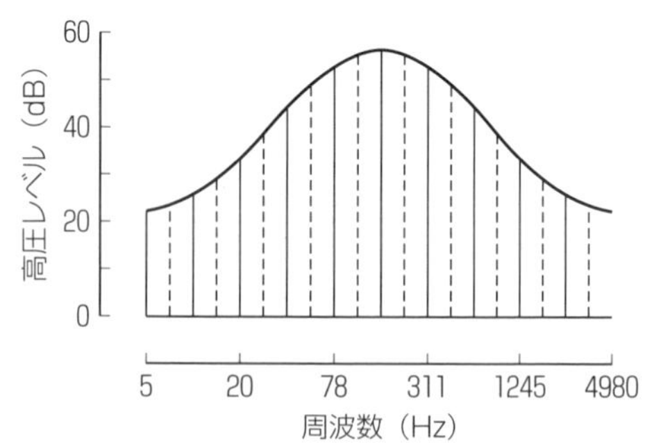

図 6-7　無限階段を構成する複合音のスペクトル
(Shepard, 1964)

線は一定の形に保ちながら全周波数成分はその割合だけ移動し，1オクターブで完全にもとの形に戻る。この音の系列を繰り返し聴くと，あたかも図6-6のような無限に高さが上昇（逆の順にすれば下降）しつづける音階として聴こえる。このような現象は，各複合音の周波数帯域が広いうえ，スペクトル包絡線が等しいので聴神経の伝送する神経興奮パターン（場所情報）にはあまり違いがなく，聴神経発火の時間情報が大きく異なることによって生じるのだと考えられる。

歌の旋律はピッチの変化から成っており，唱歌や歌謡曲の音域は通常1オクターブを越える。最低音と最高音の音程が大きくなったとき，素人が歌う場合には高い音は発声できなくなり，それらの音だけを1オクターブ下げて歌う場合がある。しかし部分的に1オクターブ変化させると多くの人が聴いて不自然に感じることになる。そこで無限音階を構成する複合音を用いて歌謡曲の「瀬戸の花嫁」の旋律を合成した（大串，1984）。この曲の旋律は10度（ハ長調のドからオクターブ上のミまで）の範囲にわたっているが，無限音階を構成する複合音の範囲は7度（ハ長調のミからオクターブ上のレまで）である。

また比較のために7度の範囲の純音を用いた旋律の合成も行った。その結果，純音を用いた旋律は7度の範囲を越える3つの音（ド，レ，オクターブ上のミ）の部分を1オクターブ変えて合成しているために不自然に聴こえるが，複合音を用いた旋律はごく一部の人を除いては自然に感じられた。

また後には，オクターブ内の周波数成分を増やした場合にも無限音階が成立しうることが示されている（Nakajima et al., 1988；Deutsch et al., 2008）。

第3節　純音の高さ

1.　持続時間

音の持続時間が極端に短いとクリック（コツッあるいはクルッというような感じに聞こえる雑音）と呼ばれる高さの明確でない短音として感じるが，ある程度持続時間を長くしていくと高さを感じるようになる。この関係を調べた研究として，ドーティら（Doughty & Garner, 1947）の研究がある。彼らは短音の高さを，クリックピッチとトーンピッチの2種類に分類した。クリックピッチと

表 6-1　クリックピッチとトーンピッチの知覚に必要な純音の最短持続時間

(Doughty & Garner, 1947)

音圧レベル (dB)	周波数 (Hz)					
	125		1000		8000	
	クリックピッチ	トーンピッチ	クリックピッチ	トーンピッチ	クリックピッチ	トーンピッチ
110	17.9	24.2	4.4	10.2	4.0	9.6
90	15.7	26.2	6.5	15.6	5.8	16.4
80	17.8	30.8	7.0	16.4	6.2	17.9
70	20.8	39.9	6.6	16.4	5.8	18.8
60			7.1	17.6	6.5	19.8
50			7.5	18.9	8.8	21.2
40			8.4	20.7		
30			10.4	21.6		

は，クリック的な要素が強く，何らかのピッチ感をもってはいるが，それが純音のピッチほど明確ではない場合をいう。トーンピッチは，クリック的な要素よりは純音らしいピッチの感覚が強くなった場合をいう。

ドーティらが音圧と周波数を変えてクリックピッチとトーンピッチの生じる最短持続時間を調べた実験結果を表 6-1 に示す。この結果によれば，1000 Hz 以上の周波数の純音に対しては，クリックピッチは 4 ms 以上の持続時間で感じられ，さらに 10 ms 以上になるとトーンピッチが感じられるようになる。周波数が 1000 Hz より低くなると，必要な持続時間は長くなる。また音圧レベルを下げても必要な持続時間は長くなる。

以上の実験事実は，音の持続時間が短くなった結果，周波数スペクトルが広がって神経興奮パターンが広がり，また波形の周期数が短くなることによって，聴神経の発火時間間隔の情報が不明確になることによるものと考えられる。

2.　音圧レベルの影響

純音の高さは主として周波数によって決定されるが，音圧レベルにも影響される。最もしばしば参考書などに引用される有名なスティーブンスの実験結果 (Stevens, 1935) では，1000～2000 Hz の中域周波数ではピッチは音圧レベルにはほとんど影響されないが，それより低い周波数では音圧レベルが上昇するに従ってピッチは低下し，また高い周波数では音圧レベルの上昇に従ってピッチは上昇する。この変化は周波数が8kHzや150Hzの場合，10%以上にもなる。その後，同様の実験は繰り返し行われた（Morgan & Garner, 1951；Cohen, 1961；Miyazaki, 1977）が，周波数によるピッチの上昇・下降の傾向は概してスティーブンスの通りであるが，聴取者の個人差が極めて大きいこと，変化幅ははるかに小さいこと（1～2%以下）が示されている。

さまざまな実験データを要約し，テアハルトら（Terhardt et al., 1982）は，基準となる純音の周波数をF(kHz)，音圧レベルを60dB，比較音の音圧レベルをL(dB)としたとき，ピッチシフト量$\varDelta f$(%)を，次のように表現した。

$$\varDelta f = 0.02(L-60)(F-2) \tag{6.1}$$

この式は周波数が2kHzを越えると正方向のピッチシフト，2kHz未満では負方向のピッチシフトの値を予測しており，これまでの実験データの平均的な傾向を大まかに予測している。

以上は純音の場合について述べたが，広帯域の調波複合音については，多くの周波数成分を含むので，音圧による効果は相殺し合って小さくなると考えられる。テルハルト（1975）は，基本周波数が200Hzで第40倍音（＝8kHz）までを含む複合音について，音圧レベルが50dBから80dBまでの範囲で変化させた場合のピッチへの影響を調べた。その結果，聴取者間の個人差が大きく，明瞭な音圧レベルの影響は見られなかった。しかし，この複合音から1kHzを越える周波数成分を除去した複合音は，音圧の上昇に対してピッチが下降し，また，1kHz未満の周波数成分を除去した複合音は，音圧の上昇に対してピッチは上昇した。ただしその変化幅は平均的には1%程度とわずかであった。

3.　他音の存在による高さの変化

A. 雑音によるピッチシフト

純音と他の音を同時に聴くと，純音のピッチが雑音の存在しない場合に比べてわずかにシフトすることがある。純音のピッチは，重畳された帯域雑音の周波数帯域が純音よりも低い場合には高い方にシフトした（Egan & Meyer, 1950；

Terhardt & Fastl, 1971)。しかしながら，実験結果は個人差が大きい。

アメリカ音響学会の支援で発行されている CD の中に，1000 Hz 純音にマスキング雑音（900 Hz 以下の低域通過ノイズ）を加えた場合について，純音のピッチと比較するための録音がある（Houtsma et al., 1987）。この CD を用いてハルトマン（Hartmann, 1993）が 33 人の学生を対象にして教室で行った実験（どちらのピッチが高いかの判断。変化しないという判断もあり）によれば，音圧レベルが 60 dB のときには，ピッチは変化しないという判断が最も多く，あとの残りの聴取者の判断は 2 つに分かれた。音圧レベルを 75 dB に上げたところ，13 人がマスキング雑音のある方が高いという判断を行ったが，10 人は純音だけの方が高いと判断し，また 10 人は変化しないと答えた。この現象には個人差が大きいが，聴覚末梢系の問題なのか，聴き方の問題なのかは明確ではない。

B．先行音によるピッチシフト

持続時間の短い純音刺激（標準音）の前に周波数の異なる純音（先行音）がある場合には，標準音のピッチは変化（シフト）して知覚される（Rakowski & Hirsh, 1980；Ebata et al., 1984）。実験結果のピッチシフトの方向は一致せず，実験条件や実験法（調整法と恒常法）の違いによるのかどうかも明確ではない。

4. メルに関する問題

純音の高さは前述のようにメル（mel）という単位で 1 次元的に表現されている。感覚レベルが 40 dB で，周波数が 1000 Hz の純音の高さを 1000 メルとし，正常な感覚をもつ人が 1 メルの n 倍と判断する高さが n メルである。すなわち 1000 メルの音は 500 メルの音の 2 倍のピッチに聞こえる。メル尺度はさまざまな場面において使用されているが，実験自体の問題や異論もあるので，実験内容の説明と問題点などについてやや詳しく述べる。

スティーブンスら（Stevens et al., 1937）は，2 台の純音発振器を用意し，第 1 の発振器の周波数を固定（基準周波数）し，第 2 の発振器の周波数を聴取者が調整できるように設定した。5 人の聴取者はそれぞれいくつかの基準音に対し，そのちょうど半分の高さに感じるように第 2 の発振器の周波数を調整した。基準音の周波数は，125～12000 Hz の範囲の 10 種の周波数である。音の大きさのレベルは 60 フォン一定とした。聴取者の判断にはかなりの差があった。例えば，基準周波数が 1000 Hz の場合，半分の高さに感じる周波数は，391 Hz から 640 Hz までの広い範囲に散らばった。また個人内の誤差も 10％ を越す場合が多かった。5 人の聴取者の結果の幾何平均をとり，これらの値から 1000 Hz に対して高さを 1000 メルという値を割り当て，音の高さの尺度化を行った結果，2000 Hz は約 1900 メル，4000 Hz は 3000 メル，10000 Hz は 4400 メルとなった。

スティーブンスら（Stevens & Volkmann, 1940）は，上の実験結果はばらつきが大きいので再検討が必要だと考えた。すなわち，①異なった実験法による結果を求める，②聴取者間および聴取者内のデータの分散が大きいので，聴取者を増やす，③当時の実験機器では 120 Hz 以下の低い周波数領域では，実験機器の信頼性に問題があるのでより良い機器を用いる，④高さの零点をオルガンの最低音と考えた聴取者が 2 人いたので，零点を必要としない実験法も用いる，等の問題を自ら指摘し新たな 2 つの実験を行った。

第 1 実験では，2 つの純音の周波数を 200 Hz と 6500 Hz に固定し，その間に 3 つの周波数を設定し，音の高さの距離が 4 つの等間隔になるように 10 人の聴取者に周波数を調整してもらった。さらに，それぞれ 40 Hz と 1000 Hz, 3000 Hz と 12000 Hz の 2 つの純音対についても同様な実験を行った。10 人のデータの平均値を重ね合わせて作図したものを図 6-8 に示す。図において黒印は実験で設定した両端の周波数，白印は聴取者の調整平均値である。音の高さの零点は，高さの感覚の生じる最低周波数である 20 Hz として，図上では外挿して示した。1937 年の結果に比べると，1000 Hz 以上で勾

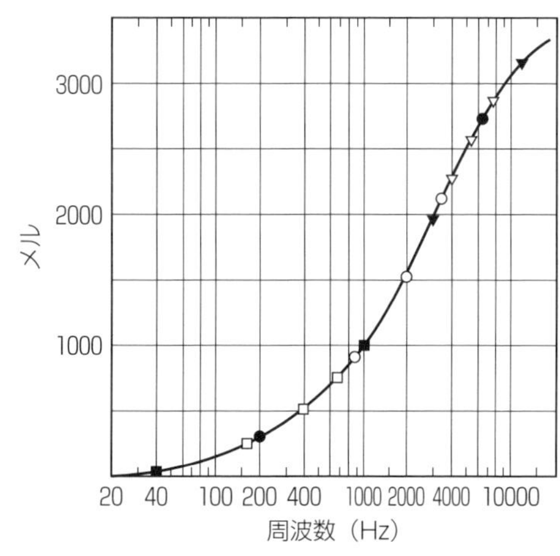

図 6-8　純音の周波数と音の高さ（メル）の対応関係
（Stevens & Volkmann, 1940）

配が緩やかな曲線になった。1937 年の結果では，10 kHz ではほぼ 4400 メルとなっていたが，1940 年の結果では，ほぼ 3100 メルとずいぶん異なった値になっている。

第 2 実験として，1937 年の実験と同じくさまざまな周波数の基準音に対して，12 人の聴取者がピッチが半分に感じられる周波数に調整する実験を行った。その結果によれば相変わらず個人差は大きいが，平均的には第 1 実験の結果とよく合っている。そこで，スティーブンスらは改定した新しいメル尺度として図 6-8 を提案した。これらの結果は周波数が 2 倍（1 オクターブ上）になったときにメル値が 2 倍になるというわけではない。

メル（mel）という単位は，ピッチが旋律（メロディ）を構成する要素であることから melody という単語から採ったものである（Stevens et al., 1937）が，現在では明らかになっているように，周波数が 5 kHz を越える純音は，一般的には旋律を構成することが困難になる。周波数が上昇するにつれ，ただキーンというような鋭さの感覚が変化するだけである。旋律を構成できないような周波数範囲にまでメルという単位を用いるのは一貫性に乏しい。

メル尺度に対してはいくつかの批判がある。ベックら（Beck & Shaw, 1961）は，基準音の周波数を 131 Hz にした場合（実験 1）と 523 Hz にした場合（実験 2）について，131 Hz ～ 4186 Hz の範囲で，マグニチュード推定法とオクターブ判断による実験を行った。その結果，両実験の結果がよく似ており，ピッチのマグニチュード測定に音楽的な問題（オクターブ類似性など）が影響していること，さらに基準周波数が 523 Hz の場合にはメル尺度（とくに改訂した尺度）とは大きく異なることが明らかになった。

シーゲル（Siegel, 1965）は，音楽的に特別の訓練を受けていない 10 人の学生に提示した周波数のピッチの半分のピッチに発振器の周波数を調整させたところ，かなり音楽的ピッチ判断（半分の高さはほぼ 1 オクターブ低い周波数になる）に従うという結果が得られた。

スティーブンスら（Stevens et al., 1937；Stevens & Volkmann, 1940）の実験データの不安定性や個人差の大きさの原因は，聴取者達がトーンハイトとトーンクロマのどちらに重みをおいて判断しているかに依存するであろうし，もともと 1 次元的な性質と循環的な性質を併せ持つピッチという属性をマグニチュード推定法により1次元尺度化を行うのはかなりの無理があるとも考えられる。

ムーア（Moore, 2012）も，メル尺度は音響技術や音声研究に広く使用されているが，その妥当性は疑わしいと述べている。純音の周波数を変えたときには音の大きさのような量的な変化が生じるのではなく，質的な変化が生じるからである。光の波長が変わったときには色相が変化するのと同様である。

第4節　複合音の高さ

1.　オームの音響法則

メルセンヌ（Mersenne）はすでに17世紀に，「弦をはじいて自由に振動させると，少なくとも5つの音が同時に鳴り，最も低い最初の音は弦の自然の響きであり，残りの音の基礎として作用する」と述べている。オーム（Ohm）は，これらの経験的事実をフーリエ分析の結果と結びつけて，「1つの複合音の高さは，その複合音の個々の正弦波成分に対応するいくつかの高さとして聴き取ることができる」と述べているが，これが有名なオームの音響法則（Ohm's acoustical law）である。

後述するようにピッチの聴き方（聴取モード）は総合的聴取と分析的聴取の2種類に大別されるが，メルセンヌのいう最も低い音を聴くモードは総合的聴取で，他の音（倍音）を聴くモードは分析的聴取に対応すると考えられる。

2.　時間説と場所説

複合音の高さ（ピッチ）の感覚は，音圧波形の周期によって生じるのか，あるいは波形をフーリエ分析して得られる周波数成分の存在によって生じるのかという問題がゼーベック（Seebeck）とオームの間で最初に議論されたのは古く1840年代であった。ゼーベックは，ピッチは音波の周期によって支配される（時間説）と解釈し，オームは複合音のピッチは音の中に含まれる周波数成分の存在によって知覚される（場所説）と考えていた。オームはこの現象を音響的な錯覚（Acoustical illusion）によるものだとして，論争は解決をみないままに終わった。

それから約20年後に，ヘルムホルツ（Helmholtz）は，中耳が非線形性をもち，これが複合音の基本周波数に対応する差音を耳内で発生させ，基本周波数に対応するピッチを発生させるのであると考えた。ヘルムホルツの理論は場所説（place theory）と呼ばれ，ゼーベックの時間説（temporal theory）に対抗した。その後数十年の間，場所説が支配的であった。

20世紀になり，聴覚実験に電子機器が導入され，フレッチャー（Fletcher, 1924）はフィルタを使って基本周波数が129～517 Hz範囲の楽器音（ピアノ，ヴァイオリン，クラリネット，オルガンなど）や母音の基音や低次倍音を除去しても，音色は変わるがピッチは変化しないことを見出した。彼はこの結果を，ヘルムホルツと同様に聴覚の非線形性によって基音が生じるためであると解釈した。この段階でも，ゼーベックの時間説よりもオーム・ヘルムホルツ・フレッチャーの場所説の方が一般的に受け入れられていた。

3. レジデュー理論の出現

その後，スカウテン（Schouten, 1938）は，差音の発生による場所説を否定する新しい実験結果を発表した。彼は光学装置とサイレンを組み合わせ，周期的パルス列音（調波複合音）を発生する装置を作成した。彼は，基本周波数を200 Hzとした複合音AとAから基音成分を除去した複合音Bを合成した。複合音Aは鋭い音色をもち，複合音Bと同じピッチであった。そこで複合音Bに206 Hzの純音を加えたところ，従来の場所説によれば6 Hzのうなり（beat）が生じる筈であるが，うなりは生じないことが確認された。この事実は，耳内で差音が生じていないことを示したもので，差音による場所説を否定する重大な結果となった。また複合音Aを注意深く聴くと4つの音から成っているように知覚された。それらは200 Hzのピッチをもつ鋭い音色の音と，200 Hz, 400 Hz, 600 Hzの各純音であった。彼はこの鋭い音色のピッチをレジデューピッチ（residue pitch）と名付けた。

なお，スカウテンによって提唱されたレジデューピッチはもともと上記のように分解されない部分音群によって生じるピッチの呼称であったが，後には基音成分を含まない複合音（missing fundamental）のピッチについてもこの呼び方を使うことが多くなった。

さらにリックライダー（Licklider, 1954）は，基本周波数帯域を帯域雑音でマスキングしても，高い周波数のいくつかの倍音成分だけが存在すれば，基音に対応するピッチが生じることを示した。このことは実際に存在する高い周波数の倍音領域からピッチが生じていることを示すもので，スカウテンの主張を強く支持したものである。これらの研究によって，耳内の非線形歪によって基音に対応する周波数成分が生じなくても，基音に対応するレジデューピッチが生じることが明らかになった。

なお，スカウテンによって提唱されたレジデューピッチは当初は上記のように分解されない部分音群によって生じる鋭い濁った音色をもつピッチの呼称であった。後に，ドゥ・ボーア（de Boer, 1976）は，レジデューを 2 つのタイプに分けた．すなわち，成分間の周波数間隔が狭いレジデュー（narrow residue）と広いレジデュー（wide residue）である。前者は各成分が十分に分解されないので位相の影響を受け，また濁った鋭い音色となる。後者は各成分が分解されるので位相による影響を受けず，音色はもっと滑らかな感じになる。そこでドゥ・ボーアは，レジデューピッチという用語を，周波数成分が分解されるかどうかに関係なく，複数成分の結合によって生じたピッチの知覚に対する呼称として使用するように提案した。現在では，複合音の基本周波数（基音が除去されていても）に対応するピッチは，研究者によって異なるが，residue pitch の他に，pitch of complex tone，low pitch，overall pitch，global pitch，holistic pitch，repetition pitch，synthetic pitch，virtual pitch などの用語が用いられている。

4.　聴覚の非線形性による結合音の発生

結合音（combination tone）は，主として蝸牛内の非線形性によって生じ，複合音のピッチの決定に重要な役割を果たしている。結合音とは 2 つ以上の純音が同時に耳に加わったときに，それらの成分の結合により生じる純音をいう。結合音は聴覚系の中で生じるものであるが，外界から入ってくる音と同様に知覚され，外界からの音とうなりを生じたりマスクされたりすることもある。さらに特定の結合音と同じ周波数の純音を外から加え，結合音の位相と外から加える純音の位相が逆位相になると結合音が消失することもある。

2 つの音（周波数 f_1，f_2；$f_1 < f_2$）によって生じる結合音として，周波数 $f_2 - f_1$ の結合音を差音（difference tone），周波数 $2f_1 - f_2$ の結合音を 3 次の結合音

(cubic difference tone) と呼ぶ。また一般的に周波数が $f_1-k(f_2-f_1)$ ($k=1, 2, 3, \cdots$) となる結合音，つまり $k=1, 2, 3, \cdots$ など小さい正整数に対応する $2f_1-f_2$，$3f_1-2f_2$，$4f_1-3f_2$ などの結合音が比較的明確に知覚される。ただし結合音の知覚のされ方については個人差がかなり大きい。また結合音はかなり低い音圧レベルの純音どうしでも生じることがある（Plomp, 1965；Goldstein, 1967；Smoorenburg, 1972）。

5. ピッチシフトの第1効果と第2効果

スカウテン（Schouten, 1940）やドゥ・ボーア（de Boer, 1956）は，振幅変調音の周波数成分すべてを周波数軸上でわずかな周波数 Δf だけ上昇シフトさせると，レジデューピッチはおおよそ Δf に比例して上昇（ピッチシフト）することを見出した。すなわちピッチの上昇分 Δp は近似的に次式で表現できる。

$$\Delta p = \Delta f / n \tag{6.2}$$

ここで，n は周波数シフト前のキャリア周波数 f を変調周波数 g で割った値（$=f$ の倍音次数）である。

スカウテンら（Schouten et al., 1962）は振幅変調音を用い，キャリア周波数 f を広範囲に変化させてレジデューピッチの知覚実験を行った。彼らは変調周波数 g を 200 Hz 一定とし，キャリア周波数（＝中心周波数）を 1200 Hz から 50 Hz きざみで 2400 Hz まで変化させた各振幅変調音のピッチを心理実験により調べた。マッチング音は音色の近い音にするために周波数帯域の近い 3 周波成分の調波複合音（振幅変調音）とした。3 人の聴取者がそれぞれ 12 回のマッチングを行った結果を図 6-9 に示す。横軸はキャリア周波数，縦軸は各振幅変調音にピッチマッチングされた調波複合音の基本周波数で，実線は実験データに最もよく適合する直線である。＋印は実験データのクラスタの平均値である。破線は式 (6.2) で表される振幅変調音が Δf にほぼ比例してピッチが上昇する現象を示す。スカウテンらは破線で示されるこの現象をピッチシフトの第 1 効果（the first effect of pitch shift）と呼んだ。

また実際には，図 6-9 で示されるように，破線で示される直線と実験データ（実線）の間にはわずかではあるが，系統的な違いが見られる。スカウテンらは

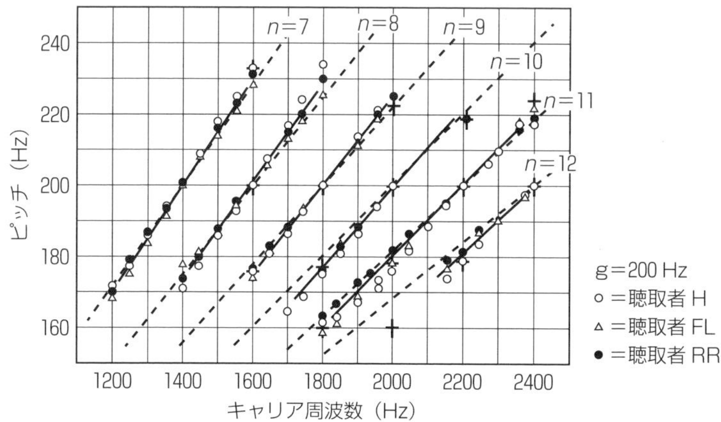

図6-9　キャリア周波数を変化させたときの振幅変調音（g＝200Hz）のピッチの変化

(Schouten et al., 1962)

この違いをピッチシフトの第2効果（the second effect of pitch shift）と呼んだ。

さらに振幅変調音のピッチとしては，1つだけでなく3つあるいは4つのピッチを聴き取ることが可能なことも示された。これらに近い値は式（6.2）のnの値を変えることによって得られる。また彼らは，図6-10に示すような振幅変調音の波形の相隣る変調周波数周期のピーク間隔$T1$, $T2$, $T3$などの逆数として振幅変調音のピッチが決定される可能性についても考察している。これらのピーク間隔の値は，nを変えたときの低調波の値にほぼ一致している。スカウテンらの理論は時間説に属し，微細構造理論（fine structure theory）と呼ばれている。心理実験結果は，波形のピーク間隔にわずかではあるが系統的に食い違っているが，これはピッチシフトの第2効果に対応している。

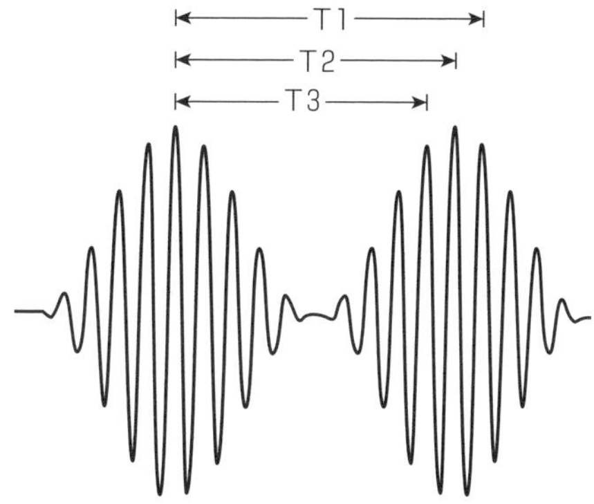

図6-10　振幅変調音波形とその時間微細構造

スモーレンブルグ（Smoorenburg, 1970）は，周波数が 800 Hz から 2800 Hz までの純音とそれらよりも 200 Hz 高い成分から成る 2 周波成分音の 200 Hz 付近のピッチを調べた。その結果，ピッチシフトの第 2 効果は 3 成分複合音よりももっと明瞭に現れた。彼は最低周波数成分より低い周波数において生じる $f_1-k(f_2-f_1)$ のタイプの結合音の低調波を考慮すれば，ピッチシフトの第 2 効果が説明できることを示した。

6. 総合的聴取と分析的聴取

楽器音のような調波複合音を聞いたとき，通常は基本周波数に対応するピッチを知覚する。しかし特定の部分音に注意を集中するとその部分音を聴き取ることができる場合がある（Schouten, 1938）。前者の聴き方を総合的聴取（synthetic listening）と呼び，そのときのピッチを複合音のピッチあるいは総合的ピッチなどという。総合的ピッチは音圧波形の周期の逆数（＝基本周波数）に対応するピッチである。後者の聴き方を分析的聴取（analytic listening）と呼び，知覚されたピッチを分析的ピッチ（analytic pitch），部分音のピッチ（pitch of individual partials）などという。

A. 総合的聴取か分析的聴取か？

楽器音などの調波複合音を何気なく聴いたときには，通常は総合的ピッチを知覚している。しかし複合音の周波数成分が少ないときには，特に意識しなくても自然に分析的聴取を行い分析的ピッチを知覚することがある。

スモーレンブルグ（Smoorenburg, 1970）は 2 周波成分音 f_1 および f_2 から成る調波複合音を用いて興味深い実験を行っている。$f_1=1750$ Hz，$f_2=2000$ Hz の第 1 音と $f_1=1800$ Hz，$f_2=2000$ Hz の第 2 音のピッチを延べ 84 人の聴取者に交替に提示して比較させ，どちらの音が高いかを判断させた。第 1 音は基本周波数が 250 Hz でその第 7，第 8 倍音から成り，第 2 音は基本周波数が 200 Hz でその第 9，第 10 倍音から成っている。実験結果によれば，35 人は第 1 音が高いと判断し，32 人は第 2 音が高いと判断し，また残りの 17 人は第 1 音が高いと判断したり第 2 音が高いと判断したり，判断に一貫性がなかった。ここで第 1 音を高いと判断した聴取者はこの音の基本周波数（＝250 Hz）に着目した総合的聴取を行い，第2音が高いと判断した聴取者は，部分音に着目した分析的聴取を行ったわけである。この実験では，総合的聴取と分析的聴取の割合はほぼ等しくなっている。

大串（1976a）はキャリア周波数を2000 Hzとし，変調周波数を400 Hzとした振幅変調音（周波数成分：1600，2000，2400 Hz）と純音のピッチの高低判断実験を行った。振幅変調音に対して，純音の周波数を250 Hz（つまり純音のピッチが振幅変調音のピッチより低い）から上昇方向に50～100 Hzステップで変化させて，ピッチの高低判断が等しくなる（あるいは逆転する）おおよその周波数を求めた。さらに2500 Hz（つまり純音のピッチが振幅変調音のピッチより高い）から下降方向に50～100 Hzステップで変化させて同様の実験を行った。その結果を表6-2に示す。この表は純音の周波数の上昇あるいは下降変化に対してピッチが等しくなった（あるいは逆転した）周波数の頻度を示しており，上昇変化では基本周波数あるいは第2倍音（振幅変調音中にはいずれもそれらの周波数成分は存在しないが）でピッチが等しくなり，下降変化では第4倍音あるいは第2倍音において周波数が等しくなっている。すなわち，ピッチの高低判断結果には文脈効果が存在し，また基本周波数の整数倍の周波数の純音がしばしばピッチとして知覚される。

ハルトマン（Hartmann, 1993）は，アメリカ音響学会の支援により出版されたCD（Houtsma et al., 1987）に収録されている2成分複合音を用い，彼の大学の教室で受講生137人について，上述のスモーレンブルグ（Smoorenburg, 1970）と

表6-2　振幅変調音（キャリア周波数＝2000 Hz，変調周波数＝400 Hz）に対して純音周波数を上昇あるいは下降変化させた場合，ピッチが等しくなった（あるいは逆転した）周波数の頻度（大串，1976a）

ピッチが等しい（あるいは逆転した）と判断された周波数	変調周波数＝400 Hz	
	上昇変化	下降変化
400（Hz）	16	0
800	7	8
1200	1	0
1600	0	16

同様の実験を行った。第 1 音は $f_1 = 800$ Hz, $f_2 = 1000$ Hz, 第 2 音は $f_1 = 750$ Hz, $f_2 = 1000$ Hz から成り，第 1 音，第 2 音の順序で再生した．聴取者はピッチが上昇したか下降したかの判断を挙手によって示した。その結果は上昇という判断が 114 人，下降という判断が 14 人で，その他の 9 人はどちらとも判断ができなかった。この実験では分析的聴取の方が総合的聴取よりも約 8 倍も多くなっており，スモーレンブルグの結果とは傾向が異なっている。

この実験では，第 1 音は基本周波数が 200 Hz でその第 4，第 5 倍音から成り，第 2 音は基本周波数が 250 Hz でその第 3，第 4 倍音から成っており，スモーレンブルグの実験に比べて低次の複合音を用いているので，部分音が分解しやすかったことが主な理由としてあげられる。

ハウツマら（Houtsma & Fleuren, 1991）は，同様に 2 つの 2 成分調波複合音を用い，ピッチが上昇するか下降するかを 40 人の聴取者が判断する実験を行った。基本周波数は 200 Hz あるいは 350 Hz とし，倍音次数をさまざまに変えて実験を行った結果，倍音次数が低い場合については分析的聴取による判断をする傾向が強いが，倍音次数が 6 次を越えると分析的聴取と総合的聴取による判断が同程度あるいは一貫しなくなる傾向が強くなった。この結果は，高次倍音について行ったスモーレンブルグの実験結果と低次倍音について行ったハルトマンの結果を支持している。

B. 複合音の多重ピッチ —— 純音とのピッチマッチング

複合音のピッチを他の音とのピッチマッチング実験で調べる場合に，マッチング音として純音を用いるのが最もすっきりしているように思える。その理由は，通常の状況では純音はただ 1 つのピッチをもっているからであり，ANSI や JIS でも「音の高さは，人がその音と同じ高さであると判断した純音の周波数で表すことがある」と述べられている。

しかしこれまで行われた複合音のピッチを求める実験において多くの場合，比較音は純音ではなく音色の近い複合音が使われてきた。その理由は，複合音に対して純音とピッチマッチングをさせると，聴取者から「音色が違い過ぎてマッチングが困難である」という意見が多く出て，実験結果が不安定になるからである（Davis et al., 1951；de Boer, 1956；Schouten et al., 1962；Smoorenburg,

1970)。

そこで実際に複合音と純音のピッチを比較した実験結果について見てみよう。ジェフレス（Jeffress, 1940）は，さまざまなオルガンパイプの音（基本周波数＝388 Hz）と等しく感じる純音のピッチは 388 Hz なのか，あるいはそれより 1 オクターブ高い 776 Hz なのかを選ばせる実験を行った。10 種類の音色の異なるオルガンパイプの音（提示音圧レベル：約 70 dB）について 26 人の聴取者の実験結果をまとめた結果，聴取者の判断には大きな個人差があった。まず，基本周波数（＝388 Hz）に等しいという判断結果は全体の約 79％で，1 オクターブ上に等しいという判断が 21％もあった。

次にオルガンパイプの基本周波数成分を除去した場合について同じ実験を行ったところ，基本周波数に等しいという判断結果は全体の約 37％に減少し，1 オクターブ上に等しいという判断は 63％に増加した。この結果は，複合音のピッチを純音のピッチと比較した場合，常にその基本周波数に等しい純音のピッチと同じになるわけではなく，それより 1 オクターブ高い周波数の純音のピッチに等しくなる場合があることを示している。さらに基音成分を除去すると，むしろ第 2 倍音の周波数に対応する純音のピッチに等しくなる場合の方が多くなった。

デイビスら（Davis et al., 1951）は，繰り返し周波数（＝基本周波数）が 90～150 Hz の周期パルス列音を中心周波数が 2 kHz で約 1 オクターブ帯域の帯域フィルタに通した調波複合音を作成した。この複合音は粗く金属的な音色を持っていた。この音を純音と交互に聴取者に提示してピッチマッチングをするように求めたところ，一部の聴取者は 2000 Hz の純音に合わせた。これらの聴取者はトーンハイトに注意を向けてマッチングをしたと考えられる。また他の聴取者は基本周波数に合わせたり基本周波数より 1 オクターブ高くあるいは 1 オクターブ低くに合わせ，場合によっては 2 オクターブ離れた周波数に合わせることもあった。これらの聴取者はトーンクロマに合わせようとしたと考えられる。すべての聴取者（9 人）の感想は「複合音と純音の音色があまりにも異なるので高さのマッチングは難しい」ということで一致した。

大串（1976a）は，キャリア周波数を 2000 Hz 一定とし，変調周波数をそれぞれ 333 Hz，400 Hz，500 Hz とした 3 種の振幅変調音（変調度：80％）と純音のピッチマッチング実験を行った。4人の聴取者が，ピッチが等しいと感じられるすべての周波数を探して純音の周波数を調整した。その結果，変調周波数（＝基本周波数）だけではなく，その2倍，3倍，4倍などの周波数付近の純音とマッチングが行われた。これらの実験結果は，複合音と純音のピッチマッチングを行った場合には1つだけはなくいくつかの周波数でマッチングできることを示したもので，オクターブ類似性を示したものということもできる。

C．総合的聴取によるピッチの基本周波数からのピッチシフト

これまで述べてきたように，多数の倍音をもつ調波複合音のピッチは，基音を除去しても変わらないという多くの実験結果が報告されているが，この場合のほとんどは比較音として音色の近い複合音が用いられていた。比較音として純音が用いられた場合には，基音に対応するピッチは基本周波数とはわずかではあるが異なることが明らかにされてきた。

このピッチシフトを発見したのは，ヴァリザー（Walliser, 1969b）である。彼は，基本周波数が230～380 Hzの範囲で，第5倍音から第9倍音までの5つの成分より成る調波複合音と純音のピッチマッチング実験を行った。5人の聴取者による実験の結果，聴取者の個人差はあるものの，複合音のピッチは基本周波数よりも2％程度低い純音と等しくなった。例えば，基本周波数が300 Hzの複合音はほぼ285～300 Hzの純音にマッチングされている。

スモーレンブルグ（Smoorenburg, 1970）は2つの2成分複合音（1800 Hzと2000 Hz，2000 Hzと2200 Hz）について基本周波数に対応する200 Hz付近の純音とピッチマッチング実験を行ったところ，平均的には2～3％低い周波数の純音とピッチが等しくなった。

テアハルト（Terhardt, 1971b）は，基本周波数とスペクトル包絡線をさまざまに変化させて同様な実験を行った。その結果，基本周波数が1kHz以下ではピッチシフトが生じること，基音を含む低次倍音を削除すればピッチシフトが大きくなる傾向のあることを示した。

大串（1976b；Ohgushi, 1978）は，基本周波数が100～3000 Hzの範囲で6.4 kHzまでの成分を含む多成分調波複合音について純音とのピッチマッチング実験を行った。その結果の1例を図6-11に示すが，基本周波数が200～2000 Hzの範

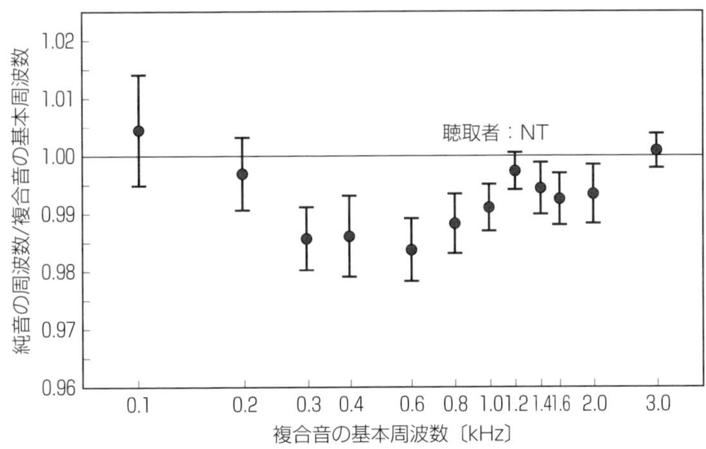

図6-11　調波複合音と純音のピッチマッチング実験結果 (Ohgushi, 1978)

囲では複合音のピッチはその基本周波数よりもわずか (2～3％以下) ではあるが，低い周波数の純音のピッチに等しくなることが示された。また基本周波数が100 Hzの場合には逆方向のピッチシフトが生じたが，これは標準音の感覚レベルを30 dBとしたために比較音である100 Hz純音の音圧レベルの上昇とともにピッチが大きく低下したためだと思われる。さらにこれらのピッチシフトの起源はオクターブ伸長現象の場合と同じく，周波数が高くなるに従って純音に対する聴神経のインパルス間の時間間隔が系統的に長くなる (図2-18参照) ためであると考えられる。

D. 部分音のピッチシフト問題

調波複合音を聴いたとき，特定の部分音に注意を集中するとその部分音を聴き取ることの可能な場合がある。すでに19世紀に，ヘルムホルツ (Helmholtz, 1954) は，訓練を行うことによりピアノ音の第5～第6倍音までを聴き取ることができたと述べている。

部分音のピッチがその周波数に対応する純音のピッチに等しいのか，あるいはわずかにシフトしているのかを知ることは，ピッチ理論を構成するにあたって極めて重要なことである。テアハルト (Terhardt, 1971a) は，基音から第4倍音までから成る複合音（基本周波数：100 Hz，200 Hz，400 Hz）の部分音（基音，第 2，第 3，第 4 倍音）と純音とのピッチマッチング実験を行った。各部分音と純音（比較音）の音圧レベルは 60 dB である。4 人の聴取者が，比較音のピッチが各部分音のピッチと等しくなるように周波数の調整を行った。ここで比較音とマッチングされる部分音は，聴取者の注意を引きやすくするために，周期的に断続（0.8 秒 on，0.8 秒 off）している。実験の結果，基音に対してはわずかな下降方向のピッチシフト，第 2 倍音以上に対しては明確な上昇方向のピッチシフトが観測された。

テアハルト（Terhardt, 1971a）の結果を検証するために，ペーターズら（Peters et al., 1983）は，新たな実験を行った。ここでは特定の部分音に注意を向けるために，テスト音（複合音）の注意すべき部分音だけを初めの 200 ms の間カットした複合音を提示し新たに加わった部分音に着目する方法（中途条件）と，複合音全体を提示するがマッチングする周波数を各部分音の ±10 〜 40 Hz に初期設定する方法（標準条件）の 2 つの条件を採用した。テスト音と比較音の持続時間は 500 ms（中途条件の部分音カット区間を除く）である。この調整法の他に，適応法も用いた。テスト音は基本周波数が 200 Hz で基音から第 7 倍音までを含んだ調波複合音である。各成分の音圧レベルは 71 dB，51 dB および 31 dB の 3 通りである。また持続時間は 500 ms（中途条件を除く）である。聴取者は 3 人である。

両条件とも，音圧レベルに関しては一貫したピッチシフトは見られなかったので，各音圧レベルの平均値を求めた。調整法の結果では，各部分音の純音とのピッチマッチングには系統的なシフトはなかった。とくに，すべての聴取者について，第 2 〜第 5 倍音へのマッチングは倍音周波数に非常に近かった。ただし 1 人の聴取者は基音成分は上方へシフトする傾向があり．第 7 倍音は下方にシフトする傾向があった。標準条件よりも中途条件の方がわずかではあるが正確であったが，基本周波数へのマッチングには影響がなかった。適応法による結果では，複合音の個々のピッチは音圧レベルあるいは部分音周波数による一貫したシフトはなく，彼らは複合音中の部分音のピッチは本質的にその周波数に対応する純音のピッチに等しいと結論づけた。この結論は，テアハルト（Terhardt, 1971a）のデータと異なっており，この実験データだけでなく，それらを基礎にしたピッチ理論（Terhardt, 1974）に疑問を投げかけた。

ハルトマンら（Hartmann & Doty,1996）は，基本周波数が 200 Hz（実験では±10% 変化）で等しい振幅をもつ基音から第 16 倍音までから成る調波複合音の各部分音と純音のピッチマッチング実験を行った。純音と各部分音のラウドネスはほぼ等しくなるように調整した。基音および第 2，3，4，5，7，9，11 次倍音の部分音としてのピッチは，それらの周波数の純音と等しくなった。この結果は，ペーターズら（Peters et al., 1983）の結果と一致しており，テアハルト（Terhardt, 1971 a）の結果とは異なっている。

7.　ムーアのピッチ知覚モデル

ムーア（Moore, 1989；2012）は，複合音のピッチは音刺激によって生じるすべての聴神経の応答（神経インパルス，スパイク）の中の最も頻度の高いスパイク間時間間隔（ISI：interspike interval）に対応すると考えた。パターン認識モデル（Wightman, 1973；Goldstein, 1973；Terhardt, 1974）に比べて，聴覚の生理メカニズムとの対応が分かりやすく，高次倍音のみから成る複合音の高さを説明できる（パターン認識モデルでは説明できない）ことから，ムーアのモデルについて述べる。彼のモデルを図 6-12 に示す。

第 1 段階は通過帯域が部分的に重なる帯域通過フィルタ（聴覚フィルタ）群で，中心周波数（＝特徴周波数）f_c の順に並んでいる。各フィルタの出力は，f_c が低い場所では倍音群が分解されて正弦波に近い波形になる。また f_c が高い場所では複数の倍音に対する出力が重なり複雑な波形となるが，その波形の繰り返し周期は複合音波形の繰り返し周期と等しくなる。

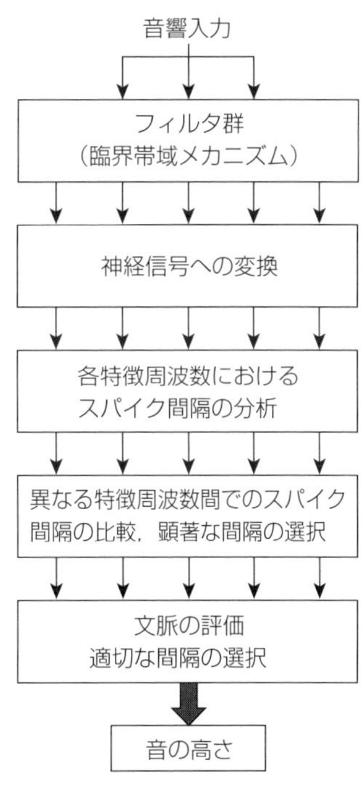

図 6-12　ピッチ知覚のモデル
（Moore, 1989）

第2段階は各フィルタの出力を神経インパルスに変換する段階である。例えば複合音の基本周波数が200Hzの場合には，フィルタのf_cが低い場所では複合音が分解されISIは5msやその倍数になる頻度が多い。また第4倍音に対応する800Hzは，フィルタ群によって分解され，f_cが800Hz付近の場所だとISIは1.25，2.5，3.75msなど1.25msの整数倍となる。さらにf_cが高い場所では複合音は分解されなくなり，ISIは波形の包絡線の周期の5msとそれ以外のさまざまな値になるであろう（Javel, 1980）。

第3段階では，それぞれのf_cの場所でのISIの分析を行う。また第4段階は異なる場所にわたってISIの比較を行い，頻度の比較的多いISIをいくつか選択する。基本周波数が200Hzの複合音の場合には，多くの場所でISIが5msとなる頻度が高いので，たとえ基音が除去されていてもピッチは200Hzと等しくなるのである。

最後の第5段階では，音の提示条件に関する記憶（直前の刺激）や注意などの文脈の影響を受け，頻度の多いISIのうちの1つが選択される。最終的にはその逆数の周波数に対応する高さが知覚される。

第7章 音色

第1節　音色の意味

1.　音色の読み

音色という用語は，さまざまな分野でよく使用される。音響学の分野では「ねいろ」と読むのが普通である（日本音響学会，2003）。心理学の分野では「おんしょく」と読むこともある（外林ら，1981）。日常的には両方の読み方が使われている。

2.　音色の対象としての音の種類

音色という用語は，楽器の音に関して使われることが最も多いと思われる。楽器は1つの音（単音と呼ぶことにする）を鳴らすこともできるが，基本的には高さも大きさも異なる多くの単音から成る楽曲を演奏するものである。ピアノの単音はオルガンの短音と音色が異なっている。たとえ同じ高さのキーを押しても，ピアノの音は急速に立ち上がりまたすぐに減衰するが，オルガンの音は持続する。つまり音の強さの時間的変化の様子の異なることが両楽器の音色の違いの最も大きな要因であろう。

また，フルートとクラリネットで同じ高さの持続音を鳴らした場合にも音色は異なる。これは主として倍音の構成（スペルトル構造）が異なるからである。これらの場合の音色という用語は楽器の単音を対象にしている。しかし，「フルートの音色」，「クラリネットの音色」などと特定の楽器の音色を概括的に表現することもある。この場合の対象は，単音だけではなく，練習や楽曲の演奏などさまざまな高さや大きさを含んだ音全体である。「フルートの音色」は，フルートのさまざまな音を聴いた印象の記憶によるものである。

また「オーケストラの音色」という表現もある（柴田，1980）が，演奏全体を通したそのオーケストラの特徴の印象であろう。この場合は，オーケストラによるリズムの表現の違いなども印象に影響を及ぼすかもしれない。さらに，ある音響機器から再生された音全体(内容は音楽・音声・物音など多岐にわたる)を対象にして音色という用語を使うこともある。スピーカの大きさや種類によって音色が大きく変化することは多くの人が体験しているであろう。

このように，音色という用語の対象は，単音から，演奏音，オーケストラ，音響機器まで，さまざまな音に対して使われているので，対象となる音の範囲をある程度限定しないと音色の意味が広がりすぎて，明快な議論をすることが難しくなる。

そこで，音色を議論する場合の対象を分類あるいは限定しようという試みがなされている。廣瀬（1933）は，単音の音色を広義と狭義の音色に分け，強さの時間的変動を含んだ場合を対象にした音色を広義の音色，強さの時間的変動を含まない場合を対象にした場合を狭義の音色としている。この場合は，音色は単音を対象にしている。

シーショア（Seashore, 1938）は，tone quality は 2 つの側面を持つと述べている。すなわち，第一の側面を timbre と呼び，これはある瞬間における基音と上音が融合したもので，音のスペクトル構造に依存する。また第二の側面は sonance（ソナンス）で，これは対象にしている音の全体における timbre や音の大きさや高さの変化が継時的に起こったときに生じる印象である。シーショアはこれらの違いを映画に喩えて，次のように説明している。すなわち，timbre は映画のフィルムの 1 コマに対応する静止画であり，sonance は映画の進行，つまり動画に対応するものである。timbre は日本語では音色と訳されているが，tone quality や sonance には定まった日本語訳はない。tone quality は「音質」や「音の質」と訳すと価値観を伴った音の品質と誤解される可能性があるので,「音の特質」「音の特性」などと訳す方がいいかもしれない。sonance は現段階では「ソナンス」とするしかない。

一方，北村（1975）は，音色には狭義と広義の意味内容があり，狭義の音色とは音響スペクトルによって決まる音の聴こえの性質，または音の大きさ，音の高さ以外の音の性質であり，広義の音色とは，音の大きさ，音の高さも含めた音の印象のすべてを指すと述べている。シーショアと北村の考えは基本的には同じものだと考えられる。

3.　音色の2つの側面

音色には2つの側面がある。1つは発音源の認知や識別の手掛かりとなる側面である。発音源の認知や識別の能力は経験や学習によって獲得される。例えば，われわれは誰かが母音/ア/を発声した場合にそれを聴いて，①母音/ア/である，②男性あるいは女性の声である，等と認知することができ，また同じ母音であっても異なる発声者の声ならば，発声者の違いを識別できる。

もう1つの側面は，人間が音から受ける印象の側面である。例えば，誰が発声した声に対しても，「澄んだ声」，「柔らかい声」，「輝かしい声」などといったような何らかの印象を言葉で表現することができる。ただし，印象と言っても，「かん高い」，「濁った」などのような感覚的印象から，「深みのある」とか「甘い」などというようなやや抽象的な印象まで，階層構造を考えることができる（上田，1988）。

なお楽器音についても同様に，弦楽器，管楽器といった大まかな識別から，さらに個々の楽器の種類など，何段階かの識別が可能で，また音色の印象表現も可能である。

4.　音色の定義と問題点

音色の定義は，JIS（JIS Z 8106：2000）で次のように定められている。対応英語は，timbreである。

- 定義：聴覚に関する音の属性の一つで，物理的に異なる二つの音が，たとえ同じ音の大きさ及び高さであっても異なった感じに聞こえるとき，その相違に対応する属性。
- 備考：音色は，主として音の波形に依存するが，音圧，音の時間変化にも関係する。

この定義は英語のtimbreに対応するものであって，一般的に使用されている日本語の音色という用語に完全に対応するものではない。上の定義の中で，「二つの音」という表現があるが，このことは，対象とする音が1つ2つと数えられる単音を想定している。

音色という用語の使い方には，前述のように「オーケストラの音色」という表現もある（柴田，1980）。このような場合には，むしろ英語では timbre よりも，tone quality あるいは tone color の方が日本語の音色に近いと考えられる。本書では，JIS の定義による音色を狭義の音色とし，音の大きさや高さなどすべてを総合した印象を広義の音色とする。

5.　音色と音質

日本語では音色に類似した意味の用語で音質という用語がある。この区別は必ずしも明確ではない。北村（1975）は，「音質とは，音色のある特定の性質に着目して，その音色のよしあしをいうとき，すなわち，その音の価値判断をするときに，一般によく使用されることばである考えられる」と述べている。しかし，人によってそれらの意味の違いの解釈が微妙に異なっているようにも思われる。

一般的にはスピーカなどの音響機器から再生される音全体の品質の良さをいう場合には，その音響機器の品質という意味で音質という表現をしている。一方，空調機器や自動車のエンジン音などの機械騒音については，機械音の音色という表現（難波，1992）や機械騒音の音質（橋本，1997）などと，両者が使われている。機械音の場合，音色と呼ぶのは騒音も楽器音と同様に一種の音刺激とみなした場合で，音質と呼ぶのは機械騒音がもたらす不快さやその改善を意識していることによると思われる。

第2節　音色の表現語と分類

1.　音色表現語の集約

音色を表現するためには，通常「澄んだ」，「明るい」，「鋭い」，「快い」などのいわゆる音色表現語が使われる。これらの表現語はよく使われるものだけでも数十種にのぼり，意味がよく似ている表現語もあり，また非常に異なった表現語もある。対象とする音色を表現したり分類するのに，あまりにも多くの表現語を使用することは，能率的ではなくまた実用的ではない。そこで，これらの意味の相互関係を調べ，多くの音色表現語をいくつかのグループに集約する必要がある。この手法としては，SD 法（Semantic Differential 法：意味微分法）の結果を因子分析する方法や多次元尺度法による分析等が用いられている。

A. SD 法と因子分析による分析

北村ら（1962）は，スピーカから再生される音楽，音声，物音などの数秒間のさまざまな音を刺激音とし，多くの聴取者を対象にして，この分野では先駆的な3つの実験を行った。聴取者は刺激音を聞き，「美しい」，「澄んだ」，「力強い」，「鋭い」などの多数の音色表現語に関して7段階尺度（単極あるいは双極）上で評定を行った。これらの結果から表現語間の相関係数行列を計算し，因子分析を行った。その結果，3つないし5つの直交因子が抽出された。それらの中には，柔らかさを示す因子や豊かさを示すような因子も見出されたが，3つの実験において共通に抽出された因子は，美的因子（美しい，等），力動因子（迫力のある，等），金属性因子（かん高い，等）であった。力動因子は以後は迫力因子と呼ばれるようになる。SD 法と因子分析による実験と分析に際しては，対象となる音刺激，表現語の種類と数，反対語の選定，聴取者などの違いによって，結果はある程度変化するのは避けられない。

また同時期に，曽根ら（1962）は室内音響的立場からの実験として，交響曲や合唱曲などの8種の音源を15種類の残響周波数特性の条件のもとで，11人の聴取者が21の表現語の7段階尺度上で印象を評価した。セントロイド法を用い，何回かの回転を行った結果，第1因子は「美しい」，「快い」，「うるおいのある」，「澄んだ」，「つやがある」，「繊細な」等に負荷量が多かったので，美的・叙情的因子と名付けられた。第2因子は，「ひびく」，「豊かな」，「音量感のある」，「迫力のある」，「広がりのある」，「生き生きした」等に関連するので，量的・空間的因子と名付けられた。また第3因子は，「明るい」，「華やかな」，「軽やかな」等に対応し，明るさ因子と名付けられている。第4因子は，「柔らかい」，「歯切れのよい」等から柔らかさ因子としている。この実験に用いた音源は北村らの実験（1962）とは異なり，残響周波数特性を変化させているので，「ひびく」，「広がりのある」等の残響時間に関係する印象が強く生じている。第

1 因子は美的因子，第 2 因子は迫力因子，第 3 因子と第 4 因子は金属性因子に近いようである。

これらの 3 つの主要因子は騒音の音色に関しても見出されている。難波ら（Namba et al., 1993）は，数種のヘリコプターの離陸時，水平飛行時，着陸時などに発する騒音を録音し，25 の音源を作成した。これらの騒音を防音室の天井に取り付けた 2 つのスピーカから再生した。1 つの音源の継続時間はほぼ 40～60 秒であったので，音色の印象は時々刻々と変化するが，12 人の聴取者に音色の総合的な印象を SD 法で判断してもらった。因子分析の結果，迫力因子（大きい，迫力のある，等），金属性因子（金属的な，鋭い，等），美的因子（好ましい，快い，等）が抽出された。

橋本（1997）は，自動車走行時の室内騒音に対して，40 人の聴取者による 14 対の音色評定尺度を用いた SD 法と因子分析で音色の分析を行った。その結果，主要 3 因子として，迫力因子（力強い，迫力のある，等），快・不快因子（快い，滑らかな，等），こもり感因子（金属性の，こもった，等）が得られた。快・不快因子は美的因子とも解釈でき，こもり因子は金属性因子と解釈できるので，従来の主要 3 因子と同じだとみなすことができる。

また羽藤ら（2000）は道路騒音を対象にして SD 法と因子分析による実験を行った。10 種の道路騒音を用い，20 人の聴取者が参加した。因子分析の結果，迫力因子，金属性因子，美的因子が抽出された。さらに従来の音色表現語対に，新たに「変化する－一定の」「規則的な－不規則な」という表現語を加えたところ，新たにこれらに因子負荷量が高い第 4 因子が抽出され，これを変動感因子と解釈した。

SD 法で得られた結果を因子分析した研究からは，ほとんどの場合に 3 つの主要な因子が抽出されている（Osgood, 1962）。それらは，評価因子（evaluation），力量性因子（potency），活動性因子（activity）と呼ばれている。音色あるいは音質を対象にした場合には，美的因子が評価因子に対応し，迫力因子が力量性因子に対応し，さらに金属性因子が活動性因子に対応すると考えることができるであろう。美的因子に関連する代表的な表現語対は「美しい－きたない」，「快い－不快な」で，迫力因子に関連する代表的な表現語対は「大きい－小さい」，「迫力のある－ものたりない」，「力強い－かよわい」，金属性因子に関連する代表的な表現語対は「鋭い－鈍い」，「高い－低い」などであるが，「鋭い」，「高い」，は活動的で，「鈍い」，「低い」，は不活発な印象を与えると考えてよいであろう。

SD法と因子分析を組み合わせた研究では音刺激の対象が広いと3因子での累積寄与率が低くなりもっと多くの因子が必要になる。

B．SD法と多次元尺度法による分析

厨川ら（1978）は，純音や複合音などの合成音，楽器音・管弦楽音をさまざまな加工をした4群のそれぞれ数十種の音源に対して，多くの音色表現語あるいは表現語対を用いて，SD法による音色の評定実験を行った。その結果をクラスカルの多次元尺度法で分析した結果，音色空間は，大きさ（大きい－小さい，響いた－響かない，迫力のある－物足りない，等），高さ（高い－低い，固い－柔らかい，鋭い－ぼけた，等），快さ（快い－不快な．自然な－不自然な，等）と名付けた3つの直交次元で構成される3次元空間で表現できた。この結果を図7-1に示す。さらに直行軸に斜交する属性として，音色の協和性（澄んだ－濁った），明るさ（明るい－暗い），なめらかさ（なめらかな－荒い），豊かさ（豊かな－やせた）が4つの属性（副属性）として主属性の軸と斜交していることを示した。3つの主属性は，それぞれ前述の迫力因子，金属性因子，美的因子に対応すると考えることができる。

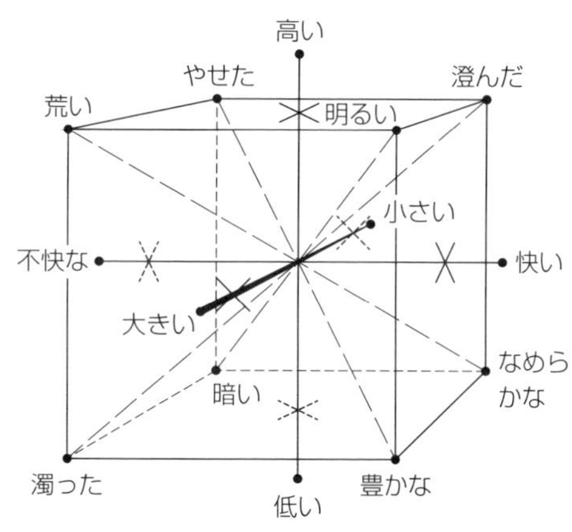

図7-1　音色の3次元表示と主属性および副属性の方向（厨川ら，1978）

2.　音色表現語の階層と対象とする音の関係

音色表現語は数多く存在し，SD法にも多くの音色表現語が使用されている。

しかし音色表現語にも階層構造が存在する。例えば,「力強い」とか「明るい」というような表現語は比較的単純であるが,「深みがある」とか「すなおな」というような表現語は聴取者の主観によって大きく異なる可能性がある。上田(1988)はよく使われる50の音色表現語を次のような4つの評価尺度(具体的－抽象的,単純－複雑,客観的－主観的,音色の印象を想像するのが容易－困難)により100人以上の評定者による7段階評定実験を行った。その結果,「具体的－抽象的」など4つの尺度に対応する音色の階層性を見出した。その結果によれば,「力強い」「明るい」「はっきりとした」などが階層的に低く,「奥行きのある」「つやのある」「深みのある」「自然な」「甘い」などが階層的に高いことを見出した。

また音色に関して表現語を用いる実験の中で,対象を評価するのに適切なあるいは不適切な用語を見極めて選択することが重要であろう。例えば「奥行きのある」というような用語は室内音響やステレオ音響では重要であるが,定常複合音だけを対象にする場合には重要でないであろう。また一般的には階層性が高く個人の解釈に差が大きくなりそうな表現語も避けるべきだと考えられる。

第3節　楽器音の音色地図とその解釈

オーケストラ演奏における楽器音の音色は多彩で多くの人を楽しませてくれる。楽器の音色の間にはどのような違いがあるのであろうか。大串ら(大串ら,1980;大串,1980a)は,楽器専攻の音楽大学生20人を対象にして,自分の記憶の中にある各楽器音の音色のイメージの非類似度(違い)を7段階の評価実験を行った。その結果をクラスカルの多次元尺度法で分析し,2次元平面上にプロットしたところ,図7-2のような音色の地図(ストレス:0.0192)が得られた。この図を見ると,I軸は弦楽器,木管楽器,金管楽器に対応し,II軸はほぼ各楽器の演奏音域に対応している。評定者は,音色という用語を音の高さを含んだ広義の音色と解釈していることが示されている。そこで次に各楽器の専攻生にハ長調のドレミファソ(ド音:261.6Hz)の旋律を演奏してもらった。音楽専攻学生を対象にしてその演奏の音色の非類似度を判断する実験を行い,分

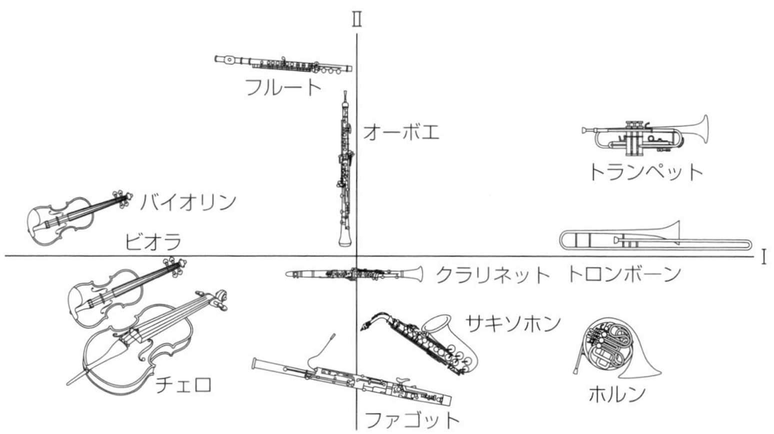

図 7-2　各楽器音の記憶による音色のイメージの相互関係（大串ら，1980）

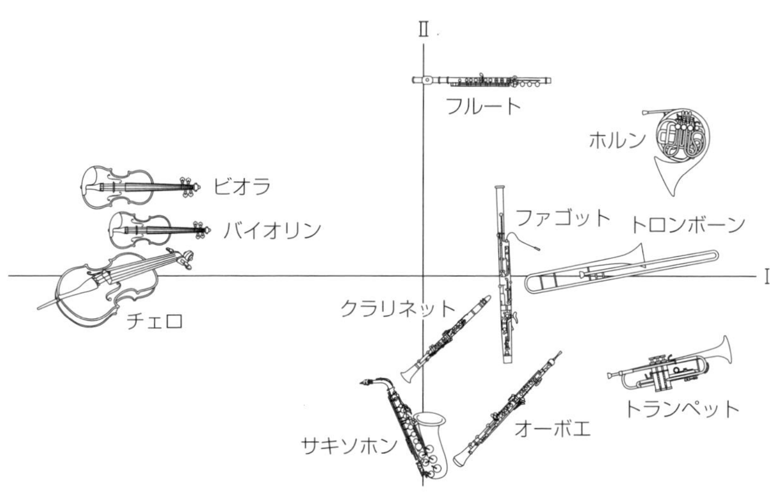

図 7-3　各楽器でハ長調ドレミファソ（ド音：261.6 Hz）を演奏した場合の音色の相互関係（大串ら，1980）

析した結果，図 7-3 に示す 2 次元布置が得られた。この結果からは，管楽器群が近づき，弦楽器群がイメージだけの場合よりも離れている。またII軸は下の方が音の輝かしさに，上の方が音の柔らかさに対応しているようである。

楽器音の音色は音の立ち上がりとかビブラートなどの音の物理量の時間的変化が重要で，単一の演奏音を聴いて楽器を同定する実験では，音の立ち上がり部分を除去したりビブラート音をつけなければ，同定率は低下する（Saldanha & Corso, 1964；Berger, 1964）。

そこで各演奏音のうちラ音（440 Hz）の１周期を取り出し時間的に接続した合成音の非類似度判断結果を分析した結果を図 7-4 に示す。この結果は他の図とはまったく異なり，弦楽器と木管楽器，金管楽器の布置が入り乱れている。例えば図 7-2 との距離関係の相関係数は −0.03 とまったく相関が認められなかった。このことは物理量の時間的変動が音色の形成に重要であることを示している。

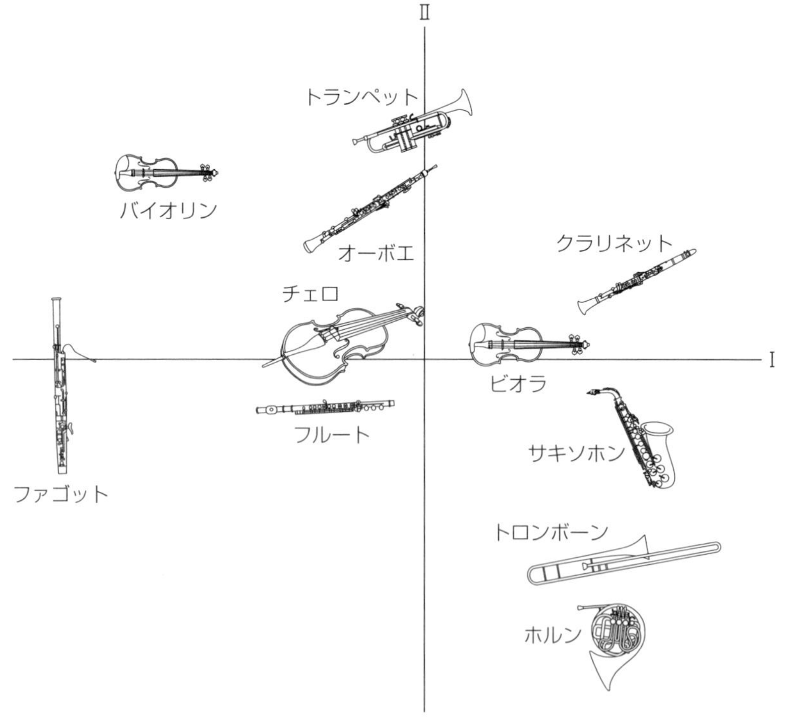

図 7-4　各楽器音（A_4 音：440 Hz）の波形の１周期を接続合成した定常音の音色の相互関係

（大串ら，1980）

第4節　定常音の音色

1. 純音

純音（pure tone）は単一周波数より成る音なので，simple tone ともいう。純音はなめらかで，粗い（rough）感じがない。純音の周波数を変化させた場合，その印象の変化は主として高さの変化である。しかしながら，周波数が低くなるに従って，音の太さ（tonal volume）が増大するようにも感じられる。そこで，テラスら（Terrace & Stevens, 1962）は，聴取者に音の大きさや高さとは区別するように指示し，マグニチュード推定法により，周波数と音圧を変えたさまざまな純音について音の太さの尺度化を行った。その結果，周波数が低くなるに従い，また音圧レベルが高くなるに従って音の太さは増大することを見出し，純音の周波数と音の太さの関係を定量化した。

同様に周波数が高くなるに従って，高さの他に，引きしまった，凝縮した，固いなどの印象が強くなってくる。ギラオら（Guirao & Stevens, 1964）は，この属性を緻密さ（tonal density）と名付け，マグニチュード推定法により，周波数と音圧レベルをさまざまに変化させたときの等緻密さ曲線を求めた。これらの実験の結果，緻密さは周波数が高くなるほどまた音圧レベルが上昇するほど，増大することを定量的に明らかにした。

2. 複合音

A. スペクトル構造と音色

多くの楽器音や母音などの複合音（complex tone）は，基音と周波数がその整数倍である複数の純音（倍音）から成っている。基音と各倍音の強さの関係（スペクトル構造）が変わると音色が大きく変化する。音色は，スペクトル構造によって，柔らかい（soft），明るい（bright），豊かな（full），鋭い（sharp）などという言葉で表現できるように変化する。

複合音のスペクトル構造と音色の関係を対応づけた初期の研究として，リヒテ（Lichte, 1941）の研究がある。リヒテは，基本周波数が 180 Hz で第 16 倍音までを含む調波複合音を電子機器で合成し，各倍音の強さを系統的に変化させ，音色の違いを多数の聴取者による聴取実験によって調べた。その結果，調波複合音は，音の大きさと高さの他に少なくとも 3 つの属性を持つことを示した。それらは，音の明るさ（brightness），音の粗さ（roughness）および音の豊かさ（fullness）である。明るさは，各部分音の強さによってウェイトをつけた平均周波数（スペクトルの重心）に対応し，音の粗さは第 6 倍音を越える次数の連続する倍音間の干渉によって生じるものであり，また音の豊かさは偶数次倍音の奇数次倍音に比べた相対的な強さによって生じるものである，と結論づけた。

B. 音色の差の予測モデル

いくつかの複合音のスペクトル構造があらかじめ分っている場合に，それらの複合音間の音色の差異を定量的に予測し計算するためにいくつかの研究がなされている。プロンプ（Plomp, 1970）は，管・弦楽器のうち 9 種類の楽器音（基本周波数：319 Hz）から 1 周期を抜き出し，コンピュータによりこれらを接続した定常音を音の大きさをそろえ合成した。心理実験としては，これらの 9 種の定常音の音色の非類似度（音色の違いの程度）を三つ組み法で求め（聴取者 10 人）9 種の音の非類似度行列を作成した。そしてこれらの複合音間の音色の差異度を予測するために，聴覚系の周波数分解能は 1/3 オクターブバンドに近いことから，中心周波数が 315～8000 Hz の 1/3 オクターブバンドフィルター 15 個で各帯域の出力を測定し，次のような予測式を作成した。

$$D_{i,j} = \sqrt[p]{\sum_{n=1}^{15} |L_{i,n} - L_{j,n}|^p} \qquad (7.1)$$

ここで，$D_{i,j}$ は複合音 i と複合音 j のスペクトル構造の差異を表現する値で，$L_{i,n}$ は複合音 i の第 n バンド内（$n=1\sim15$）の音圧である。この式の中の p の値を変化させ，音色の非類似度行列と比較することにより，音色の差異度の予測値とするのである。上述の楽器音の他に，パイプオルガンの音，母音などの音色の非類似度と $D_{i,j}$ の相関係数を最大にする p の値を求めたところ，ほぼ p は 0.75～2.0 の範囲の値となり，このときの相関係数は 0.8～0.85 付近の値をとり，式(7.1) は $p=1$ あるいは 2 でかなり良い予測値になることを示した。

また大串（1980 c）は 3～4 kHz 付近の帯域に重みをつけると予測値が良くな

ることを見出した。

C. 定常複合音の多次元分析

ミラーら（Miller & Carterette, 1975）は，弦楽器，管楽器（ホルン）を模擬した3種の振幅包絡線，3種のスペクトル構造，3種の基本周波数（200，400，800 Hz）によって構成した7成分から成る27の調波複合音を合成した。聴取者はこれらの音を1対比較で聴き比べ，音色の類似度を9ポイント尺度上の値として評定した。これらのデータを多次元尺度法で分析したところ，音色は基本周波数によって最も強く支配されていることが示された。また基本周波数を400 Hz一定として周波数成分数を，3，5，7と3種類に変化させ同様の実験と分析を行ったところ，振幅包絡線よりも成分数の方が音色に強い影響を与えた。このことから，音色はこの音刺激の範囲では，振幅包絡線にも影響されるものの，成分の存在する周波数帯域の影響が最も強いと考えられる。

大串（1980b）は，基本周波数，成分音数，振幅包絡線を一定にしたときに，スペクトル構造が音色にどのように関わっているかを，成分音数を3と単純化して調べた。基本周波数は300 Hz一定とし，基本周波数成分から第16倍音までのいずれかの3成分を含む複合音を合成し，すべての複合音の組み合わせについて，音色の類似度を求める実験を行い，得られた類似度マトリクスをクラスカルの多次元尺度法により分析した。

結果の1例を図7-5に示す。図において●印は各複合音の布置で，添字は複合音に含まれている3つの倍音番号である。各複合音のI軸の値と，最低周波数と最高周波数の対数平均値（あるいは3成分周波数の対数平均値）の相関係数を求めると，0.957（あるいは0.948）となり，物理的にはI軸は最高，最低成分周波数の対数平均値に対応するということができる。次に，I軸は成分の周波数帯域に対応しているので，金属性因子の1つである「かん高さ」を選び，21の複合音のすべての組み合わせに対してどちらがかん高いかを判断する実験を行った。その結果をサーストンのケースVを適用して「かん高さ」の1次元心理尺度を構成した。その結果，I軸と「かん高さ」の相関係数は0.916となり，強い相関のあることが示された。

次に，図7-5から，II軸は隣接成分周波数比の平均値に対応していると解釈

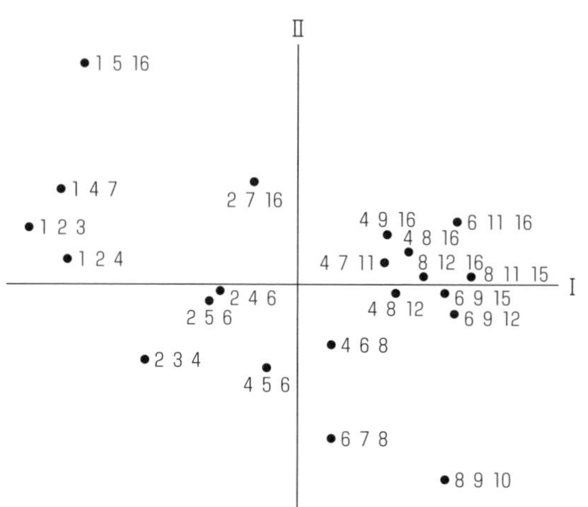

図 7-5　基本周波数が 300 Hz の 3 成分複合音の音色の 2 次元布置（大串，1980b）

することができる。実際にこれらの値の相関係数を計算すると，0.849 とかなり高い相関のあることが分かる。そこで亀岡ら（Kameoka & Kuriyagawa, 1969）の協和性理論から絶対不協和度を計算して II 軸との相関係数を計算したところ，0.905 と高い値となった。すなわち，この段階では，II 軸は複合音の協和度に対応しているということが言えそうである。

そこで，美的因子の 1 つである「澄んだ」という判断基準によって，21 のすべての組み合わせについて，どちらの音が「澄んだ」程度が大きいかを判断する実験を行った。「かん高さ」の場合と同様に 1 次元心理尺度を構成した。その結果，II 軸と「澄んだ」の相関係数は 0.160 となり，相関が非常に低いことが示された。この結果は，協和性理論に反するので一見奇異に感じさせられるが，図 7-5 の下方の複合音では，隣接成分の周波数比が小さく各成分の干渉による不協和が生じ，上方の複合音では隣接成分の周波数比が大きすぎて，融合せずばらばらな音色になっている。すなわち，「澄んだ」という判断基準もこのような複合音群について行ったときには，異質の基準になるのである。そのように考えると，II 軸の中央付近に協和した（澄んだ）複合音が布置し，下方にはラフネスによる美的因子の低下，上方には不融合でばらばらな美的因子の低下が布置していることになる。

D. 定常音の SD 法と因子分析による分析

ビスマルク（Bismarck, 1974 a）は基本周波数が 200 Hz でさまざまな倍音構造を持つ複合音 30 種類および下限周波数が 200 Hz でスペクトル包絡の異なる 5 種類の雑音を持続時間と音の大きさを同じにして，音刺激として聴取者に聴かせ，鋭い－鈍い（sharp－dull）など 30 の表現語対による 7 段階尺度上で評定実験を行った。その結果を因子分析したところ，第 1 因子は，鋭い－鈍い，固い－柔らかい（hard－soft），角ばった－丸い（angular－rounded），不快な－快い（unpleasant－pleasant），でしゃばりの－控え目な（obtrusive－reserved），緊張した－のびやかな（tense－relaxed），明るい－暗い（bright－dark），高い－低い（high－low）など多くの表現語に関係し，全分散比は 44％ であった。第 2 因子は，緻密な－散らばった（compact－scattered）に強く関係し，全分散比は 26％ である。これらの 2 つの因子で全分散の 70％ を説明することができる。第 3 因子（9％）は，豊かな－空虚な（full－empty），第 4 因子（12％）は，色彩豊かな－色のつかない（colorful－colorless）である。

これまでに明らかにされてきた，金属性，美的，迫力の 3 因子との対応を考えると，第 1 因子は，それぞれの因子に関連しているが，金属性因子に最も強く関連している。第 2 因子は必ずしも 3 つの因子に結びつくとは言えない。音刺激として，調波複合音と雑音のみを用いた特殊な実験なので，これらの因子とうまく対応づけができないと考えられる。ここで，音刺激の物理量との関連性を見ると,「鋭い」と評定された複合音は高い周波数成分が相対的に強く,「鈍い」と評定された音はその反対であった。一方,「緻密な」と評定された複合音は倍音構造をもつ複合音で,「散らばった」と評定された複合音はすべて雑音であった。つまり，スペクトルが離散的な調波複合音，連続的な雑音にそれぞれ対応している。

第 5 節　非定常音の音色

定常音以外の非定常音の音色は，音の立ち上がりや減衰の仕方，音のスペクトルの時間変化，振幅包絡線の形状など無限に近い変動要因があり，音色の要因を要約することは難しい。そこでここでは楽器音（単音）の音色に関する研究結果を紹介する。

グレイ（Grey, 1977）は，12 種類の楽器（管楽器および弦楽器）で演奏された 16 の E♭単音（ほぼ 311 Hz）をコンピュータに取りこみ，基本周波数，強さ，持続時間などを揃え，20 人の音楽家を聴取者として，それらの音の間の知覚的類似性の判断実験を行った。その結果を多次元尺度法で分析したところ，音色の類似性を支配する 3 つの主要な物理的要因が得られた。第 1 の要因は，周波数軸上でのエネルギー分布，つまりどの倍音成分が強いかということである。感覚的には，音の輝かしさに対応する。第 2 の要因は，音が立ち上がりまた減衰するときに，各倍音が同様な時間経過をとる（同期している）のか，異なった時間経過をとる（同期していない）のかという違いである。第 3 の要因は，音の立ち上がりの際の低振幅ではあるが高い周波数領域の非調波的エネルギーの量である。この要因は感覚的には，音の立ち上がりが鋭い感じ（explosive）か柔らかい感じ（soft）かという違いに対応している。

第 6 節　シャープネスの 1 次元尺度化

ビスマルク（Bismarck, 1974 b）は，先の実験（1974 a）において，鋭い（sharp）に代表される因子が定常音の音色を支配する上で最も重要であることを示した。シャープネスは調波複合音か雑音かによる変化が少なく，音圧レベルの影響もあまり大きくなかった。シャープネスを決定する最も重要な要因は音の周波数分布である。そこで帯域雑音と調波複合音についてシャープネス（＝鋭さ）の心理尺度構成を行った。その結果を式 (7.2) に示す。

$$S = c\int_{0}^{24\,Bark} N'(z)\,g(z)\,dz \Big/ \int_{0}^{24\,Bark} N'(z)\,dz \qquad (7.2)$$

ここで，z は臨界帯域番号，$N'(z)$ は各臨界帯域のラウドネス，c は定数である。また $g(z)$ はシャープネスの重み関数で，周波数の上昇とともに増加する単調増加関数である。分母は全帯域のラウドネスを表す。

ここでツヴィッカーら（Zwicker & Fastl, 1990）は，ビスマルクが実験に用いた特殊な複合音だけでなく，すべての音を対象にしたシャープネスを尺度化した。

まず基準点と単位を次のように設定した。単位としては sharp を意味するラテン語の acum を用い，中心周波数が 1kHz で 1 臨界帯域幅の狭帯域雑音（音圧レベル 60dB）を 1acum とした。ある音のシャープネスを S（acum）とすると，

$$S = 0.11\int_0^{24\,Bark} N'(z)\,g'(z)\,z\,dz \Big/ \int_0^{24\,Bark} N'(z)\,dz \tag{7.3}$$

ここで，$N'(z)$ は臨界帯域番号ごとのラウドネス，$g'(z)$ は重み関数で，z が 16Bark までは 1 であるが，24Bark では 4 まで上昇する。この公式を用いて計算した結果は，さまざまな音について実験を行って得られたシャープネスの値と比較的よく合っている。

第7節　音の協和性

音の協和・不協和（consonance/dissonance）とはいろいろな言いかえができるが，代表的な表現語対は「一体の－ばらばらな」「澄んだ－濁った」「快い－不快な」などである。このような属性を協和性と呼んでいるが，感覚的協和と音楽的協和の間にはやや違いのある場合もあり，まだ十分に解決されているわけではない。

1.　ピタゴラスとヘルムホルツの理論

古くから，弦の長さの比が，1：1，1：2，2：3 あるいは 3：4 などの簡単な整数比であるような 2 つの弦を同時に振動させたときの音は，他の長さの比の場合の音よりもはるかに快いハーモニーとなることが知られていた。この事実の発見者はピタゴラス（Pythagoras, B.C. 6 世紀）と言われている。これらの音程は，音楽理論では完全協和音程と呼ばれているが，中世以降に知られるようになった 4：5，3：5，5：6，5：8 などの不完全協和音程とともに西洋音楽の和声の基礎となった。

音の協和性に関して最初に科学的な研究を行ったのは，ヘルムホルツ（Helmholtz, 1877, 1954）である。彼の実験結果（4～132Hz）によれば，周波数の近い 2 つの純音を同時に聴くと，その周波数差に対応するうなり（beat）が生じるが，4～6Hz までは数えることができる。2 音の周波数差が大きくなると速いうな

り（rapid beat）となり，時間的な変動感は感じられなくなり，音の印象は粗くて，きしる（軋る：jarring）ような不快な性質を持つようになる。この性質をラフネス（roughness）と呼ぶ。

最も強いラフネスは，周波数によらず，周波数差が30～40Hzのときである。さらに周波数差が大きくなると，周波数比とは無関係にラフネスは減少する。オルガンのような複合音では2音の基本周波数比が簡単なほどよく協和して快く感じられる。例えば，オクターブ関係（基本周波数比が1：2）にある2音が最も協和するが，この理由は基本周波数の高い方の各部分音がすべて低い方の偶数次倍音の周波数と一致するので，うなりが弱くなるからである。次に協和性のよい音程は完全5度音程（基本周波数比が2：3）であるが，この場合は，高い方の複合音の部分音の半数が低い方の部分音と一致するからである。以上のように複合音においては2音が簡単な基本周波数比であるほど，協和するという現象を，ヘルムホルツは部分音間のうなりによって説明した。

2. 協和と快さとの関係

ガスリーら（Guthrie & Morill, 1928）は，協和（consonance）と快さ（pleasantness）の判断の違いを調べるために，心理学クラスの学生を聴取者として心理実験を行った。音刺激は2つの純音の組み合わせで，一方の周波数は395Hzに固定し，他方の周波数を395Hzからほぼ5Hzステップで617Hzまで変化させた44の組み合わせ（2成分複合音）であった。

約380人の聴取者が，44の複合音に対して，協和か不協和かという判断と快か不快かという2件法による2つの判断を別に行った。聴取者の判断人数のパーセンテージから，以下のことが分かった。

①協和と快の概念は非常に近い。

②最も不協和あるいは不快と判断された2つの純音の周波数差は26～36Hzで，前述のヘルムホルツの結果（30～40Hz）とほぼ一致する。

③周波数比が簡単な整数比になっている2純音がとくに協和あるいは快と判断されてはいない。

3. 協和性理論

プロンプら（Plomp & Levelt, 1965）は複合音のスペクトル構造から協和性を計算するための協和性理論を提案した。彼らは最初に 2 成分複合音の協和の程度を求める実験を行った。

この実験に用いる音刺激としては，2 音の幾何平均周波数を，125 Hz, 250 Hz, 500 Hz，1000 Hz および 2000 Hz とした 5 つの刺激音グループそれぞれの中で，12～14 種類の周波数間隔の 2 成分複合音を作成した。ここでは，音程判断の影響を避けるために，簡単な周波数比から成る複合音は含めていない。聴取者は最も不協和（1 点）から最も協和（7 点）に至る 7 段階尺度上で協和の程度を判断した。聴取者は音楽の専門家ではないので，協和の意味の説明として，美しい（beautiful）および耳に快い（euphonious）という言葉で説明した。5 つの刺激音グループの実験結果から，2 音の平均周波数が高くなるに従って，最大の不協和（最大ラフネス）を生じる周波数間隔は広くなることが分かった。またこの周波数間隔と臨界帯域幅（Zwicker, 1960）の関係を検討したところ，最大の不協和を生じる周波数間隔は，臨界帯域幅のほぼ 1/4 に対応することが明らかになった。そこで彼らは横軸を臨界帯域幅単位にして 5 つの実験結果を整理

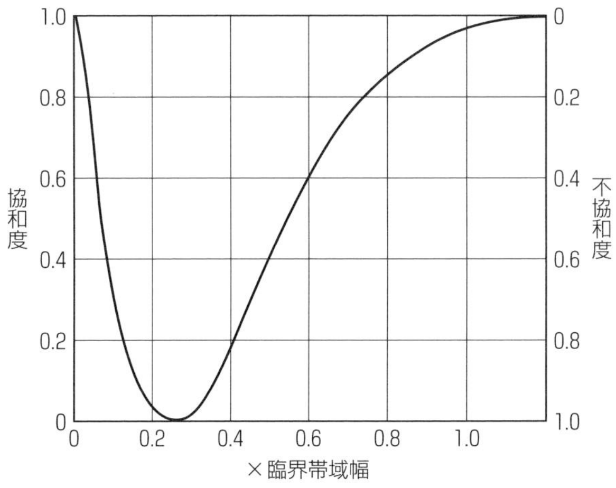

図 7-6　2 つの純音を同時に聴いたときの協和度（Plomp & Levelt, 1965）

し，その結果をもとに2成分複合音の協和度を理想化して示したのが図7-6である。横軸は2音の周波数差を臨界帯域幅を単位として表わし，縦軸は相対的な協和度（左）および不協和度（右）を表わしている。図から分かるように周波数差が臨界帯域幅の1/4のときに最も不協和となっている。

図7-6を基礎として，2つの多成分複合音が同時に提示された場合の協和度の計算は次のように行う。すなわち，2つの複合音の各周波数成分を低い方から並べ（振幅スペクトルを書くことと同じ），隣接する2成分の不協和度を図7-6の右側のスケール（不協和度）から求め，それらの値をすべて加算するのである。図7-7は，基本周波数が250 Hzで第6倍音までを含む複合音と基本周波数の異なるもう1つの6成分複合音を同時に聴いたときの協和の程度（相対的な不協和度）の計算結果を示している。図の横軸はもう1つの複合音の基本周波数を表わし，縦軸は協和の程度を示している。この図によれば，経験的に知られているように2つの複合音の基本周波数の比が簡単な場合には，よく協和するという事実が示されている。

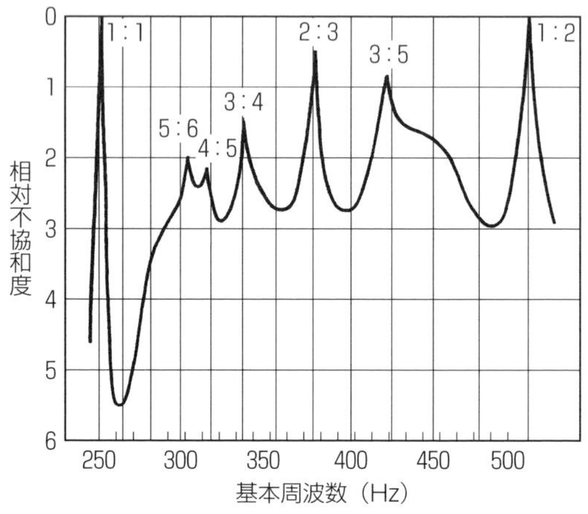

図7-7　2つの6成分複合音を同時に聴いたときの相対不協和度の計算結果

（Plomp & Levelt, 1965）

次いで，亀岡ら（Kameoka & Kuriyagawa, 1969 a, 1969 b）はプロンプらの理論よりもより定量的な結果を得ようとして，広い周波数範囲にわたって2成分複合音の相対的な不協和度を調べる心理実験を行った。これらを整理した結果を図7-8に示す。図の横軸は周波数偏差，縦軸は絶対および相対不協和度である。図7-6のプロンプらの結果と比べると，周波数差の協和に及ぼす影響の範囲ははるかに広くなっており，周波数領域によっても異なっている。

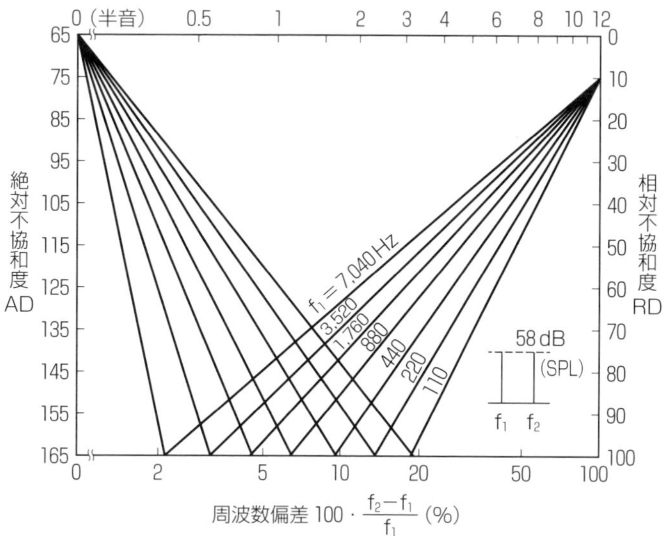

図 7-8　2つの純音を同時に聴いたときの不協和度（Kameoka & Kuriyagawa, 1969 b）

亀岡らの理論で特徴的なことは，プロンプらのように隣接する成分音間のみの不協和度を直接に加算するのではなく，1オクターブ内のすべての成分音ペアの絶対不協和度を物理量に対応する不協和強度という量に変換し，それらを加算し，その値をべき乗法則にしたがい 0.25 乗し，最終的には絶対不協和度という心理量に対応する量に変換する。計算の途中で各成分音の強さも考慮に入れている。また図 7-9 は，この理論に基づき，基本周波数が異なり倍音構造は同じである2つの8成分複合音を同時に聴いたときの協和度の計算結果（理論値）と心理実験結果（実験値）を比較して示したものである。横軸は2つの複合音の基本周波数の差異を音程（半音数）で表わし，縦軸は協和の程度（絶対不協和度）を表わしている。理論値と実験値はかなりよく合っていることが示されている。

なおこれらの協和性理論は2純音間のラフネスに基づくものなので，感覚的協和と呼ばれることもある。プロンプらの実験（Plomp & Levelt, 1965）では，2純音の周波数比が2：3や3：4などのような簡単な整数比の場合は音程判断の可能性を避けるために，実験は行っていない。また亀岡らの実験（Kameoka &

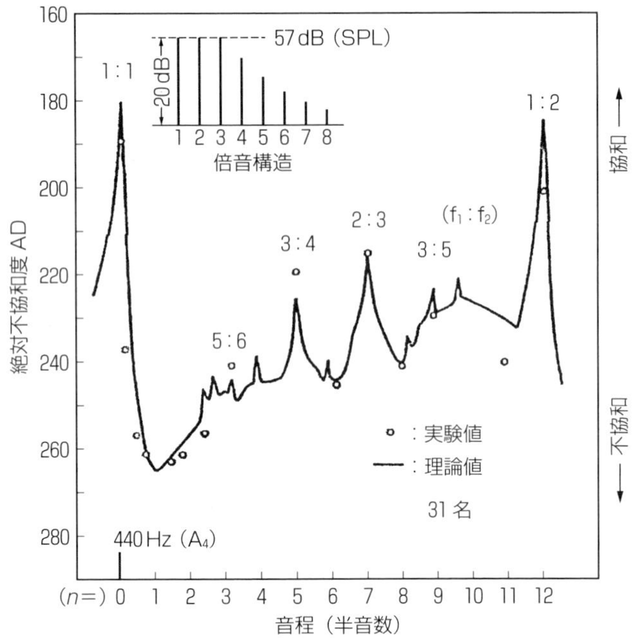

図 7-9　2 つの 8 成分複合音を同時に聴いたときの絶対不協和度の理論値と実験値
（Kameoka & Kuriyagawa, 1969 b）

Kuriyagawa, 1969 a）では，2 純音の周波数比が 2：3（完全 5 度）のときに，やや協和度が高く判断されている。しかし両理論とも 2 純音が簡単な整数比の場合の現象を組み込んでいない。音楽的な協和感が必ずしも感覚的協和だけで説明できないのは，そのようなところに原因があるのかもしれない。

4.　感覚的協和と音楽的協和

テアハルト（Terhardt, 1977, 1984）は，音楽的協和（musical consonance）という概念を感覚的協和（sensory consonance）とハーモニー（harmony）の 2 つの要素から成るものであることを提案した。感覚的協和とはプロンプら（Plomp & Levelt, 1965）や亀岡ら（Kameoka & Kuriyagawa, 1969 a；1969 b）の協和性に基づく，ラフネスから生じる感覚である。一方，音楽的協和とは，複数の楽音の基本周波数が簡単な整数比になるような親近関係にある楽音どうしが同時（あるいは継時的）に提示された場合の知覚現象であるが，ラフネスとは直接に関係しない。音楽的協和は音楽の発展とともに生じてきた文化的な産物であるとしている。

5.　協和性理論で説明できない現象

従来の協和性理論では説明のできない実験結果として，大串（1977）は表 7-1 のような 5 種類の 4 周波成分音の協和性を比較する実験を行った。協和性理論によれば，成分間の周波数間隔が臨界帯域幅の 1/4 あるいは 7% 以上ならば周波数間隔が狭い音刺激の方が協和することになる。5 人の聴取者が 5 つの各音刺激間の協和性の 1 対比較実験を行った結果を図 7-10 に示す。音刺激番号 3 が最も協和していると判断されている。この結果は，協和性理論では説明できない。各成分音はそれぞれ基本周波数 400 Hz の 2，3，4，5 倍音に対応している。この結果は周波数軸上ではうまく説明できないが，聴神経のインパルスの周期性によって説明できる。またここで聴取者が判断に用いたのは，主として上述の音楽的協和であったと考えられる。ただし音刺激番号 3 を除けば，感覚的協和で判断されている。

表 7-1　5 つの 4 成分複合音の周波数（Hz）

音刺激	f_1	f_2	f_3	f_4
1	800	1,100	1,350	1,550
2	800	1,150	1,450	1,700
3	800	1,200	1,600	2,000
4	800	1,250	1,750	2,300
5	800	1,300	1,850	2,450

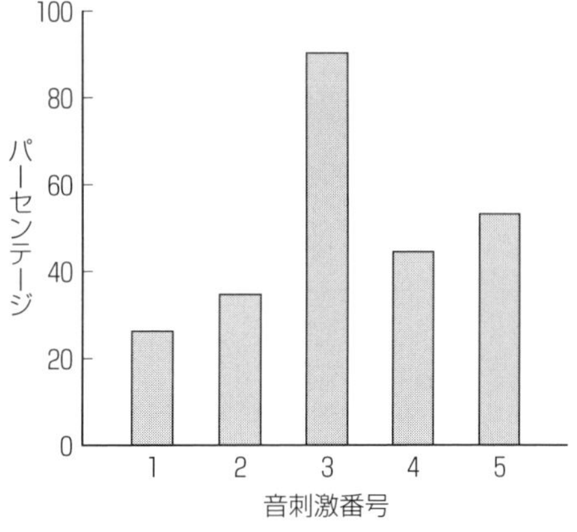

図 7-10　5 つの 4 成分複合音の協和性の 1 対比較実験結果（大串，1977）

また大串ら（大串・林田，1994）は，図 7-11 (a) に示すような 6 種類の 3 和音を，純音あるいは第 6 倍音までを等振幅で含む複合音を用いて，12 種類合成した。根音 C 4 (261.3 Hz) と第 5 音 G 4 (392 Hz)

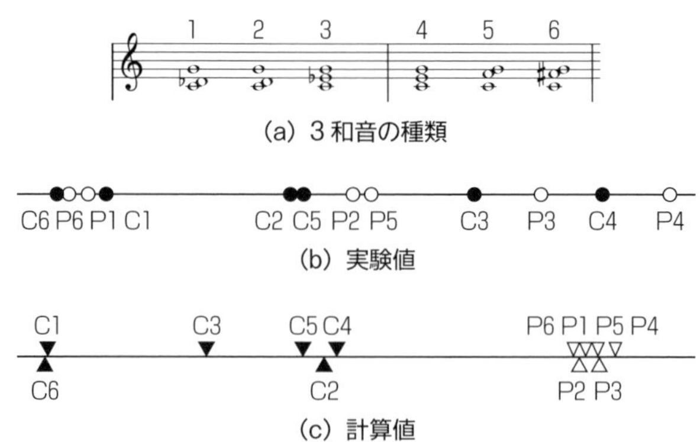

(a) 3 和音の種類

(b) 実験値

(c) 計算値

図 7-11　実験に用いた 3 和音と協和性の実験値と計算値（大串・林田，1994）

の基本周波数を固定し，第 3 音を平均律で 6 段階に変化させた。純音による和音を P1～P6，複合音による和音を C1～C6 と名付けた。そこで 12 種類の和音の協和性についての 1 対比較実験を行った。聴取者は音楽専攻学生の 8 人である。

その結果から各和音間の非類似度を求め，クラスカルの MDS で分析を行った。1 次元解で十分ストレスが小さくなった（$S = 0.008$）のでその結果を図 7-11（b）に示す。その結果によれば，長 3 和音が最も協和度が高く，次いで短 3 和音であった。複合音による和音よりも純音による和音の方が協和度は高かった。またプロンプらの協和性理論で計算した各和音の相対不協和度を図 7-11（c）に示す。実験値と比較すると大きく食い違っている。純音の場合には和音は 3 成分から成るのに対し，複合音の場合は 18 成分から成るので，倍音相互間の干渉が大きく，ラフネスを基準とした協和性理論では対応できないものと考えられる。

聴取者たちは部分的にはラフネスを判断基準に加えながらも，音楽的協和を主として協和性の判断をしていると考えられる。

6.　3 和音のハーモニー

3 和音の協和性については，音楽理論上では長 3 和音（ドミソ）と短 3 和音（ドミ♭ソ）は安定していて協和音と呼ばれているのに対し，減 3 和音（ドミ♭

ソ♭）と増3和音（ドミソ♯）は不安定で解決（機能上の必然的旋律進行）が必要で，不協和音と呼ばれている。

しかしこれらの3和音の協和性に関する心理物理実験はあまり行われていなかったようである。ロバーツ（Roberts, 1986）は，基音および奇数次の倍音のみから成る持続時間が1秒の複合音を合成し，4つの3和音に対し，7人の音楽経験者（音楽の訓練を受けた人）および7人の一般人（音楽の訓練を受けていない人）を聴取者として，協和（consonance）と快さ（pleasantness）に関するそれぞれ7段階の評定実験を行った。4つの3和音の合成音のうなりはだいたい同程度であった。ここで協和の意味は滑らかさ（smoothness），また不協和（dissonance）の意味は粗さ（roughness）と説明した。

協和と快さの評定結果には極めて高い相関がみられた。協和の評定実験の結果を図7-12に示す。図から明らかなように，音楽経験者は音楽理論から予想されるように，長3和音＞短3和音＞減3和音＞増3和音の順に，協和から不協和に変化した。しかし一般人の評定では同じ変化ではあるものの，変化は極めて小さかった。このことは，協和の判断には，滑らかさという指定は受けているものの，単なる感覚的協和（sensory consonance）だけではなく，それとは別の音楽的協和（musical consonance）を判断の基準としており，音楽経験者は一般人に比べて音楽的協和のウェイトが大きいと考えられる。

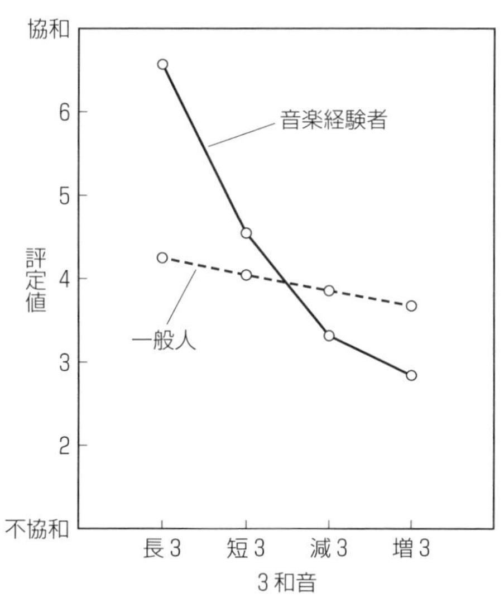

図7-12　4つの3和音に対する協和-不協和の評定実験結果（Roberts, 1986）

クックら（Cook & Fujisawa, 2006）は3和音について新しいモデルを構築した。この心理物理的モデルを図7-13に示す。3和音を構成する各音間の間隔（音程）に関して，隣接音の間隔が同じ（3半音ならば減3和音，4半音ならば増3和音）ならば，その3和音は緊張度（tension）が最も高く不安定になり，第3音の隣接音の間隔が異なるほど緊張度は低下し安定する。また1番目の音と2番目の音の間隔の方が2番目の音と3番目の音の間隔より大きくなれば，長調になり，逆ならば短調になる。協和性はさまざまな側面から判断されるが，このモデルは緊張感の違いと長調・短調の違いを物理的次元で説明しており，ラフネスを基準とする協和性理論とは大きく異なった視点に立脚するものである。

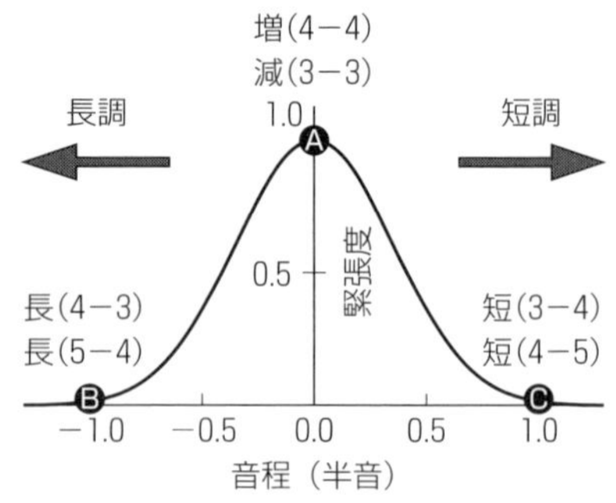

図7-13　3和音の緊張度と調性の心理物理的モデル
（Cook & Fujisawa, 2006）

7. 文化による協和の違い

マクダーモットら（McDermott et al., 2016）は，西洋音楽を聴取する機会が多いか少ないかによって協和音と不協和音の快さが異なるのかどうかを聴取実験によって調べた。聴取者はアメリカの大学生2グループ（音楽経験の有無）とボリビアの住民3グループ（首都ラパス，田舎町，アマゾン熱帯雨林）の合計5つのグループであった。アマゾン熱帯雨林の先住民族チマネ（Tsimane）の住居には，電気，水道，テレビはなく，彼らが西洋文化に触れるのはカヌーでときどき近隣の町へ出かけるときだけである。

聴取者は，10成分複合音，歌唱音などの協和音（長3度，完全4度，完全5度，1オクターブ，長3和音），不協和音（短2度，長2度，増4度，長7度，増3和音）をヘッドホンで聴取し，4段階尺度による音の快さ（pleasantness）の評定を行った。その結果，アメリカの大学生，ボリビア首都在住者，田舎町在住者は協和音の方を不協和音よりも快いと判断したが，アマゾン熱帯雨林住民の判断だけは有意差がなかった。しかし「滑らかさ－粗さ」の判断においては，すべての聴取者グループの協和音と不協和音の判断に有意差があった。この実験結果は，西洋音楽の聴取経験がない人達は，協和音の方が不協和音よりも滑らか（smooth）だとは感じるが，必ずしも快いとは感じていないことを示す。これらの実験結果は，西洋音楽から隔離された文化の中では協和音への好みは存在しないことがあり得ることを示している。

第8節　音色の位相効果

複合音の音色の位相効果については，ヘルムホルツ（Helmholtz, 1877/1954）が8個の音叉を用いた実験装置を作り，基本周波数が120 Hzで8つの部分音から成る複合音を合成し，音色の位相効果に関する実験を行った。彼の実験装置は，各部分音の強さと位相の両者をそれぞれ変化させることが可能であった。実験の結果，彼は一応「複合音の音色は部分音の数と相対的な強さだけに依存し，部分音間の位相関係には依存しない」と結論した。しかし，この実験装置で位相を変化させるのには時間がかかるので,「少なくとも実験装置の再設定に必要な2～3秒の後で知覚できるほど明確な音色の変化はない。そして1つの母音が他の母音に変わるほどの音色の変化はない」と言い換えている。つまり音色の位相効果を完全に否定してしまったわけではない。後にこの結論が単純化されて位相は音色に影響しないと信じられていた時期もあった。

その後，実験装置に電子回路が使われるようになり，精密な刺激音が作成可能になった。マティスら（Mathes & Miller, 1947）は，①1000 Hzの正弦波を他の周波数（変調周波数f_m）の正弦波で振幅変調した複合音と，②そのキャリア周波数成分（f_c）の位相を90度だけ変化させた複合音を電子回路で発生させ，それらの音色を比較した。いずれも，周波数が，f_c-f_m，f_c，f_c+f_mの3つの成分から成る複合音である。前者は振幅変調音（AM音と呼ぶ）で，波形の包絡線が変調周波数周期で変動し，後者は擬似FM音（QFM音と呼ぶ）で波形の包絡線の変動が少なく，その代わりにf_cを中心に周波数が上下に変動する。

このような特殊な複合音を用い，3つの周波数成分のうちのf_cの位相が90度だけ変化した場合に聴覚的に差が認められるのかどうかを$f_c=1000$ Hz，変調度100％，感覚レベル60 dBの場合について，f_mを低い方から上昇させながら調べた。その結果，f_mが7～10 HzだとQFM音は鳥がさえずるような音色で，AM音はしわがれた感じの断続音であった。f_mが25～75 Hzになると，AM音はラフネスが最大になり，一方 QFM 音はラフネスは感じられなかった。f_m が 75 Hz を越えると AM 音と QFM 音の差が少なくなり，f_m が 400 Hz になるとこの差はもはや感じられなくなった。ただし，AM 音と QFM 音の識別ができなくなる f_m の上限は，音の感覚レベルを 40 dB とすると 250 Hz，20 dB とすると 150 Hz であった。

これらの実験は，複合音の音色は位相の違いによって変化することを明確に示したものである。またこれらの音色の違いは，主として音の波形の包絡線の影響によるラフネスの違いによって生じるものであることが明らかにされた。

リックライダー（Licklider, 1957）は，基本周波数が 250 Hz で 16 の高調波成分をもつ複合音を用い，いくつかの成分の位相を変えて聴き比べたところ，ほとんどの場合に，音色と高さに弁別可能な差が生じることを見出した。また一般的な結論として，低次の高調波よりも高次の高調波成分の位相を変化させた場合の方が音色の変化が大であること，および基本周波数は低い場合の方が高い場合に比べて位相効果は大きいと報告した。

シュレーダー（Schroeder, 1959）は，31 の等しい振幅の同位相成分から成る調波複合音を用い，位相スペクトルをさまざまに変化させた。その結果，①音色はピークファクター（波形の包絡線の最大値と最小値の比）に最も依存する，②ピークファクターを同じに保っても位相を変えると弱い位相効果は見られる，③位相スペクトルを変化させても波形の包絡線が等しければ，位相効果はほとんど見られない，等の結果が得られた。

その後，音色の位相効果については多くの研究（例えば，Craig & Jeffress, 1962；Raiford & Schubert, 1971；Hall & Schroeder, 1972；舘・磯部，1973；Ozawa et al., 1993）が行われ，位相の変化は音色に影響を及ぼすことが示されている。

音色に及ぼす位相の効果は振幅の効果に比べてあまり顕著ではないが，プロンプら（Plomp & Steeneken, 1969）は，振幅を変化させたときの効果と比べてどの程度異なるのかを定量的に調べた。彼らはコンピュータで基本周波数成分から第 10 倍音成分までを含み，振幅が 1 オクターブあたり 6 dB だけ減衰する複合音を成分間の位相関係を変えて 8 種類合成した。まず最も音色の異なる位相パターンを調べると，各成分がすべて sine 位相（あるいはすべて cosine 位相）の複合音 A の音色と sine 位相と cosine 位相が各倍音ごとに交互になっている複合音Bの音色の差が最大であった。

そこで次に，複合音の位相パターンは一定とし，振幅パターンを変化させて，基本周波数（146.2，292.4，584.8 Hz）ごとに，複合音Aと複合音Bの音色の差に対応する振幅パターンの変化を調べた。実験結果から，基本周波数が，146.2 Hz では約2 dB/oct. に対応し，292.4 Hz では 1.6 dB/oct.，584.8 Hz では 0.7 dB/oct. の振幅パターンの変化に対応した。さらに次のような一般的結論が得られた。

①複合音の音色の知覚において，振幅と位相はほぼ独立に影響を与える。
②位相効果は基本周波数が高くなるに従って減少する。
③聴取者の位相差に対する感受性には有意な個人差がある。

なお，舘ら（舘・磯部，1973）の実験結果では，2成分複合音で，832 Hz までは音色に及ぼす位相効果は観測できたが，1248 Hz では位相効果は見られなかった。

第9節　オーディオ機器における音質

1.　周波数帯域と音質の関係

古典的な研究でしばしば引用されるものとして，スノウ（Snow, 1931）の研究がある。彼は実験装置として，マイクロホン，アンプおよびフィルタ，スピーカを接続して 20～15000 Hz までの周波数範囲で総合特性（over all reproduction characteristics）が ±2.5 dB 以内であるような電気音響システムを構成した。このシステムを用いて2つの実験を行った。フィルタはさまざまな遮断周波数 f_c（cut-off frequency）をもつ低域通過フィルタあるいは高域通過フィルタであった。

最初の実験は，打楽器，管楽器，弦楽器などの演奏音，男声，女声，足踏みの音，物音（手を叩く音，鍵束を振ってジャラジャラ鳴らす音）などをマイクロホンで収音し，アンプを通してスピーカで出力し，フィルタを通さない場合と通したときの違いを，どの程度弁別できたかを9～14人の聴取者によって調べる実験であった。これらの実験の結果，音源によって差が大きく，ほとんどの楽器の場合，80％の正答率が得られる低域フィルタの f_c は 13kHz 以下であったが，手を叩く音や鍵束の場合は f_c が 13kHz でも弁別可能であった。概して楽器音の場合に，楽音に伴うノイズ（息の音やキーの操作音など）が高い周波数範囲にまで伸びていて，高域を遮断するとこれらのノイズの変化によって音質が弁別できることがしばしばあった。聴取者によっては高域を遮断するとノイズが除去され，かえって音質が改善されると考える人もいた。低域については，80％の正答率が得られる高域フィルタの f_c はすべての音源について 50Hz 以上であった。

第2の実験は，フィルタを通さない音を基準とし，オーケストラによる演奏音が，さまざまな f_c をもつ高域フィルタおよび低域フィルタで遮断された場合に，基準音の音質に比べてどの程度低下するかを調べたものである。音源は 18 人の演奏者による小編成オーケストラが，ヨハン・シュトラウスの「美しく碧きドナウ」とゴダールの「村にて」を演奏したものである。音質評価に経験のある 10 人のエンジニアが，フィルタを通していない音の品質（quality）を 1.0 とした場合，フィルタを通した音の品質がどのような値になるかの主観評価を行った。その結果を図 7-14 に示す。横軸は低域通過フィルタあるいは高域通過フィルタの遮断周波数，縦軸は品質の平均評価値である。フィルタを通していない場合に比べて 95％以上の品質であるためには，低域では 80Hz，高域では 10kHz あればよいという結果が得られた。

2. 高品質のオーディオのための再生周波数の上限

CD が普及する以前から，放送局，レコード制作会社，音響機器メーカーにとって，音楽や音響信号を忠実に録音・伝送・再生するために必要な上限周波数を知ることは極めて重要な課題であった。人間の聴くことのできる最高周波数は，個人差はあるもののほぼ 20kHz であるが，高品質を目的として 1957 年に開始された FM 放送は上限周波数が 15kHz であった。その後，音響機器の高品質化が進んできたので，1979～1980 年ころから NHK 技研や音響メーカーなどで再検討が行われた。いずれも超音波に近い高い周波数を高域通過フィルタで遮断し，フィルタを使わない場合と聴き比べて，音が異なって聴こえるか

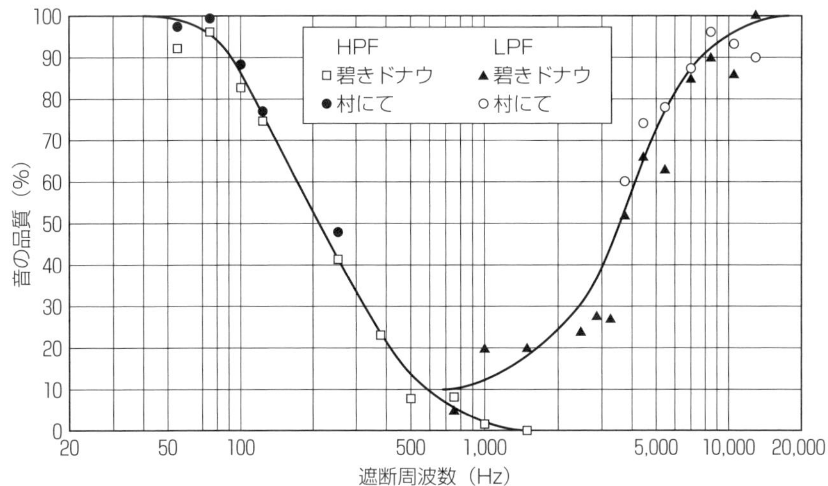

図 7-14　高域通過フィルタ（HPF）あるいは低域通過フィルタ（LPF）の遮断周波数によるオーケストラ音の品質の変化 (Snow, 1931)

どうかという弁別実験であった。

NHK 技研では 2 つのスピーカによるステレオ聴取で，音源には疑似ランダム信号を用い，14 名の熟練した聴取者にさまざまな高域遮断特性をもつフィルタの有無の判断を行わせる実験を行った（田辺・藤田，1979）。その結果，ほとんどの聴取者は帯域が 19 kHz までの場合と全帯域の場合の弁別はできなかった。ただ稀な条件では 20 kHz を越える高域フィルタの有無を弁別できる場合もあった。

ドイツ放送協会研究所のプレンゲら（Plenge et al., 1980）は，基本周波数が 500 Hz で 25 kHz までの高調波を豊富に含む複合音を原音とし，15～20 kHz の間の遮断周波数をもつ 7 種の低域通過フィルタを通した各音と原音の 2 件法（2 カテゴリ強制選択法）による弁別実験を行った。ドイツ放送協会の音響技術者 21 人を含む 43 人の聴取者がステレオ聴取によって実験に参加した。まったく弁別できない場合の正答率の期待値は 50% で，正答率が 75% を越えていれば弁別できたことになる。それぞれのフィルタについて，全部の聴取者の平均正答率は 51～58% で，正答率はどのフィルタについても 75% に達していなかった。プレンゲらはこれらの結果から，周波数上限は15kHzで十分であると結論している。また異なっていると判断した場合でも，どのように異なるのかを言葉では表現できず，必ずしも音質が劣化していることを意味しているわけではなかった。

ビクターの実験結果によれば，176人という多数の聴取者で聴取実験を行い，フィルタの遮断周波数の検知閾は平均的には15kHz付近であったが，例外的には，18kHzあるいは20kHzの遮断周波数の場合にも検知ができた聴取者（録音技術者）もいた。ただし，弁別ができただけで音質が劣化することはなかった（村岡ら，1980；Muraoka et al., 1981）。このことから上限周波数は民生用では15kHz，プロ用では20kHzあれば十分であるという結論を出している。

その後，3つの機関の共同研究で，超音波帯域までの録音をしている市販の音楽ソース2曲（音源1および音源2）を用い，14kHzで遮断した音楽と超音波帯域までを含んだ音楽の弁別実験，22kHzで遮断した音楽と超音波帯域までを含んだ音楽の弁別実験，の2つの実験を17人の学生を聴取者（特別の音楽訓練は受けていない）として行った。

その結果，遮断周波数が14kHzでは音源1に対しては1人の聴取者が，音源2に対しては7人の聴取者が有意に弁別できた。また，遮断周波数が22kHzでは音源1に対しては2人の聴取者が弁別でき，音源2に対してはどの聴取者も有意には弁別できなかった。ただ22kHzで弁別できた2人の聴取者の成績もほとんど偶然の確率に近かった。これらのことから，ほとんどの聴取者は超音波帯域（ここでは22kHz以上）を遮断した音楽と遮断しない音楽を弁別できなかったということができる（蘆原ら，2001）。

さらに，NHK技研では，20kHzまでの伝送帯域をもつ音響再生システムとほぼ70kHzまでの伝送帯域をもつ音響再生システムによる音質の違いが検知されるかどうかという実験を行った。20の音楽音源について36人の熟練した録音技術者等が聴取者として参加した。実験の結果，36人のうち35人は違いを検知できなかったが，1人だけが有意に検知できた。そこで日を改めて，この聴取者に同じ実験を行ったところ，今度は検知できなかった。すなわち，一般的には20 kHz以上の高い周波数を含んでいてもまず検知はできないと結論している（Nishiguchi et al., 2004）。

以上の結果から，統計的には極めて少数の人だけが超音波帯域を含んだ音と超音波帯域を遮断された音楽を弁別できる可能性は残されているが，音質が劣化することはなく，音楽の聴取には超音波は必要ではないと考えるのが妥当であろう。

超音波は聴覚では知覚されなくても，皮膚感覚などの他の経路を通って脳に影響を与えるのではないかという可能性を探るために，①超音波帯域を遮断した音楽，②可聴周波数帯域とそれを越える超音波帯域を含んだ音楽，のそれぞれに対する聴取者の脳波中の α 波成分を測定したところ，②を提示した場合に α 波のパワーは顕著に増加したという報告がある。またPET（ポジトロン断層撮像法）によって脳血流計測を行ったところ，脳幹と視床の血流が②を提示した場合に，①を提示した場合に比べて有意に増大した。またこれらの結果は耳からの音響刺激によるものではなく，超音波の空気振動が直接体表面組織にある未知の振動受容メカニズムを刺激した結果によるものではないかと考えられている（Oohashi et al., 2000）。

しかし一方，他の研究者のグループによる実験では相反する結果も得られている。超音波までを含んだ2つの音楽演奏を用い，遮断周波数を14 kHz，22 kHz，および超音波帯域までを含んだ音楽の，それぞれに対する脳波中の α 波含有率を比較した実験が行われた。11人の聴取者に対する結果では，上の3つの聴取条件について，α 波含有率に有意な差は見られなかった（倉片ら，2001）。現在の段階では，なぜ異なった結果が出たのかは明らかではない。

3. ハイレゾリューションオーディオ

ハイレゾリューションオーディオとは，一般に48 kHzサンプリング，16 bit量子化のレベルを越えるディジタルオーディオを指す。現在のCDは44.1 kHzサンプリング，16 bit量子化であるから，理論的には22.05 kHzを越える周波数成分は記録することができない。しかし，現在よりももっと忠実な波形を再現するためには，もっと高い周波数成分まで記録・伝送・再生する必要がある。そこで現在までにSACD（super audio CD）やDVD-audioのような周波数帯域が90 kHz以上のCDも市販されてきた。しかしながら前述した研究結果からは，現在のCDを越える必要はほとんど認められない。

マイヤーら（Meyer & Moran, 2007）は，SACD に記録されたさまざまな種類の音楽，音声の原音を SACD プレーヤで再生した場合と，16 bit，44.1 kHz の CD 規格で AD 変換・DA 変換を行った音と切り替えて聴取し，それらの間になんらかの違いがあるかどうかを二重盲検法で調べたところ，違いはなかったと報告している。

周波数帯域を広げると予期しなかった問題も生じる。例えば，可聴周波数領域のレベルをそのままにして上限周波数を上げて帯域を広げると，スピーカで生じる歪（ひずみ）が増大し，超音波領域の成分どうしの非線形歪が可聴周波数領域に生じ，音質が劣化する可能性がある（蘆原・桐生，2000）。また市販のパッケージメディア（SACD や DVD–audio）の周波数分析を行ったところ，超音波領域に不要な雑音信号が混入しているケースがあった。この場合も，非線形歪によって可聴領域に雑音信号が生じる可能性がある（蘆原・桐生，2005）。

第8章 聴覚情景分析

第1節　聴覚情景分析とは

日常生活でのある場面を想定してみよう。あるパーティに出席して知人と話しているとき，他の人の声，バックグラウンド音楽，食器のふれあう音，空調音，等々の多くの音が入り混じって耳に入ってくる。この状況を聴覚的な情景（音の風景）と考えることができる。これらの多くの異なった音源の発する音の中から自分の必要な音を選り分けなければならない。そのためには，必要な1つの音源から発する音を他の音から分離し，知覚的な1つのまとまりとして把握していくことが必要になる。

この知覚的な1つのまとまりを音脈（stream）といい，いくつかの音脈が分離してそれぞれにまとまることを音脈分凝（stream segregation）という。このような情報処理過程を，聴覚情景分析（auditory scene analysis）あるいは選り分け（parsing）と呼んでいる（Bregman & Pinker, 1978）。音脈分凝とはやや難しい用語であるが，群化あるいは知覚的グルーピング（perceptual grouping）ともいう（Moore, 2012）。

外界で生じたさまざまな事象の手がかりとなる音響情報を聴覚末梢系で分析し，ニューロンの発火パターンという神経情報として中枢へ送る過程をボトムアップ過程という。一方，これらの神経情報を解釈するためには，生得的に持っている人間の特性や経験で得られた知識を利用して聴覚情景分析の枠組みを作る。つまり自然環境の中で，例えば1つの音源から発せられた音は急激にその物理的特性（周波数や強さ）が変化することは少ないなどという経験的な規則性を利用し，聴覚的体制化（auditory organization）を図る。これらの過程をトップダウン過程と呼ぶ。聴覚情景分析は，ボトムアップ過程とトップダウン過程の両者を使って行われている。とくにトップダウン過程は聴取者の日常生活での体験（例えば音楽体験，外国語の体験）によって大きな個人差が生じる。

音源（source）と音脈（stream）という2つの概念を区別することは重要なことである（Bregman & Pinker, 1978）。音源は音波を発生させる物理的存在で，例えば演奏しているヴァイオリンである。また音脈は単一音源から継時的あるいは同時に発せられる音波を1つのまとまりとして時間軸に沿って知覚したものである。この例ではヴァイオリンの演奏を聴いた知覚内容（percept）である。

自然の環境では，音源のもつ周波数成分は時々刻々と変動しており，また多くの音源からの音波が入り混じって耳に入ってくる。これらの複雑な音響情報を選り分ける過程が情景分析あるいは群化であるが，これらの過程は2つの側面をもつ。すなわち，①ある瞬間に単一音源から同時に発せられたすべての周波数成分を同じグループに群化させる，②単一音源から時々刻々に発する時間的に変動する周波数成分を接続していく，ことである。これらの2つの側面を同時的群化，継時的群化と呼ぶ。

ここで重要なことは，聴覚的群化は音のピッチ（音高），ラウドネス（音の大きさ），音色などの特定の属性によって生じる効果だということである。これらの属性が競合し合って群化があいまいになることもしばしばある。

第2節　連続聴効果

連続聴効果（continuity effect）とは，ある連続している弱い音の一部分が短時間だけ途切れて無音となった場合に，図8-1に示すようにその場所に他の強い音を挿入すると，弱い音が連続しているように知覚される現象である（Thurlow & Elfner, 1959）。連続聴効果はウォレンら（Warren et al., 1972）によって聴覚誘導（auditory induction）とも呼ばれている。これらは同じ現象なので，ここでは連続聴効果という用語を用いることにする。連続聴効果は，音の物理的な条件の他に，聴取者の日常生活における経験や注意の向け方によっても変化しうる。

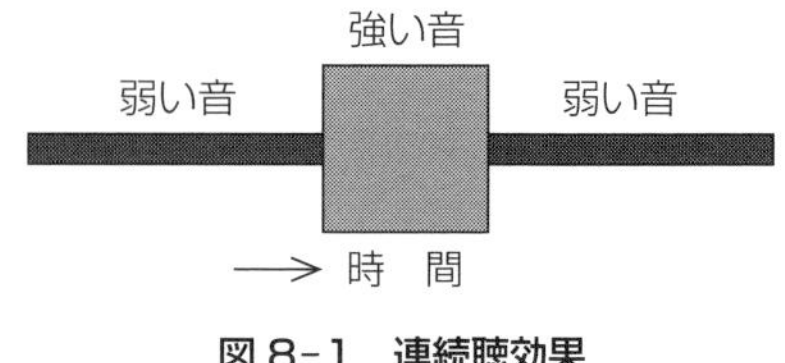

図8-1　連続聴効果

1.　2 つの純音による連続聴効果

持続時間が短くて強い純音（B 音）と比較的長くて弱い純音（A 音）の 2 つを無音区間なしに交替させて聴いた場合に，条件によっては長い方の純音は連続して知覚される場合がある。例えば，持続時間が 21 ms の B 音が長い方の A 音と 1 秒間に 11.3 回の割合で交替した場合，B 音が A 音よりも 10 ～ 20 dB 強ければ, A 音は連続的に聴こえる。この効果は連続聴効果と名づけられた（Thurlow & Elfner, 1959）。連続聴効果が生じるためには，①短い方の音が，長い方の音よりも音圧レベルが十分に高いこと，②短い方の音の持続時間（＝長い方の音の中断時間）が長すぎないこと，が必要であった。また連続聴効果は両音の周波数が近い場合には音圧レベル差が小さくても生じることが示された。

ウォレンら（Warren et al., 1972）は，2 つの純音（いずれも持続時間は 300 ms）を用いて非常に興味深い実験を行った。この実験は次のような 2 種類に分かれている。① 1000 Hz，80 dB に固定した純音 A によるさまざまな周波数（150 ～ 7800 Hz）の純音 B（音圧レベルは可変）の同時マスキング実験，②純音 B が聴覚誘導（連続聴効果）を引き起こすための純音 B の感覚レベル（聴覚誘導の閾値），を調べた。その結果，横軸に純音 B の周波数，縦軸に純音 B の周波数をとったマスキングパターンと連続聴効果の生じる閾値パターンは，1000 Hz で最大となり，低い周波数では急激に低下し，高い周波数では徐々に低下している。連続聴効果の閾値パターンの方が 1000 ～ 2000 Hz の範囲で感覚レベルが最大 20 dB ほど高くなっているが，概してよく類似した形になっている。このことは同時マスキングと連続聴効果の間に何らかの共通の基盤があり，また何らかの区別もあることを示唆している。

ハウトガスト（Houtgast, 1973）は，2 つの純音，A 音と B 音を 1 秒間に 4 回の割合で交互に繰り返した。A 音の周波数は 1000 Hz で感覚レベルは 40 dB，B 音の周波数とレベルは可変であった。このとき，B 音の周波数が 1000 Hz に近く，聴取者が A 音に注目すると，B 音の周波数がある一定レベルよりも高ければ A 音は連続して知覚され，また B 音がそのレベルよりも低ければ断続的に知覚された。

2. 純音と雑音の系列の連続聴効果

持続時間の短い雑音と比較的長い純音とが交替して提示される場合にも，雑音の音圧レベルが十分に高ければ純音は連続して知覚される。ウォレンら（Warren et al., 1972）は，マスキングパターンと連続聴の閾値パターンを比較する実験を行った。雑音は中心周波数 1000 Hz の 1/3 オクターブ帯域雑音で音圧レベルは 80 dB，純音は 250 ～ 8000 Hz の範囲である。実験結果によれば，500 ～ 2000 Hz の範囲ではマスキングパターンは連続聴閾値パターンよりも 7 ～ 10 dB ほど高かったが非常に類似したパターンであった。

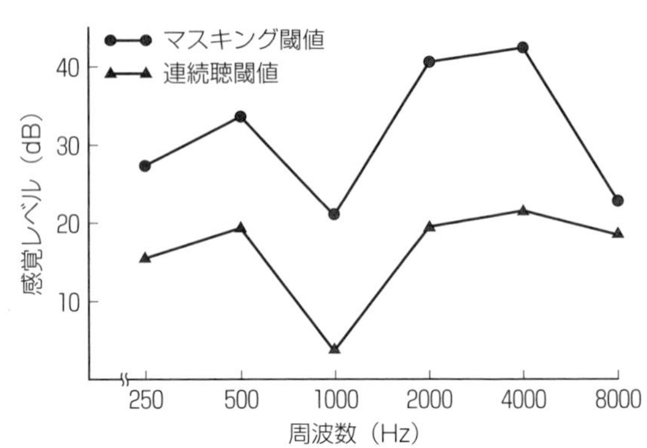

図 8-2　ピンク雑音から 700 ～ 1400 Hz の周波数範囲を除去した雑音による純音のマスキング閾値と連続聴閾値（Warren et al., 1972）

彼らはさらにピンク雑音から 700 ～ 1400 Hz の範囲だけを帯域除去した音圧レベルが 85 dB の雑音を用いて同様の実験を行った。その結果を図 8-2 に示す。純音の周波数が 250 ～ 4000 Hz の範囲で，マスキングパターンと連続聴閾値パターンはほぼ平行に近い形になり，雑音のスペクトルに大きく依存していることが分かる。またこの実験で連続聴の生じる条件は，純音の感覚レベルがマスキング閾値よりも 12 ～ 22 dB 以上小さくなることである。

純音の周波数を時間的に変化させた音（周波数変化音）の途中に短い白色雑音を挿入した場合の連続聴効果は，雑音の後の開始周波数が雑音前の周波数変化から予測される周波数に近いことが必要である（Ciocca & Bregman, 1987）。すなわち連続聴が生じる条件は，挿入音の前後で自然に連続している音であると予測できることである。また雑音の途中で周波数変化が急に逆方向になった場合には，周波数変化がかなり丸まったように知覚される（Dannenbring, 1976）。

3. 音圧レベルの異なる 3 つの雑音

ウォレンら（Warren et al., 1972）は，中心周波数が 2000 Hz のオクターブバンド雑音（持続時間 300 ms）の聴取音圧レベルを，60，70，80 dB とした 3 つの雑音を無音区間なしに接続し，繰り返し聴取した。その結果，最も弱い 60 dB の音は連続して知覚された。他の 2 音とはスペクトル構造が等しいので融合したと考えられる。また，時間的連続性が重要で，音の間に 50 ms の無音区間を入れると連続聴効果は生じなくなった。

4. 音素修復

ミラーら（Miller & Licklider, 1950）の実験では，一連の音声を音声区間と無音区間が交互に現れる（例えば 1 秒間に 5 回ずつ）ようにした音声刺激を聴くと，音声は枯れてしわがれたような声に聴こえた。しかし無音区間に雑音を挿入すると連続してより自然に聴こえた。

ウォレン（Warren, 1970）の実験では，英語の 13 単語から成る文章中の“legislatures”という単語の最初の方の/s/を隣接する音素との移行部分も含めて 120 ms だけ削除し，その部分へ 6 dB だけ音圧レベルの高い咳の音を挿入し，20 人の聴取者にその文章を印刷した回答用紙を渡し，咳の音の位置に当たる音素を○印で囲むように指示した。また咳の音は完全に○印で囲んだ音素と入れ替わったかどうかを尋ねた。

その結果によれば，20 人のうち 19 人は，すべての音声が現実に発音されたと同様に明確に知覚した。また，咳の音の位置を正確に答えた聴取者はなく，聴取者の半数は legislatures という単語の枠を越えていた。このことは削除された音節が修復されたと解釈され，この錯覚現象は音素修復（phonemic restoration）と呼ばれている。この場合の音素修復は，英語を日常的に使っている聴取者ならば，他の音素を選択する余地がないために起こる。つまり削除した音素の前後の文脈を利用して行われていると考えられる。次に咳の音の代わりに 1000 Hz の純音（同じ音圧レベル）を用い，別の 20 人の聴取者で同じ実験を行ったところ，同様の結果が得られた。

しかし 1 つの音素が削除され他の音で置換されない場合には，そのギャップが正しい位置に認識され，削除された音素の知覚は生じない。話者が発声中にそのような短時間のギャップを生じることは通常はないからである。

さらにウォレンら（Warren & Obusek, 1971）は，“legislatures”の/g/の部分120 msの他に/gis/の部分210 msを削除し，その部分へ咳の音，バズ音（40 Hz矩形波音）や純音（1000 Hz）を挿入し，上と同様の実験を繰り返した。その結果，挿入音は音声と一緒に知覚されるが，音声の明瞭度を害することもないことを確認した。

佐々木（Sasaki, 1980）は日本語の3つの文章中で1つの音節（あるいは母音だけ，あるいは子音だけ）を削除し，白色雑音で置き換え（36～130 ms）聴取実験を行った。その結果，聴取者の10％だけしか正確な時間位置の判断はできず，80％は実際の時間位置よりも前の位置に判断した。また聴取者の誰もが音節が削除されていることに気づかなかかった。

5.　楽音の修復

佐々木（sasaki, 1980）は，音声だけでなくピアノ演奏の中の1つの音を削除し，その代わりに雑音で埋めて，雑音の挿入位置を楽譜上に記入させる実験を行った。聴取者は楽譜の読める18人の学生であった。曲はモーツァルトのトルコ行進曲など有名な3つの曲である。雑音の挿入位置は2つの曲で実際よりも前の方に判断され，残りの1つではやや後の方に判断された。正答率は9％程度と極めて少なかった。また1つの楽音を削除しても聴取者は雑音が入ったことを認識するだけで楽音が削除されたことには気がつかなかった。

6.　マスキング可能性の法則

ウォレンら（Warren et al., 1972）が観測した3種の連続聴効果（音韻修復，音圧レベルのみが異なる3音の場合の連続聴効果，音圧レベルと周波数スペクトルの異なる場合の連続聴効果）から，与えられた時間に弱い音が存在するかもしれないという文脈的な証拠と，強い音が弱い音をマスキングすることができる物理特性を備えているならば，弱い音は実際に存在しているとして知覚されることがある。このような一般的な法則を，マスキング可能性の法則（masking potential rule）と呼ぶ。

7.　空隙転移錯覚

中島ら（Nakajima et al., 2000）は，2 つの上昇および下降する周波数変化音を交差させた場合，どちらの音に交差直前に空隙（100 ms）があっても，長い方の周波数変化音が連続し，短い方の周波数変化音が途切れて聴こえることを見出した。長い方の音に空隙があった場合に，短い方の音が途切れてあたかも空隙が転移したように見えることから，この現象を中島らは空隙転移錯覚（gap transfer illusion）と名付けた。この錯覚は長い方の音に空隙があるにもかかわらず，空隙のない短い方の音が途切れて聴こえるので，連続聴効果とは異なったメカニズムによって生じると考えられている。

第 3 節　音脈の形成

1.　ピッチによる音脈分凝

ミラーら（Miller & Heise, 1950）は，ピッチ（周波数）の異なる 2 つの純音を時間的に交互に鳴らした系列（毎秒 10 音）の聴取実験を行った。2 つの純音の周波数差が小さい場合には，それらの音の系列はピッチ（音高）が上下に連続的に動くように知覚された。しかし周波数差が大きくなると，それらの音系列は 2 つの音脈に分離して知覚された。このことを音脈分凝という。連続から分凝への境界の周波数差をトリル閾値（trill threshold）と呼んだ。閾値は 125～2000 Hz では 16％程度，それ以上ではもっと小さくなり，7000 Hz では 7％程度にまでなった。2 音の周波数が離れると聴覚がその変化に追従できなくなり，2 つの音脈に分凝する。そのような速い周波数変化が単一の音源から発せられるのは自然界では稀であろう。

ブレグマンら（Bregman & Campbell, 1971）は，高い周波数（2500，2000，1600 Hz）の 3 音と低い周波数（550，430，350 Hz）の 3 音の計 6 つの純音（持続時間はそれぞれ 1000 ms）から成るテンポの速い音系列は，どのような順序の組み合わせの系列であっても 2 つの音脈に分凝することを示した。この現象を，1 次的聴覚音脈分凝（primary auditory stream segregation）と呼び，生得的に備わっているものと考えた。

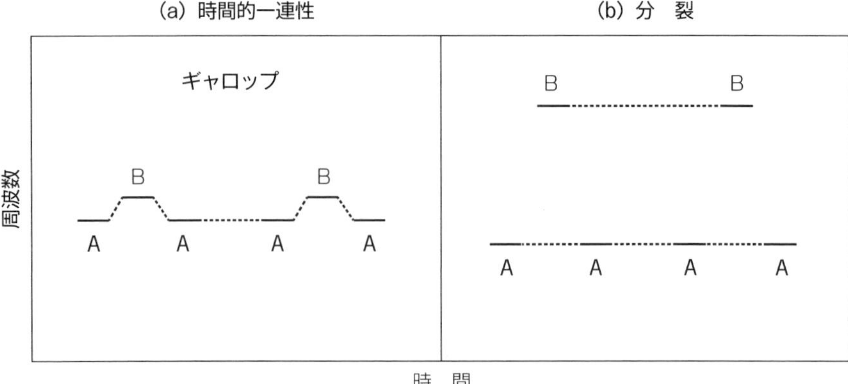

図 8-3　2 音から成る繰り返し音系列の周波数差による知覚の違い (van Noorden, 1975)

ファン・ノールデン (van Noorden, 1975) は，持続時間が 40 ms の純音刺激を用いて図 8-3 のような ABA−ABA− という繰り返し音系列を合成した。A 音と B 音の周波数差が小さい場合には，図 8-3 (a) に示すようにギャロップのリズムに聴こえたが，周波数差が大きくなると，図 8-3 (b) のように，A 音だけの断続音および B 音だけの断続音に分裂（分凝）して聴こえた。これらの境界は，聴取者の注意によっても変化する。聴取者が音系列を 1 つの音脈として聴こうとする場合 (comprehensive listening) の境界（一連性境界：temporal coherence boundary）と，音系列を 2 つの音脈に分離して聴こうとする場合 (selective listening) の境界（分裂境界：fission boundary）は異なる。

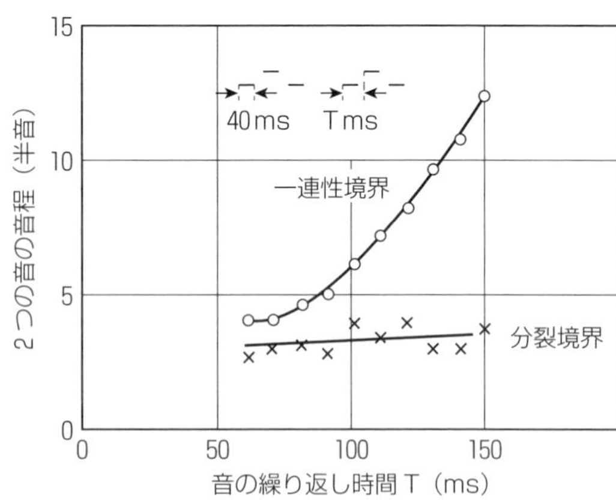

図 8-4　一連性境界と分裂境界 (van Noorden, 1975)

図 8-4 に実験結果を示す。横軸は音の繰り返し時間 T で，縦軸は 2 音

の周波数差を音程（半音単位：1半音は周波数比で表すと約1.06）で示している。つまり分裂境界は音の繰り返し時間にあまり関係なく3〜4半音であるが，一連性境界は繰り返し時間によって大きく変化する。注意の仕方によって変化する領域は繰り返し時間が長くなる（テンポが遅くなる）と広がってくる。

図8-5は周波数の異なる6つの純音系列を聴き続けたときに，テンポや周波数間隔によって音系列がどのように分凝していくかを模式的に示したものである（McAdams & Bregman, 1979）。図中の実線は音刺激，破線は音刺激がどのように連続して聴こえたかを示している。また横軸は時間，縦軸は周波数である。4つの図のうち，(a) は最もテンポが遅く，下方になるほどテンポが速くなる。あるいは，6音の周波数間隔は (a) が最も狭く，下方になるほど広くなる。(a) は全部の音が一連性（coherent）につながって知覚される（音脈は1つ）が，(b) は2つの音脈に分凝し，(c) は3つの音脈に分凝し，さらに (d) では6つの音脈に分凝している。

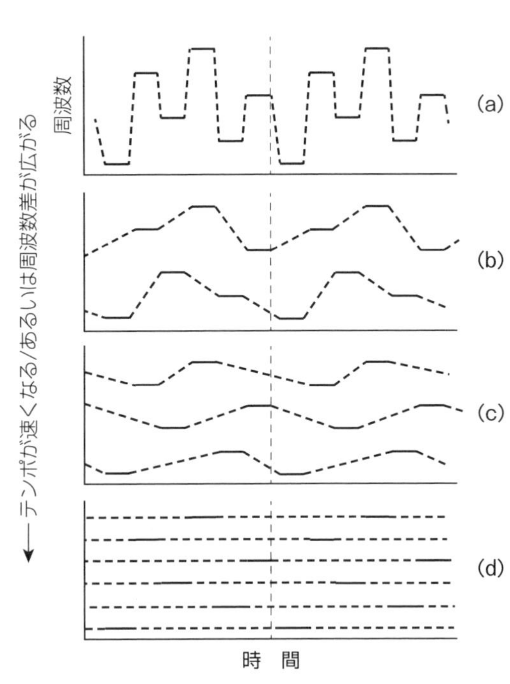

図8-5　6つの周波数の純音系列を続けて聴いた場合の音脈分凝の変化（McAdams & Bregman, 1979）

2.　ラウドネスの影響

周波数（1000Hz）と持続時間（40ms）が等しく，ラウドネスの異なる2つの純音（A音とB音）が交互に並んだ音列の知覚の様子が調べられている。ここでB音の音圧レベルを一定とし，A音の音圧レベルを可変としている（van

Noorden, 1975)。この実験結果の大まかな模式図を図 8-6 (McAdams & Bregman, 1979) に示す。

(a) A 音の音圧レベルが可聴閾値以下なので, B 音のみが知覚される (below threshold)。
(b) A 音の音圧レベルが可聴閾値よりも高く, また少なくとも B 音よりも 5 dB 以上低いときは, A 音の系列と B 音の 2 つの音脈に分凝する (fission)。
(c) A 音と B 音のレベル差が 5 dB 以下ならば, 1 つの音脈となって一連性に知覚される (coherence)。
(d) A 音が B 音よりも音圧レベルが高く, 音の提示速度が 1 秒当たり 13 音以下ならば分凝して, 2 つの音脈として知覚される (fission)。
(e) A 音が B 音よりも音圧レベルが高く, 音の提示速度が 1 秒当たり 12.5 ～13 音以上ならば, A 音の音脈と B 音の音脈として知覚される。B 音は A 音を含めて, A 音の音脈の 2 倍のテンポの音脈を形成する。この現象をロール効果 (roll effect) という。
(f) A 音が B 音よりも音圧レベルが 18～30 dB 高く, 音の提示速度が 1 秒当たり 13 音以上ならば, A 音は断続的に 1 つの音脈として知覚されるが, B 音は小さな音で連続的に聴こえる。これを連続聴効果 (continuity effect) という。
(g) A 音が B 音よりも音圧レベルが 30 dB 以上高くなれば, マスキングのために A 音の音脈だけしか知覚されなくなる。

このように 2 つの 1 kHz, 40 ms の純音 ABAB 系列が音脈分凝の生じる可能性のある最小の音圧レベル差は, 毎秒 2.5～10 音の提示速度の範囲では, 約 3 dB 以上であった (van Noorden, 1975)。

3. 音色による音脈分凝

純音のピッチとその純音の周波数を基本周波数とする第 3 倍音から第 10 倍音までを含む複合音のレジデューピッチ (基本周波数に対応するピッチ) は等

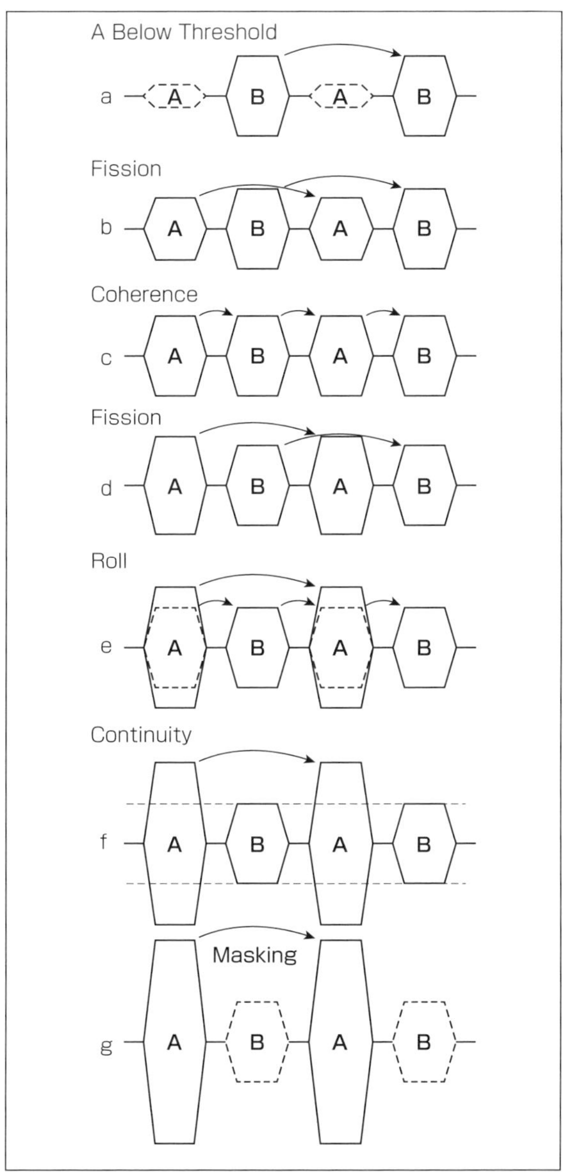

図 8-6　周波数（1000 Hz）と持続時間（40 ms）が等しく，ラウドネスの異なる 2 つの純音を交互に聴いたときの知覚の様子（McAdams & Bregman, 1979）

しいピッチ（高さ）として知覚される。しかし周波数軸上のエネルギー分布に基づく音色（シャープネスに対応）は大きく異なっている。基本周波数を140Hzとした場合に，それぞれ持続時間が100msの純音Aと複合音CをACAC‥‥と交互に繰り返し聴取した場合には明瞭な音脈分凝が生じた。また，第3～第5倍音から成る複合音Cと第8～第10倍音から成る複合音C'を，CC' CC'と交互に繰り返し聴取した場合にも明確な音脈分凝が生じた。これらのことは，スペクトルの重心があまりにも違い過ぎる場合にはレジデューピッチが等しくても一連性に聴くことは困難だということを示している（van Noorden, 1975）。

ヴェッセル（Wessel, 1979）は図8-7に示すように，シ-ミ-ラという上行の3音を繰り返した旋律をコンピュータにより合成した。ただし○印と×印は音色が異なっている。音色の違いが小さいときには，上行の3音旋律の繰り返しとして知覚される。しかし音色（この場合はスペクトル分布）の違いが大きくなると，2種類の同じ音色で形成する下降の3音旋律（ラ-ミ-シ）の繰り返しとして知覚される。これは音色による音脈形成である。

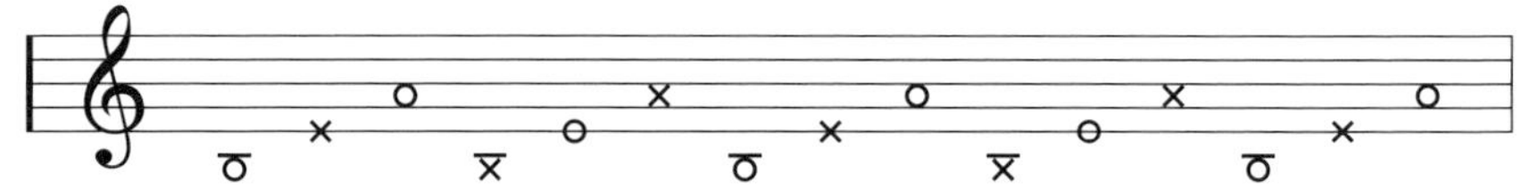

図8-7　音色による音脈分凝を生じる音系列の例（Wessel, 1979）

4.　音脈形成の継時的要因と同時的要因の競合

音脈形成において複数の要因の競合する場合はしばしば生じる。ブレグマンら（Bregman & Pinker, 1978）は，3つの純音を用いて，音脈の形成における周波数の近接による継時的要因と同時的要因の競合を実験的に調べた。実験は図8-8（a）のような1つの純音と2つの純音を繰り返した音系列で行われた。A音は持続時間が117msで，周波数は559，978，1713Hzのいずれかである。その後に47msの無音区間がある。B音は持続時間が147msで，周波数は527Hz固定である。C音の持続時間はB音と同じで，周波数は300Hz（可変）である。またC音は，B音との重畳時間を変えるために前後に29msあるいは58msだけ移動可能である。この音系列の知覚結果を図8-8（b），（c）に示す。内容を

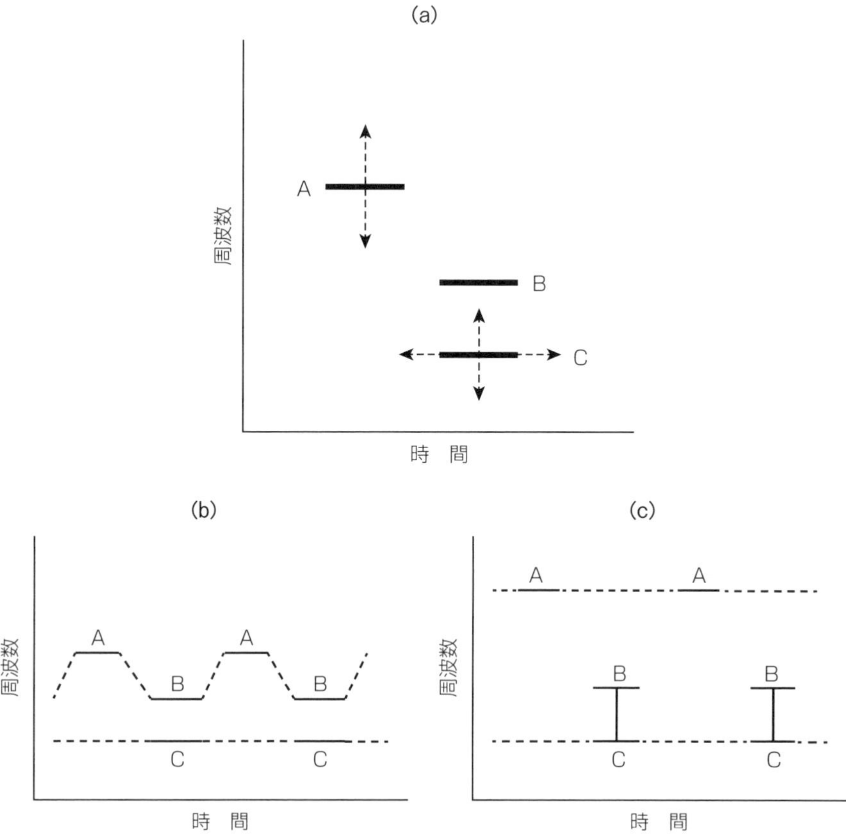

図 8-8　音刺激提示の概略図と実験結果（Bregman & Pinker, 1978）

要約すると，次のようになる。

①A 音と B 音の周波数が近くなると，図 8-8(b) に示すように A 音と B 音は 1 つの継時的な音脈を形成する。また C 音は単独の音脈を形成する。
②B 音と C 音とが時間的に重畳している時間が長いほど B 音と C 音の同時的融合が生じやすくなる。同時的融合が生じると，図 8-8(c) に示すように音色が豊かになる。
③B 音と A 音とが音脈を形成すれば C 音は B 音との同時的融合から離れ，

音色の豊かさが減少する。

④B 音が，A 音と C 音のどちらの音脈の構成要素になるかは，A 音の周波数，C 音の周波数，C 音と B 音の重畳時間の競合によって決定される。

第 4 節　時間順序の判断

物理的性質の異なるいくつかの短音系列を聞いてその時間順序を判断することはかなり困難である。

ウォレンら（Warren et al., 1969）は，4 つのそれぞれ持続時間が 200 ms の，ピッチの高い純音（1000 Hz），ヒス音（2000 Hz オクターブバンド雑音），ピッチの低い純音（796 Hz），バズ音（400 Hz 矩形波音）を無音区間なしに接続（800 ms）し，繰り返して 150 人の聴取者（学部学生）に聴かせ，音の時間順序の判断をさせた。聴取者は 4 つの音を明瞭に聴くことはできたが，正答はチャンスレベルであった。つまり各音の順序を正しく判断することはできなかった。また低い純音の代わりに母音 ee に入れ替えたが，結果は同じであった。各音の持続時間を 200 ms から 700 ms まで伸ばすと，聴取者の半数が正しい順序判断ができるようになった。

次に，音声の時間順序判断実験を行った。4 つの数字語（one，three，eight，two）を接続し，上の実験と同じく 800 ms の音系列とした。その場合には，1 回か 2 回の繰り返しだけで，すべての聴取者が順序を正しく判断した。日常使われていない関係のない音の系列の時間順序判断は極めて難しいのであるが，音声や音楽のように日常使い慣れている音系列では判断が容易なのである。

ブレグマンら（Bregman & Campbell, 1971）は，周波数領域が近くて 1 つの音脈を形成している各音の順序は容易に判断できるが，別の音脈の各音の順序は分からなくなること示した。ウォレンらの 4 つの無関係な音の系列は 1 つの音脈にはなっていないのである。

第５節　音脈形成に用いられる同時的情報

1.　基本周波数と調波構造

２つの調波複合音（例えば２つの楽器音とか２つの母音）を聴いたときには，基本周波数が異なれば，明確に分離して２つの音に知覚される。しかし基本周波数が同じ場合には，基本的には融合して１つに聴こえる。

ブロードベントら（Broadbent & Ladefoged, 1957）は，合成音声を用いた実験を行い，第１フォルマントを一方の耳に，第２フォルマントを他方の耳に与えても，音声は融合して聴こえたが，たとえ両フォルマントを同じ耳に与えても，基本周波数が異なれば音声は融合しなかった。基本周波数が同じか異なるかということは，同時的群化の要因である。

ムーアら（Moore et al., 1986）の実験では，多数の倍音（10 あるいは 12）を含む定常複合音の中の低い倍音に対応する１つの成分の周波数をわずかにずらした複合音を聴くと，定常複合音から分離した純音が複合音の中から突出するように聴こえた。この周波数のずらす量は，持続時間が 400 ms の場合には，わずか 3% で十分であった。このことは，調波構造から外れた周波数成分があると，調波複合音と純音の２つの音脈が形成されることを示している。通常の環境の中には，そのように混合した音はあまり存在しないのである。

2.　音の立ち上がりと立ち下がり

１つの音源から発する周波数成分は概して同時に始まり，また同時に終わる。したがって聴覚系は同時に始まる周波数成分を１つの音脈に知覚する傾向がある。

ラッシュ（Rasch, 1978）は基本周波数の異なる２つの調波複合音 A 音をマスキング音とし B 音（基本周波数が高い）を信号音としてマスキング実験を行った。同じ振幅包絡線をもつときに，両音を同時にオン・オフすると，マスキング量は 0 ～ 20 dB であった。しかし B 音を A 音よりも 30 ms だけ先行させると信号音の閾値は 60 dB も低下し検知しやすくなった。また立ち上がりのずれが 30 ms 以内だと，両音は同時に鳴り始めたように感じられた。３人の音楽家による実際の合奏を無響室で録音し，同時和音の立ち上がり時刻の差の標準偏差（この値を非同期性としている）を測定したところ，概して 30～50 ms となった（Rasch, 1979）。このことは多声音楽の各声部の知覚に関して，立ち上がり時間のずれが重要な役割を果たしていることを示唆している。

ダーウィン（Darwin, 1984）は，合成母音と純音（母音の低次倍音の１つと同じ周波数）の立ち上がりを同期させると，純音は母音の一部として融合し，母音は音色が変わるが，１つの音脈として聴こえることを示した。しかし立ち上がりや立ち下がり時刻をずらした場合は，純音は分離して別の音として知覚される傾向が見られた。

基本周波数が等しい２つの楽器の音が別々に分離して聴こえる主な理由は，音の立ち上がり（倍音ごとの立ち上がり時間や振幅包絡線の形）が楽器によって異なるからである。なお立ち下がりの時刻のずれの方が立ち上がりのずれよりも影響は少ない。

3. 振幅の同期変化

多くの周波数成分を含む定常複合音において，音の立ち上がり部分や立ち下がり部分以外でも，いくつかの成分が同期して振幅が変化したり，周波数が変化すると，それらは群化して他の成分から浮かび上がって知覚される。

ブレグマンら（Bregman et al., 1985）は，振幅変調音 A 音（キャリア周波数 $f_c = 1500$ Hz，変調周波数 $f_m = 500$ Hz）と B 音（$f_c = 500$ Hz 付近，$f_m = 100$ Hz 付近；可変）を用い２つの振幅変調音の融合条件を調べた。これらの２音は周波数領域がかなり離れているが，実験結果では，振幅変調で生じる両方で６つの周波数成分が調波構造を構成し，しかも同位相で変調されているときに最もよく融合して知覚された。

4. 音の定位と両耳間位相差

音源の位置が異なれば，音源を分離するのにある程度は役に立つ。しかしこれらの手がかりは通常はあまり強いものではない。しかし，両耳ヘッドホン聴取で音像の頭内定位を変化させると音脈形成に大きな影響を与えることが示されている。クボヴィら（Kubovy et al., 1974）の実験では，聴取者は両耳ヘッドホンで音階上の８つの純音（最低音が300 Hz）を聴取した。ここで１つの純音の位相をずらして左右耳で異なる位相とすると，その音は他の音とは頭内で異なった場所に定位し，他の音から浮かび上がって知覚された。いくつかの純音の位相をずらして続けて聴くと明確に旋律が聴こえてきた。片耳だけで聴取するとこのようなことは生じない。彼らは，他に手がかりのないときには，両耳間の位相の違いは背景音から対象とする音を分離する手がかりになりうることを示した。

第６節　音楽聴取との関連

唱歌などのよく知られている単純な２つの旋律の音符（●と○）を交互に並べて合成した混交旋律（interleaved melody）を聴くと，図 8-9 (a) に示すようにそれぞれの曲を知覚できない。これは両曲の音域が重なっているためである。しかし一方の曲のピッチ（音高）を１オクターブも上げると，図 8-9 (b) に示すように２つの曲は２つの音脈に分凝しそれぞれの曲が知覚できるようになる（Dowling, 1973)。これらの曲は「キラキラ星」とフランス民謡の「フレール・ジ

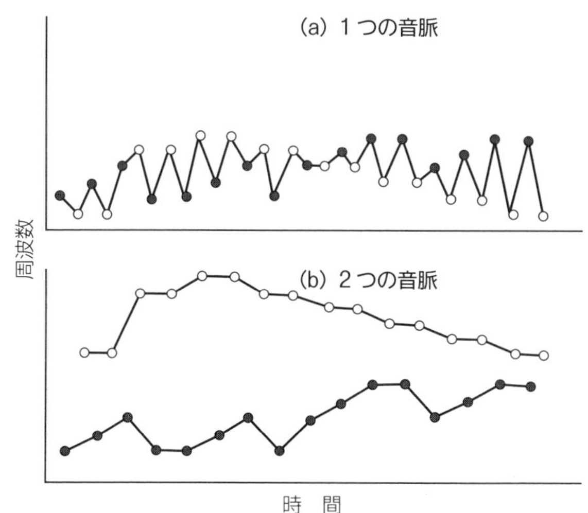

図 8-9　２つの曲の混交旋律の音脈分凝の例

図 8-10　チャイコフスキーの交響曲第 6 番「悲愴」の第 4 楽章冒頭部分

ャック」である。この現象は前述のピッチによる音脈分凝の例である。

またこれもよく知られた例であるが，図 8-10 (a) はチャイコフスキーの交響曲第 6 番「悲愴」の第 4 楽章の冒頭部分の第 1 ヴァイオリン（Vn. I）と第 2 ヴァイオリン（Vn. II）の楽譜である。これらの旋律は凹凸の変化が急激であり，一般的にはあまり美しいとは言えないであろう。京都市立芸術大学の音楽心理学の授業の中で，ヴァイオリン専攻の 1 回生に教室の前に出てきてもらって，図 8-10 (a) の第 1 ヴァイオリンと第 2 ヴァイオリンの部分をそれぞれ 5 人ずつに左右に分かれて演奏してもらった。教室で聴いていた他の学生は，座席の違いにほとんど影響されずに，図 8-10 (b) の「悲愴」の旋律として知覚した。

この現象はヴァイオリンの各音は音色が似ているので，ピッチによる音脈分凝が生じたものと思われる。しかし演奏した学生は，図 8-10 (a) の自分が演奏した旋律のとおりに知覚した。これは自分の演奏音がとくに強いこともあるが，演奏する楽譜からの視覚情報がトップダウン情報として知覚に大きな影響を与えていると考えられる。

演奏会でヴァイオリンとピアノの合奏を聴くときには，各々の楽器の音を別の流れとして聴いており，混同することはない。これは先にも述べたように，ヴァイオリンとピアノでは，音の振幅包絡線が大きく異なっており，音色による分凝が生じていることが主な原因である。しかし弦楽四重奏を聴くと，各楽器音の振幅包絡線が比較的似ているため，音色も類似しており，1 つの楽器の音を追いかけようとしても難しいことがある。この能力は音楽的経験に大きく左右され，トップダウン的過程の個人差が大きい。

また音楽専攻生は，オーケストラの演奏会を聴くときには演奏音全体の中からとくに自分の専攻楽器に注意して分析的に聴くという。総合的聴取と分析的聴取の違いはピッチ（音高）の聴取時に限らず，音楽を聴くときにもあり得る。一般的には，聴衆は全体を聴いて和声やバランスを感じ取ったり，また目立つ部分を聴いたり，特定の楽器の音を注意して聴き取ったり，さまざまな聴取モードによって聴いていると思われる。われわれは音楽を聴くときには，耳に入ってくる音に対して，比較的万人に共通のボトムアップ処理と音楽経験や注意の違いによる異なったトップダウン処理の配分によって，人によって異なる「音楽の情景分析」をしていると考えられる。

第9章　両耳による聴取

第1節　両耳聴の意義

人間を含めた哺乳類一般が左右に2つの耳を持つことの意義は，まず外界からの音がどの方向から到来するのかを知るための方向知覚機能であろう。音源の位置や方向を特定することを音源定位または方向定位，あるいは単に定位（localization）と呼ぶ。音源定位の能力は，獲物の方向や敵の方向を知るために，哺乳類だけでなく他の動物にも基本的に重要な機能である。

さらに，人間はカクテルパーティのような騒々しい場所でも，話す相手の声（信号音）を聴き取り，会話をかわすことができる。この効果をカクテルパーティ効果と呼ぶ。片耳だけでもある程度は信号音を聴取できるが，両耳で聴くことにより信号音と騒音の分離が容易になり，信号音の聴取能力は大幅に上昇する。

この章では両耳聴による音の定位の問題，両耳聴による聴取能力の向上の問題を中心として関連する現象とその手がかりになる音の性質について述べる。

第2節　方向定位の基礎

1.　方向定位に関する用語

人間は上下左右どの方向から到来する音についてもある程度の方向判断能力を持っているが，はじめに方向を判断する面に関する用語の説明をしておく。まず，耳の高さで水平な面を水平面（horizontal plane）と呼ぶ。人間は地上に住んでいるので，まず水平面内の方向判断が最も重要だと考えられる。次いで音源が水平面から上方あるいは下方にある場合に，正中面（median plane）内の判断も重要である。正中面とは両耳の外耳道入口を結ぶ直線と直交する平面で，両耳から等距離の面である。垂直面（vertical plane）ともいう。正中面と平行な面で左右どちらかの耳の方に寄った面を，矢状面（sagittal plane）という。正中面は矢状面の中央にある面なので，median sagittal plane ともいう。さらに頭の前後軸に垂直な平面を横断面（transverse plane）と呼ぶ。本書では水平面内判断の場合の方向を特定する場合には，真正面方向を 0 度とし真後ろ方向を 180 度とする。横方向に関しては時計回りとし，右方向を 90 度，左方向を 270 度とする。この場合の角度を方位角（azimuth）と呼ぶ。正中面内の判断では真正面を 0 度，真上は 90 度，真後ろ方向は 180 度とする。この場合の角度を仰角（elevation）という。下方向はマイナスをつけた角度で表現する。

音源までの距離は判断がかなり難しいので，聴取実験においては距離までは特定せず方向だけを問題にすることが多い。

音源とは文字通り音を発する源であるが，聴取者がさまざまな状況でその音を聞いた場合の音の印象（音の方向，広がり，音色など）を音像（sound image）という。音像は必ずしも音源の方向と一致するとは限らない。

実験室内では左右の耳に独立した音刺激を与えて物理量と定位との関連性を探求するために，聴取者がヘッドホンで聴取をすることも多い。この場合には，音像は頭の中に生じることもある。これを頭内定位（lateralization）と呼び（Jeffress & Taylor, 1961），外部に音像が生じる場合の頭外定位（localization）とは区別している。ただし，頭内定位は場合によっては不安定となり，音像が頭内から頭外まで広がったり，視覚の影響などで頭外定位に知覚されることもある。

片耳だけで聴くことを単耳聴（monaural）と呼び，両耳で聴くことを両耳聴（binaural）と呼ぶ。ヘッドホンを使った聴取実験では，片耳だけの場合はモノティック（monotic）聴取，左右耳にまったく同じ音が加わるときはダイオティック（diotic）聴取，左右耳に加わる音が同一ではない場合をダイコティック（dichotic）聴取と呼ぶ。

2.　方向定位の手がかり

音源が水平面内にあるときの方向判断の重要な手がかりは左右の耳に入ってくる音の強度差および時間差である。音源が顔の正面方向（方位角＝0 度）にある場合は，左右耳に入ってくる音の強度はほぼ等しく，また到達時間もほぼ等しい。ところが，音源の方向が正面から横方向へずれた場合は，音源に近い方の耳に入ってくる音の方が遠い方の耳に入ってくる音よりも，より強くまたより早い。すなわちこの場合，両耳間強度差（IID：interaural intensity difference）と両耳間時間差（ITD：interaural time difference）が生じる。両耳間強度差IIDをdB表示し，IIDの代りに両耳間レベル差（ILD：interaural level difference）という用語を用いることが多い。また純音刺激に対しては，ITDが同じであっても周波数によって両耳間位相差（IPD：interaural phase difference）は異なり，またIPDは方向定位の重要な手がかりとなるので，ITDよりもIPDを用いる。純音以外の刺激に対してはITDを用いる。

3. 頭内音像定位

A. 純音の音像定位の手がかり

左右の耳でヘッドホンを通して独立に音を聴くと，異なる音は一般に左右耳に分離して別の音として知覚される。しかし左右耳で同じ音を聴くと頭内で融合し頭の中央付近に音像（sound image）が生じる。ヘッドホン聴取をすると，両耳間レベル差ILDや両耳間時間差ITD（あるいは両耳間位相差IPD）を精密に制御できるので，音像の方向定位を調べるためにはしばしばヘッドホンを用いた実験が行われている。

ヨスト（Yost, 1981）は，聴取者にヘッドホンでILDやIPDの異なる純音刺激を与え，両耳の間を21の場所に分けて音像が頭内のどの位置に定位するかを調べた。200 Hz，100 ms，50 dBの純音刺激に対する実験結果を図9-1(a)，(b)に示す。図9-1(a)は，横軸にILD，縦軸に判断した位置を示す。4本の縦線は，ILDがそれぞれ0，9，18 dBの場合の4人の聴取者の判断した範囲である。音像の位置を表示するのに，左耳の位置を-10，中央を0，右耳の位置を＋10とする。IPDを0にして，ILDを変えて実験を行ったところ，ILDがほぼ0～15 dBの範囲で，音像の位置はILDに対して左から右に直線的に変化した。さらにILDを3 dBだけ上げると音像は完全に耳の位置に生じた。

また，純音刺激の周波数（200～5000 Hz），持続時間（100～500 ms），音圧レベル（30～70 dB）それぞれの変化にはあまり影響されなかった。ILDのみ

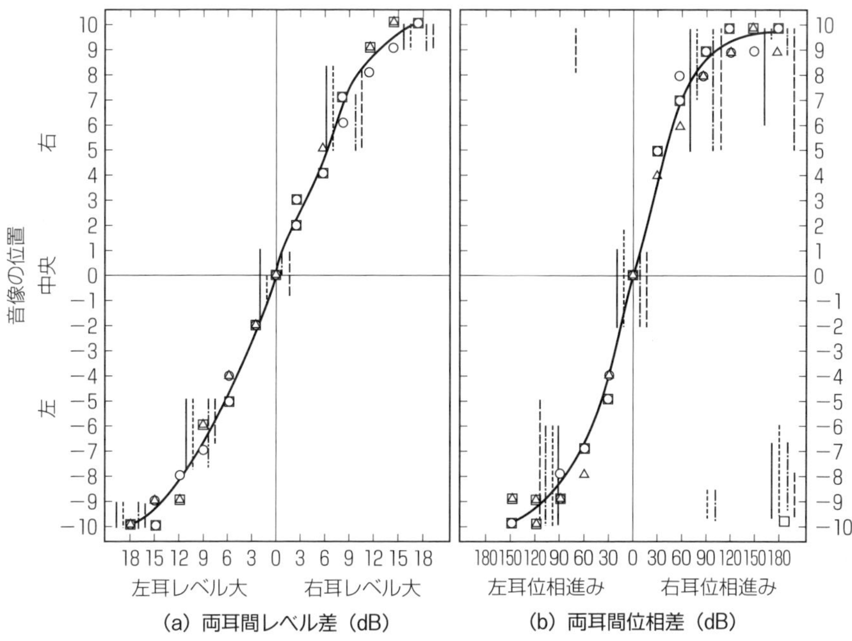

図 9-1　両耳間レベル差（a）、位相差（b）に対する頭内音像の位置 (Yost, 1981)

を変化させた場合は下記の IPD を変化させた場合に見られたように音像が左右に分離することはなかった。

次に ILD を 0 とし, 両耳間位相差 IPD を変化させた場合の結果を図 9-1 (b) に示す。4 本の縦線は, IPD がそれぞれ 0, 90, 180 度の場合の 4 人の聴取者の判断した範囲である。ほぼ 0〜60 度の範囲では音像の位置は IPD に対して直線的に変化し, 単一の音像のみを知覚したが, 90 度以上になると音像は左右に分離し, 両耳に近い場所に 2 つの音像が生じることがあった。また測定した周波数範囲は 200〜1500 Hz であったが, この範囲内では周波数を高くするに従って音像の定位する範囲（方位角）が狭くなった。

B. 純音の両耳間レベル差の弁別閾

2 つの純音刺激をヘッドホンで聴取した場合の両耳間レベル差 ILD の弁別閾の周波数による変化は図 9-2 に示すように, 1000 Hz 付近で最も大きくて 1 dB,

その他の周波数では0.5〜1dBとなっている（Mills, 1960）。この1000Hz付近で弁別閾が上昇する現象は別の実験においても確認されている（Grantham, 1984）。ILDの弁別閾が1dB以下という結果は，両耳聴システムの驚くべき精密さを示している。

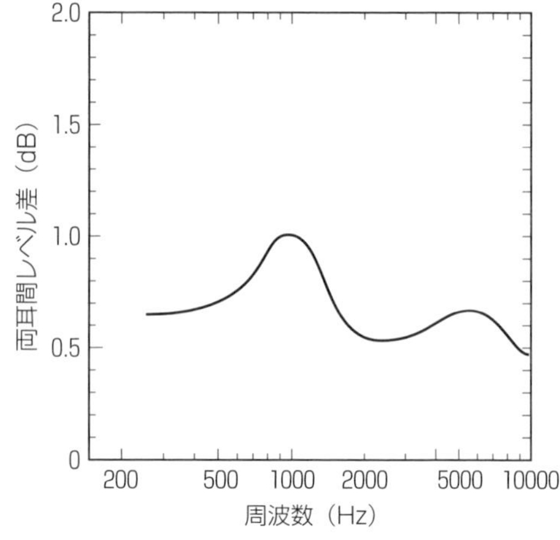

図9-2　両耳間レベル差の弁別閾（Mills, 1960）

C．純音の両耳間位相差の弁別閾

ヘッドホンで純音を両耳聴取した場合の位相差の弁別閾も測定されている（Zwislocki & Feldman, 1956）。その結果を図9-3に示す。図9-3は感覚レベルが50dBの場合の5人の聴取者の平均値である。周波数が高くなるに従って弁別閾は上昇し，1250Hzでは10度を越え，それ以上では弁別閾は急激に上昇し，1300Hz以上では位相差の弁別はできなくなった。

またクランプら（Klumpp & Eady, 1956）は両耳間時間差ITDの弁別実験を行った。周波数が90Hzでは75μs（位相差は2.43度）であったが，周波数を上

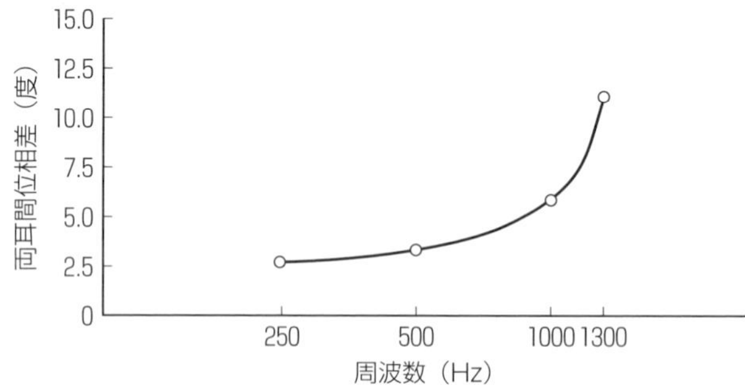

図9-3　両耳間位相差の弁別閾（Zwislocki & Feldman, 1956）

げていくとこの値は小さくなり，1000 Hz では最も小さく 11 μs（3.96 度）となった。さらに周波数を上げ 1300 Hz とすると 24 μs（11.2 度）となり，周波数が 1500 Hz 以上ではついに時間差の弁別はできなくなった。これらの 2 つの実験はほぼ同様な結果となっており，1300 ～ 1500 Hz 以上では位相の情報が定位判断に使用できなくなっていることを示している。この周波数は，聴神経が音圧波形の相続くピークに続けて応答することが難しくなる周波数に対応している。

D．複合音の両耳間時間差の弁別閾

ヘッドホン聴取で一方に遅延線を導入し，さまざまな複合音について，時間差の弁別閾も測定されている（Klumpp & Eady, 1956）。その結果，広帯域雑音では 10 μs，150 ～ 1700 Hz の帯域雑音では 9 μs と非常に小さくなった。しかし 1500 Hz 以下の周波数成分を含まない 2400 ～ 3400 Hz や 3056 ～ 3344 Hz の帯域雑音では，それぞれ 44 μs，62 μs で，弁別閾は大きくなるものの弁別は十分可能であった。この結果はおそらく雑音の包絡線の時間差が知覚されたものと思われる。

さらに広帯域雑音の持続時間を変えて両耳間時間差の弁別閾を測定した実験では，持続時間が 1 ms だと弁別閾は 27 μs となったが，持続時間が長くなるに従って弁別閾は小さくなり，700 ms 以上になると弁別閾はほぼ 6 μs と極めて小さな値となった（Tobias & Zerlin, 1959）。このように小さな値で弁別可能ということは驚くべきことである。

ヘニング（Henning, 1974）は，キャリア周波数が 3900 Hz の純音を 300 Hz で振幅変調した AM 音（周波数成分：3600，3900，4200 Hz の 3 成分）を用い ITD の弁別閾を測定した。その結果，300 Hz 純音の ITD 弁別閾と同程度の弁別閾が得られた。またキャリア周波数が異なっていてもある程度の ITD の違いは検知できた。これらの結果は，複合音に 1500 Hz 以下の成分が含まれていなくても，両耳が 3900 Hz の波形の包絡線の時間差を検知したものと考えられる。

さらに低い周波数（512 Hz 以下）の正弦波を半波整流した波形で 4000 Hz のキャリアを振幅変調した複合音（transposed tone）の ITD 弁別閾は，低い周波数の対応する純音の ITD 弁別閾と同じかあるいはもっと小さくなった。このこと

も聴覚系は高い周波数領域の包絡線を使って純音の場合と同様に包絡線の位相の違いを検知しているという考えを支持している（Bernstein & Trahiotis, 2002）。

第3節　単一音源の水平面内における方向定位

1.　二重理論

水平面の音源定位について最初に画期的な研究を行ったのは，レーリー（Rayleigh, 1907）であった。当時，音源方向の左右判断は，音源に近い方の耳にはより強い音が入ってくるからであるという強度理論（intensity theory）で説明されていた。音源の周波数が高いときには，この強度理論は適切であるが，周波数が低くなってくると実態に合わなくなってくる。音叉を使った実験の結果では，周波数が低くなったとき，例えば256 Hzでは両耳間強度差は顕著ではなくなり，また128 Hzでは両耳間強度差が辛うじて知覚できる程度に小さくなる。しかし音源の左右の方向判断は容易にできた。そこでレーリーは，低い周波数の純音に対しては，方向判断は両耳間強度差ではなく両耳間位相差に基づいて行われていると考えた。純音の水平面内の方向判断は，低い周波数では両耳間位相差により，また高い周波数では両耳間強度差が手がかりとなって行われるというレーリーの考えは，二重理論（duplex theory）と呼ばれている。

2.　方位角による両耳間レベル差と両耳間時間差の変化

音源の方位角によって両耳間レベル差ILDがどのように変化するかが，さまざまな周波数の純音について測定されている（Feddersen et al., 1957）。その結果を図9-4（a）に示す。すなわちILDは周波数が低い場合には小さく，例えば周波数が200 Hzではほとんど0 dBであるが，周波数が高くなるにつれて大きくなり，音源が真横（方位角＝90度）の場合，500 Hzでは3 dB，1 kHzでは5 dB，3 kHzでは10 dB，6 kHzで20 dBにもなる。

この原因は，周波数が低い場合には頭部による音波の回折現象が生じ，周波数が高くなると音波の直進性が強くなり，音波が頭部によって遮蔽されるからである。ただし音源が非常に近い場合には，低い周波数においてもILDは大きくなる。例えば，真横12 cmの距離に音源があるときには，ILDは500 Hzで

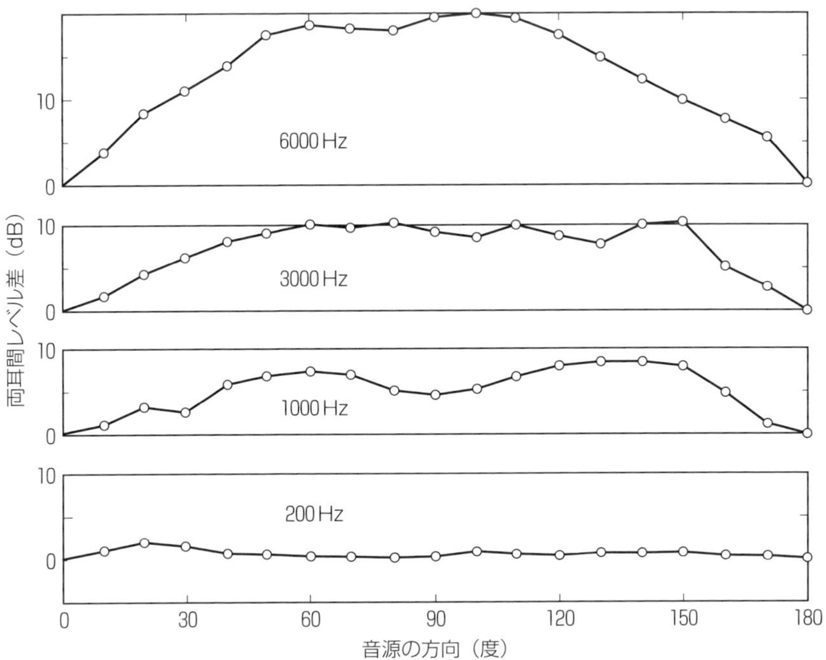

図 9-4　(a)　音源の方向による両耳間レベル差の変化（Feddersen et al., 1957）

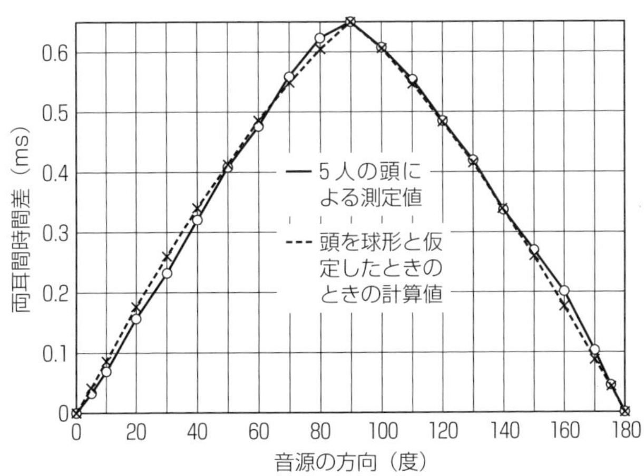

図 9-4　(b)　音源の方向による両耳間時間差の変化（Feddersen et al., 1957）

20 dB にもなる（Brungart & Rabinowitz, 1999）。

また，両耳間時間差 ITD は，図 9-4（b）に示すように音源の方向によりおおよそ 0～0.65 ms の範囲で変化する。

当然のことであるが，ILD や ITD は頭の大きさや形によって変動する（Feddersen et al., 1957）。周波数が変わっても ITD の変化は少ないが，両耳間位相差 IPD は大きく異なる。例えば，ITD が同じ 400 μs であっても，周波数が 200 Hz（周期＝5 ms＝5000 μs）の場合には IPD は 28.8 度（1 周期の 400/5000）であるが，周波数が 2000 Hz（周期＝0.5 ms＝500 μs）の場合には 288 度（1 周期の 400/500）と IPD は大きく異なる。周波数が低いと両耳間位相差は音源定位の有効な手がかりになるが，周波数が高くなると周期が短くなり，聴神経は音圧波形の各サイクルごとに発火できなくなり，位相差は使えなくなる。

3. 定位方向の最小弁別角度

水平面内で音源方向が変化したと判断できる最小の角度を最小弁別角度（MAA：minimum audible angle）という。無響室で被験者の頭を固定して純音の最小弁別角度が調べられている（Mills, 1958）。その結果を図 9-5 に示す。図の 3 つの曲線はそれぞれ基準音の方向である。MAA は基準音が正面方向（0 度方向）のときに最小になり，周波数が 250～1000 Hz では約 1 度，それ以上では 1.5～2 kHz および 8 kHz 付近では 3～4 度と大きくなっている。基準音が正面方向から横方向へずれていくに従って MAA は大

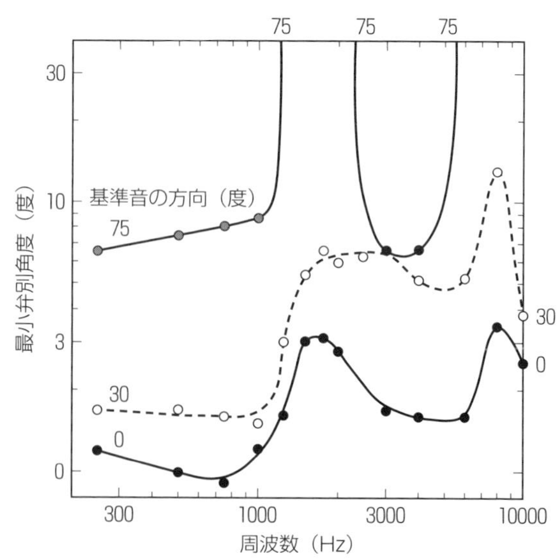

図 9-5　純音の音源方向の最小弁別角度（Mills, 1958）

きくなる。とくに正面から75度方向になると，1.2〜2.5kHzと8kHz付近では非常に大きくなり，30度を越えている。

音源が白色雑音の場合には，0度方向で約1度，90度方向では4〜10度，180度方向では約1度と純音の場合よりは狭くなっている。いずれの場合も聴取者の個人差は大きいが，真横方向ではとくに大きくなっている（黒澤ら，1982）。

4. 方向判断の誤差

A. 純音の場合

スティーブンスら（Stevens & Newman, 1936）は，できるだけ反射音の少ない環境を求めてハーバード大学ビルの屋上約2.7mの場所に聴取者が座る椅子を設置し，音源用の13個のスピーカを聴取者の周りに耳と同じ高さで15度おきに正面（0度）から背面（180度）まで右方向に配置した。実験者はいずれかのスピーカからさまざまな周波数の純音を提示し，聴取者は音源がどのスピーカなのかを答えた。実験結果によれば，以下のことがいえる。

①前方と後方の対称的な位置にある音源の誤り（例えば30度と150度方向や45度と135度方向）がしばしば生じた。この誤りは2kHz以下では35〜40%と極めて多かった。この原因は前後対称位置からのILDはあまり変わらず，IPDも近い値になるからだと考えられる。また4kHzを越すと誤りの頻度は15%程度に減少した。この違いは，周波数が高くなるとIPDは利用できないが，音の直進性が強くなり，後方に音源がある場合には耳介の影響で外耳道入口での音圧レベルが低下するからであると考えられる。

②前後の対称的な音源方向の間違いは正解として方向判断角度の平均誤差の周波数による違いを見ると，2〜4kHzの範囲で平均誤差が20度近くなり，最も誤差が大きくなった。この理由は，おそらくIPDの利用からILDの利用に移行する周波数帯域だからであろう。

B. 広帯域雑音の場合

スティーブンスら（Stevens & Newman, 1936）は前述の純音刺激の場合と比較して，広帯域雑音であるクリック音やヒスノイズ（シューというような高い周波数帯域の成分が強い雑音）を用いた実験も行っている。その結果は，純音に比べてはるかに判断が容易で，とくにヒスノイズの場合には，あたかも音源を見ているように定位が明確であったと述べている。平均判断誤差はクリック音の場合 8.0 度，ヒスノイズの場合 5.6 度と純音の場合に比べてはるかに小さくなった。これらの音は低い周波数成分から高い周波数成分までを含んでおり，ITD と ILD の両方の手がかりを使用できるからだと考えられる。

シェルトンら（Shelton & Searle, 1978）は，音源に白色雑音を用い，8 つのスピーカ音源を水平面内前方に 11.2 度おきに置き，方向判断の平均誤差角度を調べた。さらに音源方向をそれぞれ左側方および後方に移して同様な実験を行った。それらの結果，平均誤差角度は側方が 8% で最も大きく，後方が 5.5% でその次に大きく，前方では 1% と最も小さくなった。

また森川ら（森川・平原，2012）の実験では，防音室内で聴取者の周りに 30 度間隔で水平面内に置かれた 12 のスピーカから白色雑音が提示された。聴取者は目を閉じて頭を動かさずに音刺激を聴き，スピーカの方向（12 方向の強制判断）を答えた。この雑音に対する方向判断の正答率は 97～98% であった。ただ完全に 100% にならないのは，側方の音源に対して ±30 度程度の誤判断の場合があったからである。この誤判断の理由は，純音だけでなく白色雑音であっても真横方向の最小弁別角度が他の方向に比べて大きくなるという事実（Mills, 1958）や側方の定位の誤差は大きいというシェルトンら（Shelton & Searle, 1978）の実験結果によって説明できる。

C. 周波数帯域制限の効果

それではどの周波数帯域が水平面定位に重要な役割を果たすのであろうか。中林（1974）は，1 オクターブ帯域（100～200 Hz，250～500 Hz，0.8～1.6 kHz，2.82～5.63 kHz，8～16 kHz の 5 つの帯域）の帯域雑音信号をスピーカから提示し，水平方向の実音源の方向判断実験を行った。聴取者（23 人）は無響室内で頭部を支持枕で固定されて椅子に座っており，雑音信号は聴取者の左側に前方 22.5 度から後方 157.5 度まで, 22.5 度おきに設置した 7 個のスピーカから提示された。聴取者は目を閉じて音源の方向を指示した。

その結果によれば, 100～200 Hz から 2.82～5.63 kHz 帯域までについては音源が対称位置の前後誤判断（45 度と 135 度など）が非常に多く，正答率は 8.7～17.4％と非常に低かった。正判断が多かった帯域は 8～16 kHz という高い周波数の帯域で正答率は 74％であった。このことから，水平面定位のためには 8 kHz 以上の高い周波数領域が必要であることがわかる。ただし正確な定位のためには 1 オクターブ帯域では不十分でもっと広い周波数帯域が必要だと考えられる。

また森川ら（森川・平原，2012）は，前述の白色雑音だけでなく，それを高域フィルタ（HPF）あるいは低域フィルタ（LPF）を用いて周波数帯域を制限して水平面定位の実験を行った。聴取者は周りに 30 度間隔で置かれた 12 のスピーカからの音を閉眼で頭を動かさずに聴取し，スピーカの方向（12 方向の強制選択）を答えた。結果は高域通過雑音の場合は，遮断周波数が 8 kHz で正答率は 90％以上，低域通過雑音の場合には，遮断周波数が 4 kHz で正答率は 90％以上となった。高域通過雑音の場合，遮断周波数が 12 kHz で 80％，16 kHz で 40％と正答率は低下したが，ずいぶん高い周波数帯域のみでもかなりの正答率が得られた。また低域通過雑音の場合には，遮断周波数が 4 kHz 以上では正答率は 90％以上であったが，遮断周波数を低くするに従って正答率は低下し，500 Hz でほぼ 70％となった。また低域通過雑音の場合は，遮断周波数を下げるに従って，誤答のうちとくに前後誤判断の割合が増加した。このことは前後判断には高い周波数成分が必要なことを示している。なお予想されることではあるが，30～50 歳代の聴取者は，20 歳代の聴取者に比べてとくに低域を遮断した音源に対する誤りが多かった。一般に加齢により高い周波数の聴力が低下するので，この結果も高い周波数帯域の重要性を示している。

D．移動音源の最小可聴移動角度

音源が移動している場合に，静止している音源から区別できるための最小可聴移動角度（MAMA：minimum audible movement angle）は，音源の移動速度が遅い場合（15度/秒）には5～6度であるが，速くなるほど大きな値になることが示されている（Perrott & Tucker, 1988）。またMAMAは，周波数が1.5～2kHzあたりで大きくなる。これはMAAの傾向と同様であって，この周波数付近がITDもILDも有効に活用しにくい周波数であるからだと考えられる。音源の速い移動に対して感度が悪くなっていく現象を両耳聴系の緩慢さ（sluggishness）と呼んでいる。

第4節　単一音源の正中面内における方向定位

音源の水平面内の方向定位については，前述のように両耳間時間差（ITD）と両耳間レベル差（ILD）が大きな役割を果たしている。それでは，両耳から等距離にある正中面（両耳の外耳道入口を結ぶ直線と直交する面）内の方向判断はどのような手がかりによって行われるのであろうか。基本的には，ITDやILDはほぼ0に近い値をとると考えられるので，それ以外の手がかりがある筈である。正中面定位に関する実験は通常は，反射音が生じない環境で，視覚の影響をなくし，また頭部をできる限り固定するように指示して行われる。以下，さまざまな条件による実験結果を概観する。

1.　純音の正面上下方向の判断

正中面内の方向判断で最も容易なのは，次に述べるように広帯域雑音であるが，その対極にある単一周波数からなる純音の方向判断実験は古くから行われている。

プラット（Pratt, 1930）は音源として5つの周波数の純音を用い，次のような実験を行った。5つの純音で周波数はそれぞれ256，512，1024，2048，4096Hzであった。高さが250cmの垂直尺度板に下から等間隔に1から15までの番号を打ち，高さの尺度とした。聴取者は尺度板から3mの距離に座り，尺度板の後の5つの場所からランダムに提示される5つの純音を聴いてその音が尺度板のどの高さに定位するのかを番号で答えた。6人が1つの周波数について10回の判断を行った。聴取者ごとの平均値を見ると，高さの判断は周波数の順に一致した。また全聴取者の結果を平均すると，周波数の低い方から，5.1，7.0，

8.5, 10.2, 12.4 と周波数が高くなるに従って上方から聴こえるようになることが示された。

しかしその後, 同じ周波数の 5 つの純音を使用して同様の実験が行われたが, 周波数と垂直面定位の間には関連が見られなかった (Dimmick & Gaylord, 1934)。さらにまた後に行われた実験では, 100 Hz から 12500 Hz までの純音を音源とし, 7 つの純音を 1 つのグループとし, 周波数によって 3 つのグループ (低域, 中域, 高域周波数の各グループ) に分けて聴取者に提示した。いずれのグループにも 900 Hz と 1400 Hz の純音は含まれていた。これらの周波数は, 低域周波数グループでは最も高く, 中域周波数グループでは中間で, 高域周波数では最も低いと判断された。グループごとに行った実験結果によれば, 900 Hz と 1400 Hz の純音は, それぞれのグループ内で相対的に周波数が高ければ垂直位置も高く, 相対的に周波数が低ければ垂直位置は低いと判断された。すなわち, 空間的な高さは, 他の音との相対的な関係で決まるのであり, 絶対的なものではないと述べている (Pedley & Harper, 1959)。

その後の研究では, 正面の高さ方向の仰角が −13 〜 +20 度の範囲に 4 つのスピーカ音源を置き, 250 〜 7200 Hz までの 9 つの純音を用いて垂直面内の定位実験を 5 人の聴取者によって行った。その結果, 周波数を固定すれば, 音源の高さを変えても定位は変わらず, 周波数が高くなるほど高い位置に定位した (Roffler & Butler, 1968 b)。この結果は, 前述のプラットの結果と同様である。ただし, 1 人の聴取者についてはどの周波数についても定位はほとんど変わらなかった。このように純音の空間的な高さ方向の定位については, 実験結果は研究者間で必ずしも一致しないが, 高い周波数になるほど空間的には上方に定位するという傾向は見出されている。

純音は周波数が増加するとともにかん高い感じに変化してくる。この感覚は音の高さ (pitch) の 1 次元的性質 (tone height) に対応するものである。また, 純音の周波数を表現するには, 多いまたは少ないなどと言わず, 古くから高いまたは低いという表現をしてきた。その理由は, 周波数が高くなるに従ってその音の空間的な定位が上昇する傾向が認められているからかもしれない。

2. 音源の種類による方向定位の違い

仰角の範囲は限られているが，さまざまな種類の音源を用いて比較を行った先駆的な研究として，ロフラーら（Roffler & Butler, 1968a）の実験がある。彼らは，聴取者正面の高さ方向の仰角が −13〜＋20 度の範囲に 4 つの音源用スピーカを設置した。スピーカの前面には，スピーカを見えなくするために布を張り，また聴取者が音源の高さ方向を判断するために目印をつけた。音刺激は，①広帯域雑音，②低域通過雑音（2 kHz 以下），③高域通過雑音（2 kHz 以上および 8 kHz 以上），④純音（600 Hz および 4.8 kHz）で，これらの各刺激に対する正中面内の方向判断実験を行った。実験結果を図 9-6 に示す。この仰角の判断結果を要約すると次のようになる。

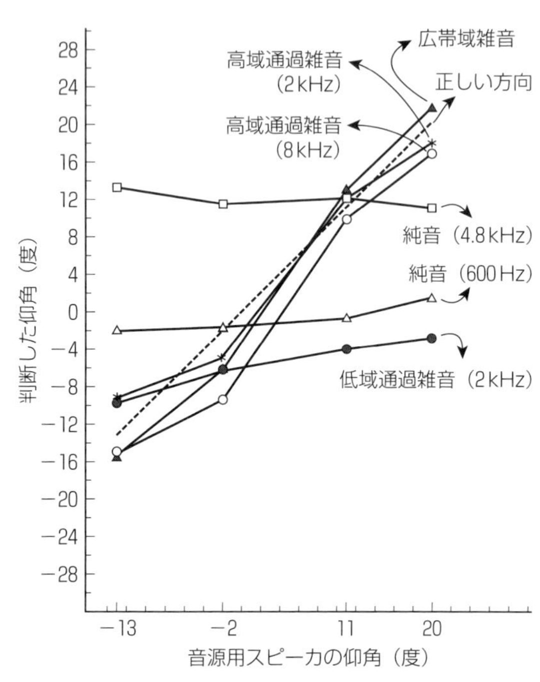

図 9-6　さまざまな音刺激に対する正中面内の方向定位
(Roffler & Butler, 1968a)

①広帯域雑音に関しては，かなり正確に方向判断が行われた。

②低域通過雑音に関しては，遮断周波数が 2 kHz の場合，音源方向を変えても判断方向はあまり変わらず，正しい方向判断はできなかった。

③高域通過雑音に関しては，遮断周波数が 2 kHz だけでなく 8 kHz の場合でも，かなり正確に方向判断が行われた。この結果は 8 kHz 以上の成分が正中面定位に重要な役割を果たしていることを示している。

④純音については，音源方向を変えても判断方向はほとんど変化しなかった。また，600 Hz よりも 4.8 kHz の純音の方が上方向に判断された。

これらの結果から，−13〜＋20 度の限定された範囲ではあるが，正しい上下方向判断のためには音源の周波数帯域は広い方がよく，また高い周波数領域が必要であること，純音では周波数を固定すれば，音源方向に関わらず同じ方向に定位することなどが示された。

さらに低域通過雑音の遮断周波数を，500 Hz から 12 kHz まで 13 段階に変化させて，方向判断（仰角が −13〜20 度までの範囲）の誤差を調べた結果，遮断周波数が 7 kHz と 8 kHz の間で急激に誤差が減少し，広帯域雑音の場合と同じ程度に誤りが少なくなることが示された。すなわち，正確な判断のためには，7 kHz を越える周波数成分が必要である（Roffler & Butler, 1968 a）。

3.　狭帯域雑音の方向判断

純音の場合に，周波数によって知覚される仰角が変わるという傾向があるので，狭帯域雑音についてもそのような傾向が見られるかもしれない。

ブラウエルト（Blauert, 1969/70）は，正中面定位について興味ある実験を行った。音源は聴取者正面，頭上，真後のスピーカ，左右両方向のスピーカ（同時提示），およびヘッドホン提示の 5 つの条件による狭帯域雑音（1/3 オクターブバンド）で，中心周波数は 125 Hz から 1/3 オクターブごとに 16 kHz までのいずれかであった。予備実験では，すべての音は正中面内から来るように感じ，また水平面よりも 15 度以上の下方から来ると感じることはなかった。聴取者は前あるいは後のスピーカからの音の正中面内定位を，仰角が 45 度までは「前」，45〜135 度の範囲ならば「上」，135〜195 度ならば「後」と答えるように求められた。20 人の聴取者の答えに個人差はあったが，図 9-7 に示すように，音源の中心周波数と定位方向の間に関連性があることが見出された。前，上，後のそれぞれに定位する確率が高い周波数帯域を，ブラウエルトは方向決定帯域（directional band）と呼んだ。実験によれば，315〜500 Hz および 3.15〜5 kHz を前方定位の方向決定帯域，8 kHz 付近を上方定位の方向決定帯域，0.8〜1.6 kHz および 10〜12.5 kHz を後方定位の方向決定帯域という結果が得られ

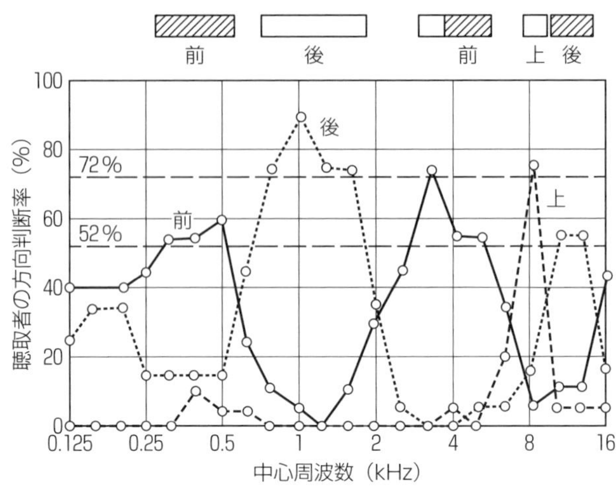

図 9-7　狭帯域雑音の方向決定帯域（Blauert, 1969/70）

た。

またヘブランクら（Hebrank & Wright, 1974b）も狭帯域雑音（1/12 オクターブ帯域）を用いた実験を行い，中心周波数が 4.0～7.2 kHz では前方上方向，8.1～9.1 kHz では上方向，14.5 kHz では前方向と判断する頻度が比較的高いという結果を得た。この結果はブラウエルトの結果とある程度共通している。ただし，これらの実験は正中面を前，上，後と非常に大まかに分けた場合の結果である。

4.　複合音の周波数帯域と方向定位

図 9-6 は正中面内の狭い範囲だけの結果であったが，ヘブランクら（Hebrank & Wright, 1974b）は，−30～＋210 度方向（正面は 0 度）の 9 カ所からスピーカ（30 度おき）で聴取者に提示した。音源として広帯域雑音を用いた場合には，10 人の聴取者に対して正答率（許容誤差範囲を ±45%）は 95% となったが，許容誤差範囲を ±15% とすると，58% となった。このことは，正中面定位はかなり幅がブロードである（広い）ことを示している。高域通過フィルタと低域通過フィルタのそれぞれを組み合わせて調べた結果，必要な帯域は 4～16 kHz であることが示された。正中面内における方向判断の最小弁別角度は，

個人差は大きいが，音源が広帯域雑音の場合，正面方向では 3 ～ 4 度，上方では 12 ～ 21 度，後方では 4 ～ 5 度である（黒澤ら，1982）。上方の判断はさまざまな実験で正答率が低くなるが，やはり弁別角度も大きくなっている。

バトラーら（Butler & Humanski, 1992）は，仰角が 0 ～ 90 度の範囲に 7 つの音源用スピーカを設置し，遮断周波数 3 kHz の高域通過雑音と低域通過雑音について，正中面定位の実験を行ったところ，高域通過雑音は 75 度と 90 度でやや低い角度に判断される傾向があったが，低域通過雑音は 30 度を越えると 30 ～ 50 度の範囲に定位するようになり，誤り率は低域通過雑音の方がはるかに大きかった。

森本ら（Morimoto et al., 2003）は，正中面内の聴取者前面から後ろまで（0 ～ 180 度）30 度おきに 7 個の音源用スピーカを設置し，広帯域雑音を遮断周波数 4.8 kHz の高域通過フィルタと低域通過フィルタで分け，それぞれの帯域雑音を異なる方向から提示した。3 人の聴取者が方向判断を行った結果，正中面判断には高域通過雑音の方が支配的であった。また前後判断の手がかりは低域通過雑音には含まれていなかった。

メールガルトら（Mehrgardt & Mellert, 1977）は，自由空間で正中面内の 2.5 m の各位置から鼓膜前面までの振幅周波数特性を測定した結果，7 kHz 以上では仰角の違いにより伝達特性が大きく変化することを見出した。この測定結果は，正中面内定位における高域周波数成分の重要性を裏付けるものである。さらに 8 ～ 9 kHz の周波数の音のみが仰角 90 度方向において 10 dB 以上も上昇しているという結果や 1 ～ 1.4 kHz のみで真後方向の利得が増加していることなどは，上述の方向決定帯域の結果を支持するものである。

高い周波数帯域が正中面定位には重要であるというこれらの結果は，耳介の影響に基づくものであると考えられるので，次にこのことについて述べる。

第 5 節　前後誤判断の要因

これまでに述べた方向定位の前後判断の誤りが多いということは，次のように説明されている。頭の形をもし球形と仮定すると，例えば 2 つの音源が耳の入口から等距離で，右前方 30 度にある場合と右後方 150 度にある場合（耳軸に関して前後に対称的な位置にある）を比べると，方向判断の主要な手がかりとなるILDもITDも同一の値になるからである。しかし現実的には頭の形は正確な球形ではない。とくに耳介には凹凸があり，また前方から見た形と後方から見た形はずいぶん異なっており，実際には耳介の存在が方向判断に大きく寄与している。また多くの実験では頭部を固定しているが，頭部を動かしてILDとITDの関係をダイナミックに把握することで定位判断を容易にしている可能性がある。

1. 耳介平坦化の効果

バトゥー（Batteau, 1967）は，聴取者の耳介は複雑な凹凸部分をもち，そこでの音波の反射が正中面定位に本質的に重要であることを強調した。

ロフラーら（Roffler & Butler, 1968a）は耳介の働きを調べるために，聴取者の頭にヘッドバンド（外耳道に通じる小さな孔があいている）を締めさせて，耳介の部分を平坦にして正中面定位の実験を行った。その結果，方向判断の誤差が大きくなり，とくに上方向の音源については誤差が大きくなった。そこでヘッドバンドを装着したときと装着していないときの，音源から外耳道入口から1cmだけ内側の場所までの音圧周波数特性の差を2人の聴取者について測定した。その結果，周波数特性の差は，5～8kHzの範囲で大きく変化し，ヘッドバンドを装着すると8～11dBも低下した。これらのことから，正中面前方（－13～＋20度）の方向判断には，音源に7kHz以上の成分が含まれていることが必要であること，耳介の窪みが正中面の方向判断には重要であることを示唆した。

ガードナーら（Gardner & Gardner, 1973）は，正中面の方向判断における耳介の役割を調べるため，耳介のさまざまな窪みの部分を少しずつゴム栓で埋めて行った場合にどのように方向判断能力が低下していくかを調べた。無響室内において正中面内に聴取者の前方に，頭から10フィートの距離の－18～＋18度の範囲に4.5度おきに9つの音源用スピーカを配置し，どの位置に広帯域雑音あるいは帯域雑音（1/2オクターブ帯域）音源があるかの判断実験を行った。その結果，埋めていく耳介の窪み範囲が広くなるほど判断能力は低下した。とくに判断能力の低下は，広帯域雑音の場合と中心周波数が8kHzあるいは10kHz

の帯域雑音のときに顕著であった。正中面の方向判断には高域周波数帯域が重要であるという結果は多くの研究結果と一致している。

さらにガードナー（Gardner, 1973）は，正面前方に上下方向の －18～＋18 度方向に９つの音源用スピーカを置き，耳介の窪みを，①両耳とも埋めた条件，②片耳だけ埋めた条件，③埋めない条件，という３条件で方向判断実験を行ったところ，①の場合が最も正答率が低く，③の場合が最も正答率が高くなった。このことも耳介の窪みの重要性を示している。

耳介の方向定位に及ぼす効果を調べるために，耳介の窪みを埋めた場合とそのままの場合を比較する実験が行われている（Musicant & Butler, 1984）。音源が広帯域雑音および 4 kHz 以上の高域通過雑音の場合の方が，4 kHz 以下および 1 kHz 以下の低域通過雑音の場合よりも前後判断の誤りははるかに少なかった。このことも，前後の誤判断を少なくするためには 4 kHz 以上の高域周波数が必要であることを示している。しかしこの場合に耳介の窪みを埋めると前後判断の誤りの割合ははるかに増加した。一方，4 kHz 以下および 1 kHz 以下の低域通過雑音の場合にはもともと前後の誤判断が多く，耳介の窪みを埋めた場合，誤判断の割合は少々増えるものの有意差はなかった。このことは耳介の窪みがひき起こす高域の周波数特性の変化の重要性を示している。さらに，耳介の窪みを，①両耳ともに埋めた場合，②音源から遠い方の耳の耳介の窪みを埋めた場合，③音源に近い方の耳介の窪みを埋めた場合，について，4 kHz 以上の高域通過雑音を音源として前後誤判断の割合を調べたところ，①から順に，40.3%，24%，5% となり，有意な差が見られた。なお，耳介の窪みをそのままにした場合の誤り率は 1% であった。

2.　頭部伝達関数のピークとノッチ

頭部伝達関数（HRTF：head-related transfer function）とは，音源から外耳道入口あるいは鼓膜前面までの伝達関数である。測定には，プローブマイクロホンを外耳道入口に設置したり，外耳道の鼓膜前面に挿入したりする。外耳道に入ってくる音波は，音源から直接入ってくる音波と耳介のさまざまな部分に当たって１回あるいは数回の反射をして遅れて入ってくる複数の音波の合成されたものである。ある音波とわずかに遅延した音波を合成するといわゆるくし型フィルタを構成することになり，頭部伝達関数はピーク（peak）やノッチ（notch）をもつことになる。ノッチとは振幅周波数特性上のV字形の谷のことで，ディップ（dip）とかトラフ（trough）などともいう。

頭部伝達関数は実頭（real head）あるいはダミーヘッド（dummy head）を用いて測定されている。個人差はかなり大きいが，一般的には音源が上昇するに従って系統的にノッチ周波数が上昇する。例えば，耳の高さから入射する場合の伝達関数は8kHzあたりにノッチが見られるが，音源方向が仰角 −45度から＋45度に移るに従ってノッチは6kHzから10kHzへ変化する（Shaw & Teranishi, 1968）。また音源が −30～＋15度の範囲で測定したところ，音源の上昇とともにノッチは5.5kHzから7.0kHzまで移動した（Butler & Belendiuk,1977）。

さらに，仰角が0度（正面）のときには第1ノッチ周波数は6～8kHz，第2ノッチ周波数は8～10kHz，第3ノッチ周波数は10～15kHz，仰角が上昇するにつれて各ノッチ周波数は高くなる。仰角が90度（真上）になると，ノッチの数が少なくなりノッチ周波数は12～16kHzになる。またこれらのノッチ周波数は耳介の形や大きさが異なると違ってくる（Raykar et al., 2005）。頭部伝達関数は概して似た形をしているが，身体のサイズが大きくなると周波数が低い方に移動する傾向がある（Middlebrooks et al., 1989）。

飯田ら（Iida et al., 2007）は頭部伝達関数を測定し，複数のノッチ周波数とピーク周波数を抽出し，それらを用いて再構成した頭部伝達関数による聴取実験を行い，第1および第2ノッチ周波数と第1ピーク周波数が正中面定位にとくに重要であることを示した。

3. 左右の耳介の非対称性

耳介は詳細に観察すると，左右耳には大きさや形にわずかな違いがある。そうすると左右耳で頭部伝達関数が異なる可能性が生じる。実際に自由空間で正中面のさまざまな仰角にある音源から左右耳への頭部伝達関数が測定された。その結果によれば，仰角によって左右耳間に伝達関数の差があることが示された。ただし個人差もかなり大きかった。次いで，外耳道内に置かれたマイクロホンによって録音されたさまざまな方向からの雑音音源をヘッドホンで聴取するダイコティック条件と片方の耳で録音した音を両耳で聴取するダイオティック条件でどちらの方が方向判断の誤差が少ないかを調べた。その結果，ダイコティック条件の方が判断精度が良く，スペクトルの両耳間差が正中面定位の手がかりになっていると主張した（Searle et al., 1975）。

森本ら（Morimoto & Nomachi, 1982）は，3 人の聴取者の頭部伝達関数を測定し，コンピュータシミュレーションによって，正中面定位のための手がかりとして，①スペクトルのみ，②両耳間差のみ，③両者，を聴取者にそれぞれ与えて方向判断実験を行った。その結果，3 人の判断誤差（度）の平均値は，それぞれ 24 度，56 度，15 度となり，両耳間差だけの手がかりではまったく判断できないことが示された。

なお，別の研究でも自由空間内で水平面内正面方向（方位角＝0 度）および後方向（方位角＝180 度）の左右耳間の伝達関数の違いが測定されている。その結果によると，正面方向でも後方向でも周波数が高くなるとレベル差が生じ，9 kHz になると個人差はあるが平均して 9 dB 程度のレベル差が生じている（Wightman & Kistler, 1989 a）。さらに正中面内の −40～＋90 度の範囲でさまざまな周波数について両耳間レベル差を測定したところ，8 kHz 以上の周波数では最大 10 dB 程度の違いが生じた。個人差は大きかったが，すべての聴取者でレベル差が見られた（Middlebrooks et al., 1989）。

これらのことから，部分的には両耳間差の手がかりも前後誤判断を少なくするための手がかりとなっている可能性も考えられる。

4.　単耳聴取

正中面内の方向判断の主要な手がかりは，頭部伝達関数の違いであるとすれば，方向判断には必ずしも両耳聴取でなくても十分なのではないかという疑問が残る。しかし，判断の正確さは両耳聴取に比べて単耳聴取の方が劣ることが示されている（Butler, 1969；Gardner, 1973；Hebrank & Wright, 1974 a；Ivarsson et al., 1980）。

ヘブランクら（Hebrank & Wright, 1974 a）は，単耳聴取という方法は慣れていないために正答率が低くなるのではないかと考えた。そこで白色雑音刺激を使って正中面方向判断の単耳聴取を繰り返し，正解を教えるというフィードバックを行って，単耳聴取に慣れさせた。単耳聴取のためには聴取者の片耳にゴム栓（2kHz で 30dB 以上減衰）を詰めた。音刺激としては，白色雑音とリップル雑音（白色雑音とそれに 20～100μs の遅延させた雑音を加え合わせた雑音。5～25kHz のある周波数でノッチが生じる）の両方を使い，リップル雑音は毎回ノッチ周波数をランダムに変えたので慣れていない刺激とみなした。単耳聴取の訓練前には，白色雑音とリップル雑音のそれぞれに対して，単耳聴取は両耳聴取よりも正答率は低かった。しかし訓練後には，訓練をしていないリップル雑音も含めて，単耳聴取においても両耳聴取と同じ正答率となった。

このことから彼らは，左右の耳介の非対称性による手がかりが必要だという考えを否定し，基本的には正中面の方向判断は単耳聴取プロセスであると主張した。

5. 頭部運動の効果

日常生活では，頭を動かすことによって音源の方向を正確に知ることができることは経験的に誰でも知っていることであろう。前述のように，自由に頭を動かすことができれば耳介の有無に関係なく方向判断の精度が上がることが知られている（Fisher & Freedman, 1968）。

また音源として高域雑音（7.5～8kHz）および低域雑音（500～1000Hz）を使って，①頭を固定する，②左方向に 45 度回転する，③左方向に 15 度傾ける，などの決められた通りに頭を動かす条件で方向判断を行った。その結果，とくに頭の回転運動によって水平方向の方向判断の誤りがかなり大幅に改善され，前後誤判断も少なくなった。垂直方向に関してはあまり大幅ではないが，とくに低域雑音に対してある程度の改善がなされた（Thurlow & Runge, 1967）。

ペレットら（Perrett & Noble, 1997a）は，正中面内（0～180 度）1.25m の距離に 30 度間隔で 7 個の音源用スピーカを設置し，音源として広帯域雑音，低域通過雑音および高域通過雑音（いずれも遮断周波数＝1，2，4kHz）を用いた実験を行った。聴取者は，正常聴取条件の他に，耳介の影響をなくするために外耳道に長さ 3cm の管を挿入する条件，それに頭部固定条件と左右に回転する条件を組み合わせて，①正常・固定，②正常・回転，③挿入・固定，④挿入・回転，の 4 条件について実験を行った。最も顕著な結果は，どの周波数帯域の音でも，頭を左右に回転すれば（条件②，④）前後誤判断が極めて少なくなったことである。また頭部固定条件（①，③）では，前後誤判断は音源が広帯域雑音と遮断周波数か 1 kHz の高域通過雑音の場合に最も低く，また低域通過雑音の場合には，高域通過雑音の場合よりも多くなった。とくに低域通過雑音の場合には遮断周波数が低くなると誤り率は高くなった。上下方向判断については，広帯域雑音の場合には正常・回転条件（②）では誤判断が最も少なかったが，挿入・固定条件（③），挿入・回転条件（④）で，正答率が低下し，挿入・固定条件（③）では最も低下した。低域通過雑音の場合には，頭部固定条件（①，③）では音源が上方にあってもほとんど下方に知覚され，上下誤判断は多かったが，頭を左右方向に回転すると，誤り率が大幅に改善された。高域通過雑音については，挿入条件（②，④）では正答率が低く，正常聴取条件になると正答率は大幅に改善された。

さらにペレットら（Perrett & Noble, 1997 b）は，水平面左半面と左側方上下面（lateral vertical plane）に沿って 15 度間隔に合計 25 個のスピーカを設置し，ピンク雑音を遮断周波数 2 kHz の低域フィルタに通した雑音を音源として，聴取者に①音源を探すように頭を自然に動かす，②音が出始めた後，頭を水平面左 45 度に動かしそのまま固定する，③頭を固定する，の 3 条件で音源の方向判断実験を行った。その結果，③の固定条件では，他の 2 条件に比べると前後誤判断率が大きく増加した。ただし上下方向の誤判断は多かったものの大きな差はなかった。2 kHz 以下の低域通過雑音でも頭を左右に動かすと誤判断を大きく減らすことが示された。

岩谷ら（Iwaya et al., 2003）は，遮断周波数が 1 kHz の低域通過雑音，3 kHz の高域通過雑音およびピンク雑音を用いて，水平面定位における頭の自由な動きと前後判断誤りの関連を調べる実験を行った。その結果，とくに低域通過雑音の前後誤り率はほぼ 20％ にもなって他の音刺激よりもはるかに大きかったが，頭を自由に動かすと誤り率は大幅に減少した。また音刺激の持続時間が 0.5 秒から 2 秒に長くなるとさらに減少した。聴取者は音源が顔の正面方向の角度に近づくように頭を動かす傾向が見られた。

加藤ら（Kato et al., 2003）の実験では，広帯域雑音を音源とした場合に頭を自由に動かしても，水平面内の方向判断の改善にはあまり効果はなかったが，これは頭を動かさなくても十分な方向判断ができていたからである。また耳介の窪みを埋めたときには，とくに前後を取り違える誤判断が増えたが，頭を自由に動かすと耳介を埋めていない場合の自由運動の場合と同じ程度に判断できた。頭の動きを左右の動きだけに限定しても同様に効果的であったが，上下運動だけに限定すると静止状態と変わりがなかった。

第６節　先行音効果

自然の環境の中では，音源から聴取者までに反射音の経路は多く存在するが，直接音の経路はただ１つだけである。さまざまな方向からの反射音も含めて最も早く聴き手に到達するのは直接音であり，聴取者は直接音の方向を音源の方向と知覚する。一般的に，音源の方向が最初に聴取者に到達した方向であると知覚する現象を，先行音効果（precedence effect）という。また，ハース効果（Haas effect）あるいは第一波面の法則（law of the first front）ともいう。先行音効果は音源から最初に聴き手に到達する音から次の音が１～50 ms 程度遅延した場合に生じるが，音刺激の種類によって異なる（Gardner, 1968）。

２つの音源からの音の一方の遅延時間が 1 ms 以下ならば，先行音効果は生じない。音像は２つの音源の間に生じる。

先行音効果を避難誘導効果に利用した例として，駅のホームのような細長い通路の天井に２個のスピーカを設置し，どの場所にいても非常口の方向から避難誘導音が聴こえるような音響条件が求められている（伊藤・大串，1995）。

第７節　距離の知覚

音源から聴取者までの距離の知覚についての研究は古くから数多く行われているが，音源の物理的特性や環境の違いによって変動が大きく，明快な答が出にくい問題である。概して音源が遠い場合には実際よりも近くに判断し，音源が近い場合には実際よりも遠くに判断する傾向がある。距離知覚の手がかりとしては音響的なものとそれ以外のものがある（Kolarik et al., 2016）。実際には，状況に応じてこれらの手がかりを組み合わせて，音源の距離を判断しているものと考えられる。

1.　音響的手がかり

A. 音の強さ

よく知っている音については，音の強さは距離知覚のとくに重要な手がかりになる（Moore, 2012）。一般的に音源から聴取者への距離が遠くなるほど，音の強さは減少する。自由空間内における点音源の場合は，距離が 2 倍になると強さは 4 分の 1（＝－6 dB）となる。もっとも現実の世界では，音源の性質（既知か未知か），スペクトル，周囲の環境など多くの要因により距離と音の強さの関係は単純ではなくなるが，音の強さはおおよその目安となる。

ガードナー（Gardner, 1969）は，無響室内で聴取者正面の 3〜9 m の距離範囲に 5 個のスピーカを配列し，聴取者にどのスピーカから録音した音声が出ているかを答えさせた。ただしすべてのスピーカから音を出すのではなく，最も近いスピーカと最も遠いスピーカからだけ，音を出した。また聴取者の位置で音声の音圧レベルを 20〜65 dB の範囲でランダムに変えた。その結果によれば，聴取者は音が出たスピーカには関係なく，音圧レベルが大きいほど距離が近いと判断した。これは実験が無響室で行われたためにラウドネスのみが距離判断の手がかりとなったからであろう。

B. 直接音対反射音エネルギー比

自由空間でなければ必ず周囲に音を反射する物体が存在する。一般的には，音源が遠くになるほど直接音のエネルギーは弱くなるので，直接音が反射音に比べて相対的に小さくなるほど，音源が遠いという印象を与える。実際に部屋の中で残響時間を変えて距離判断の実験を行ったところ，判断した距離は一般に実際の距離に比例したが，残響時間が短いと過小評価をし，残響時間が長くなると過大評価をする傾向が見られた（Mershon et al., 1989）。

直接音対反射音エネルギー比そのものは相対的な距離判断のための補助的な役割を担っている。

C. スペクトルの形状

音源までの距離が長くなると，音源の周波数成分のうち高周波成分は相対的に減衰が多く，低周波成分は減衰が少ない。したがって，距離によって音色が変わりうる。すなわち，遠くの音を聴くと高域成分の減衰した低域の強い感じの音色になる。ただしこの減衰は 4 kHz で 100 m ごとに 3～4 dB で，距離が近い場合には影響はない（Zahorik et al, 2005）。

D. 両耳間強度差と両耳間時間差

音源の距離が近い場合（1 m 以内）には，音源方向が正面でない限り，距離によって ILD や ITD が変化するので，これらが距離判断の手がかりになることもある。

2. 非音響的な手がかり

A. 音源の親密度

音源がどの程度聴きなれた音であるかということは距離判断の極めて重要な要因となる。例えば音声は最も日常的に聞き慣れているので，雑音などの聴きなれない音よりも距離判断がより正確にできる。また自由空間内で広帯域雑音をさまざまな距離で提示し，聴取者に距離判断をさせたところ，繰り返して音源に慣れると判断結果が現実の値に近づいたという報告もいくつかある（Mershon et al., 1989；Kolarik et al., 2016）。

B. 視覚

視覚情報は音源の場所を知覚するのに大きな影響を与える。もっとも有名な例は腹話術効果であろう。人形が口を開閉しそれを見ているとその人形の口が音源であると感じてしまう。また弓削・伊福部（1981）は音像定位の実験で赤い点を見せると音像が赤い点に引き寄せられることを見出している。

第8節　ヘッドホン聴取に特有な問題

1.　両耳ビート

片耳あるいは両耳で周波数のわずかに異なる2つの純音を聴くとうなりが知覚される。これは2音が物理的に加算され，周期的に振幅が変動することによって生じる。一方，右耳と左耳に周波数のわずかに異なる純音をヘッドホンで別々に与える（dichotic 聴取）と，やはりビートを感じることがある。この現象を両耳ビート（binaural beat）という。聴取者は，2音の周波数差が小さいと，音像が周期的に左右に移動するように感じ，また周波数差が大きくなると音像は静止するがラウドネスが変動するように感じ，さらにラフネス（粗さ）を感じ，さらには2つの音に聴こえたりする。

これらの場合には2つの純音が物理的に加算されることはないので，完全に聴神経以上のレベルで生じる現象で，聴神経の発火の時間パターンが左右でずれることによって生じる。両耳ビートは一般に2音の周波数差が小さいほど知覚しやすいが，知覚できる最大の周波数差は25～35 Hz である。またビートの最も検出しやすい純音周波数はほぼ500 Hz である。純音周波数が1500 Hz 以上になると両耳ビートは知覚されなくなる（Licklider et al., 1950；Perrott & Nelson, 1969）。

2.　音像の融合と分離

左右の耳にヘッドホンを通して異なった音を聴いた場合でも，音が融合し頭内に音像が生じることがある。この融合の条件については多くの研究がある。それらによれば，両耳への音の波形の微細構造が類似していること，あるいは波形のマクロ構造（包絡線）が似ていることなどが必要であることが示されている。

リックライダーら（Licklider & Webster, 1950）は2つの純音から成る2成分複合音の1つの成分は左右耳に同位相で与え，他の成分は左右耳同位相と逆位相に交互に切り替え，ヘッドホン聴取によって違いが知覚できるかどうかの実験を行った。その結果，逆位相に切り替えた成分の周波数が1400 Hz 以下か，2

成分の周波数差が 300 Hz 以内ならば，違いを知覚できることを示した。このことは，1 つの成分が同位相の場合と逆位相の場合の左右耳に加わる音圧波形の包絡線（envelope）の時間的位置が異なることにより生じると考えられている。これらのことからも，両耳聴処理メカニズムには，ほぼ 1400 Hz 以下とそれ以上で別のメカニズムが働いていると考えられる。

合成音声の第 1 フォルマントを一方の耳に，第 2 フォルマントを他方の耳にヘッドホンで提示すると，音は融合し 1 つの音像として知覚された。また，第 1 および第 2 フォルマントを両耳ともに与えても，音声の基本周波数が異なれば（125 Hz と 150 Hz），聴取者は 2 人の話者の声として分離して知覚し，融合しなかった。これらの結果は，融合の条件は基本周波数が等しいことであることを示している（Broadbent & Ladefoged, 1957）。

1500 Hz 以下の周波数成分を含まない複合音について，時間的な情報が方向判断に寄与するのかどうかを調べるために，周波数の高い純音（4～5 kHz）を低い周波数の正弦波（100～200 Hz）あるいは 500 Hz の低域通過雑音で振幅変調した複合音を合成した。そこで変調波の一方（片耳）に遅延を与えたところ，それに対応して融合音像が移動した。このことは，融合音像は低い周波数の包絡線によって得られたことを示している。さらに，両耳に与えるキャリア周波数を 4.0 kHz と 4.1 kHz と異なった値にしても変調波に対応する音像は融合することが明らかになった。このことは，1500 Hz 以上の成分しか含まない複合音でも音圧波形の包絡線によって融合し音像を生じることを示している（Leaky et al., 1958）。

後に上の結果の確認的な実験が行われた（Henning, 1974）。両耳にヘッドホンで 300 Hz の純音を与え，一方の耳に 5～80 μs の遅延（ITD）を与えると，音像が移動し，音像定位の判断が可能であった。しかし，3600 Hz の純音に対しては遅延による音像移動の判断が不可能になった。これは 1500 Hz 以上では ITD は使われないという先行研究の結果から当然である。そこで，1500 Hz 以下の周波数成分を含まないように，3900 Hz の純音を 300 Hz の正弦波で振幅変調した振幅変調音（周波数成分：3600 Hz，3900 Hz，4200 Hz）を用いて聴取実験が行われた。その結果は，変調波のみを遅延させた場合の正答率も，300 Hz 純音を遅延させた場合の正答率とほぼ同じになった。このことは，音刺激が 1500 Hz

以下の周波数成分を含まない場合には，音圧波形の微細構造ではなく包絡線の時間遅れが音像定位に重要な役割を果たしていることを示している。また両耳に与える振幅変調音のキャリア周波数を変えても包絡線の時間遅れを検出し，定位がある程度は可能であった。

左右耳にヘッドホンを通して同じクリック音（短音）を与えると，音像が頭内の中央に生じる。ここでクリック音を 1 オクターブの帯域フィルタを用いて，一方の耳には低い周波数帯域と，他方の耳には高い周波数帯域の音を分けて与えた場合の音像についての実験が行われた（Deatherage, 1961）。周波数帯域の違いがそれほど大きくなければ両耳の音は融合するが，周波数帯域がある程度離れると高い方の音を遅延させないと中央には定位しなかった。例えば低周波クリックが 250～500 Hz で高周波クリックが 3～6 kHz と周波数成分が大きく離れた場合には，もはや音は融合せず，高いピッチの音像と低いピッチの音像に分離した。高周波クリックに適切な遅れ時間を与えると，2 つの音像は頭内の正中面に分離して定位する。低いピッチの音像の上に高いピッチの音像は定位するが，低いピッチの音像はどちらかといえば拡散して広がって知覚された。

3.　時間と強度の交換作用

両耳からヘッドホンで波形も音圧レベルも同一の音刺激を聴くと，通常は頭内中央に 1 つの音像として知覚される。この音像は，例えば左耳への音刺激を右耳に比べてわずかに遅らせると，音像は右側に移動する。そこで次に左耳への音刺激の音圧レベルを上げると，音像をもとの中央の位置に戻すことができる。この現象は両耳間時間差と両耳間レベル差が音像定位に関して交換可能な作用をするので，時間と強度の交換作用（time-intensity trading）と呼んでいる。音像を中央へ戻す場合の両耳間時間差 Δt を両耳間強度差 ΔI で割った値（$\Delta t/\Delta I$）を，時間と強度の交換作用比（time-intensity trading ratio）と呼ぶ。交換作用比は音刺激の種類や音圧レベルなどによって異なる。

図 9‒8 は 2400 Hz の低域通過フィルタを通したクリック音を使った実験結果の 1 例である（Deatherage & Hirsh, 1959）。横軸は強度差 ΔI，縦軸は音像を中央へ戻すための時間差 Δt である。例えば，右耳に 80 dB のクリック音刺激（ピークが音圧レベル 80 dB の 1000 Hz 純音と同じ）を与え，左耳にそれよりも 30 dB

低いレベルの音を与えたときに音像は中央から右方向へ移動するが，右耳への音を 900 μs だけ遅らせるとまた音像は中心へ戻るのである。$\Delta t/\Delta I$ は音の強度によって変わるが，強い方のクリック音レベルが 80 dB の場合は約 30 μs/dB，またクリック音レベルが 40 dB のときは約 60 μs/dB となり，強度差が大きくなるほど交換作用比は小さくなっている。他の実験においても強度差が増大するにつれて $\Delta t/\Delta I$ は減少している（David et al., 1959；Harris, 1960）。

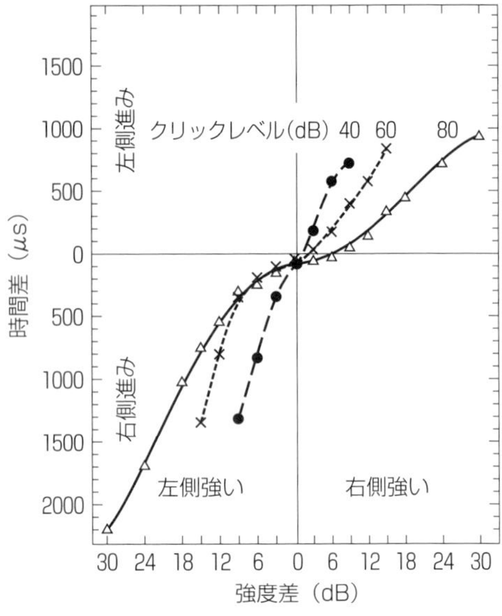

図 9-8　時間と強度の交換作用
（Deatherage & Hirsh, 1959）

また聴取者によってかなり大きな違いはあるが，クリック音を低域あるいは高域通過フィルタを通した音刺激を使った実験では，感覚レベが 20 dB のとき，代表的な例としては，1400 Hz 以下を通過させた場合の交換作用比は 25 μs/dB，2000 Hz 以上を通過させた場合には 90 μs/dB と高い周波数領域の場合に大きな値となることが示されている（Harris, 1960）。

4.　時間音像と強度音像

その後の実験では，厳密に言えば，音像の生成について時間差と強度差がそのまま交換できるというようなものではないことが明らかにされてきた。例えば，ウィットワースら（Whitworth & Jeffress, 1961）の実験において，実験者はヘッドホンでさまざまな値の ILD と ITD を組み合わせた 500 Hz 純音（信号音と呼ぶ）を設定した。そしてもう 1 つの 500 Hz 純音（ポインタと呼ぶ）を信号音と交互に聴取者に聴かせ，信号音とポインタの音像が同じ位置に定位するようにポインタの ITD を聴取者に調整させた。多くの練習の結果，聴取者は 2 つの音像を知覚することが可能になった。1つの音像はILDに強く影響されるので強度音像と呼ぶ。交換作用比は約20 μs/dB，またもう1つの音像はITDに強く影響されるが，ILDにはほとんど影響されないので時間音像と呼ぶ。交換作用比は約0.3 μs/dBと極めて小さな値であった。

またハフターら（Hafter & Jefress, 1968）は，聴取者がILDのある音像をITDを調整して中央へ戻す従来の方法で，時間と強度の交換作用比を求めた。音刺激は500 Hzの純音およびクリック音であった。聴取者は2つの音像に着目するように指示され，訓練によってそれが可能になった。純音に対する1つの音像（強度音像）は，交換作用比が20～50 μs/dBの範囲となり，もう1つの音像（時間音像）は10 μs/dB以下となった。一方，クリック音に対しても，強度音像および時間音像が知覚され，交換作用比はそれぞれ85～150 μs/dB，2～35 μs/dBとなった。またハフターら（Hafter & Carrier, 1972）は，ILDとITDを逆方向に調整して中央に寄せた音像とILDもITDもゼロであるような音像は異なることを示した。これらの結果は，時間音像と強度音像は質的には同じではなく，必ずしも時間と強度が交換可能であるという単純な関係ではないことを示すものである。

第9節　頭部伝達関数を用いたヘッドホンによる聴取

方向定位の研究の目的は，定位の音響的な手がかりを探求し，人間がそれらをどのように使って音源の方向判断を行っているかを明らかにすることであろう。その研究の1つの手法として，頭部伝達関数（HRTF：head-related transfer function）を通した自由空間（無響室）内でのヘッドホンによる聴取が試みられている。音源の存在するすべての方向から両耳までの頭部伝達関数を測定し，音源のスペクトルと頭部伝達関数を掛け合わせた音を両耳ヘッドホンによって聴取すれば，原理的には外部の音源を聴いたときと同様に音像を知覚できるはずである。この場合の定位をvirtual localizationということもある（Moore, 2012）。ただし頭部伝達関数の測定精度，測定マイクロホンの位置，聴取ヘッドホンの特性，聴取者の慣れ，視覚の影響などによって，頭内定位か頭外定位かあいまいな場合もあり，また個人によっても知覚される音像が異なる場合がある。

1. ワイトマンらによるシミュレーションシステムの構築

これまで頭部伝達関数については多くの研究者が測定（例えば，Shaw, 1974；Mehrgardt & Mellert, 1977）している。ワイトマンら（Wightman & Kistler, 1989a）は，自由空間（無響室）内で水平面だけではなく上下方向にもわたる144の音源位置（聴取者までの距離は1.38m）から10人の左右の鼓膜前面（鼓膜の1～2mm外側）までの頭部伝達関数を測定し，それぞれの伝達関数を実現するディジタルフィルタを構成した。

音源刺激をこのシミュレーションシステム（ディジタルフィルタとヘッドホン）に通すと，その音圧波形は自由空間内における鼓膜前面における音圧波形とほぼ同一になる筈である。実際にこれらの両波形を比較したところ，14kHz以下の周波数帯域で，振幅の違いは2～3dB以下，位相の違いは2～3度以下という結果が得られた。また周波数が高くなると頭部伝達関数の左右の非対称性があり，平均的には6kHz以上で正面方向（0度）は2～9dB，真後ろ（180度）で3～9dBの違いがあった。

先に測定されたショー（Shaw, 1974）やメールガルトら（Mehrgardt & Mellert, 1977）の正面方向からの頭部伝達関数と比較すると，2.5～10kHzの範囲で振幅が5～15dBほど低下している。ショーらの伝達関数の測定は鼓膜前面まではなく，外耳道入口で行われている。その後に外耳道入口から鼓膜までの伝達関数を別に測定して，頭部伝達関数を補正している。また測定マイクロホンの大きさも異なっており，それらの影響によって異なる頭部伝達関数が得られたものと考えられる。

2. シミュレーションシステムによる定位実験

ワイトマンら（Wightman & Kistler, 1989b）は，シミュレーションシステムを用いたヘッドホン聴取実験と無響室におけるスピーカ音源の定位実験を8人の聴取者によって行い，これらの結果を比較した。音源は広帯域雑音（200～14000Hz）の持続時間250msの8個の短音列である。

実験装置は，無響室内に直径2.76mの半円形の円弧の枠が聴取者の上下に固定されて取り付けられており，水平面方向に回転するようになっている。音源

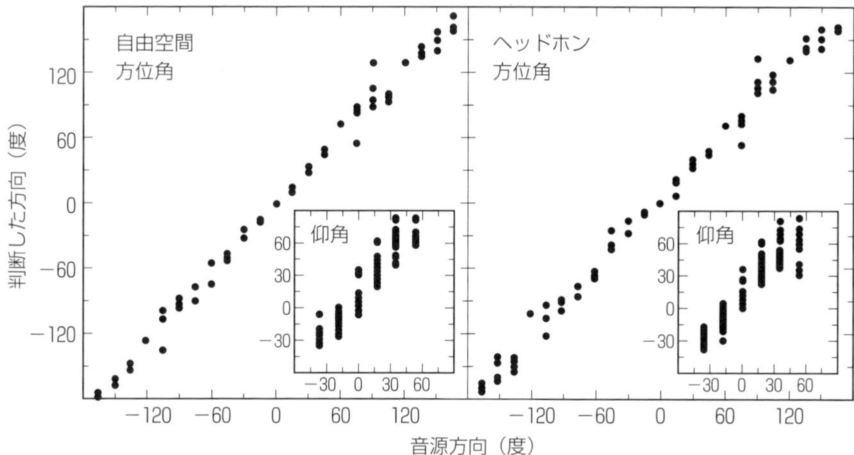

図 9-9　自由空間聴取とシミュレーションシステムのヘッドホン聴取による音源定位実験の比較（Wightman & Kistler, 1989b）

用のスピーカは上下方向に仰角がそれぞれ 54, 36, 18, 0, −18, −36 度となるように 6 個取り付けられている。聴取者の椅子は高さが調整可能で，聴取者の頭が円弧の中心になるように調整されている。各音源は水平面内に 15 度間隔で 24 方向，上下 6 方向であった。聴取者は，自由空間およびヘッドホン聴取（聴取者自身の頭部伝達関数を用いる）により知覚した音源方向を水平方向角度（方位角）および垂直方向の角度（仰角）の両方の数字で答えた。

それらの結果のうち，1 人の聴取者の例を図 9-9 に示す。図の横軸は実際の音源方向，縦軸は聴取者が判断した方向を示している。この結果を見ると水平方向については，自由空間とヘッドホン聴取結果は非常に類似していることがわかる。音源の方位角と判断結果の方位角の対応関係にはある程度の個人差はあったが，シミュレーションの精度は非常に高いことを示している。ただしヘッドホン聴取では前後判断の間違いが増加した。垂直方向については自由空間においてもかなりの判断の幅の広がりが見られるが，もともと垂直方向の判断はかなりブロードなのである（Hebrank & Wright, 1968b）。このシミュレーション結果（挿入図：垂直方向）は自由空間と類似した傾向が示されている。

3. 他人の頭部伝達関数を用いた実験

さまざまな実験の中で，自分自身の頭部伝達関数を用いた場合と他人の頭部伝達関数を用いた場合の定位精度の比較が行われている（例えば，Morimoto & Ando, 1980；川浦ら，1989；戸嶋ら，2006）。やはり他人の頭部伝達関数を用いた場合には，水平面定位では前後誤判断が増加し，また正中面定位ではさまざまな面で精度が悪くなるなど，定位の間違いや精度の低下が見られた。

前述のワイトマンらのヘッドホン聴取による実験は，自分自身の頭部伝達関数を使ったシミュレーションシステムによるものであったが，他人の頭部伝達関数を使った同じシミュレーションシステムによる実験をウェンツェルら（Wenzel et al., 1993）が行った。このような実験にはまったく未経験の16人の聴取者を対象に，ワイトマンらの実験での1人の聴取者の頭部伝達関数を用いて自由空間およびシミュレーションシステムによる実験を行った。その結果によれば，自由空間聴取に比べてヘッドホン聴取の場合は，ほとんどの場合に前後判断の誤りと上下判断の誤りが有意に増加した。他人の頭部伝達関数を使っても前後誤判断が有意に増えない聴取者は，もともと自由空間でも前後の誤判断が非常に多かった。

ミドルブルックスの実験（Middlebrooks, 1999）でも，他人の頭部伝達関数を使った場合には自分のものを使った場合に比べて方向判断の誤りの程度が多くなった。しかし，またその誤判断の割合は，自分の頭部伝達関数と他人の頭部伝達関数のスペクトル特徴（ピークやノッチ）の距離を最小化することによって改善された。

他人の頭部伝達関数を使った場合には前後の誤判断や仰角の誤判断が多くなることを示す研究は多いが，この主な理由は耳介の各部分の寸法の個人差が大きく，頭部伝達関数の個人差が大きくなることである。飯田ら（Iida et al., 2014）は28人の56耳の耳介の各部の寸法と正面方向からの頭部伝達関数を測定し，データベースを構築した。これによって，耳介の計測値から，低い周波数の2つのノッチ周波数（N_1：6～7.5 kHz，N_2：9～11 kHz）が推定できるようになった。そこでデータベースにはない4人の聴取者を対象にして，耳介の各部分の計測を行い，データベースの中からN_1とN_2の推定を行い，それに最も近い頭部伝達関数をデータベースから選択した。これらの聴取者に対して，上半球正中面の定位実験を行ったところ，自分自身の頭部伝達関数を用いた場合とほぼ同様な結果が得られた。ただし上方の定位の精度にはやや問題を残している。

4. 音源を動かした場合

これまでの研究で頭を固定したときには，前後誤判断が多く，また上下方向の弁別が悪いことが知られている。しかし頭を動かすとより正確な方向判断が可能になることが明らかになっている（川浦ら，1989；Perrett & Noble, 1997 b；Wightman & Kistler, 1999；戸嶋ら，2006；Hirahara et al., 2015）が，それでは頭部を動かさないで音源を動かした時はどうなるであろうか。

ワイトマンら（Wightman & Kistler, 1999）は，実音源の場合と頭部伝達関数とヘッドホンによるシミュレーションシステム（Wightman & Kistler, 1989 a）を用いた場合について，全方向の方向定位の実験を行った。頭部は動かさない条件ではいずれの場合にも前後の誤判断が生じたが，聴取者が左右方向に頭を動かすと誤判断はなくなった。次に実験者が音源を水平方向に動かしたが，聴取者は実験者が動かす方向は知らされずに，音源の最初の位置を判断した。その結果，音源の動きは前後誤判断の改善に有効な効果はなかった。次に聴取者自身が頭部を固定したままパソコンのキーボードで音源の動きを操作したところ，前後誤判断は少なくなった。

5. 水平面定位における両耳間時間差とレベル差のウェイト

ワイトマンら（Wightman & Kistler, 1992）は，広帯域雑音を音源とし彼らのシミュレーションシステム（Wightman & Kistler, 1989 a）を使い，水平面の各方向の頭部伝達関数に対して両耳間時間差 ITD だけを，それぞれ方位角が −45, 0, +90 度の場合の値に変更して，頭部伝達関数＋両耳間レベル差 ILD の手がかりと，ITD の手がかりがどのような重みで方向判断に寄与しているかを調べた。

その結果，音源が広帯域雑音の場合には，ほとんどの場合方向判断は ITD によって支配されていた。このことは，広帯域雑音に含まれている低周波数成分によるものと考えられる。また，高域通過フィルタを用い，音源を高域通過雑音（遮断周波数：0.5，1，2.5，5kHz）とした場合，遮断周波数が 0.5kHz あるいは 1kHz ならばほとんど ITD に支配され，広帯域雑音と同様の結果が得られた。これは遮断周波数が 1kHz 以下ならば，必要な低周波成分は残存しているからであると考えることができる。また遮断周波数が 5kHz になると，ITD による手がかりの影響はなくなり，頭部伝達関数と ILD による手がかりにしたがって正しい方向判断が行われるようになった。このことは遮断周波数が 5kHz になって，低周波成分が遮断されたため，ITD が働かなくなったためであると考えられる。

第 10 節　カクテルパーティ効果

1.　カクテルパーティ効果

大勢の人の集まるカクテルパーティのような騒々しい中で，相手の人の声だけに注意を向けて対話をするという経験は多くの人にあるであろう。このように複数の音の中の特定の音に対してのみ注意を集中し，その他の音は無視するような聴取の仕方を選択的聴取（selective listening）という。この問題を最初に取り上げたのはチェリー（Cherry, 1958）であった。このような現象をカクテルパーティ効果（cocktail party effect）という。

チェリーは，同一話者の異なる連続音声メッセージをヘッドホンで左耳と右耳に分離して聴取者に提示した。この場合，聴取者は指示された一方の耳だけに注意して容易に音声を聴き取ることができ，また追唱することもできた。しかし他方の耳への音声メッセージについてはほとんど何も答えられなかった。次に右耳に聴き取るべき男性の音声メッセージ（英語）を，左耳に無視すべきメッセージを提示した。右耳に入ってくるメッセージを途中でドイツ語に変えても気がつかず，逆再生した音声に対しても多くは気づかなかった。一方，女声や 400 Hz 純音の場合には，純音の場合には常に気がついたが，女声の場合にはほとんどが気づいた。

後に行われた多くの研究から，カクテルパーティ効果に対しては，音源の方向や距離，音源の音色の違い（男女声の差や音声と純音の違いなど）の他に，言語に関する知識・経験，認知機能，視覚の影響など多くの要素が関与しているが，とくに音源の方向の影響が大きい。

2.　両耳マスキングレベル差

カクテルパーティ効果の最大の要因は，両耳を使って，聴取すべき音（信号音）と無視すべき音（妨害音）の空間的方向を分離することである。単耳あるいは両耳によるダイオティック聴取（左右耳に同じ音を聴取）に比べて，妨害音の影響がどの程度少なくなっているかを示す指標を両耳マスキングレベル差（BMLD：binaural masking-level difference）あるいは単に MLD という。

BMLD を顔の表情で示したのが図 9-10 である。上図は信号音と雑音が両耳に同レベル同位相で提示された場合で，この場合は信号音も雑音も音像は頭の中央に生じ，聴取者は信号音を聴き取りにくい。このことを眉をひそめた表情で示している。一方，下図は左耳の信号音入力を遮断してしまうので信号音の音像は右側に寄り，聴取者の受け取る信号音の強さは半分になってしまうにもかかわらず，聴取者は聴き取りやすくなる。これを納得したという表情で示している。すなわち聴取条件によるマスキングの差が両耳による識別能力の向上につながるのである。ただし BMLD は精密に測定するため，通常は両耳ヘッドホンを用いる。

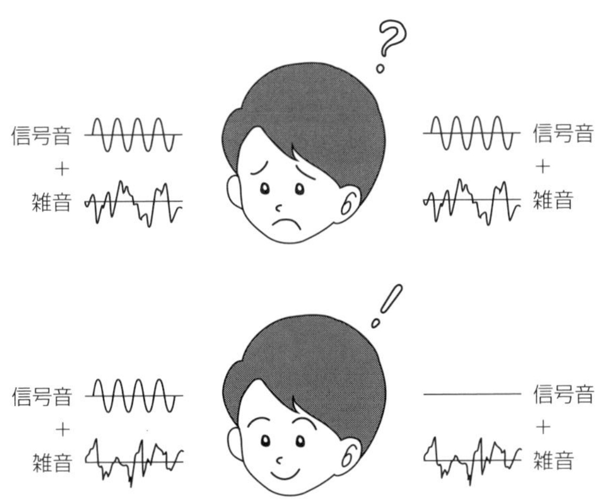

図 9-10　両耳マスキングレベル差

多くの実験によって得られている結果の概要を表 9-1 に示す（Green, 1976）。ここで，S は信号音，N は雑音，添字の o は両耳間差のない場合（音像は頭の中央），m は単耳だけに音が提示される場合（音像は提示耳のそばに寄る），π は両耳間の位相を逆位相とした場合（音像は左右に分裂する傾向），u は雑音の左右耳の相関係数を 0 とした場合（音像は頭内で広がる）をそれぞれ意味している。例えば表 9-1 の中で，基準となる聴取条件は，信号音と雑音ともに提示条件が同じ場合と N_uS_m の場合で，最も BMLD が大きくなるのは N_oS_π で BMLD は 15 dB にもなる。

表 9-1　両耳聴取条件による両耳マスキングレベル差（BMLD）の違い

（Green, 1976）

両耳聴取条件	BMLD (dB)
N_oS_o, N_mS_m, N_uS_m, $S_\pi N_\pi$	0
N_uS_π	3
N_uS_o	4
$N_\pi S_m$	6
N_oS_m	9
$N_\pi S_o$	13
N_oS_π	15

ヘッドホン聴取の方が左右耳に加わる音を正確に制御できるが，カクテルパーティ効果を現実に近い形で把握するにはヘッドホンなしで測定する必要がある。江端ら（Ebata et al., 1968）は無響室内で聴取者の正面から広帯域雑音を提示し，信号音（1000 Hz 純音）の方向を水平面内で 0～150 度までさまざまに変えて BMLD を測定した。その結果，信号音の方向が 0 度から 60 度までは BMLD は増加するがそれ以上の角度では BMLD はわずかに減少した。最大の BMLD はほぼ 10 dB となった。なお，BMLD は雑音の音圧レベルによって変わるが，50 dB 以上ではあまり変わらなかった。このように信号音とマスキング音の空間的な方向関係によってマスキング効果が減少する現象を空間マスキング解除（spatial masking release）という。

サベリら（Saberi et al., 1991）は，信号音にクリック列（基本周波数が 100 Hz で高い周波数成分までを含む）を，マスキング音としては音圧レベルが 44 dB の広帯域雑音を用いた。まず水平面内では，マスキング音の方向は正面とし，信号音の方向をさまざまに変えた。その結果，BMLD は最大で 15 dB となった。また垂直面での実験も行ったところ，最大の BMLD は 8 dB となった。

信号音が音声の場合については，聴くべき音声と妨害音の方向が同一でない場合には，同一である場合に比べて，BMLD により音声の明瞭度や了解度は上昇する。江端ら（Ebata et al., 1968）は，音声と雑音の方向の違いによる日本語単音節の明瞭度の違いを調べた。その結果，S/N が −5 dB で方向の違いが 45 度ならば，音節明瞭度は 58% から 10% ほど上昇することを示した。ただし S/N が +10 dB になると方向が同じでも明瞭度は 90% ほどと高くなっているので，2～3% しか改善されなかった。

フレイマンら（Freyman et al., 1999）は，無響室内で音声音源の無意味文章からキーワードを聴き取る実験をいくつか行った。マスキング音は音声の長時間スペクトルを模擬した雑音である。実験結果の一部を図 9-11 に示す。音声とマスキング音がともに前方のスピーカから提示された場合（■）には，S/N が −9 dB ではキーワードとなる単語をわずか 11% しか同定できなかったが，マスキング音を右側方（90 度）に移動させた場合（◆）には，69% を正しく同定できた。70% の同定率を基準とすると，マスキング音を側方に移動することによって，ほぼ 8.2 dB の改善ができたことになる。この改善も BMLD（あるいは空間マスキング解除）によって生じたものである。

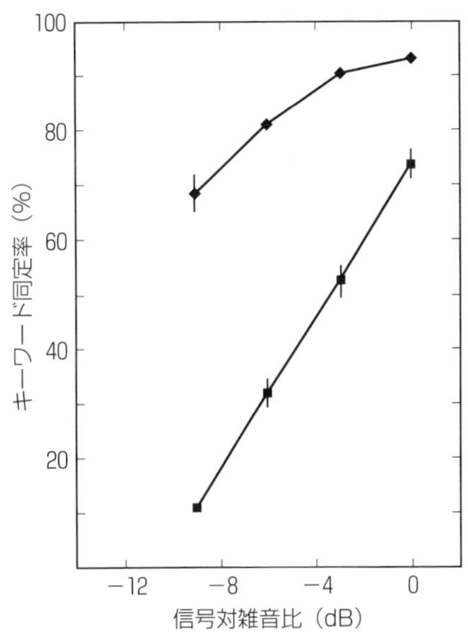

図 9-11　両耳マスキングレベル差による無意味文章からのキーワードの同定率の改善（Freyman et al., 1999）

第10章 高齢者の聴覚

第1節 まえがき

高齢になると多くの人は聴力が衰えてくる。加齢によって生じる難聴をPresbycusis（加齢性難聴：age-related hearing loss）という。この用語の語源はギリシャ語のpresbys（old）＋akousis（hearing）だと言われている。加齢性難聴の最も深刻な問題は，音声聴取機能の減退で，相手の声は聴こえても何を言っているのか理解できないという状況である。この状況がひどくなり，他人とのコミュニケーションが困難になると社会的生活活動に支障が生じ，社会的孤立，うつ，自己評価の低下につながる可能性も出てくる（Gate & Mills, 2005；山岨・越智，2014）。加齢性難聴の原因には，遺伝因子と遺伝外因子があり，それらが相互に関連し合って実際に現れる症状としては大きな個人差が生じる。一般住民を対象にした聴力検査の結果では，難聴者の割合は55歳くらいから増加しはじめ，70歳代には半数を越すことが示されている（内田ら，2012）。

難聴には中耳の機械的特性に障害を生じる伝音性難聴（conductive hearing loss）と主として内耳の障害による感音性難聴（sensorineural hearing loss）がある。さらに感音性難聴には蝸牛の有毛細胞や聴神経の障害による内耳性難聴（cochlear hearing loss）と蝸牛神経核以降の神経系に障害を生じる後迷路難聴（retrocochlear hearing loss）がある。とくにポピュラーな難聴は，騒音によって有毛細胞が損傷を受ける内耳性難聴で，これについては多くの研究が行われている。

本章では，加齢による聴覚機能の変化とその要因，聴覚生理学的なメカニズムの変化，それに聴覚のフィルタ，非線形性，時間分解能力，音声聴取能力の変化，さらに難聴の対策としての補聴器や公共空間の諸問題などについて述べる。

第 2 節　高齢者の聴力特性

1.　純音閾値の周波数特性

さまざまな周波数の純音に対する聴取者の最小可聴値（聴覚閾値）の測定は，純音聴力検査と呼ばれ，オージオメータ（audiometer）により，125，250，500，1000，2000，4000，8000 Hz の 7 つの周波数の純音に対する測定が行われる。測定結果を図として表したものをオージオグラム（audiogram）という。閾値の表示の仕方は，若年健聴者の正常聴力閾値を基準（0 dB）とし，その値より高くなった閾値のレベルを dB で表現する。この値を聴力レベル（HL：hearing level）と呼び，その値が大きいほど聴力が低下（悪化）していることを意味している。

通常の社会生活を営む一般社会人男女約 1500 人を対象にして聴力レベルを測定し，年代ごとの平均値を表示した例を図 10-1 に示す（立木・一戸，2003)。この図から，年齢の上昇とともに全体的に聴力が低下していくが，とくに高い周波数の音に対する聴力低下の程度が著しくなる（高音漸傾型難聴）ことがわかる。また聴力損失の進行速度は年をとるほど加速される傾向がある。

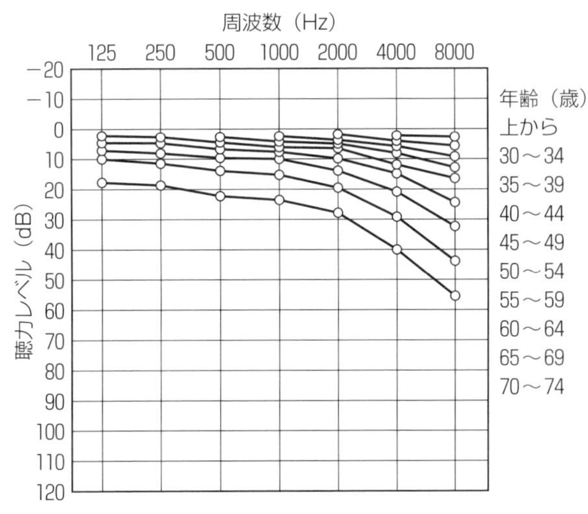

図 10-1　一般社会人の年齢別平均聴力レベル（立木・一戸，2003）

75歳以上の一般高齢者165人についても測定が行われている（柳田ら，1996）。その結果を図10-2に示す。図10-1と比べるとさらに全体的に聴力が低下していくことが示されている。

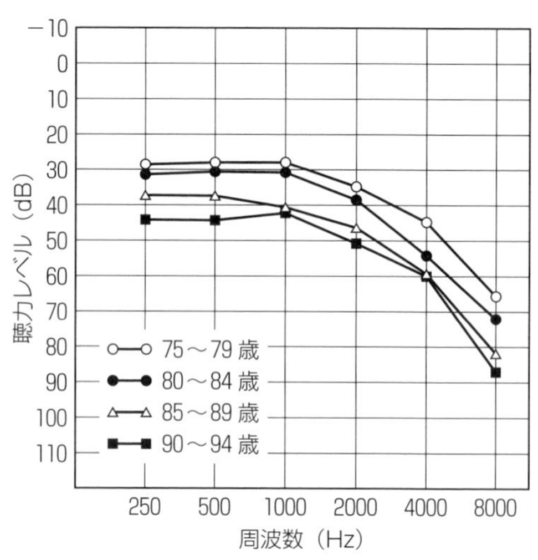

図10-2　75歳以上の高齢者の年齢別平均聴力レベル（柳田ら，1996）

この高音漸傾型の聴力曲線は，動物実験の結果などから大まかには次の2つのメカニズムの混合によって説明されている（Schmiedt, 2010）。すなわち，加齢によって蝸牛内の代謝作用が悪くなり，内リンパ液中の蝸牛内電位EP（endocochlear potential）が低下すると蝸牛増幅器の機能が低下し，1kHz以下の低い周波数の閾値が10～40dB程度上昇し，さらに1kHz以上で10～20dB/oct.程度でゆるやかな閾値上昇が生じる。また騒音などの影響で外有毛細胞が損傷し，基底部に近い位置に対応する2kHz以上の聴力が20dB/oct.以上の勾配で低下する。

2.　純音聴力の代表値

ある個人の純音聴力を簡単のために単一値で表現する場合には，音声聴取にとくに重要な周波数帯域の中から，500，1000，2000，4000Hzの4周波数に対する，良い方の耳の聴力レベル（dB）の単純平均値を代表値（4周波数平均聴力レベル）とし，WHO基準（Prevention of blindness and deafness）では次のように難聴の程度を簡単に表現する基準としている。

（1）健聴（no impairment）：25dB以下

ささやき声でも聴きとることができる。

（2）軽度難聴（slight impairment）：26～40 dB

1 m の距離からの正常な声を聴きとることができる。場合によっては補聴器が推奨される。

（3）中等度難聴（moderate impairment）：41～60 dB

1 m の距離からの強い声を聴きとることができる。場合によっては補聴器が推奨される。

（4）高度難聴（severe impairment）：61～80 dB

良い方の耳のそばで叫ばれたときにある単語は聴きとることができる。補聴器が必要となる。

（5）重度難聴（profound impairment including deafness）：81 dB 以上

叫び声でも理解できない。補聴器が単語の理解に役立つこともある。

ただし，難聴の程度の基準にはさまざまな種類のものが存在し，平均聴力レベルの算出には，4000 Hz を除いた3周波数の平均聴力レベル（3分法），または1000 Hz の聴力レベルに2を掛けて，500 Hz と2000 Hz の聴力レベルを加え合わせ，4で割る平均聴力レベル（4分法）も使用される。またもっと高い周波数を対象にした平均聴力レベルも使われる。

3.　難聴発症と進行

アメリカウィスコンシン州で，48歳から92歳までの住民のうち聴覚障害のない1636人と障害のある1085人を対象にして，5年間の時間をおいて2度の聴力測定が行われた（Cruickshanks et al., 2003）。5年前の平均聴力レベルを基準にして，平均聴力レベルが5 dB 以上上昇した人を難聴が進行（悪化）したと定義した。その結果，聴力損失のない人の21.4％の人が難聴となり，また53.3％の人の難聴が進行した。発症率も進度についても加齢の影響が最も強く，また性差（女性の方が難聴になりにくい），教育を受けた年数，職業なども発症率に異なる影響を与えた。

4.　難聴有病率

愛知県の国立長寿医療センターの近隣地域より抽出された住民を対象にし

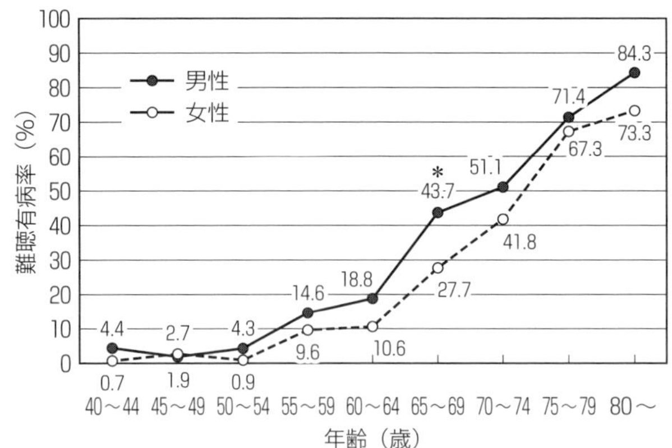

図 10-3　日本における難聴有病率の年齢による変化（内田ら，2012）

て，（4 周波数）平均聴力レベルが測定された（内田ら，2012）。2194 人についての測定結果を図 10-3 に示す。横軸は年齢（5 歳刻み），縦軸は軽度難聴以上（4 周波数平均聴力レベルが 25 dB を越える）の人の割合（有病率と呼ぶ）である。難聴は 60 歳代以降急速に有病率が増加する傾向が見られる。概して同年代では男性の方が有病率は高いが，有意差が認められたのは 65～69 歳の場合のみである。

アメリカでは 2003～2004 年の 20～69 歳の 5742 人を対象にした調査が行われた（Agrawal et al., 2008）。4 周波数平均聴力レベルと高音域 3 周波数平均聴力レベル（3，4，6 kHz）が 25 dB を越える人の割合（%）は表 10-1 の通りであった。この表と日本人の調査である図 10-3 を比較すると，アメリカにおける調査の方が難聴有病率はかなり多いことが分かる。

また 2005～2006 年にかけてのアメリカでの 70 歳以上の高齢者 717 人を対象にした 4 周波数平均聴力レベルの測定結果では，軽度難聴以上の有病率は良い方の耳で 63.1%，悪い方の耳で 75.1% となっている（Lin et al., 2011 a）。

一方，表 10-1 によれば，20 歳代ですでに高音域平均聴力レベルが 25 dB を越す人が 8.5% もいるということは以前に比べて大幅に増加しているが，この原因は喫煙，騒音（仕事，娯楽）および心血管疾患などによるもののようである。もっと若い年齢層にもある程度の聴力障害が広がっていることが英国，フ

表 10-1　4 周波数平均聴力レベルと高音域 3 周波数平均聴力レベルが 25 dB を超える人の年齢別割合（Agrawal et al., 2008）

	20～29 歳	30～39 歳	40～49 歳	50～59 歳	60～69 歳
4 周波数平均	3.1%	5.4%	15%	29%	49%
高音域平均	8.5%	17%	34%	53%	77%

ランス，スウェーデン，中国などでも報告されている（Chung et al., 2005）。多くの若者は，大音量の音を聞くことによって聴力障害が生じることを知らず，日常的に音楽を大音量で聞いているのである。

5.　加齢性難聴に影響を与える要因

A. 性差

女性は概して男性よりも難聴になりにくいことが多くの研究から知られている（Cruickshanks et al., 2003；Agrawal et al., 2008；Lin et al., 2011a）が，アメリカで行われた耳疾患や騒音性難聴をもたない 681 人の男性と 416 人の女性の年齢による聴力の変化を調べた（Pearson et al., 1995）。その結果を図 10-4 に示す。横

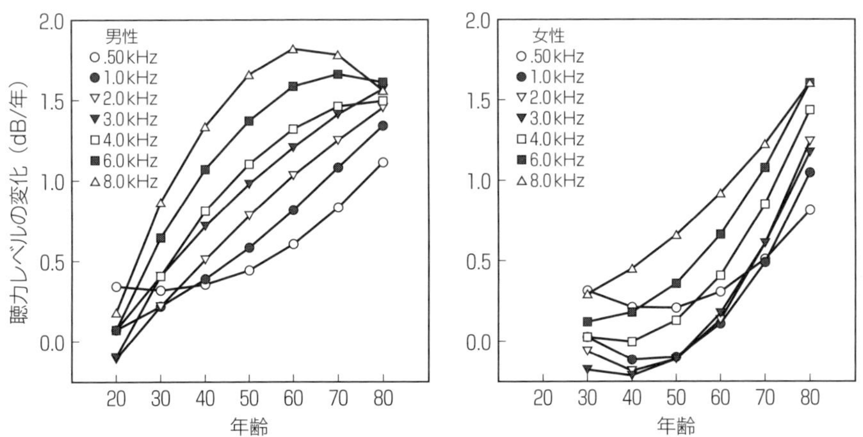

図 10-4　年齢別聴力レベル悪化割合の男女差（Person et al., 1995）

軸は年齢，縦軸は1年あたりの聴力レベルの変化（悪化）である。これらの結果から，聴力レベルの悪化に関しては，ほとんどの年齢や周波数で男性は女性の2倍以上の速さで進行する。したがって男性はどの年代をとっても女性よりも難聴が多くなる。

日本では，耳疾患の経験のない65歳以上の男女について行われた聴力レベルの検査結果から，概して4kHzおよび8kHzにおいて男性の方が悪化しているという結果が得られている（八木ら，1996）。また通常の社会生活を営む一般社会人の中から無作為に1521人に対して行った実験結果からは，高齢者の高域周波数（4kHzと8kHz）において，男性の方が女性よりも悪化しているという結果が得られている（立木ら，2002）。

韓国で行われた過去に耳疾患がなく騒音環境の悪い職場で働いていない1116人を対象とする結果では，2kHz以上では男性の方が悪化していたが，4kHzと8kHzの値についてのみ有意差があった。（Kim et al., 2010）。

B．人種

アメリカ在住の白人グループ，ヒスパニックグループ（ラテンアメリカ系），黒人グループの合計1258人（20～59歳）について，純音聴力レベルを調べた。その結果によると，平均的には黒人グループが最も良く，とくに3～8kHzでは他のグループとの間に有意差があった。白人グループが最も悪かった。さらに各グループ別に，皮膚の黒さと聴力レベルの関連を調べたところ，ヒスパニックグループ内では皮膚の黒いグループの方がそうでないグループよりも聴力が良いという結果が得られた。白人グループと黒人グループでは，グループ内の皮膚の黒さによる差は見られなかった（Lin et al., 2011b）。

また騒音のある環境で働く白人と黒人のそれぞれ28人の消防士の純音聴力を年代別に比較したところ，とくに中音域と高音域で黒人の方が聴力が良いという結果が得られた（Jeger et al., 1986）。

C．遺伝の可能性

スウェーデンでは36～80歳の男性双生児（一卵性双生児250組，二卵性双生児307組）を対象にして聴力検査を行った。3kHz, 4kHz, 6kHzおよび8kHz

の閾値の平均値を取り，これを高域周波数の聴力の尺度とした。これらの値は年齢の増加とともに上昇し，また個人差は増大した。4 段階の年齢層に分けて，各年齢層内の双生児の類似度を相関係数で表現したところ，加齢とともに一卵性双生児では 0.716 から 0.516 に減少し，二卵性双生児では，0.131 から 0.279 へと増加した。これらの結果は，高域周波数の聴力は遺伝により大きな影響を受け，加齢とともに環境の影響が大きくなっていくことを示している（Karlsson et al., 1997）。

D. 環境

（1）騒音暴露

100 dB 以上の強大な騒音にさらされる機会の多い人，例えば，造船所の工員，削岩機を扱う鉱夫，ジェット機整備員などはしばしば高音域の難聴になることが知られていた（神山ら，1965）。

愛知県の地域住民の中から 40～79 歳の男女で過去に耳疾患のない 1480 人に純音閾値検査とともに職場で騒音（通常の会話が聞き取れない程度）暴露の経験の有無を尋ねた。40 歳代から 70 歳代までの男女別に，騒音経験者と非経験者の 500 Hz から 8000 Hz の聴力レベルを比較したところ，男性はすでに 40 歳代から 4000 Hz において有意差が生じ，60 歳以上になるとすべての周波数で有意差が見られた。また女性については，60 歳以上ではすべての周波数で経験者の方が聴力レベルは上昇（悪化）し，70 歳以上で 500 Hz を除いて有意差が見られた。この結果は，騒音暴露の影響はとくに高齢になると大きくなることを示している（内田・中島，2002）。

職業であっても娯楽であっても，強大な音にさらされることは難聴の大きな原因となる。イギリス空軍において航空機騒音にさらされているパイロット 10 人と騒音環境ではない管理部門で働いている 10 人の純音聴力検査と騒音中の音声聞き取り検査が行われた（Hope et al., 2013）。純音聴力はすべての聴取者が正常（4 kHz 以下）であったが，騒音中の音声聞き取り検査では，パイロットは管理部門の人達に比べて成績が悪かった。

またアメリカでは，軍隊に勤務して爆発音にさらされることが大きな難聴の原因となっている。例えば緊急事態が頻発した 2001 年から 2010 年の間に軍隊で働いた退役者たちは，同年代の人達に比べて重度の難聴になった人が4倍も多かった（Kurabi et al., 2017）。

また難聴が若い世代にまで広がってきたこと（Agrawal et al., 2008；Chung et al., 2005）から，携帯音楽プレーヤーを使った若い人たちの大音量の音楽聴取は世界中で問題になっているが，多くの若い人はヘッドホン聴取の習慣をやめないようである（Vogel et al., 2008）。マウスを使った動物実験では，若いときに大音量の音刺激を受けると内耳は脆弱になることが示されている（Kujawa & Liberman, 2006）。このことはヒトにおいても当てはまる可能性がある。

騒音環境と聴力の関係に焦点をあてて，アフリカのスーダンの非常に静かな環境で生活しているマバーン族について調べた結果が報告されている（Rosen et al., 1962）。アメリカの都会に住んでいる人々と比べると20歳未満ではほとんど差がないものの，アメリカ人は加齢とともに聴力が大幅に減退していくのに対し，マバーン族の加齢による聴力低下は極めて小さい。聴力の違いは主として，騒音環境の違いによると考えられる。後のさまざまな研究によれば，人種の違いによる可能性もあると考えられる。

(2) 耳毒性薬剤の服用

結核菌に対する抗生物質薬であるストレプトマイシンとカナマイシンは優れた薬であるが，蝸牛を傷害し難聴を引き起こすことが知られている。この難聴の生じ方には著しい個人差がある（神山ら，1965；立木，2010）。またアスピリンは，外有毛細胞の機能に悪い影響を与え，蝸牛の圧縮的非線形性を弱め，聴覚フィルタの帯域幅を広くする（周波数選択性の低下）等の作用をすることが知られている（Hicks & Bacon, 1999）。その他の薬剤にも難聴を引き起こす可能性のあるものが存在する。

(3) 社会経済的状況

アメリカで20～69歳の聴力障害をもつAグループ（318人）と正常聴力をもつBグループ（3061人）の社会経済的な状況の比較が行われている。高校までの教育を修了していない人の割合は，Aグループが48%に対し，Bグループは28%で，収入が年2万ドル以下の割合は，Aグループが38%に対しBグループは28%であった。さらに働いていないかあるいは週35時間未満の就業時間しかない割合はAグループで62%，Bグループで45%であった。このような社会経済的状況はいずれも難聴の有無との相関が有意に存在した（Emmett & Francis, 2015）。

（4）喫煙

アメリカで 48～92 歳の 3753 人の男女について，聴力検査と喫煙の状況の調査を行い，それらの関係を明らかにする大規模な調査が行われた。ここでは平均聴力レベルが悪い方の耳で 25 dB を越える人を難聴としている。40 歳代から 60 歳代について，喫煙者（および過去の喫煙者も含む）は非喫煙者に比べて難聴の人の割合が有意に多かった。ただし 80 歳以上になると非喫煙者でも難聴の割合が 90% 程度と多くなり，有意差はなくなった。すべての年齢についてみると，現在の喫煙者は非喫煙者に比べて 1.7 倍ほど難聴になりやすいことが明らかになった（Cruickshanks et al., 1998）。

（5）共存疾患

愛知県の地域住民の中の 41～82 歳の男女 1347 人の検査結果から，難聴との相関が高く有意である疾患は，糖尿病，虚血性心疾患，腎疾患であった（内田ら，2004）。またアメリカや韓国でも，難聴と糖尿病との相関は高いという調査結果が得られている（Bainbridge et al., 2008；Oh et al., 2014）。

第 3 節　加齢性難聴の生理学的要因

1.　蝸牛の機能低下の分類

加齢による聴覚機能の低下は，末梢系にも中枢系にも要因があると考えられる。まず末梢系については，大まかには次のような 4 つのタイプに分類されている（Schuknecht & Gacek, 1993）。ただし多くの場合，それらが混じり合ったり，その他の不明の要因による機能低下も存在する。

①感覚細胞系：蝸牛内の内有毛細胞，外有毛細胞，支持細胞の損傷（loss）
②神経細胞系：蝸牛の求心性ニューロン（聴神経線維）の損傷
③代謝系：蝸牛側壁（lateral wall）や血管条（stria vascularis）の萎縮（atrophy）
④機械系：基底膜やコルチ器の硬化（stiffening）

2. 感覚細胞系

ヒトにおいても動物実験においても，老化した耳の有毛細胞の損傷や消失が観測されている。最初の段階では，基底部の有毛細胞の不動毛が損傷し，それに引き続いて有毛細胞や支持細胞が変性する（Schuknecht & Gacek, 1993）。その場合，年齢の上昇とともに外有毛細胞の密度が徐々に減少する。とくに蝸牛頂側よりも基底部側の外有毛細胞が消失する。内有毛細胞も同じ傾向をもつが，消失は外有毛細胞ほどではない（Wright et al., 1987）。

高齢者に多い高い周波数領域の聴力損失は，蝸牛の基底側の有毛細胞の損傷に対応している。ヒトは日常生活において長い間騒音にさらされており，そのことは有毛細胞の損傷・消失の大きな原因となっているが，静かな場所で育った動物においても老化の影響があり，有毛細胞は消失していく。

3. 神経細胞系

有毛細胞からシナプスによって信号を受け取るらせん神経節細胞（SGC；spiral ganglion cell）の数は老化によって減少する。ヒトのらせん神経節細胞（聴神経と同じ意味）の数を，内外有毛細胞が正常であることを確認したうえで観測したところ，0～10歳では平均で33,679個であったが，90～100歳では22,444個に減少した（Makary et al., 2011）。つまり約33％の細胞が消失している。それ以前の研究で，有毛細胞損傷の程度や範囲を考慮せずに調べた結果があるが，約90年で50％以上の細胞が消失していることが観測されている（Otte et al., 1978）。

なお，生前難聴であった6人の蝸牛神経核ニューロンの光学顕微鏡による観察では，正常耳を持つ人に比べて，ニューロンの約50％程度が消失していることが観測されている（Arnesen, 1982）。

4. 代謝系

図2-4に示したように，蝸牛の中央階の側壁の内側に血管条がある。血管条はカリウムイオン（K^+）を血管から中央階に漏れ出させ，中央階は前庭階や鼓室階よりも約80～90 mVだけ高い蝸牛内電位（EP：endocochlear potential）を保

っている。

音刺激によって基底膜上の有毛細胞上の不動毛の傾きが変わると陽イオンチャンネルが開き，K^+ は電位勾配によって有毛細胞内に流入し，細胞内電位が上昇する。この電位の上昇によって有毛細胞が脱分極すると聴神経に向かって伝達物質が放出され，それによって聴神経終末のシナプス後電位が閾値を越すと聴神経はインパルスを発生する。

つまりこの蝸牛内電位が機械的な振動を電気信号に変換する駆動力となっている。この有毛細胞内に流入した K^+ は基底膜を通り抜けてまた蝸牛隔壁の血管条に戻る（任ら，2016）。

ところが，加齢により血管条が萎縮すると蝸牛内電位は低下し，有毛細胞内との電位差が少なくなるので，蝸牛増幅器としての機能が低下し，聴力が低下する。この萎縮は，最初は蝸牛の基底部と蝸牛頂の両方で生じ年齢とともに中間部に広がっていく。つまり血管条の萎縮は蝸牛の老化の顕著な原因である（Gates & Mills, 2005）。この場合の聴力の低下は周波数によらず一定である。

また分子レベルからも加齢性難聴の原因に関して研究が進められている。加齢に伴い，外界からの騒音，耳毒性のある薬剤の服用，動脈硬化による蝸牛への血液供給の不良，遺伝による酸化抑制機構の不良などが相互に影響しあい，蝸牛内の酸化ストレスの蓄積効果が生じる。これらの蓄積が，ミトコンドリアDNAを損傷し，ミトコンドリアDNAの突然変異の累積とミトコンドリアの機能不全が蝸牛の有毛細胞やその他の細胞の自然死（apoptosis）を引き起こし，内耳機能の機能低下に重要な役割を果たしていると考えられている（樫尾・山岨，2010；Yamasoba et al., 2013）。

5.　機械系

基底膜の構成要素の物理的・化学的変化により振動特性が悪くなり難聴になることがしばしば観測されている。この場合の聴力レベルは周波数が高くなるに従って直線的に悪化する（Schuknecht & Gacek, 1993）。

第4節　隠れ難聴

1.　隠れ難聴の現象

これまでは難聴の程度は純音聴力の結果（オージオグラム）で定義されており，現在でもそれは同様である。たしかに純音聴力が低下すると音声を聴き取る能力も低下する。しかしながら，純音聴力が正常であっても音声の聴き取りが低下するような状況，つまり「声は聴こえるが何を言っているか分からない」という例が報告されている。とくに騒音が存在するとこの傾向が強い。このようにオージオグラムが正常なのに騒音中の音声が聴き取れなくなるような聴覚障害を，正常なオージオグラムの背後に隠れているとして，隠れ難聴（hidden hearing loss）と呼んでいる（Schaette & McAlpine, 2011；Plack et al., 2014；Kujawa & Liberman, 2015；Kobel et al., 2017）。このような報告例は数多く，選択的聴覚異常（selective dysacusis），不明瞭な聴覚機能障害（obscure auditory dysfunction），キング・コペッツキー症候群（King-Kopetzky syndrome），聴覚処理異常（auditory processing disorder），正常オージオグラムをもつ SPiN 障害（impaired speech in noise with a normal audiogram）などとさまざまな名称が使用されている（Guest et al., 2018）。

2.　動物とヒトによる観察

過大な騒音や耳毒性薬品に伴う蝸牛障害による難聴においては，従来は1次的には有毛細胞が損傷を受け，蝸牛神経の損傷はそれにつづく2次的なものだという考えが一般的であった（Wu et al., 2018）。しかしクジャワら（Kujawa & Liberman, 2009）は，動物実験を行い，マウスに音圧レベル（SPL）100 dB の帯域雑音（8～16 kHz）を2時間聴かせた。その結果は，マウスは一時的な難聴は生じたものの有毛細胞自体は無傷のままであった。しかし24時間以内に多くの（50％まで）内有毛細胞と求心性聴神経との間のシナプスの損傷（cochlear synaptopathy）が見られた。また聴神経の末梢側の軸索の損傷は数週間内には明確には見られず，細胞体と中枢側の軸索の損傷は数か月から数年にわたって進行した。同様な結果がモルモットでも確認された（Lin et al., 2011）。また過去に過大な騒音を聴かせていない高齢のマウスでも内有毛細胞と聴神経の間のシナプスは若いうちから少しずつ損傷が始まり，聴神経は数カ月遅れて損傷が進行する（Sergeyenko et al., 2013）。

上記のように，騒音や加齢で誘発された有毛細胞と聴神経間のシナプスの損傷は哺乳類の動物実験で組織病理学的に確立されている。しかしヒトではどうなるのかは明確ではなかった。そこで耳疾患の経歴のないヒト（0～89 歳，20 人）の解剖標本から蝸牛を調べた結果，60 歳を過ぎると損傷した外有毛細胞の割合は 30～40% であったが，損傷した内有毛細胞の数は年齢に関わらずほとんど 15% 以下であった。しかし聴神経の末梢側の軸索の数は 60 歳になると 40～60% に減少した。この結果は，老化した耳の多くの聴神経は内有毛細胞とのシナプス接続が離れてしまう（シナプスが機能不全となる）ことを意味している。これらの機能不全はオージオグラムにはほとんど現れないが，加齢的難聴とくに騒音中での音の聴き取りに影響していると考えられる（Wu et al., 2018）。

チンチラ（南米産のネズミの一種）を使った実験では，内有毛細胞の損傷が 80% を越えても純音聴力にはほとんど影響はなかったという結果も得られている（Lobarinas et al., 2013）。

3.　聴神経の同期障害

隠れ難聴の一種と考えられるが，純音聴力ではあまり悪くないのに，語音明瞭度が極めて悪くなる障害（auditory neuropathy）がある。この障害では，聴神経の発火の特徴である音圧波形との同期性に同期障害（dys-synchrony）のあることが特徴である。ただしこの障害の原因はさまざまで，内有毛細胞，さらに蝸牛神経との間のシナプス，蝸牛神経の障害などを含んでいる（加我，2011；川瀬，2018）。

第 5 節　加齢による聴覚機能の変化

1.　補充現象

外有毛細胞は弱い音に対しては基底膜の振動幅を増大させ，増幅器の機能（蝸牛増幅器という）をもつが，この外有毛細胞が損傷すると，音圧レベルの低い音に対する増幅度が低下し，聴覚閾値が高くなる。しかし，音圧レベルが高く

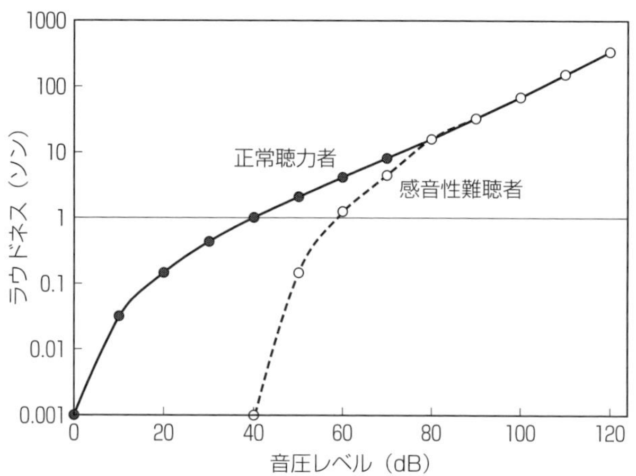

図 10-5　正常聴力者と感音性難聴者のラウドネス関数の比較 —— 補充現象の例

なるに従って音の大きさは急激に増大する。ラウドネス関数が急激に立ち上がり，正常者の値と同様になる現象を聴覚の補充現象（recruitment）という。図10-5は補充現象の1例を示す。実線は正常聴力者，破線は感音性難聴者（聴覚閾値が40dB）のラウドネス関数である。図の横軸は音圧レベル，縦軸はラウドネスを示す。図から分かるように，ダイナミックレンジが狭くなり，音圧レベルの低い音は聴こえないが，音圧レベルが高くなると急激に大きくなるように感じ，快適に聴こえる範囲が狭くなる。

2.　聴覚フィルタ

居酒屋やパーティでは，周囲の人々の話声やその他の騒音によるマスキングのため相手の声が聴き取りにくくなる。この状況は高齢者になると一層甚だしくなる。この主な原因は加齢により聴覚フィルタの帯域幅が広くなるからである。帯域幅が広いと騒音が強くなり，聴きたい音が騒音にうずもれてしまうのである。

パターソンら（Patterson et al., 1982）は，23歳から75歳までの16人の聴取者の聴覚フィルタの帯域幅を測定した。その結果，帯域幅は概して年齢の上昇とともに広くなっていく（周波数選択能力の低下）ことが示された。しかし，ペーターズら（Peters & Moore, 1992）は聴力損失が同程度ならば，帯域幅（ERB）は若年者と高齢者の間に有意差がないことを示した。さらにソマーズら（Sommers & Humes, 1993）は，①聴力が正常な若年者と高齢者の帯域幅の比較，②聴力損失をもつ高齢者と若年者にマスキング音を重畳して擬似聴力損失者とした場合の帯域幅の比較，をそれぞれ行い，有意差はないという結果を得た。このことは聴覚フィルタの帯域幅は，年齢に依存するのではなく，聴力損失に依存することを示している。

また，片耳だけ蝸牛に障害がある 5 人の聴取者の両耳の聴覚フィルタの帯域幅を比べたところ，5 人とも正常耳の方の帯域幅が狭いことが見出された（Glassberg & Moore, 1986）。

3.　時間情報処理能力

人の話し声を聴くときに，話す速度が速くなったり，響きの多い部屋では分かりづらいことがあるが，この傾向は高齢者でより顕著になることが知られている。このことは，高齢になると聴覚の時間情報処理能力が低下していることを示している。

時間情報処理能力の指標としては，音の持続時間内に短いギャップ（無音時間）を入れたときのギャップの検知閾，持続時間の弁別閾やリズムの弁別能力などがある。

A. ギャップ検知

平均年齢は 20 歳代後半で蝸牛に障害のある聴取者群 5 人と正常聴力者群 5 人の比較が行われた。音刺激は，オクターブ帯域雑音で，周波数帯域は 400～800 Hz，800～1600 Hz，2000～4000 Hz の 3 種である。聴取者の聴力に違いがあるので，音刺激の感覚レベル（SL）を 30 dB にそろえた。実験結果によれば，すべての聴取者について，周波数帯域が高くなるに従ってギャップ検知閾は短くなった。正常聴力者のギャップ検知閾は，周波数帯域の低い方から，12.4 ms，9.5 ms，6.1 ms であった。それに対して聴覚障害者のギャップ検知閾はそれらの 1.3 倍ほど長くなり，有意差が見られた（Fitzgibbons & Wightman, 1982）。なお若年正常聴力者のギャップ検知閾については第 3 章 9 節で述べている。

他の多くの研究でも聴覚障害をもつ聴取者のギャップ検知閾は長くなるという結果が報告されている。そこで，高齢者でも正常聴力を保っている人と若年正常聴力者の比較が問題になる。いくつかの実験結果を紹介する。

スネル（Snell, 1997）は，正常聴力をもつ若年者群（17～40 歳）と高齢者群（64～77 歳）を聴取者として持続時間が 150 ms の低域雑音（カットオフ周波数：1 kHz あるいは 6 kHz）のギャップ検知閾を調べ比較した。提示音圧レベル（SPL）は 70 dB と 80 dB とかなり高い音圧レベルであった。その結果，高齢者群のギャップ検知閾は，若年者群のそれに比べて平均で 32％ほど長くなった。

ストルースら（Strouse et al., 1998）の実験では，聴取者はそれぞれ 12 人の若年者群（22～30 歳）と聴力正常な高齢者群（65～75 歳）で，高齢者群の聴力レベル（HL）は 250～6000 Hz の範囲で 20 dB 以下であった。持続時間が 200 ms で 1000 Hz 純音に対する，感覚レベルが 4，8，16 dB の場合のギャップ検知閾を調べた結果を図 10-6 に示す。測定点の上下線分の範囲は標準誤差である。提示音圧レベルが高くなるほど検知閾は短くなるが，いずれの場合も，高齢者群のギャップ検知閾の方が大きく若年者群とは有意差があった。

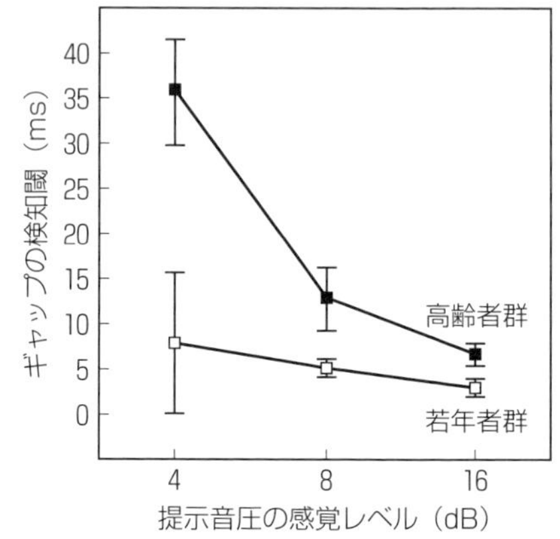

図 10-6　ギャップ検知閾の高齢者と若年者の比較（Strouse et al., 1998）

またヒーら（He et al., 1999）の実験では，聴取者は若年者（平均 31.9 歳）と高齢者（70.5 歳）で，純音聴力レベル（HL）は 0.25～8 kHz で 20 dB 以下であった。カットオフ周波数が 5 kHz の低域フィルタを通した雑音（持続時間：100 ms あるいは 400 ms）を用いた実験で，ギャップの位置を聴取者には知らせないで提示した。その結果，ギャップ検知閾は，ギャップが音の始めあるいは終わりに近い場合だけに高齢者と若年者間の有意差があり，ギャップが中央付近にある場合には有意差はなかった。

これらの実験結果は，ギャップ検知能力は高齢者の方が概して劣っていることを示しているが，とくに高齢者には大きな個人差がある。単に純音聴力だけを合わせても，隠れ難聴のように純音聴力に現れない障害もあり，純音聴力が等しくても内耳の障害の部分が異なるかもしれないので，当然個人差は生じることであろう。また実験における音刺激のさまざまな要素（雑音か純音か，周波数，持続時間，強さ，ギャップの位置，等々）が絡み合ってギャップ検知のメカニズムを明らかにするのは容易ではない。

B. 持続時間と無音区間の弁別

フィッツギボンズら（Fitzgibbons & Gordon-Salant, 1994）は，音刺激の持続時間（duration）の弁別閾と 2 つの音刺激間の無音区間（silent interval）の弁別閾に対する年齢と聴力の影響を調べた。持続時間の弁別実験は，250 ms の 500 Hz（または 4 kHz）とそれに近い持続時間の音刺激を，250 ms だけ離して提示して行った。無音区間の弁別実験では，持続時間が 250 ms の 2 つの音刺激の間の無音区間（250 ms）を変化させ，どの程度変われば弁別可能かを調べた。聴取者は，①若年正常聴力者，②若年聴力障害者，③高齢正常聴力者，④高齢聴力障害者の各 10 人の 4 つのグループである。ここで若年とは 20〜40 歳，高齢とは 65〜76 歳，また正常聴力者とは 250〜4000 Hz の範囲で平均聴力レベル 15 dB 以下の聴取者を意味している。聴力障害者は軽度ないし中等度難聴の感音性難聴者である。

実験によれば，各グループの持続時間（250 ms）および無音区間（250 ms）の平均弁別閾は共に 51〜67 ms の範囲内にあった。高齢者は若年者に比べて有意に弁別閾が長くなったが，聴力障害があることは弁別閾に影響を与えなかった。また周波数による有意差もなかった。

さらに彼らはこれらの音刺激系列を複雑化し，聴取者の年齢と聴力障害の影響を調べた（Fitzgibbons & Gordon-Salant, 1995）。聴取者はまず先の実験と同じく 4 kHz で 250 ms の純音（無音間隔：250 ms）の弁別実験を行った。これを基準条件とする。次に 5 つの周波数の異なる純音（持続時間：250 ms）を連続した系列（持続時間 1250 ms）の中の 4 kHz 音の持続時間の弁別実験を行った。5 つの周波数の提示順序として，① 4 kHz 音は 3 番目とし，固定した順序で提示，② 4 kHz 音は 3 番目とするが，他の 4 音はランダムに提示，③ 5 音すべてをラ

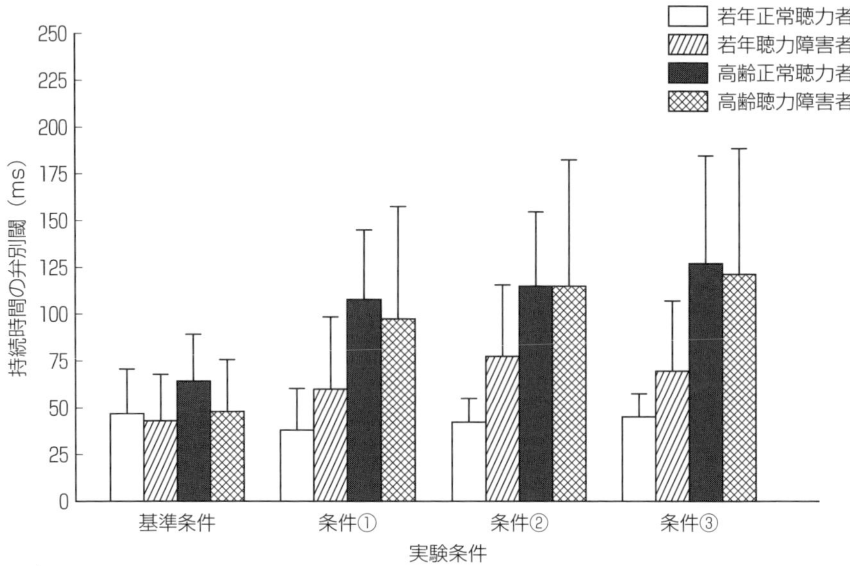

図 10-7　4kHz，250ms の音の持続時間の弁別閾（Fitzgibbons & Gordon-Salant, 1995）

ンダムな順序で提示，の 3 通りの実験条件を設定した。後の実験条件になるほど記憶力や注意力をより求められる実験となる。

図 10-7 に，4 グループの聴取者に対する 4 つの実験条件の実験結果を示す。図の横軸は実験条件，縦軸は持続時間（250ms）に対する弁別閾である。これらの結果から，高齢聴取者はすべての聴取条件で若年聴取者よりも持続時間の弁別閾は大きくなった。しかし聴力損失は持続時間の弁別に対して系統的な影響を与えなかった。次に，無音区間の弁別閾を調べるために，上の系列の 4kHz の部分を無音区間とし，基準刺激間の無音区間（250ms）との弁別閾を求めた。それらの結果からも，高齢聴取者はすべての聴取条件で若年聴取者よりも無音区間の弁別閾は大きく，しかし聴力損失は持続時間の弁別に対して系統的な影響を与えないという結果が得られた。

C．時間順序知覚

音高の異なる 3 つの短音（500, 1000, 2000Hz）の音系列の時間順序（6 通り）

をキーボードによって表現する実験が行われた（Fitzgibbons et al., 2006）。各音の開始時間間隔（IOI：inter-onset-interval）を変数（150～500 ms）として，4 つの聴取者グループ，①若年聴力正常者，②高齢聴力正常者，③若年聴力障害者，④高齢聴力障害者，が対象であった。実験の結果，いずれの聴取者グループも音の提示速度が速くなる（IOI が短くなる）につれて正答率は低下した。また正答率は高齢者の方が若年者よりも低くなったが，聴力障害と正答率との間には系統的な関係は見出せなかった。この実験では，各短音に名前をつけて記憶したり，指でキーボードを押すなど，いくつかの認知処理要素を含んでいる。

4.　両耳聴取

A.　両耳間レベル差と両耳間時間差

第 9 章で取り上げたが，音像の定位には，両耳間レベル差 ILD（interaural level diffrence）と両耳間時間差 ITD（interaural time difference）の両者が独立に関わっている。若年者と高齢者を比較した音像定位の実験として，ヘルマンら（Herman et al., 1977）は，クリック列音を両耳ヘッドホンで聴取者に提示し，ILD や ITD を変えて音像定位を調べた。その結果，ILD を変えた場合の音像定位の変化は，若年者と高齢者の間に違いはなかった。しかし ITD を変えた場合の音像定位の変化の閾値は，高齢者は若年者よりも長い遅延を必要とした。つまり加齢によって ITD に対する感度は ILD に比べて低下しているという結果が得られた。

またバブコフら（Babkoff et al., 2002）は，21～88 歳の 78 人の正常な純音聴力をもつ聴取者に対して両耳ヘッドホンでクリック音を提示し，ITD や ILD による音像の変化の状況を調べた。その結果は，高齢者は若年者に比べて ITD で操作できる音像定位の範囲は狭くなり，また音像が中央に定位（ITD＝0, ILD＝0）している状態から音像を移動させる場合に，ITD を操作すると ILD を操作する場合に比べてより大きな弁別能力の低下があった。なお ILD で操作された音像定位の弁別に関しては高齢者と若年者の間には有意な差はなかった。

他の研究でも高齢者は若年者に比べて両耳間の時間情報処理機能が減退していることで一致している（例えば，Strouse et al., 1998）。

B. 両耳マスキングレベル差とカクテルパーティ効果

両耳マスキングレベル差 BMLD（binaural masking-level difference）はカクテルパーティ効果など騒音中で特定の音声を理解するためには非常に重要な役割を果たす（第9章10節参照）。若年者と感音性難聴をもつ高齢者を比べると，高齢者の BMLD は小さくなっていることが知られている（例えば，Gabriel et al., 1992）。しかし聴力の正常な高齢者の BMLD はどのようになるのであろうか。ストルースら（Strouse et al., 1998）は，正常聴力をもつ平均 26 歳の若年者 12 人と同じく正常聴力をもつ平均 71 歳の高齢者 12 人を対象に，BMLD を求める実験を行った。信号音は 2 音節等ストレスの英単語（spondee）36 語，マスキング音は広帯域雑音（両耳に同位相：N_0）であった。信号音を両耳同位相（S_0）条件と両耳逆位相（S_π）にした場合の閾値の差をとって BMLD の値（dB）とした。その結果，BMDL は，若年者では平均 7 dB であったが，高齢者では 4.9 dB となり明確な有意差があった。つまり高齢者は純音聴力が正常であってもカクテルパーティなどの騒音環境では相手の話し声が聴き取りにくいのである。

またグロスら（Grose et al., 1994）は，若年者と 2000 Hz 以下では正常な聴力をもつ高齢者を対象にし，信号音として純音と音声をそれぞれ使った実験を行った。その結果，いずれの場合も高齢者は若年者よりも約 3～5 dB ほど BMLD が低下しているという結果が得られた。

第 6 節　高齢者による音声聴取

1.　純音聴力と音声聴力

純音聴力の閾値から求めた平均聴力レベルが高くなる（聴力が悪くなる）と，統計的には語音明瞭度は低下するが，平均聴覚レベルが同じであっても語音明瞭度には個人差が大きい（前田ら，1990；君付ら，2011；市島ら，2016）。それでは，高齢になることと難聴になることは，どちらが音声聴取にとって影響が大きいのであろうか。

ナベレク（Nábělek, 1988）は，①正常聴力の若年者，②正常聴力の高齢者，③軽度難聴の高齢者，④中等度難聴の高齢者，の各 10 人から成る 4 グループについて，聴取環境（騒音レベルと残響時間）をそれぞれ変えて，英語の 15 種の二重母音を含む母音同定実験を行った。その結果，母音誤答率は上の聴取者群の番号の順序通りに多くなったが，母音誤答率は年齢よりも 4 周波数平均聴力レベル（500，1000，2000，4000 Hz）とより相関の高いことが示された。ただし静寂で残響のない場合には有意な差は見られなかった。

音声の聴取には静かで残響のない環境に比較して，騒音のある場合や残響の長い部屋などでは若年者よりも高齢者がより大きな妨害を受けるが，音声知覚には純音知覚とは別のメカニズムも働いていると考えられる。

2.　騒音中の音声聴取

静かな場所よりも騒音のある場所で音声が聴き取りにくくなるのは誰にでも共通な現象である。高齢者を対象にした音声聴取に対する騒音の影響は多くの研究で調べられている。

ゲルファンドら（Gelfand et al., 1986）は 21 ～ 68 歳の聴力正常者（250 ～ 8000 Hz まで平均聴力レベルが 25 dB 以下）を対象にして，英語単音節中の子音の同定実験を，静寂時，S/N ＝ 10 dB，S/N ＝ 5 dB の 3 条件で行った。その結果，静寂時，S/N ＝ 10 dB，S/N ＝ 5 dB の順に正答率が低下した。20 歳代と 60 歳代の聴取者を比べると，静寂時には平均正答率が 92％と 87％とあまり変わらなかったが，S/N ＝ 5 dB の条件では，それぞれ 84％，72％と差が拡大した。このことは，高齢者は若年者に比べて騒音により大きく妨害されることを示している。

また 44 歳以下および 65 歳以上の聴取者グループを対象にした，2 音節単語文章，推測が容易な文章（PH：high-predictability sentence），推測が困難な文章（PL：low-predictability sentence）などの聴取実験結果も行われている（Dubno et al., 1984）。その結果によれば，50％の正答率をもたらすためには，聴力が正常であっても高齢者群は若年者群よりもより大きな S/N が必要となった。また当然のことながら，軽度難聴の聴取者はさらに大きな S/N が必要となった。なお，高齢者群の PL 聴取時に 50％正答率をもたらす S/N はおおよそ 3 ～ 5 dB である。実用のためにはさらに大きな S/N が必要になる。

3. 残響の影響

聴取環境の残響時間がある程度以上長くなると，一般に音声の知覚・認知に妨害を及ぼすようになる。高齢者には若年者よりも一層妨害が強くなる。

ナベレクら（Náběle k & Robinson, 1982）は小さい部屋，中程度の会議室，およびもっと大きな集会室を想定して，残響時間（RT：reverberation time）を 0.4 秒，0.8 秒，1.2 秒とした条件で，英単語の同定実験を行った。聴取者グループは，平均 10～72 歳の 6 グループで（1 グループは 6～10 人），72 歳のグループでも，4 周波数平均聴力レベルは 20 dB 以下であった。聴取方法はヘッドホンで単耳および両耳聴取を行った。聴取者は正解単語の候補が 6 語だけビデオモニターで表示され，その中から反応ボックスのボタンを押して正解を選んだ。残響時間 RT をパラメータとした実験結果を図 10-8 に示す。右図の破線は単耳聴取で残響時間が 0 秒の場合の結果で，64 歳以上のグループではやや正答率が低下するものの 95% 以上の正答率となっている。これらの結果から，27 歳以上のグループについては加齢とともに正答率が低下すること，残響時間が長くなるに従って正答率が低下すること，片耳聴取よりも両耳聴取の方が正答率が

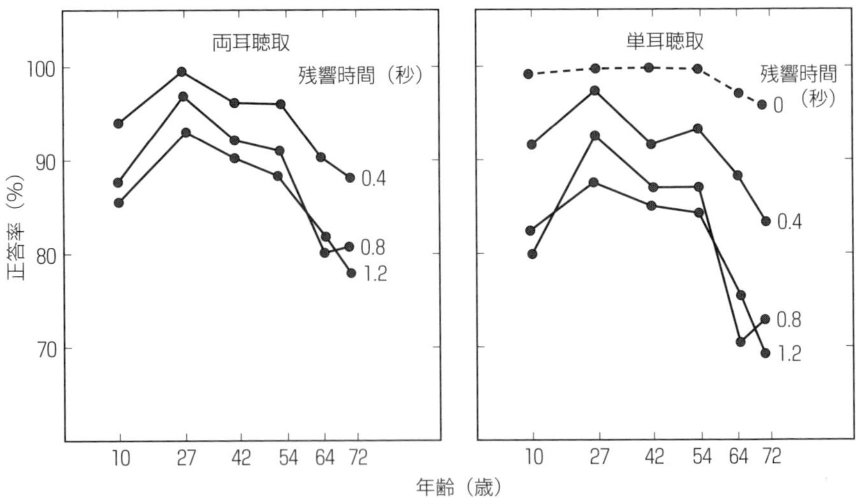

図 10-8　残響のある部屋での単語了解度の年齢による変化（Náběle k & Robinson, 1982）

高いこと（いずれも主効果が有意）が示された。

ヘルファーら（Helfer & Wilber, 1990）は，①正常聴力の若年者（平均 25.5 歳），②軽度難聴の高齢者（平均 70.1 歳），③中等度難聴の若年者（平均 29.4 歳），④中等度難聴の高齢者（平均 70.9 歳），各 8 人のグループに対して，無意味音節の同定実験を行った。残響時間を変えた場合の正答率を図 10-9（a）に示す。残響時間が長くなるに従って正答率が低下するが，残響時間が 1.3 秒になると若年者でも正答率は 80% まで低下し，高齢者はさらに大きく低下する。また，大学の食堂などの騒音を模擬した広帯域雑音（スペクトルが 600 Hz までは平坦でそれ以上では 10 dB/oct. の割合で減衰）を S/N 10 dB で提示した場合の結果を図 10-9（b）に示す。騒音が重畳すると正答率はさらに大きく低下し，残響時間が 0.9 秒を越えると高齢者の正答率は 50% 以下となり，中等度難聴者は 40% 以下となってしまう。

久保ら（久保・赤木，2018）は，①若年者群（22.5 歳），②高齢正常聴力者群（平均 64 歳），③高齢難聴者群（平均 65.5 歳）を対象とし，残響時間をそれぞれ 0，1，3，および 5 秒とした 4 つの聴取条件において単語の了解度を調べた。すべての群に共通して，残響時間が 3 秒までは単語了解度は低下したが，3 秒と 5 秒では変わらなかった。また残響時間が 0 秒では①と②の間に差はなかっ

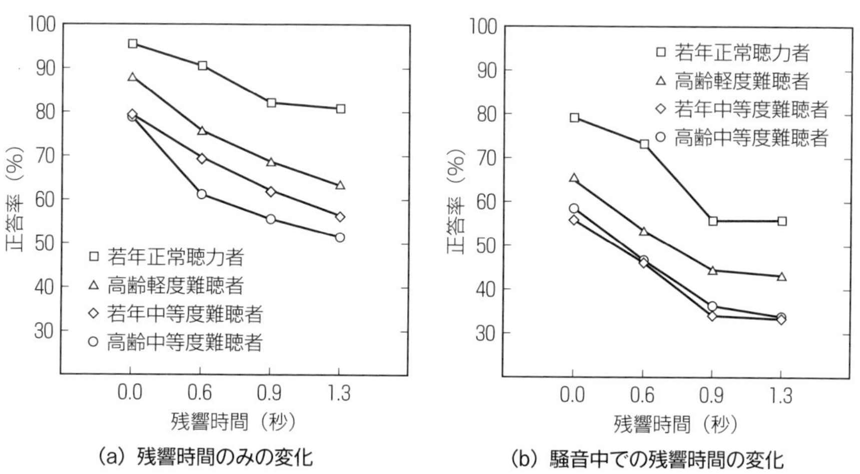

(a) 残響時間のみの変化　(b) 騒音中での残響時間の変化

図 10-9　残響時間による単音節同定実験（Helfer & Wilber, 1990）

たが，それ以外の場合には①，②，③の順序で正答率は低下した。また母音と子音の正答率を比べたところ，子音の方が正答率は低かった。

4. 音声の質

テレビを視聴しているときに，アナウンサーが話す場合には他の人の場合よりも音声が分かりやすいことに気づく。とくに聴取者が高齢になるほどこの傾向が大きいようである。

アナウンサーの音声の特徴は，①ピッチの変動が大きい，②第 1 および第 2 フォルマントの動く範囲が大きい（口を大きく開け，口腔内の形を大きく変える），③3 kHz 付近にスペクトル包絡のピークがある（歌手のフォルマントと同様に声が良く響く），である（桑原・大串，1983）。

普通に会話をしている場合よりも，話者がはっきりと話すように意識している場合の方が相手にとっては分かりやすいことは当然予想される。ペイトンら（Payton et al., 1994）は会話スタイルの音声（conversational speech）とはっきり発声した音声（clear speech）に対する聴力正常者と聴覚障害者の単語了解度を，雑音や残響の聴取環境をさまざまに変えて行った。その結果，すべての聴取者ははっきり発声した音声の了解度が良かったが，会話音声からはっきりした音声への平均了解度は，聴力正常者が 20% 上昇したのに対し，聴覚障害者は 26% 上昇し，とくに雑音や残響の多い悪い条件では，はっきりした音声は聴覚障害者にとって重要であることが示された。

音声を時間的に圧縮したり，雑音や残響を付加したり，話速を速くしたりして音声の質を低下させると，難聴者や高齢者はその影響を若年者以上に受けて聴き取ることが困難になる。

5. 発話速度

発話速度がある程度以上速くなると，高齢者は若年者よりも急速に理解の程度が下がっていく。ウィングフィールドら（Wingfield et al., 1985；Wingfield, 1996）は，高齢者（65～73 歳）と若年者（18～22 歳）の速度処理能力の違いを調べるために，次のような実験を行った。音声刺激はそれぞれ英単語 5～8 語から成る文章あるいは単語列で，①意味のある文章，②構文的には正しいが意味が異常な文章，③原文章の単語をランダムに入れ変えた単語列，である。聴取者はこれらを聞き，音声刺激中に含まれる単語を答えた。実験結果を図10−10（Wingfield, 1996）に示す。横軸は発話速度，縦軸は正答率である。なお通常の発話速度は平均140～180（語/分）なので実験条件の中で最も遅い 275（語/分）でもはかなり速い速度であるが，①の刺激については正答率がほぼ 100％となっている。

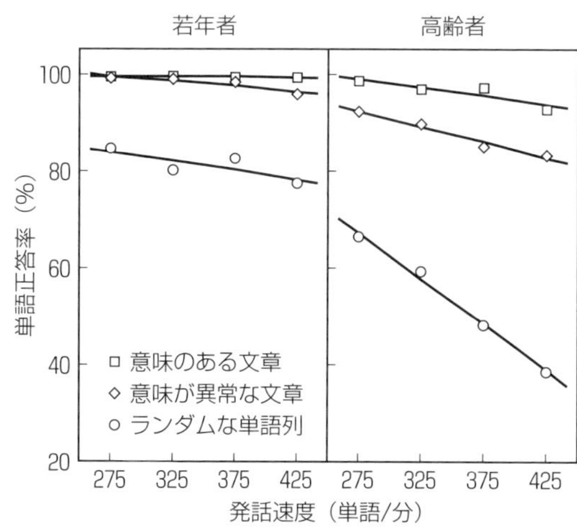

図 10−10　発話速度による文章中の単語同定の割合
（Wingfield, 1996）

これらの実験結果は，高齢者は若年者よりも，速い発話速度に対しては正答率の低下が大きく，またとくに順序がランダムな単語列に対しては正答率の低下の程度や発話速度に対する下降の勾配が大きい。これらのことから，高齢者は蝸牛内の時間処理能力（ギャップ検知能力のような）だけでなく，文脈の利用や短期記憶などの認知的能力が減退している可能性も考えられる。

6.　有声開始時間と時間情報処理能力

破裂子音の発声時に，破裂時点（声道閉鎖の開放時点）から声帯振動が始まるまでの時間を有声開始時間（VOT：voice onset time）という。VOT が短いと有声破裂音（例えば，b，d）となり，また長いと無声破裂音（p，t）になる。

ギャップ検知能力などの時間情報処理能力が低下すると，子音の同定のための手がかりが十分に得られなくなり，音声知覚に障害が生じる（Tyler et al., 1982）。また，VOT による子音の同定が若年者と高齢者によってどのように違うのかを調べるために，ストルースら（Strouse et al., 1998）は次のような研究を行った。純音聴力が正常な 12 人ずつの若年者と高齢者が両耳ヘッドホンで，

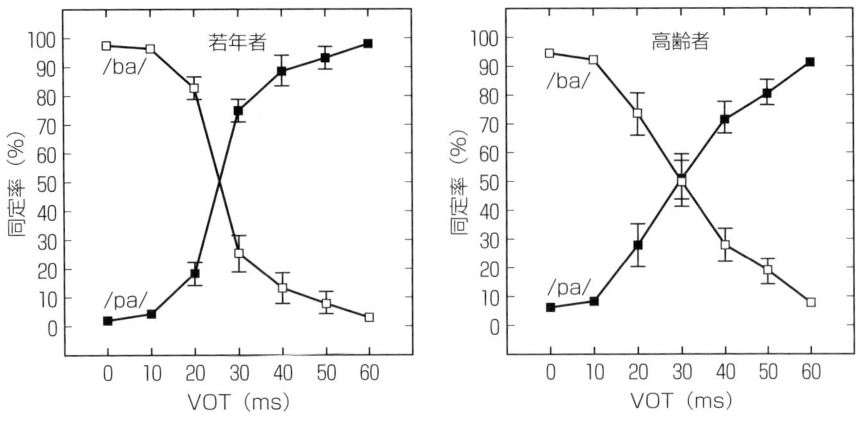

図 10-11　有声破裂音と無声破裂音の弁別感度（Strouse et al., 1998）

VOT が 0～60 ms の間で 10 ms ずつ異なる 7 種の CV（子音-母音）音節を聴取し，/ba/か/pa/かを判断した。この実験結果を図 10-11 に示す。その結果によれば，若年者は判断結果のばらつきが少なかったが，高齢者は VOT が 20～40 ms で判断があいまいになり，30 ms では 50% の確率になり，若年者よりもばらつきが多かった。この結果は，高齢者の時間情報処理能力の低下を示唆している。

第 7 節　音声知覚と聴覚時間処理メカニズム

多くの研究において，高齢になると純音聴力の低下とともに，騒音や残響の多い環境の中での音声知覚（同定や理解を含む）の能力が若年者に比べて低下していくことが明らかになっている。しかしながら，純音聴力の低下だけでは音声知覚能力の大きな個人差を説明することはできない。これを説明するためには，認知機能との関連性や認知メカニズムに至るまでの聴覚の時間情報処理過程にも注目することが重要である。フュルグラーべら（Füllgrabe et al., 2015）は，高齢者と若年者の騒音中の音声知覚能力の違いを調べ，その違いと聴覚の時間情報処理過程および認知処理過程との関連性を探求するための大規模な実験を行った。この節では彼らの研究を紹介する。

1. 音声知覚実験

この研究（Füllgrabe et al., 2015）においては，次のような操作で，高齢者と若年者の聴力に関する条件を等しくした。

①聴取者としては 125 Hz から 6000 Hz までのオージオグラムが正常な若年者と高齢者のみを選んだ。
②若年者群と高齢者群の平均聴力レベルを合わせた。
③音声に含まれる 6 kHz 以上の周波数成分をカットした。

聴取者としては，英語がネイティブ言語で，若年者群（18～27 歳）が 9 人，高齢者群（60～79 歳）が 21 人であった。

A. 雑音中の子音同定実験

英語の母音−子音−母音（VCV）の 2 音節系列のうち，子音を同定する実験を行った。母音は常に/a/とし，子音は 21 種のいずれかである。ヘッドホン聴取で，音圧レベルは 65 dB である。また音声刺激の長時間平均スペクトルと同じスペクトルをもつマスキング雑音を加え，信号対雑音比（S/N）を変化させている。この実験結果を図 10−12 に示す（Füllgrabe et al., 2015）。図 10−12（a）から，雑音がないときにはほとんど 100％の正答率となっているが，S/N の低下とともに正答率は低下している。ここで注目すべきは，若年者群と高齢者群は同じ純音聴力をもち，音声に含まれる 6 kHz 以上の成分は除去されているにもかかわらず，雑音がある場合には正答率では高齢者群が若年者群よりも低くなっていることである。この原因としては純音聴力以外の要因を考える必要がある。

図 10−12（b）（c）は，マスキング雑音をそれぞれ 5 Hz，80 Hz の正弦波で振幅変調した場合の結果である。雑音を変調したのは，現実世界では騒音が時間的に変動するからである。前者（b）では正答率がかなり向上しており，後者（c）でもわずかではあるが向上していることがわかる。おそらくこの原因は窪み聴取（第 4 章 11 節 1 項参照）のためであろう。変調しない場合と比較（同じ S/N

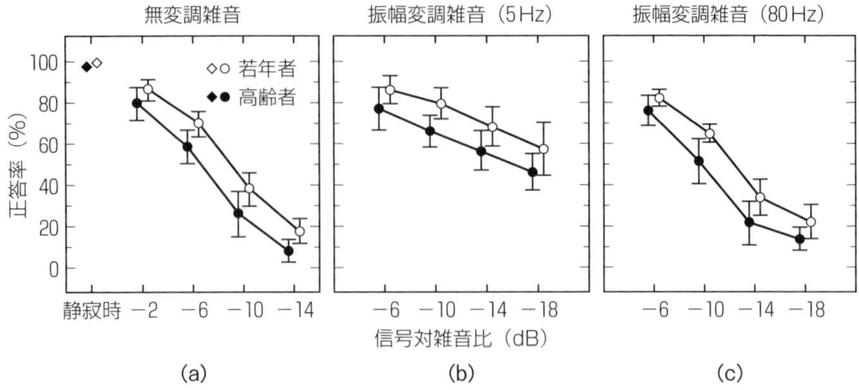

図 10-12　マスキング雑音の信号対雑音比による子音正答率の変化（Füllgrabe et al., 2015）

で）した正答率の上昇率を変調マスキング解除（MMR：modulation masking release）という。MMR については若年者群と高齢者群を比べたところ，とくに違いは見られなかった。

B．文章の了解度

15 秒ほどの文章の聴取実験を行いさまざまな条件で文章了解度を調べた。現実の状況を考慮し，残響時間が 0.54 秒の部屋に擬似頭（KEMAR）を設置し，前方 ±60 度の場所に 2 つのスピーカを置き，マスキング音（2 人の話者の朗読音声）と聴くべき文章音声の方向の違いを制御した。

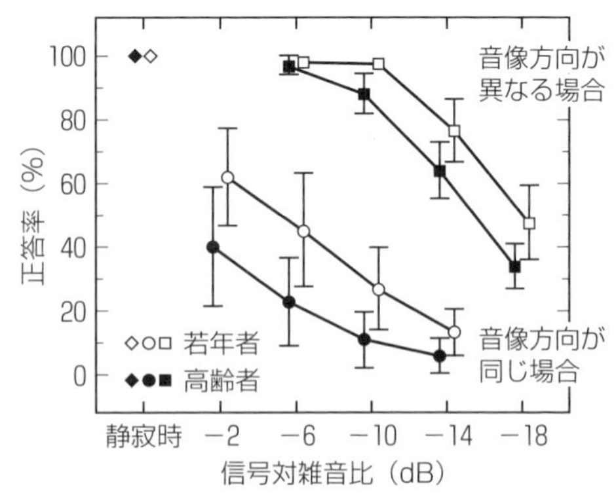

図 10-13　文章了解度の信号対雑音比と音像方向による影響（Füllgrabe et al., 2015）

実験は，信号音声とマスキング音声の S/N，および信号とマスキング音の方向を変化させて行われた。結果を図

10–13（Füllgrabe et al., 2015）に示す。正答率は静寂条件ではいずれも 100％ であった。いずれの場合も S/N の低下とともに正答率は低下するが，信号音声とマスキング音声の音像定位の方向が同じである場合には正答率は大幅に低下した。また重要なこととして，高齢者群は若齢者群に比べて純音聴力は同じであるのに正答率は低くなった。

2.　時間処理メカニズム

音声のような周波数帯域の広い音刺激が耳に入ってくると，音刺激の振動波形は，基底膜のそれぞれの場所に対応して中心周波数の異なる帯域フィルタを通した波形に変換される。各場所の振動波形の時間包絡を TE（temporal envelope）と呼び，また各場所の時間微細構造を TFS（temporal fine structure）と呼ぶ。聴覚末梢系における音刺激の時間情報はこれらの 2 つの形式で伝送されているとみなすことができる。

TE に対する感度（TE sensitivity）は純音あるいは雑音を正弦波で振幅変調した場合の振幅変調度の検知閾値を測定することによって知ることができる。一方，TFS に対する感度（TFS sensitivity）は，単耳聴取の場合は，基本的にはある調波複合音と全ての成分の周波数を共通の値（Hz）だけずらした非調波複合音の弁別感度を測定することによって知ることができる。また両耳聴取の場合には，両耳間位相差（IPD：interaural phase difference）を変えて頭内の音像定位が変化する弁別閾を測定することによって知ることができる。

A. 時間包絡に対する感度

純音を正弦波で振幅変調した場合の変調度（m）の検知閾（$20\log_{10}m$）は，概して高齢者が若年者よりも 2〜7 dB ほど高い（悪い）ことが知られている（He et al., 2008）。ただしそれらの実験では，高齢者群は若年者群よりも純音閾値は高かった。

ここでは 4000 Hz の純音を 5，30，90，180 Hz のそれぞれの正弦波で振幅変調した場合の検知閾を求めた。振幅変調の検知は，時間包絡 TE に基づく 3 つの知覚現象，すなわちラウドネス変動，ラフネス，および複合音のピッチのいずれかの知覚現象が生じることにより調べることができる。実験の結果，振幅変調の検知閾は，高齢者群が若年者群よりも 2～2.5 dB ほど高い（悪い）という結果が得られた。高齢者群と若年者群の純音閾値が等しいことを考慮すると，先行研究と比べて妥当な結果であろう。

B．時間微細構造に対する感度

単耳聴取による時間微細構造 TFS に対する感度は，調波複合音とその全ての成分の周波数を共通の値（Hz）だけずらした非調波複合音の弁別感度で測定した。これらの 2 種の複合音は同じ時間包絡（TE）をもつが，異なる時間微細構造（TFS）をもつ。実験では基本周波数 F_0 を 91 Hz と 182 Hz の 2 通りとし，中心周波数は F_0 の 11 倍に対応する 1000 Hz と 2000 Hz で帯域幅が F_0 に等しい帯域フィルタを通した音を用いた。実験結果によれば，両周波数の場合とも，高齢者群の方が若年者群よりも弁別感度が悪いという結果が得られた。

両耳聴取による時間微細構造に対する感度は，500 Hz および 750 Hz の純音の両耳間位相差 IPD を変化させて頭内定位が変化する弁別閾を求めた。この実験結果からは，やはり高齢者群の方が若年者群よりも弁別感度が悪いという結果が得られた。このことは聴神経の発火における同期性の低下が要因の 1 つとして挙げられる。

C．時間情報と音声知覚

騒音中の音声知覚実験結果から異なった S/N やマスキング音のタイプの正答率を平均し，子音と文章のそれぞれの正答率を 1 つの値で表現した。また TE 感度の値は 4 つの変調周波数について平均し，また TFS 感度の値は単耳および両耳条件を平均した。

子音および文章について，TE 感度と正答率，および TFS 感度と正答率の間の相関係数を求めたところ，TE 感度よりも TFS 感度の方が有意に高かった。

3．認知テスト

ウェクスラーの知能検査（WAIS-Ⅲ および WASI）および他の検査法から，年齢と音声情報処理に相関があると考えられる，言語理解，知覚統合，作動記憶，処理速度などの 15 項目の認知機能検査も行われた。これらの結果は標準得点（z 尺度）に変換され，高齢者群と若年者群の平均値と標準偏差が計算された。これらの結果は，9 つの検査項目で若年群が高齢群よりも有意に優れていることを示したが，有意差のない検査項目も 6 つあった。全体的には若年者の方が高齢者よりも優れていた。また認知テストの結果は，騒音中の子音および文章正答率と強い相関があったが，文章正答率との相関の方が強かった。

4.　結論

純音聴力が同じであっても，現実に近い騒音や残響のある環境では，高齢者は音声の知覚・認知能力では低下している。これらの事実は加齢によって，知覚的あるいは認知的ななんらかの変化が生じていることを示している。

第 8 節　絶対音感保有者の加齢に伴う音高の変化

絶対音感（absolute pitch）とは，ある楽音を単独で聴いたときに基準とする他の音と比較しないで，その音名（C，Cis，D，E，など）を同定できる能力である。日本でも幼児期から音楽教室などで絶対音感をつけるための教育が行われており，欧米に比べてはるかに多くの絶対音感保有者がいる。絶対音感はある面からみると音楽演奏に有利に作用するが，問題点もある。

ヴァーノン（Vernon, 1977）は，6 歳からピアノを習い 17 歳のときに自分が絶対音感を持っていることに気づいた。ところが 52 歳になって楽曲を聴くと半音上がった調に聴こえるようになった。例えばワーグナーの「ニュルンベルクのマイスタージンガー前奏曲」を聞くとハ長調の筈なのに嬰ハ長調に聴こえた。また 71 歳になったときにはまた半音だけ上がり，全音（2 半音）だけ高く聴こえるようになった。

ウォードら（Ward & Burns, 1982）は，絶対音感保有者が 50 歳を過ぎたころから半音あるいは全音だけ高く聴こえるようになったり，40 歳で半音，58 歳で全音だけ高く聴こえるようになったという例を紹介している。

このようなことが生じても絶対音感を持たない人はおそらくそのことに気づかず，大きな問題は生じないであろう。しかし絶対音感保有者が演奏をする場合には，楽譜に書いてある音符よりも耳に入ってくる音が半音なり全音だけ高くなるのであるから，おそらくまともな演奏ができなくなるであろう。

概して高齢になると若いときよりも音が高く知覚される傾向が見られるが，この原因についてまだよく分かっていない。

第９節　補聴器

1980 年代までの補聴器はアナログ回路で構成され，増幅器部分も直線増幅器を用いていた。しかし，1990 年代にはディジタル信号処理が取り入れられ，小型化されるとともに非線形増幅器（nonlinear amplifier）も導入され，多くの機能をもつ補聴器が現れてきた。

1.　ディジタル補聴器の主な特徴

（1）帯域分割

マイクロホンからの入力を複数の周波数帯域（4～20 チャンネル）に分割し，それぞれの帯域で独立に信号処理を行う。

（2）周波数特性

個人の聴覚の周波数特性を補完するように帯域ごとにアンプの増幅度（ゲイン）を設定することができる。

（3）非線形増幅

感音難聴者に対しては，その特徴である補充現象に対応するためにダイナミックレンジを広げることが必要である。そこで，弱い音は大きく増幅し，音がある程度以上強くなると強さに応じて増幅度を下げる。

（4）雑音抑制

もともと弱い騒音でも増幅すれば強くなるので，帯域ごとに雑音に対する音圧レベルの定常性を検出してゲインを下げたり，衝撃音に対しては振幅制限器（limiter）を用い短時間で衝撃を和らげることができる。

（5）指向性

補聴器の中にマイクロホンを２個入れて，その一方の出力を遅延させ合成すると，さまざまな方向指向性が得られる。聞きたい音と騒音が別の方向から到来する場合には有効である。

(6) ハウリング抑制

補聴器を外耳道に挿入することによって耳閉塞感（こもり感）が生じ，使用者には不快感を与えるので，最近は耳栓部分に穴をあけて閉塞感を軽減させている。しかしこの方法ではマイクロホンとイヤホンの間でハウリングが起きやすくなる。これを防止するためにイヤホンへの入力信号を逆位相としてアンプの入力側にフィードバックすることによってハウリングを抑制することができる。

2. 補聴器の限界

高齢者は多かれ少なかれ蝸牛の有毛細胞が損傷しており，聴覚フィルタの帯域幅が広くなっているので，音声を聞くときには騒音によるマスキングの影響が大きくなる。とくに騒音が他の人の音声である場合には，長時間スペクトルが類似しているので，それに対する対抗策は困難である。

また残響のある場所では，高齢者は一般に時間情報処理能力が低下しているので，エネルギーの強い母音部分がエネルギーの弱い子音部分にまで重畳し，音声明瞭度や了解度を低下させる。現在の補聴器ではなかなかこれらの問題には対応できていない。

第 10 節　生活環境の中の音

1. 放送音声

A. 音量

テレビやラジオの音を聞くときに，しばしば「高齢者は音量を大きく設定する」と言われる。これは一般に加齢性難聴に基づくものなので，傾向としては正しいと思われるが，個人差は大きいであろう。倉片ら（1999a）は，テレビの最も聴きやすい聴取音量（ここではA特性補正のない等価騒音レベル）と聴取者の年齢や聴力との関係を実験によって調べた。その結果，聴取音量と年齢との間には有意な相関のあることが分かった。さらに聴取者の平均聴力レベル（HL）が高くなるに従って，テレビの聴取音量が上昇した。定量的には，平均聴力レベルが10 dB増加するごとに聴取音量は平均3.4 dB(95%信頼区間は2.0〜4.8 dB）ずつ増すという結果が得られた。

これへの対策としては，有線あるいは無線でテレビの音を聴取者の近くのスピーカ（あるいはヘッドホン）まで送り，聴取者はスピーカの近く（あるいはヘッドホン）で聴取することが可能な装置が市販されている。

B. 背景音の影響

ドラマの中では，雰囲気を盛り上げる音楽や周囲の環境を伝える背景音は重要な要素であるが，一方マスキング効果により台詞（せりふ）が聴きづらくなることがある。背景音による台詞への妨害効果は一般に高齢になるほど大きくなる。そこで台詞と背景音が混在する区間では自動的に背景音のレベルを下げるようなテレビやラジオの開発も行われている（小森ら，2016)。この方式では，ステレオの左右チャンネル間の相関を取り，相関成分を台詞，無相関成分を背景音とみなすのである。聴取者はこの相関部分と無相関部分のレベルを独立に聴きやすいように調整するのである。

現実的に行われている方法は字幕を入れることである。字幕は映像を見るのに邪魔になる場合があるが，聴覚正常者でも台詞を聞き逃すこともあり，また視覚と聴覚の両方を使うので分かりやすいという長所がある。

C. 両耳マスキングレベル差の利用

聴き取りたい音声とマスキング音の到来方向が同じである場合に比べて，方向が異なる場合には，両耳マスキングレベル差（BMLD）が生じマスキング音の影響を受けにくくなる。小森ら（2017）は放送番組を想定し，音声と背景音の再生方向を変えることによって音声の了解度がどのように改善されるかを調べた。その結果，単語音声と背景音（音楽）をともに前方向から再生する場合に比較して，音声を上方向から再生することにより，単語の聴取正答率は高齢者で25%，若年者で15%以上改善した。

2. 家電報知音

電子レンジ，炊飯器，冷蔵庫，洗濯機など，報知音を出す家電製品は多い。

これらの音がとくに高齢者になると難聴のために聴こえにくくなることがある。倉片ら（1999 b）は，単純な報知音（合成音声やメロディを除く）の基本周波数と音圧レベルの分布を調べた。その結果，基本周波数は 3500～4500 Hz の範囲に最も多く分布しており，また音圧レベルは 30～80 dB の広い範囲にわたっていた。高齢者に多い高音漸傾型の感音性難聴のことを考慮するならば，基本周波数は 1000 Hz 程度に下げるのが望ましい。また音圧レベルに関しては高めに設定するのが望ましいが，細かく言えばパネルの操作音などは小さな音でもいいが，危険を警告したり冷蔵庫の開放を知らせたりする警告音は，離れた場所にいても聞こえるようにより高い音圧レベルが望ましい。

3.　公共空間の音環境

鉄道の駅，空港ターミナル，地下通路，レストランなどの商業施設は不特定多数の人が行き交う場所なので公共空間（public space）と呼ばれている。このような場所では，安全性や快適性が重要であるが，残響過多のために喧騒感の著しい例が日本では多く，欧米に比べるとまだかなり遅れている（橘，1999）。欧米では天井や壁などに吸音性材料を使用して残響を減らす努力をしているのである。

喧騒感が強いと不快感につながり適切な音環境とは言えないが，高齢者にとっては不快なだけではなく，音声の聴取が困難になることが最も困惑することである。一例として，レストラン，居酒屋などでの騒音による会話妨害のひどい場合がしばしばある。騒音の原因は他の客の話し声や笑い声，BGM の音，ダクト用ファンの音，その他に椅子を引く音や食器のふれあう音などさまざまである。これらの騒音は室内の残響過多のため増幅されてマスキング現象を増大させ，また音声の時間情報を不明確にして聴きたい相手の声を分かりにくくするのである。若い人でも残響過多の影響はあるが，高齢者とくに感音性難聴者ではその影響ははるかに大きくなる。また高齢者は若年者よりも蝸牛の有毛細胞が損傷しており，過大な音を聴くことは不快感につながるだけではなく，さらなる有毛細胞の損傷を促進するものである。さまざまな観点から，壁面や天井などに吸音性の材料を適切に使用すべきである。

第11章 ステレオ音響

第1節　ステレオ放送の開始

1954年にNHKはラジオの第1放送と第2放送の2つのチャンネルを使う立体音楽堂というステレオ番組を開始した。第1放送だけだとオーケストラのさまざまな音でも単一のスピーカの位置から聴こえてくるだけであったが，ステレオ放送では，聴こえてくる空間的な範囲が広く，また音源（楽器音）がそれぞれの異なる位置から聴こえ，聴取者には大きな感銘を与えた。後にはFM放送1波でステレオ放送が行われるようになり，AM放送の2波を使う必要はなくなった。このように2チャンネル以上で音楽を録音・伝送・再生する音響システムは立体音響と呼ばれた。

第2節　フィールド臨場感とオブジェクト臨場感

1チャンネル再生をモノフォニック（monophonic），略してモノという。習慣的にモノラル（monaural）ということもあるが，本来はmonauralとは片耳で聴く場合に使う。当然のことながらモノの場合は，オーケストラのようにさまざまな方向から音が聴こえてくる筈であっても，音の方向は1方向（スピーカの方向）に限定される。

ステレオとはステレオフォニック（stereophonic）の略で，立体音響とも訳されている。nチャンネルの独立チャンネルをもつステレオをnチャンネルステレオという。ステレオは臨場感を創出することは明らかであるが，臨場感という用語は，言葉の意味するように多くの場合，「その場に臨んだ感じ」とかなり漠然とした解釈がなされている。臨場感は複合的な意味があると考えられるが，これをなるべく単純な形にしようとする努力も行われてきた。

谷口（2018）は，心理実験結果に基づき，臨場感の 3 層階層構造モデルを提案している。このモデルでは，臨場感は実在感・奥行き感・迫力感の 3 つの複合印象が大きく寄与している。実在感は，周りを満たす，動きがある，近い，左右方向にある，という基本印象から構成され，奥行き感は，前後方向にある，左右方向にある，拡がった，という基本印象から構成され，迫力感は，強い，拡がった，繋がった，という基本印象から構成されている。

小澤（2008）は，臨場感をコンテンツ臨場感とシステム臨場感という用語で 2 つに分けている。前者は「単一の録音再生系であっても，対象によって異なる臨場感」，後者は「1 つの対象であっても，録音再生系によって異なる臨場感」という意味である。コンテンツ臨場感は，音源が移動している場合や音源が空間的に分布していて音像が大きくなっている場合に高くなっている。一方，システム臨場感は，音像定位が明確な場合に高くなっている。またシステム臨場感は，再生音圧レベルが高くなると概して高くなるが，映像情報がある場合には映像から予想される音の大きさを越えると不自然さが生じ，臨場感の評価は低下する。

安藤（2014）は，臨場感の内容を 2 つの具体的な内容に分析し，フィールド臨場感とオブジェクト臨場感と呼んだ。フィールド臨場感とは，音全体が空間的に広がって（空間的に広い範囲から）聴こえてくる感じである。フィールド臨場感は音に包まれた感じなどに対応すると考えられる。BGM などが空間全体から聴こえてくる場合にはフィールド臨場感が高いと言えるであろう。オブジェクト臨場感は，対象とする具体的な音源（音楽演奏の特定の楽器音，ドラマの各出演者の声など）が，それぞれの位置からはっきりと聴こえてくる感じである。オブジェクト臨場感が高いと目を閉じていても各音源の位置を感じ取ることができ，音の情景分析（第 8 章参照）が可能になる。本書では，フィールド臨場感とオブジェクト臨場感という用語を用いることにする。

オブジェクト臨場感には関係なく，フィールド臨場感を増大させる方法は，擬似ステレオとして以前から知られ，テレビ受像機の音場拡大装置として採用されていた。もともと 1 チャンネルの音源であっても多数の狭帯域フィルタの出力を交互に左右チャンネルに振り分け，1 方のチャンネルを逆位相として 2 チャンネルに分割すれば，左右チャンネルの相関係数は 0 に近くなる。このような処理をした擬似ステレオ再生によって，両耳間相関係数が小さくなり，広がり感が生じる（黒住・大串，1984b)。すなわち，フィールド臨場感に対応する物理量の条件は両耳間相関係数が小さくなることである。フィールド臨場感が増大するほど一般には聴取者に好まれる。このことはコンサートホールで両耳間相関係数が0に近いほど（現実には0.3以下にはなりにくい）聴衆に好まれることによっても示されている（第12章参照)。

ステレオの効果（聴取者の好み）を聴取実験で調べた研究として，中山ら（Nakayama et al., 1971）は，コンサートホールにおいて管楽器を主体とするバンドの演奏を8チャンネルのテープレコーダに録音した。無響室内で，収音したときのマイクロホンの方向に8つのスピーカを設置し，さまざまなスピーカの組み合わせで再生し，それぞれの組み合わせに対する聴取者の音の好みの聴取実験を行った。その結果，1チャンネル再生と2チャンネル再生の好みの尺度値は，2チャンネル再生と8チャンネル再生の差よりも大きかった。このことは1チャンネル再生から2チャンネル再生（ステレオ）への変化がいかに心理的に大きいかを示すものである。また一般的にはチャンネル数が多くなるほど好まれる傾向がある。この傾向はとくにチャンネル数が多くなった場合には，概してフィールド臨場感によるものである。

第3節　2チャンネルステレオ方式

1.　実音像と虚音像

ステレオ音響において，聴取者の前面左右のスピーカから同一の音を再生し，標準聴取位置（2つのスピーカと聴取者が正三角形をなす場所）で聴取すると，聴取者は両スピーカの中央に音源があるように感じる。この中央に知覚される音のイメージを音像（sound image）という。この音像は実際に音源の存在しない方向に生じるので，虚音像（phantom sound image）あるいは仮想音像（virtual sound image）と呼ぶ。一方，1つの音源によって音源のある方向に生じる音像を虚音像に対比させて実音像（real sound image）と呼んでいる。

モノと2チャンネルステレオを比較すると，後者はフィールド臨場感もオブジェクト臨場感もともに急激に高くなる。

2チャンネルステレオによる音像の方向は，左右の両スピーカからの音の強度差と時間差（位相差も含む）によって支配される（第9章参照）。

2. 虚音像の広がりと上昇感

実音像に比べて聴取者正面の虚音像は，聴取者に対して広がった感じと上方向から音が到来する感じを与える。黒住ら（黒住・大串，1984a）は，心理物理実験でこれらのことを定量的に明らかにするために，正面方向の実音像と虚音像によるマスキング量が信号音の方向によってどのように異なるかを調べる空間マスキングの実験を行った。その結果，虚音像は正面から横方向に30度および90度（真横）離れた信号音に対して実音像よりも相対的に大きなマスキングを生じさせることが示され，実音像よりも水平方向に音像が広がっていることが明らかになった。また虚音像の場合は実音像よりも水平面正面ではマスキング量が小さく，前面上方向15度ではマスキング量が大きくなることが示された。このことは音像が上昇していることを示している。

3. 音像の広がり感と距離感

虚音像の場合には，音像の方向が同じ正面でも，2つのスピーカ音源からの音圧波形間の相関係数が異なると聴取者の知覚する音像が大きく変化する。黒住ら（Kurozumi & Ohgushi, 1983）は，左右耳に加わる白色雑音の強さを同じにし，左右のスピーカから放射される音圧波形間の相関係数（r）を −1から+1まで1/3毎に変化させた7種の白色雑音対を2つのスピーカから聴取者に聴かせ，聴覚的印象の類似性判断および音の広がり感と距離感の実験を行った。その結果を多次元尺度法で分析した結果をイラストにして図11-1

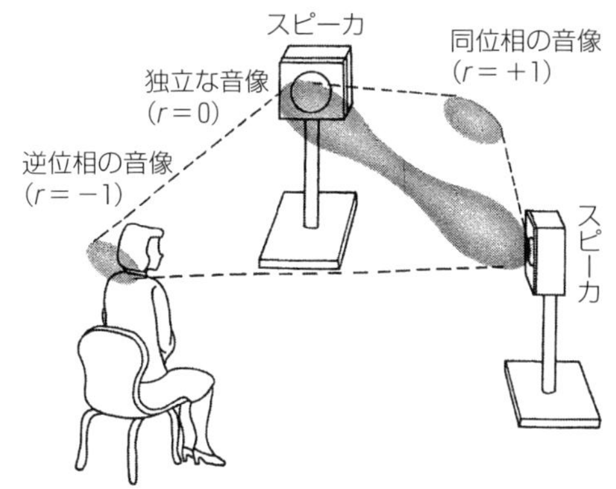

図11-1　チャンネル間相関係数(r)の変化による聴取者の知覚する音像の変化（黒住，1985）

（黒住，1985）に示す。相関係数を −1 から＋1 まで変化させるに従って音像の距離が後頭部から前方へ遠くなっていくこと，相関係数の絶対値が小さくなるに従って音像が広がることが示されている。聴取者によって若干の個人差があり，相関係数が 0 の場合には音像の中間が切れて左右 2 つに分離する場合もあり，再生スピーカの間隔を広げると音像は分離する傾向にある。

ある程度の広がり感は快さのために必要である。例えば前述のように良いコンサートホールの条件の 1 つは，両耳間相関係数が低いことである。

また黒住ら（黒住・大串，1984 b）は，白色雑音，擬似白色雑音（0〜10 kHz の範囲でランダム位相の 1.7 Hz 間隔の周波数成分をもつ）および音声（男性アナウンサーの発声）を用い，2 チャンネルステレオの音像の幅（広がり）を定量的に調べた。聴取者は，図 11–2 (a) に示すような，間隔が 2 m の 2 つのスピーカ（うすいカーテンで見えなくしている）からチャンネル間相関係数の異なる音（感覚レベル 60 dB）を聴取し，スピーカ前面の数字によって音像の幅を答えた。その結果は図 11–2 (b) に示すように，左右チャンネル間の相関係数が 0 で音像が 160〜230 cm に広がったのに対し，相関係数が 1 (左右同一音) では 30〜40 cm とずいぶん狭くなった。相関係数をある程度まで小さくすることはフィールド臨場感を高めることになるので，ステレオ収音時には異なる方向からの残響音を重ねるなどチャンネル間相関係数を下げることが重要である。

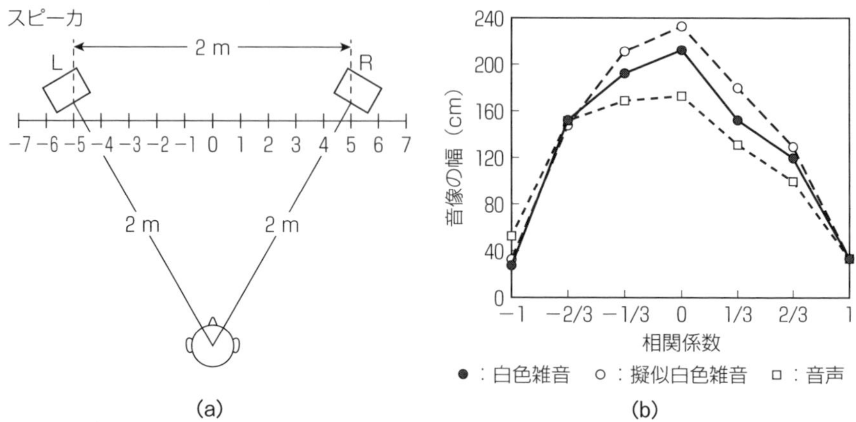

図 11–2 チャンネル間相関係数を変化させた場合の音像の幅（黒住・大串，1984 b）

第4節　3チャンネルステレオ方式

2チャンネルステレオの最大の問題は，聴取者が2つのスピーカから等距離の場所で聴取しないと音像が近い方のスピーカの方に移動してしまうことである。そこで聴取者の位置を50cmだけ横方向にずらして，前面中央にもう1チャンネル増やした3チャンネルステレオ再生による音像の方向のずれを白色雑音を用いて測定した（黒住ら，1988）。その結果，中央位置で聴取した場合と比べた音像のずれは，2チャンネル再生の場合は最大30度となったが，3チャンネル再生の場合は最大15度と少なくなった。

また映像ディスプレイの前にスピーカを3度間隔に並べ，映像と音像の方向のずれの許容限界を調べた。その結果，半数の聴取者が許容できるずれは8～10度であった。この結果によれば前方3チャンネルでも完全にずれが許容できるわけではないが，前方2チャンネルに比べると大幅な改善ができる。

とくに劇場や映画館などのようにさまざまな座席で音を聴く場合を考慮すると2チャンネルステレオでは音像の方向が不正確になるので，前方に3チャンネル以上のステレオが必要になる。

第5節　4チャンネルステレオ方式

1.　4チャンネルステレオのスピーカ配置

4チャンネルステレオは，前方3チャンネル方式では満たされなかった，音に包まれた感じ（コンサートホールでは必要とされる：第12章参照）を再現しようという方式である。4チャンネルステレオには，主として2-2方式（前方2チャンネル，後方2チャンネル方式），3-1方式（前方3チャンネル，後方1チャンネル），4-0方式（前方から側方にかけて4チャンネル）がある。2-2方式は前方の音像定位よりは音に包まれた感じを重要視した方式である。後方チャンネルの音も前方と同様に重要視している。一方，3-1方式は聴取者が同時に2人以上いることを想定して前方には中央位置に独立チャンネルのスピーカを設置し，後方には1チャンネルだけを割り当てている。4-0方式は前方のサウンドステージを広げる効果があるが，後方からの音については重要視していない。

2. アナログハイビジョン用ステレオ方式

NHKでは1989年に開始される高精細度・大画面ディスプレイのハイビジョン（High Definition Televisionの愛称）に対応する音声ステレオ方式を決定するための研究を行った。4チャンネル以内という制限（当時は衛星1チャンネルのアナログハイビジョンで伝送容量の余裕がなかった）があったので，4チャンネル以下のいくつかの方式について評価のための視聴実験を行った（Ohgushi et al., 1987；黒住ら，1988）。

実験では，残響時間の少ないスタジオ内に，映像ディスプレイ（67インチ）とスピーカを図11-3のように配置した。視聴者から各スピーカまでの距離は2m，ディスプレイまでの位置は2.8mであった。

評価の対象となるステレオ方式は，2チャンネル，3チャンネル，および2種類の4-0方式，2種類の3-1方式，2-2方式とした。ここで3-1(B)は同じ

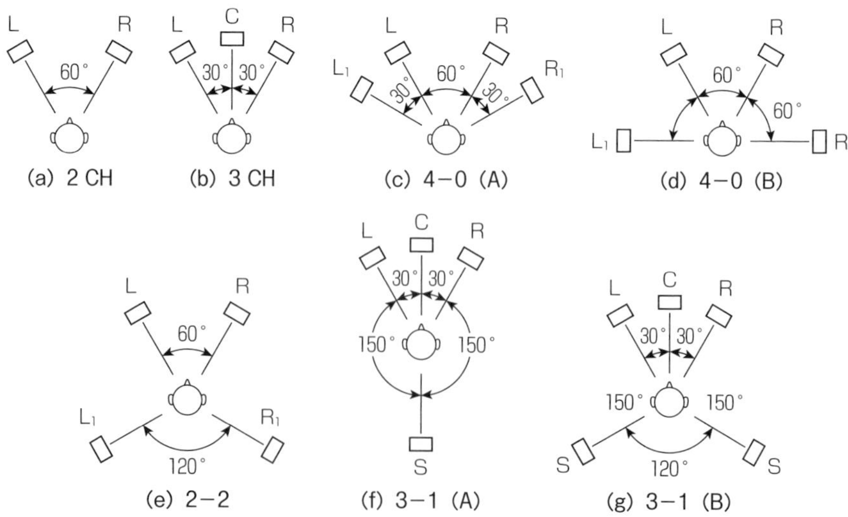

図11-3 評価実験に用いた7種類のステレオ方式のスピーカ配置図（黒住ら，1988）

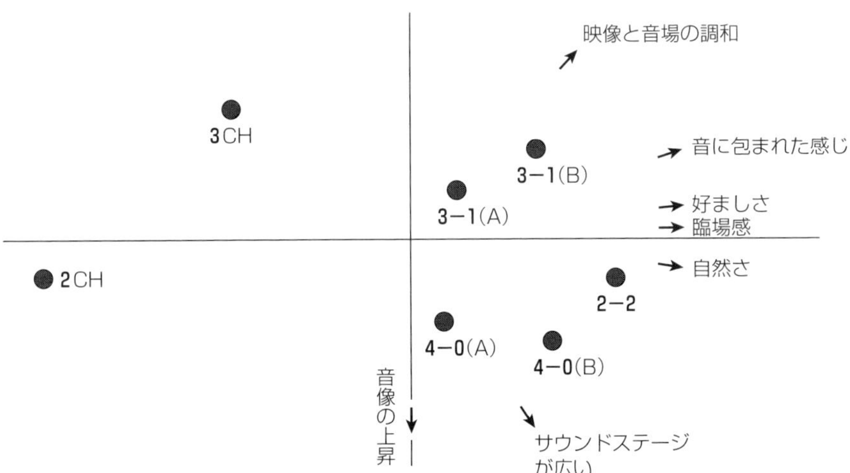

図 11-4　7 種類のステレオ方式の 2 次元知覚空間上の布置（黒住ら，1988）

音を後方 2 つのスピーカから提示した方式である。音源はもともと紅白歌合戦の中の歌唱を 24 チャンネルに録音したものを各スピーカ配置に最適な効果が得られるように NHK のベテランの録音技術者がミクシングしたものである。視聴者は臨場感，自然さ，音に包まれた感じ，広いホールで聴いている感じ，映像と音場の調和，サウンドステージの広さ，好ましさなど 13 項目について 7 段階の評定を行った。それらの結果を多次元尺度法で 2 次元表示したのが図 11-4 である。また方向の意味づけのために行った重回帰分析の結果を矢印で示している。

これらの結果から，次のような結論を導くことができる。

①チャンネル数の増加によって，明確に臨場感が増大する。
②前方中央にスピーカがない配置では音像が上昇する。
③自然さ，臨場感，好ましさなどの判断基準では 2-2 方式の評定値が高いが，映像と音場の調和という判断基準では，3-1（B）の方が優れている。

以上の結果は，視聴者が中央位置で視聴した場合で結果である。この結果からは，2-2 方式と 3-1 (B) 方式（以後，単に 3-1 方式と呼ぶ）のどちらを選ぶかは決定しがたい。しかしテレビは常に 1 人だけで視聴するわけではなく，2 人以上で視聴する場合も多い。複数人が同時に視聴し，画面の中心軸上からずれた位置で視聴する場合の映像と音像のずれが少ないのは 3-1 方式である。さらに当時の映画音響はドルビーサラウンドが支配的で 3-1 方式（原音声は 2 チャンネル，後方スピーカは複数）であった。

そこで映画音響との互換性を考えても 3-1 方式が 4 チャンネルステレオとしては最適であると判断し，日本のハイビジョン用の音声ステレオ方式の規格として 3-1 方式を採用した。これらの実験結果は後の 5.1 サラウンド方式の基礎となっている。

3. 2 チャンネルステレオと 3-1 方式の総合品質の違い

長い間ステレオの標準方式であり，これからもさまざまなメディアで使用されるであろう 2 チャンネルステレオと 3-1 方式と比べたときに，視覚と聴覚を含めた総合的な品質評価はどのようになるであろうか。50 インチの大型ディスプレイを視聴者前面 3m の位置に設置し，視聴者は中心軸上，横に 75cm および 150cm の 3 カ所で椅子に座り総合的な品質評価（臨場感，映像と音像の一致度などの総合評価）を行った（Ohgushi et al., 1987；黒住ら，1988）。中心軸上で行った総合的な品質評価の値を 100 とし，マグニチュード推定法（第 3 章 6 節参照）で 3 つの座席で行った 25 人の視聴実験の結果を表 11-1 に示す。

この実験結果から，3-1 方式では，2 チャンネルステレオに比較して，中央位置では 1.6 倍の品質向上があり，また座席を横へずらすと品質の違いが 1.75 倍と拡大し，150cm 離れると 2.2 倍にまで拡大した。また 2 チャンネルステレオでは 2 座席分ずれると品質が 50% に低下するのに対し，3-1 方式では 69% となり，座席の影響が比較的少ないことが示されている。

表 11-1　総合的な品質評価の実験結果

	中央位置	70cm 横	150cm 横
2 チャンネルステレオ	100	80	50
3-1 方式 4 チャンネルステレオ	160	140	110

第 6 節　5.1 サラウンド方式

衛星 1 チャンネルを用いたアナログハイビジョンの後に，ディジタル化が進み，音声のチャンネル数を増やすことが可能となった。そこで放送におけるマルチチャンネル方式の国際的な基準として，各国からさまざまな提案がなされたが，1992 年の ITU（国際電気通信連合）の勧告 BS. 775 では，基準のスピーカ配置によって，図 11-5 に示すようなスピーカ配置を用いて，相互に両立性のある 8 つのシステムを，表 11-2 のように示している。この勧告は現在も変わっていない。

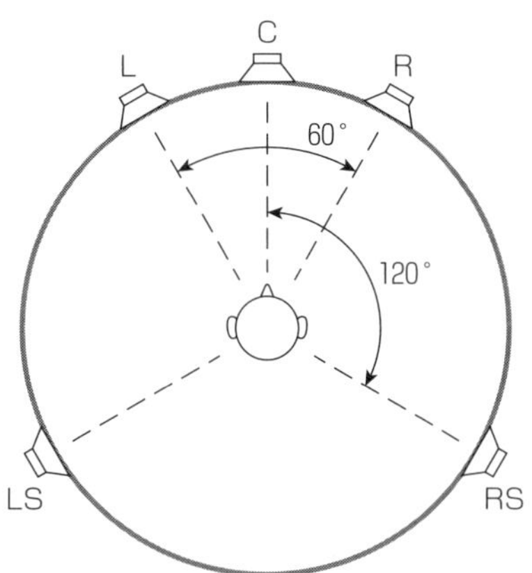

図 11-5　相互に互換性のあるマルチチャンネル方式の基準スピーカ配置

ただし，後方モノとは 2 つのスピーカに同一の音（位相を操作するなど相関を減らすことが望ましい）を供給する場合をいう。また低音域効果あるいは増強用に 120 Hz 以下のみを再生するスピーカを付加してもよい。さらに，

表 11-2　相互に互換性のあるマルチチャンネルステレオシステム（ITU-R BS.775-3, 2012）

システム	チャンネル	使用スピーカ
モノ	1−0	C
モノ＋後方モノ	1−1	C，LS，RS
2 チャンネルステレオ	2−0	L，R
2 チャンネルステレオ＋後方モノ	2−1	L，R，LS，RS
2 チャンネルステレオ＋後方 2 チャンネル	2−2	L，R，LS，RS
3 チャンネルステレオ	3−0	L，C，R
3 チャンネルステレオ＋後方モノ	3−1	L，C，R，LS，RS
3 チャンネルステレオ＋後方 2 チャンネル	3−2	L，C，R，LS，RS

もともと 3-2 方式で制作された番組を他の方式で聴取する場合には，チャンネル数を減らすためにダウンミックス（downward mixing）をする必要があるが，その場合のチャンネル配分も決められている（ITU-R BS.775-3, 2012）。

現在のディジタルハイビジョンのマルチチャンネル音響方式は，3-1 方式の後方チャンネルを 2 チャンネルとし，低音（120 Hz 以下）専用のチャンネル（LFE：low frequency effect）をつけ加える方式である（ITU-R BS.775-3, 2012）。低音域は他のチャンネルの帯域の 1/10 以下なので，0.1 チャンネルとみなし，5＋0.1 チャンネルの 5.1 チャンネルサラウンドという呼び方になっている。低音は方向指向性が弱いので，聴取用スピーカの位置は限定されていない。

第 7 節　22.2 マルチチャンネル音響方式

1. 目標

22.2 マルチチャンネル音響は，スーパーハイビジョンの音響方式として NHK で開発された（火山・濱崎, 2005；Hamasaki et al., 2008）。この方式の目標は，次の通りである（ITU-R BS.1909, 2012）。

①音像は，視聴者のまわりのすべての方向（上方向を含む）に再現できること。
②3 次元空間印象（音に包まれた感じなど）を含めた臨場感を，既存のマルチチャンネル音響方式よりも，増強させるものであること。
③大スクリーン上での映像と音像が一致すること。
④広い視聴範囲からでも優れた音質を維持できる
⑤既存のマルチチャンネル音響方式と互換性を有すること。

2. スピーカ配置

2 チャンネルステレオから 5.1 サラウンドまでは，とくに上方向に音源がある場合にはその再現はできなかったが，22 チャンネルという飛躍的に多いチャンネルを用いることによって，上下方向の音像の再現が可能になった。スピーカ配置を図 11-6 に示す（西口ら，2014）。上層（Tp）に 9 チャンネル，中間層

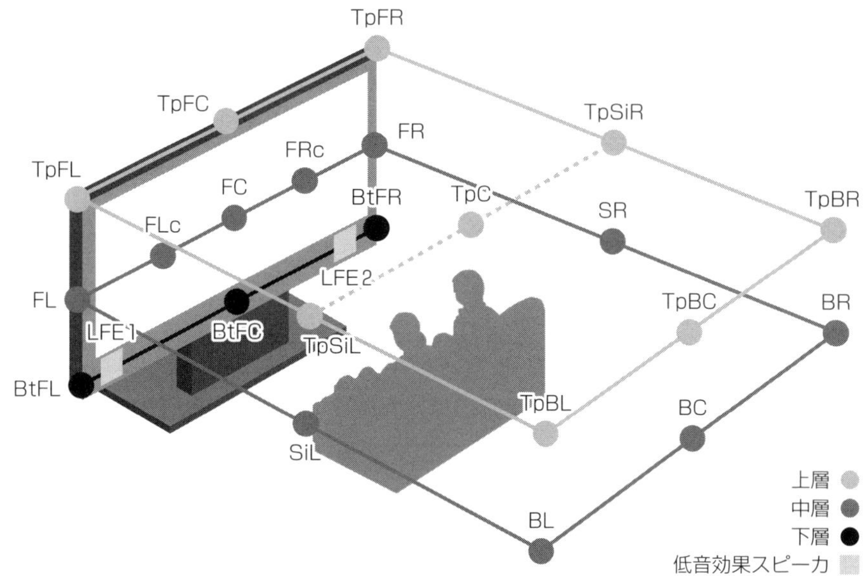

図 11-6　22.2 チャンネルステレオ方式のスピーカ配置図（西口ら，2014）

（耳の高さ）に 10 チャンネル，下層（Bt）に 3 チャンネル，低音効果用に 2 つのスピーカ（LFE1，LFE2）を配置する。また上層の中央にもスピーカを配置する。略号は，F：前方，B：後方，C：中央，R：右，L：左，Si：サイド，を意味している。

水平面あるいは垂直面内のチャンネル数およびスピーカ配置を決めるための実験結果によれば，水平面の前方には 30 度以内の間隔でスピーカを配置すること，横および後方向は 45 度以内の間隔でスピーカを設置することが望ましいことが明らかになった。垂直方向については，頭上にスピーカを設置した場合には水平面から ±30 度の位置にスピーカを設置することが望ましいことが示された。22.2 チャンネル音響システムは必要最小限のスピーカ配置ということができる（大出・小野，2018）。

臨場感については，聴取位置を変えて 22.2 チャンネルと 5.1 チャンネルシステム等とを比較した評価実験が行われている（火山・浜崎，2005）。聴取者は正面スピーカ（スピーカ間隔 1.8 m）から 3.2 m 離れた中央位置や他の 7 つの位置で

表 11-3　臨場感の実験結果

	中央位置	180 cm 横	180 cm 後
5.1 チャンネル	105	72	93
22.2 チャンネル	129	92	105

聴取している。音源は NHK ホールで，マルチトラックで録音したオーケストラ演奏（チャイコフスキーの交響曲第 6 番）の 1 部（25 秒）を中央位置でミクシングしたものである。臨場感の実験結果（21 人の幾何平均値）を 3 つの聴取位置について表 11-3 に示す。

この結果は，22.2 チャンネルが 5.1 チャンネルに比べても臨場感が大幅に高くなっていることを示している。もし実験素材に上方向を含む移動音源（例えばヘリコプタの飛ぶ音）を用いるとさらに違いが拡大されるであろう。

第 8 節　オブジェクトベース音響

現在の多チャンネルステレオ方式は制作した各チャンネルの音をそのままスピーカで再生する方式でチャンネルベース音響という。チャンネルベース音響では，チャンネル数を増加させることによってフィールド臨場感もオブジェクト臨場感もともに高めてきた。22 チャンネルになるとフィールド臨場感は十分だと考えられるが，オブジェクト臨場感としては，音源の移動を追跡する場合に音像が再生スピーカの位置と一致したときとそうでないときの音像の明確さや音色が必ずしも十分とは言えない。

そこでオブジェクト臨場感に関していえばさらに進んだ方式としてオブジェクトベース音響が出現した。オブジェクトベース音響では個々の対象音ごとに独立に収音した多数の音素材を，その構成や再生時スピーカの位置などを指示したデータと一緒に送信する。この送信内容をメタデータという。受信側のレンダラー（再生装置）はメタデータを読み，受信側のスピーカ配置に合わせて音響信号を再生する。視聴者は必要な音素材を設定したり，特定の素材の音を大きくしたり，レンダラーを使用してさまざまな調整が可能である。また素材の一部には特定のオブジェクトというよりも BGM など背景音などを含めることができる。

オブジェクトベース音響はすでに映画音響やゲーム音響システムの一部で使用されている。放送音響においても，従来のチャンネルベース音響と組み合わせて，より少ない数の再生スピーカでより高いフィールド臨場感とオブジェクト臨場感を実現できるような研究が進展していくことと期待される。

第12章 コンサートホールの音響心理

第1節　まえがき

クラシック音楽の場合のように，マイクロホンやスピーカを使わないコンサートでは，コンサートホールの音響効果が聴衆にとっても演奏者にとっても極めて重要である。有名な指揮者のブルーノ・ワルターは，ウィーンの楽友協会大ホールで初めて指揮をしたときの感想として,「音楽がかくも美しいものであり得ることを今までに考えてもみなかった。まさに私の知る限り最上のホールだ」と述べている。一方，ロンドンのロイヤルフェスティバルホールについて，5人の指揮者たちは「オーケストラの一部がまるで孤立しているように聴こえ，アンサンブルがなく，まとまりもない。管楽器の音はホールの一方でのみ大きすぎ，他方では聴こえないし，低音も一方だけで聴こえる」と述べている（Beranek, 1962：邦訳 長友・寺崎）。

このように，ホールの音響効果は音楽の質までも変えてしまう力を持っている。ホールの大きさ，形状，壁面などの内装材の種類や配置がそれぞれ違うのであるから，聴こえ方も異なってくるのは当然であろう。

ホールによって，あるいは同一ホールであっても座席の場所によって音響効果は異なる。大まかな違いの要因を探る多変量分析研究によれば，音響効果の第一の要因は音圧レベルであり，第二の要因は残響時間（Yamaguchi, 1972）であった。また他の研究では，第一に音の大きさと音源の広がり，第二に音の明瞭性，第三に全体の音の音色であった（Wilkens, 1977）。

以下，ホールの音響知覚効果を音響物理量と対応させて行われたこれまでのさまざまな研究結果について述べる。

第 2 節　ホール内の音の伝達

1.　音源から聴取者に届く音

ホールに限らず，音源から聴取者に届く音には，聴取者に直接到達する直接音と何らかの物体に反射して聴取者に到達する反射音（間接音ともいう）の 2 種類がある。ホールにおいて聴取者は，演奏者から直接音（direct sound）と反射音（reflections）を受け取る。直接音の強さはほとんど音源と聴取者の間の距離によって決まり，距離の 2 乗に反比例して弱くなる。

一方，ホール内で音が壁や天井，床などの面に当たると一部は吸収されるが，吸収されないで反射して生じた音が反射音である。反射音の強さは反射面の材質や加工の仕方によって異なる。一般に，大理石やコンクリート面は音の吸収が少なく反射率が高く，グラスウール，スポンジ，綿などの多孔質材料はよく音を吸収する。反射音には 1 回だけ反射して聴取者に到達する音，2 回以上反射して聴取者に到達する音がある。反射音は直接音に比べると音源から聴取者までの距離が遠くなり，直接音が到達してからの時間遅れもさまざまで，また反射音の到来方向も前，後，横，上方などさまざまである。反射音のことを間接音（indirect sound）と呼ぶこともある。

2.　反射音の種類

ステージ上で短音（sound impulse）が鳴らされたとき，聴取者にはまず直接音が到来し，わずかに遅れて第 1 反射音（first reflection）が到来する。その後に到来するさまざまな反射音のうち，直接音の後およそ 80～100 ms 以内に到来する反射音を初期反射音（early reflections），それ以後に到来する反射音を後期反射音（late reflections）あるいは残響音（reverberant sound）という。反射音の中には，側壁からの反射音（側方反射音），天井からの反射音，ステージ後方の壁からの反射音，客席後方の壁からの反射音，床からの反射音など，さまざまな方向からの反射音があり，それぞれ聴取者の音の印象に対して後述のような異なった影響を与える。

第3節　反射音の効果の概要

聴取者の位置におけるホールの音響特性は，聴取者の位置における直接音と反射音の強さの関係，反射音の時間的経過，反射音の到来方向などによって支配される。反射音がある場合（ホール内の場合）を反射音のない場合（直接音だけの場合，つまり自由空間の場合）に比べると，次の3点に要約される。

①聴取者の位置では，直接音と反射音のエネルギーは加算されて音の強さは増加する。音が強くなると，聴取者には音の大きさ（ラウドネス）の増加として知覚される。
②反射音は直接音よりも時間的にわずかに遅れて聴取者に到来する。そうすると音は実際よりは長い間響いているように感じられる。例えば，スタッカート音のような短く鋭い感じの音がやわらかに感じられる。また音が響いている（残響感）ように感じられる。しかし，反射音の時間遅れが非常に長くなると，後続の直接音と同時に聴取者に到来し，マスキング効果によって音の明瞭さに悪影響を与えることもある。
③多くの反射音は聴取者に対して直接音とは異なった方向から到来する。複数の方向から音が到来すると，音の広がり感（spatial impression, spaciousness）が生じる。

第4節　反射音による音の加算効果——音量の増強と音色の変化

1.　音量の増強

前述のように，音響効果に影響を与える第一の要因は音圧レベルあるいは音の強さ（音量*2）である。聴取者にとって，演奏が適度な音量で聴取できることは極めて重要である。大きなホールで独奏や独唱を聴くときは音量が不足しがちで，聴取者は物足りなく感じることがある。逆に小さなホールの場合には不快なほどに音量が大きくなる場合がある。

音量に影響を与える要素は，まずステージから聴取者までの距離である。同じホールであっても，ステージからの距離が大きくなると，直接音のエネルギーは距離の2乗に反比例して減少するので，一般的にはステージから遠くなるに従って音量は低下する。反射音のうち，初期反射音は直接音を補って音量を増大させる効果がある。

一方，ホールの表面積や容積が増加すると，一般的には音量は減少する。反射音の強さは場所によって異なるので，聴取位置によって音量は異なり，とくにバルコニーの下など反射音が届きにくい場所では音量はさらに低下する。また聴衆の衣服やカーペット，カーテン，椅子の布張りなどの吸音性材料は音量を下げる方向に働く。

音量に関しては，G値（sound strength）と呼ばれる指標がある。G値は，反射音のない空間（無響室内）で無指向性スピーカからの短音（インパルス）に対して，10mの距離の点で測定した音のエネルギーを基準とし，ステージ上で無指向性スピーカ（音源）からのインパルスに対するホール各受音点での音のエネルギーがどれだけ高くなっているか（dB表示）を表現する指標である。G値は次式で表され，受音点によって当然異なる。

$$\mathrm{G\,(dB)} = 10\log_{10}\left[\int_0^{\infty} p^2(t)\,dt \Big/ \int_0^{\infty} p_{\mathrm{A}}{}^2(t)\,dt\right] \qquad (12.1)$$

ここで，$p(t)$ は受音点でのインパルス応答，$p_{\mathrm{A}}(t)$ は無響室内において音源より10mの距離で測定されたインパルス応答である。ほとんどの大ホールにおいて，すべての座席の平均のG値（中心周波数が500Hzと1000Hzの1オクターブ帯域での測定値の平均）は2～9dB範囲内にあり，最適値は，4～7.5dBの範囲である（Beranek, 2011）。

＊注2　「音量」という用語には明確な定義はないが，オーディオの分野ではよく使われる。「音の大きさ（ラウドネス）」は基本的には定常音に対する大小の感覚尺度であるが，本書では，定常音だけでなく音楽や音声のように常に音圧が変動しているような音に対しても総体的な大きさの感覚として「音量」という用語を使うことにする。また心理的な意味だけではなく，変動音の強さを表現する物理的な意味でも使用する。

第5節　反射音による時間的効果 ── 音の残響感と明瞭性

1.　残響感と残響時間（RT）

間接音（反射音）の時間的効果を定量化する1つの尺度として，残響時間（RT：Reverberation Time）がある。ホールのステージ上で連続音が鳴っていたとする。その音が急に停止すると，聴き手はただちに音が停止したと感じるのではなく，わずかの間，その音が残っているように感じる。実際には，音が停止したときに，ホール内の音の強さは時間的に減衰していく。残響時間とは音源が停止した後，音圧が60 dB（音圧が1/1000，つまり音の強さはその2乗の100万分の1）だけ減衰するのに要する時間である。

実際に残響時間を測定する場合には，減衰曲線の −5〜−35 dB の区間で計算し，その値を2倍する。また音源停止後10 dBだけ減衰するまでの時間を6倍して計算した場合の残響時間を初期減衰時間（EDT：early decay time）と呼び，区別している。初期減衰時間EDTは，残響時間RTよりも主観的な残響感との相関が高い。残響時間RT（秒）は，ホールの物理特性と関連しており，部屋の容積を V (m^3)，ホール内側の表面積を S (m^2)，平均吸音率を α とすれば，次式で計算することができる。

$$RT\,(s) = 0.161\,V/(\alpha S) \tag{12.2}$$

残響時間は音の周波数によって変わるが，習慣的に500 Hzの値で表す。残響時間は，ホールの容積が大きいほど長く，また壁や天井に吸音率の小さい材料を多く使っているほど長くなる。空席の場合に比べて聴衆が多くなると，衣服が吸音材として働き残響時間は短くなる。例えばウィーンの楽友協会大ホールは，空席時には残響時間がほぼ3秒であるが，満席時には2秒になる。またサントリーホールでは空席時には残響時間がほぼ2.5秒であるが，満席時には2秒になっている（ベラネクら，2005）。したがって聴衆のいないホールでのリハーサル時の残響時間（空席時）と満員の聴衆がいる演奏会の場合での残響時間（満席時）はずいぶん変わってくる。

反射音のほとんど生じない部屋を無響室という。床面を針金で作り，中空に浮かせ，部屋の中の上下左右のすべての壁面に音をほとんど反射しない厚いグラスウールを用いる。スピーカの周波数特性の測定等に用いる。また逆に天井，床，壁面をコンクリートで作った残響室もある。残響時間は低音で10秒以上，中音で5秒以上と非常に長く，音響材料の吸音特性測定などに用いる。日常生活において残響時間の長い場所としてよく経験する場所としては，銭湯やトンネルがある。声はよく響くが明瞭度は悪く，発声者と離れると言葉が聴き取りにくくなる。

残響時間 RT はホールの時間的特性を定量化した1つの指標に過ぎないが，しばしばホールの特性を表示するための代表的な値として用いられている。ほどよい明瞭さと残響感は良い音響効果のために必要なものである。

日本の最近のホールのうち，座席数が2,000席前後で容積が20,000 m^3 前後のコンサートホールの残響時間はだいたい空席時で2.2〜2.5秒，満席時で1.8〜2.1秒くらいが一般的である。また講演や歌謡曲などの電気音響による拡声装置を使用することを想定したホールは，ハウリングを避けるためにやや残響時間を短くしている。例えばNHKホールは，容積が25,200 m^3，座席数が3,677と非常に大きいホールであるが，残響時間は空席時1.9秒，満席時1.63秒と一般的なコンサートホールよりも短くなっている。またオペラハウスは，声の明瞭性を考慮してコンサートホールよりも残響時間が短くなっている。例えば新国立劇場オペラハウスの残響時間は，空席時1.73秒，満席時1.49秒である（ベラネクら，2005）。

使用目的によって最適残響時間が異なるということは，1つのホールでさまざまな種類の音楽を演奏する場合には，明瞭さと残響感のどちらかをある程度は我慢しなければならないことを意味している。例えばピアニストの安川加寿子は「ピアノにはいつもといってよいぐらい，残響が多すぎて音の分離が聴きづらいが，他の楽器あるいは歌手には喜ばれる」「ピアノに合う響きのホールは，特に歌手の方からは嫌がられる，というジレンマに陥ってしまう」と述べている（安川，1991）。

2.　音の明瞭性と初期音対後期音エネルギー比（C_{80}）

一方，同じホールの中でも，直接音と初期反射音（両者を合わせて初期音）

が強い座席では明瞭性が高く，後期反射音（後期音）が強い座席では明瞭性が低下する。そこで，初期音と後期音のエネルギーの比に着目した明瞭性の指標が式(12.3)のように提案されている（Reichardt et al., 1975）。初期音と後期音の時間境界は，80 ms である。

$$C_{80}(\mathrm{dB}) = 10\log_{10}\left[\int_0^{0.08} p^2(t)\,dt \Big/ \int_{0.08}^{\infty} p^2(t)\,dt\right] \tag{12.3}$$

ここで $p(t)$ は受音点の音圧波形である。この値 C_{80} を Clarity と呼ぶ。C_{80} は音楽に対して用いられ，その通常取りうる値は −5〜＋5 dB の範囲である（ISO 3382-1：2009）。時間境界を 50 ms とした C_{50} はスピーチに対して用いられる。

また直接音および 50 ms までの反射音のエネルギーを全エネルギーで割った値を D_{50}（Definition）と呼ぶ（Thiele, 1953）。D_{50} の通常取りうる値は 0.3〜0.7 の範囲である（ISO 3382-1：2009）。

$$D_{50} = \int_0^{0.05} p^2(t)\,dt \Big/ \int_0^{\infty} p^2(t)\,dt \tag{12.4}$$

D_{50} は音声を対象にしており，この値が大きいほど，明瞭性は高くなる。

3. 音の親密感と初期時間遅れ（ITDG）

比較的大きく，しかも横幅が広いホールの 1 階席の中央から後部の座席では，聴取者は「音が小さい」「音が遠い」「空虚な感じ」などのような印象を受けることがある。これらの印象を親密感（intimacy）が不足しているという。親密感の不足は，聴取者に対して演奏音の大きさの不足や歌手自体の声量の不足を感じさせることもある。この現象は，主として聴取者に対する第一反射音の直接音からの遅れ時間すなわち初期時間遅れ（ITDG：initial time delay gap）が長すぎることにより，直接音を補強する役割を十分に果たせないことと，マスキングによる妨害効果によって生じる。ホールの音響の質としては，親密感は残響感などよりも重要で，ITDG は約 20 ms 以下であることが望ましい（Beranek, 1962, 邦訳 長友・寺崎）。

また聴取者の位置での親密感を増加させるためには，ステージ後壁，側壁や客席側壁の反射性を高めるとか反射板を設置するなどの方法が考えられる。天吊りパネル（反射板）の導入により，ITDG が 45 ms から 19 ms に短縮され，音楽の品質が信じられないほど向上したという報告もある。非常に評価の高いホールの多くはメインフロア中央付近の座席でITDGは21ms以下となっている（ベラネクら，2005）。

天井に近い座席で聴く音は，天井桟敷の響きなどと呼ばれ，音が良いと言われることがしばしばある。音に芯があるようなしっかりした感じで，空虚な感じとは逆である。この現象は，天井からの第一反射音によって十分な量の短いITDGが得られるからだと考えられる。

第6節　反射音による空間的効果――音の広がり感

1.　音の広がり感の分析

反射音の直接音に対する割合が増加するにつれて，一般的には「音の広がり感」が増大する。「音の広がり感」という用語は，音源の輪郭が拡散して広がった感じとか，聴取者が音の中に取り囲まれた感じなど，研究者によってさまざまな意味に使用されていた。最近の室内音響研究では次のように2つの要素に分けられている。第一は「みかけの音源の幅（ASW：apparent source width，あるいはauditory source width）」，第2は「音に包まれた感じ（LEV：listener envelopment）」である（Morimoto & Maekawa, 1989；森本ら，1990；Bradley & Soulodre, 1995a；ISO 3382-1：2009）。主として，みかけの音源の幅ASWは初期反射音に，音に包まれた感じLEVは後期反射音によって生み出される。

2.　みかけの音源の幅（ASW）

A.　初期側方エネルギー率（LF）

バロンら（Barron, 1971；Barron & Marshall, 1981）は，無響室内に音源用のスピーカと側方からの第1反射音に対応する1つあるいは2つのスピーカを置き，広がり感（spatial impression あるいは broadening of the source）に及ぼす初期反射音の影響を調べた。その結果，広がり感は直接音到達後10～80msの遅れ時間をもつ初期側方反射音によって生じることを見出した。また広がり感は，側方反射音が真横方向のときに最も大きく，真横よりも前方あるいは後方になるほど小さくなること，直接音に対する側方反射音の比が大きくなるほど大きくなることも明らかにした。現在では，この広がり感は，みかけの音源の幅 ASW であると考えられている。広がり感に及ぼす周波数帯域の影響を見るために，直接音と側方反射音の両方をオクターブ帯域フィルタに通した音を使用した実験では，中心周波数が 250 Hz の帯域では音に包まれた感じが生じ，中心周波数が 1 kHz の帯域では広がり感（ASW）が生じ，さらに 4 kHz の帯域になると広がり感は大きく減少し，音像が正面から移動する。

これらの実験結果などから，ASW の指標としては式（12.5）に示す値が提案されており，この値は初期側方エネルギー率（LF：early lateral energy fraction）と呼ばれている。

$$LF = \int_{0.005}^{0.08} P_{\mathrm{L}}^{2}(t)\,dt \Big/ \int_{0}^{0.08} p^{2}(t)\,dt \qquad (12.5)$$

ただし，$p(t)$ は無指向性マイクロホンで受けた測定点でのインパルス応答の音圧波形，$P_{\mathrm{L}}(t)$ は双指向性マイクロホンで測定したインパルス応答の音圧波形である。指向性（8 の字を横にした形）は，最も感度の悪い方向を音源の方向（$\phi = 0$ 度）に向けている。双指向性マイクロホンの音圧波形出力は $p(t) \cdot \cos\phi$ になる。

ただし，国際基準 ISO（ISO3382-1：2009）では，利便性と正確さを考慮し（Kleiner, 1989），$\cos\phi$ を 2 乗しないで次のようにしている。

$$LFC = \int_{0.005}^{0.08} |P_{\mathrm{L}}(t) \cdot p(t)|\,dt \Big/ \int_{0}^{0.08} p^{2}(t)\,dt \qquad (12.6)$$

LFC の通常取りうる値は 0.05～0.35 の範囲である（ISO 3382-1：2009）。

また ASW は，聴取音圧レベルが高くなる（G 値が大きい）に従って広くなる（Keet, 1968；Barron & Marshall, 1981；Morimoto & Iida, 1995；Beranek, 2011）。なお，直接音の後 10 ms 以内に到来する反射音は早すぎるので，音像が横方向に移動して知覚される場合がある（Barron, 1971）。

B．両耳間相関度（IACC）

LF あるいは LFC は単に側方からの初期反射音の量に依存するパラメータであって，数式上では両耳聴との直接の関係はない。ASW に大きく影響を与える要因を両耳聴に関連するパラメータで表現するものとして，両耳に加わる音圧波形の正規化相互相関関数（IACF（τ）：inter-aural cross correlation function）の，τ が ±1ms 内での最大値が提案されている。この指標を両耳間相関度（IACC：inter-aural cross correlation）と呼んでいる。IACF（τ）は式(12.7)で表され，τ ＝0のときの値が正規化相関係数である。両耳間相関度はほぼ正規化相関係数に近いのであるが，現実的には音源から左耳および右耳までの到達時間にわずかな差（1ms 以下）の生じる可能性があるので τ が ±1ms 内での最大値という定義になっている。両耳間相関度 IACC は式(12.8)に示すようになる。

$$IACF(\tau)=\frac{\int_{t_1}^{t_2} p_l(t)\cdot p_r(t+\tau)\,dt}{\sqrt{\int_{t_1}^{t_2} p_l^2(t)\,dt\cdot\int_{t_1}^{t_2} p_r^2(t)\,dt}} \tag{12.7}$$

$$IACC=max|IACF(\tau)| \quad for \quad -1\,ms<\tau<+1\,ms \tag{12.8}$$

ただし，$p_l(t)$ と $p_r(t)$ はそれぞれ左耳と右耳の位置でのインパルス応答の音圧波形，t_1 と t_2 は対象とする音の時間範囲である。

心理実験の結果によれば，IACC が小さくなるほど ASW は広がることが示されている（Keet, 1968；Morimoto & Iida, 1995）。また，IACC と ASW の関係は音の周波数帯域によって異なる（Keet, 1968；Morimoto et al., 1995）。

一方，ステレオ音響の分野の研究においても，聴取者の前方に置かれた2チャンネルステレオスピーカから相関係数の異なる雑音やスピーチ信号が再生された場合，チャンネル間相関係数の絶対値が小さくなる（0に近くなる）ほど音像の幅（ASW）が広がることが示されている（Kurozumi & Ohgushi, 1983；黒住・大串，1984a, 1984b）。

初期側方エネルギー率 LF は両耳に入ってくる音圧波形の位相差には関係しないが，両耳間相関度 IACC は位相差によって大きく変化する。しかし，28のコンサートホールで測定した結果によれば，IACC と LF の間には，かなり強い負の相関関係がある（Okano et al., 1998）。

3.　音に包まれた感じ（LEV）

LEV に対しては，側方反射音のうち主として後期反射音が寄与している。

LEV の客観的測度を探求する実験が無響室内に作られた音場で次のように行われた（Bradley & Soulodre, 1995b）。さまざまな音響物理量すなわち，音圧レベル，残響時間，後期反射音の角度，初期/後期反射音比（$=C_{80}$）等をそれぞれ 3 レベルだけ変化させた音場で，音源（ヘンデル：《水上の音楽》，無響室録音，最初の 20 秒）を再生し，聴取者は聴取条件の異なる音場を聴き比べて LEV の程度の違いを 5 段階評価で評定した。その結果，後期反射音の到来方向が横方向（90 度方向）の場合に最も LEV が大きくなった。また，聴取音圧レベルが増加するほど，残響時間が長くなるほど，初期/後期反射音比（$=C_{80}$）が小さくなるほど，LEV が大きくなった。そこで LEV を予測する式として，後期側方エネルギーレベル LG（late lateral energy level）を次のように提案した（Bradley & Soulodre, 1995b）。

$$LG = 10\log_{10}\left[\int_{0.08}^{\infty} p_L{}^2(t)\,dt \Big/ \int_{0}^{\infty} p_A{}^2(t)\,dt\right] \tag{12.9}$$

ここで，$P_L(t)$ は双指向性マイクロホンで測定したインパルス応答の音圧波形，$P_A(t)$ は同じ音源を無響室の 10 m の距離において無指向性マイクロホンで測定したインパルス応答の音圧波形である。LG の通常取りうる値は −14〜+1 dB の範囲である（ISO 3382-1：2009）。

LEV に対して貢献する反射音は側方からの後期反射音の他に，前方上方から到来する初期反射音も LEV に貢献する（Furuya et al., 1995）。さらに，聴取者後方からの後期反射音や初期反射音によっても強化される。ただし後期反射音の影響の方が大きい（Morimoto et al., 2001）。後期反射音のうち，聴取者の頭上，後方さらに前方からの後期反射音も LEV に影響しているが，前方からの影響は比較的小さい（Furuya et al., 2001；Wakuda et al., 2003）。また聴取者の正面からの反射音の影響もゼロではなく，聴取者が周りを後期反射音にバランスよく取り囲まれるような場合に LEV は大きくなる（Hanyu & Kimura, 2001）。

第 7 節　コンサートホールの音の好ましさ

1.　シミュレーション音場による実験

無響室内に構成された直接音と単一初期反射音だけのシミュレーション音場

で，単一初期反射音の方向，強さ，時間遅れなどを変化させて，聴取者の好みが調べられている。音源が音声（女性の声で詩の朗読）で反射音の強さが直接音の強さと同じ場合，反射音の方向は 30 ～ 60 度（正面を 0 度として）のときに，両耳間相関度 IACC が概して最も低い値となり，比較的好ましいと判断された。また反射音が 30 度方向から到来したとき，反射音の時間遅れが 16 ms のときが最も好ましいと判断された（Ando & Kageyama, 1977）。

また音源として 4 種類の音楽を用いた場合，反射音の時間遅れは，各楽曲の自己相関関数の包絡線が 10％ にまで減衰する時間にほぼ等しくなる値で最も好まれることが見出された。また反射音の方向は 50 ～ 60 度のときに最も好まれ，また概して両耳間相関度が低い場合に好まれる傾向が見られた（Ando, 1977）。以上の 2 つのスピーカによる直接音と単一反射音だけのシミュレーション音場による結果は，シミュレーション音場を直接音，初期反射音，後期反射音に対応する 5 つのスピーカで構成した場合にも同様な結果が得られた（Ando & Gottlob, 1979；Ando & Imamura, 1979）

シミュレーション音場において 2 種類の音楽を聴取音圧レベルと両耳間相関度を変えてスピーカから再生する聴取実験結果の結果，好まれる聴取音圧レベルは楽曲やその中の部分によって変わるが，両耳間相関度とは独立であること，また聴取音圧レベルに関係なく両耳間相関度が低くなるほど好まれることが示された（安藤・森岡，1981）。

2.　ホールにおける演奏録音の聴取実験

コンサートホールには音が良いという定評のあるホールもあり，また評判の芳ばしくないホールもある。また座席によっても音の印象は異なっている。ここではホールの音の好みについて行われた研究（Schroeder et al., 1974；Schroeder, 1980）について紹介する。彼らは，無響室録音の音楽（モーツァルトの《ジュピター》交響曲の一部）を，ヨーロッパの有名な 4 つのホールのステージでスピーカ再生し，合計 10 の座席にダミーヘッドマイク（擬似頭の両耳の中にマイクを設置しステレオ録音する方式）を設置してステレオ録音した。

10 人の聴取者（評定者）が録音された 4 つのホールの合計 10 の座席での音の好みを一対比較で聴き比べる実験（クロストーク補正をしてステレオスピー

カ再生）に参加した。

実験結果を多次元尺度法で分析した結果を図 12-1 に示す。図は各聴取者の好みの方向を示す空間である。丸印の中の E，P，Q，T はそれぞれ 4 つのホールを示し，数字は座席番号である。また矢印につけられた数字は聴取者番号である。この図において，特定の聴取者の好みは各座席（丸印）を聴取者の矢印の上に投影した値として表される。例えば聴取者 7 は E1 の座席を最も好み，Q2 の座席を最も好まないということになる。この図から，聴取者によってホールの響きの好みの差（矢印方向の差）は大きく聴取者 7 と聴取者 4 の好みはほぼ正反対である。平均的には横軸の右方向が最も好まれる方向（consensus preference）となっている。この図を見ると，聴取者 3，4，6 は座席 Q2，T3 を好み，聴取者 7，8，9 は座席 E1，E2 を好んでおり，その他の聴取者は座席 T3，Q2，T2 を好んだ。平均的には，図の右側の座席が好まれ，左側の座席は好まれなかった。しかし聴取者間の好みがかなり大きいことが示されている。

聴取者によって好みの違いはあるものの，平均的に好まれるホールの音響条件は，これらの 4 つのホールは残響時間が 2.2 秒以下であったが，この範囲内では聴取者は残響時間が長い方を，また両耳間相関度 IACC が小さな値になる

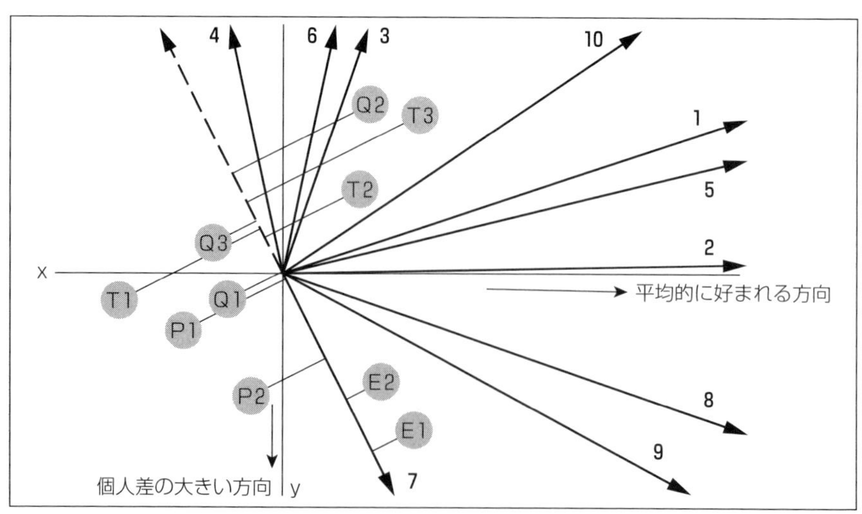

図 12-1　4 つのホールの 10 の座席に対する 10 人の聴取者の好みの分析（Schroeder, 1980）

座席を好むという結果が得られた。ホールの幅が広くなるほど好まれないという結果も得られた。幅が広いと側方からの初期反射音は遅れて聴取者に到達し，天井からの反射音が初期反射音になる可能性がある。そうすると両耳間に到達する反射音波形が類似したものになり，IACCが大きな値になり，好まれないということになる。ホールの容積を大きくするために幅を広くすると，IACCが低下し，良い音と判断され難くなるのである。

3.　聴取者の好みのグループへの分類

Lokkiら（Lokki et al., 2012）は，9つのコンサートホールのオーケストラ（simulated symphony orchestra）から12mの距離の座席で録音した音を，無響室内に球面上に配置した14チャンネルのスピーカから再生するシステムを構築した。このシステムを使って，17人の聴取者がオーケストラの演奏音（モーツァルト，ベートーヴェン，ブルックナーの各交響曲の一部）を聴き，その印象をさまざまな音の感覚的属性（例えば，reverberance，fullness，loudnessなど）で評定し，また好みの判断も行った。その分析をした結果，ホール間の違いを弁別する第1の属性は，音の大きさ（loudness），音に包まれた感じ（envelopment），残響（reverberance），などのいわゆる量的・空間的因子（曽根ら，1962）であった。第2の属性は，低音の豊かさ（bassiness）や距離の近さの感じ（proximity）などに対応する親近性因子であった。第3の属性は明瞭度（definition, clarity）に対応する明瞭性因子であった。

好みの判断は2つのグループに分かれた。第1のグループは，個々の楽器の音やメロディラインを聴き取るのが容易な，距離感の近さと明瞭性の高いホールを好んだ。これらのグループは，主として親近性因子と明瞭性因子に支配されている。第2のグループは，音が大きく，残響感があり音に包まれた感じで，また豊かな低音感のあるホールを好んだ。これらのグループは，主として量的・空間的因子と親近性因子に支配されている。弱くて遠くに感じられる音のホールは，すべての聴取者から嫌われた。聴取者の平均的な好みに対応する属性は，迫力感・広がり感と明瞭性の妥協によって生じる親近性であった。

4. 実際のホールの主観評価と音響物理量との対応

実際のホールの主観評価を行い，それらのホールで測定された音響物理量との対応関係について検討したベラネクや日高らの研究について簡単に紹介する。

A. ホールの主観評価

ホールの音の良さに対する判断基準（好み）は人によって異なっている。ホールの音の良さ（ここでは音響品質：acoustical quality と呼ぶ）に関しては，ベラネクらは，指揮者，音楽評論家，音楽愛好者への聞き取り調査やアンケート調査を行い，多くのホールやオペラハウスの音響品質に関する主観評価を行ってきた（Beranek, 1962；Hidaka et al., 1995；Beranek, 2003；ベラネクら，2005）。これらの結果は科学的に厳密な手法によるものではないが，専門家およびそれに近い人々による音の良さの程度を示した結果である。それらの結果によれば，古くから音響品質が高いことで世界的に知られるウィーンの楽友協会大ホール，ボストンシンフォニーホールおよびアムステルダムコンセルトヘボウの評価が最も高くランクづけされている。ただし，この主観評価の目的は，評価結果と各ホールのさまざまな音響物理量を測定して，音響品質と音響物理量との関連性を見出すことである。

また最近，ホールの音響品質のオンライン調査が行われ，ベラネクらに近い結果が得られている（Skalevik, 2017）。

B. 音響品質に関連する重要な音響物理量

音響品質に関連する音響物理量として，両耳間相関度 IACC，側方エネルギー率 LF，残響時間（初期減衰時間 EDT），音の強さ G 値，初期時間遅れ ITDG などがあげられている。

先に述べたように，両耳間相関度 IACC が低くなると，見かけの音源の幅 ASW が広がり，また音の好ましさも良くなる。

音の強さ G 値が大きくなると ASW は広がる。したがって大きなホールでは概して G 値が大きい方が好まれる。この効果への周波数帯域の影響を調べるために，オーケストラ演奏録音を 355 Hz を境界にして低周波帯域と高周波帯域に分け，それらの増幅度を変えて再生し，ASW の評価を行ったところ，低周波領域の増幅度を上げた方が ASW は広くなった（Hidaka et al., 1995）。

両耳間相関度 IACC に関しては，積分範囲を 0 ～ 80 ms とした場合の，500 Hz，1 kHz，2 kHz を中心周波数とする 1 オクターブ帯域のそれぞれの IACC の平均値 $IACC_{E3}$（E は Early，3 は 3 帯域の意味）が，ホールの主観評価とよく対応することが見出されている。なおこれらの場合の IACC は主観評価の良い 8 ホールの平均値は 0.34，主観評価が次のランクの 7 ホールの平均値は 0.44，主観評価のあまり良くない 2 つのホールの平均値は 0.58 と，主観評価が高い方が明確に IACC の値が小さくなっている（Hidaka et al., 1995）。

一方，初期側方エネルギー率 LF_{E3} とホールの主観評価との対応は十分ではなかった。また 125 Hz 帯域も含めた LF_{E4} の場合もほとんど同じであった（Hidaka et al., 1995）。

さらに $IACC_{E3}$ と 125 Hz および 250 Hz 帯域の平均 G 値を組み合わせると，ホールの音響品質のランクづけともっとよく対応する（Okano et al., 1998）。

残響時間に関しては，ランクづけが最高位のホールは，満席時の残響時間は 1.8 ～ 2.0 秒，最下位のホールでは 1.5 ～ 1.8 秒である。中位のホールは 1.5 ～ 2.1 秒となっており，残響時間より大きな影響を与える要因が存在するはずである。また空席時の初期減衰時間は，満席時の残響時間よりも音響品質との対応は優れている（Beranek, 2003）。オペラハウスは歌手の声の明瞭度を確保するために残響時間がやや短く造られている。23 のオペラハウスのうち 1 件を除いては，残響時間（満席時）1.11 ～ 1.61 秒の範囲に入っている。ただし指揮者や音楽評論家は 1.4 ～ 1.6 秒が最適値だと述べている（Hidaka & Beranek, 2000）。

初期時間遅れ ITDG に関しては，39 のホールの中央席付近で測定されている（Beranek, 2003）。その中で評価の高い 11 のホールの ITDG は 25 ms 以下で，平均値は約 20 ms である。最も短いホールは楽友協会大ホールで約 12 ms である。評価が 12 番目以下のホールでは，20 ～ 35 ms の間にあり，平均値は約 30 ms であった。また，主観評価の高いオペラハウスの ITDG は 20 ms 以下であった（Hidaka & Beranek, 2000）。また室内楽用の小さいホールでは，8.5 ～ 25.5 ms の範囲であったが，20 ms 以下にすべきだと述べられている（Hidaka & Nishihara,

2004)。

C. 音響物理量間の相互関係

さまざまな物理指標のうち，どの指標が多くの人の好ましさ（ホールの音響品質の良さ）に合致するのであろうか。まずホールやオペラハウスなどで，指標間の相関関係が調べられている（Hidaka & Beranek, 2000；ベラネク，2002；Beranek, 2003；Hidaka & Nishihara, 2004)。それらの結果によれば，RT と EDT は当然のことながら相関が高く，それらと LF の間にもかなりの相関がある。また C_{80} とは強い負の相関がある。しかし，RT と G 値，IACC，ITDG のそれぞれの間にはあまり強い相関はなく，これらの 4 つの指標はかなり独立しているということができる。彼らは，指揮者，音楽評論家，よく旅行する音楽ファンなどへのインタヴュー結果から，ホールの音響の質のランク付けをしているが，これらのランク付けと最もよく合う物理指標は IACC（彼らは，500 Hz，1 kHz，2 kHz を中心周波数とする 1 オクターブ帯域の帯域フィルタを通して測定した初期音の IACC の平均値を取り，$IACC_{E3}$ と呼んでいる)，またかなりよく合う指標として，EDT，G，ITDG などを挙げている。

第 8 節　ホールの実際問題

1.　ホールの大きさと形状

コンサートホールの中には，座席数が数百人の小型あるいは中型のものから 3000 人を越える大型ホールまでさまざまな規模のものがある。大型ホールでは，1 人あたりに分配される音のエネルギーが小さくなることによる音量の低下の問題をどのように解決するか，また多くの座席に聴取者が満足する音を伝達する設計を如何に行うかは，演奏者から聴取者への反射音の経路が複雑になるので，極めて難しい問題である。

ホールが小さくなると，音が悪いということで悪名の高いホールは，大型ホールに比べて少ないようである。これは，聴取者に到達する直接音と第一反射音の時間差 ITDG が短いことが大きな原因であろうと考えられる。

またホールの形状は，ホールの音響効果に大きな影響を与える。一般的に言って，ホールの形状は，シューボックス形（直方体），扇形，円形，ヴィンヤード（ワインヤード）形などに分けられる。

比較的幅の狭いシューボックス形のホールでは側方の壁からの初期反射音が容易に得られるので音源のみかけの幅（ASW）が広くなり，また音に包まれた感じ（LEV）のある良質の音を聴衆に供給することができる。ただし，ステージ幅の広い直方体の場合には側方からの初期反射音が弱く，また遅れ時間が長くなるので多くの席に良い音を供給するのが困難になる。扇形や円形のホールは，形状の上から中央の座席の聴衆に初期側方反射音を供給しにくいので，大きなホールでは良い音響効果をもたらすことは難しい。ヴィンヤード形とは，客席をいくつかのブロック（ぶどう畑に例える）に仕切り，それらのブロック間に高さの差をつけ，仕切るための壁面を利用して反射面をつくり，初期反射音を得ようとするものである。音の特徴としては，「響きが爽やかである。響きの質が細やかで繊細である。反面，重厚性に欠ける」と言われている（永田，1987）。

2.　座席の選択

コンサートホールの入場券を購入する場合にどこが最も良い席かという問題がつきまとう。まず前方と後方の座席について比較をしてみると，前方の座席では直接音が強いが，後方の座席になるほど反射音が相対的に強くなる。一般的には，明瞭な音を聴きたければ直接音が強い前方の座席が望ましく，またASWやLEVを含めた広がり感のある音を聴きたければ後方の座席が望ましいということになる。また，演奏者の表情を見たいというような視覚的な要因もある。その場合には前の方の見やすい座席を選ぶことになる。

大きなホールではしばしば1階よりも上階の方の座席の方が音の質が良いと経験的に言われている。東京文化会館では1階よりも最上階の5階の方を好む聴取者も多くおり，また京都コンサートホールでも1階中央から後方にかけての座席よりも最後部の3階正面の座席の方が良いと言われる。これらのことは，筆者の経験でもその通りである。このように天井に近い座席の方が音が良いと言われる理由は，前述の直接音と第一反射音の時間差（ITDG）が短くなることにより，天井に近い座席になるほど直接音と天井からの反射音の到達時間差が少なくなり，直接音と第一反射音があまり離れず一体となった感じになるからだと考えられる。

指揮者の表情を見たい場合にはステージ後方の座席は最適であるが，ピアノ協奏曲等の場合にその席で聴くと，ピアノからの直接音がほとんど到来せず，間接音だけが聴こえ，非常に不明瞭な音になる。ピアノや独唱者が入る曲の場合には，反射音主体の不明瞭な音になるのでこの座席は避けるべきであろう。

3. 楽器と残響時間

演奏楽器によって好まれる残響時間は異なっている。管楽器や弦楽器に比べるとピアノは音の立ち上がりが急峻なので，残響時間が長いと明瞭性に影響の生じる場合がある。管・弦楽器には音が伸びて良いといわれるホールはピアノには良くないとの指摘はしばしばあり，またその逆にピアノには良いが管・弦楽器には良くない場合もある（安川，1991）。また楽曲のテンポが速いときには残響時間が長いとマスキングの影響で音の明瞭性に影響が出る場合がある。

また残響可変装置の備えられたホールもある（木村ら，1989）。後ろや横の壁板を開いたり閉じたりして反射音を加減するのである。このようなホールでピアノを演奏する場合には，残響時間を長く設定するとピアノのペダルを踏まなくても踏んでも同様に響いて聴こえたりする。演奏者はリハーサル時に壁板の開閉を調整してもらって，他の人に音を聴いてもらって使用楽器による残響時間の設定を適切にすべきである。またこの調整によって演奏のしやすさも変化する。

演奏の曲目によっても好まれる残響時間や座席は異なる。交響曲でもピアノ曲でもハイドンやモーツアルトなどの古典派の曲とベートーヴェンやブラームスなどのロマン派の曲を比べると，古典派の場合にはロマン派の場合よりは明瞭性の高い座席が望ましい。つまり，残響時間がより短いホールあるいは比較的前方の座席が望ましい。一方，ロマン派の曲については豊かな響き，音に包まれた感じが望ましい（Beranek, 1962）。

4. 演奏のしにくいホール

ホールによっては非常に演奏のしにくいホールがある。アンサンブルの場合には，ステージ上への音のはね返りが小さいと，共演者の演奏音が聞こえ難くなり，演奏が難しくなる。そこで，演奏者がステージ上で出した音がどの程度ステージ上に返ってくるかを示す指標として，ステージサポート（ST1）が提案されている（Gade, 1989；ISO 3382-1：2009）。これは，ステージ上のインパルス音源から1m離れた測定点に置かれたマイクロホンに直接音到達後の20～100msの間に到達した反射音エネルギーを，0～10msの間に到達した直接音エネルギーで割った値のデシベル値表現である。すなわち，次のように表される。

$$\mathrm{ST1}(\mathrm{dB}) = 10\log_{10}\left[\int_{0.02}^{0.1} p^2(t)\,dt \Big/ \int_{0}^{0.01} p^2(t)\,dt\right] \quad (12.10)$$

ここで，$p(t)$ はインパルス応答の音圧波形である。ST1（＝$\mathrm{ST}_{\mathrm{Early}}$）の通常取りうる値は －24～－8dBの範囲である（ISO 3382-1：2009）が，推奨値は －15～－12dB程度とされている（ベラネクら，2005）。この値が大きいと演奏者は音のはね返りが大きいと感じる。また，反射音の積分範囲を20～200msと長くした場合をST2（＝$\mathrm{ST}_{\mathrm{late}}$）と呼んでいる。ST2は演奏者が感じる残響感に対応し（ISO 3382-1：2009），ソロのときには演奏者は客席からの手ごたえとして感じていると考えられる。

ST1が小さい場合の例であるが，音響品質の最も高いホールの1つであるアムステルダムコンセルトヘボウのST1は －18dBという低さである。著名な指揮者であるユージン・オーマンディはこのホールを「音がごちゃまぜになってオーケストラとしてのバランスに乏しい」と述べており，またベルナルド・ハイティンクは「アムステルダムでは，演奏者は自分自身の音だけが聴こえ，他の演奏者の音を聴くのが難しい」と述べている（ベラネク・日高訳，2002；Beranek, 2003）。また指揮者の大友（1997）は特に合奏が難しいホールの例として，「ホールによってはアンサンブルを耳で，つまり音によってリズムを合わせることがほとんど不可能に近いところもあり，そのようなホールではほとんどのメンバーが視覚によるアインザッツ（フレーズの出始めの合図）のみでリズムを合わせているわけである」と述べている。

音楽学部の多くの学生が，合唱のときにピアノの音が聴こえにくいとか，他のパートの声が聴こえにくい，あるいはアンサンブルのときに他楽器の音が聴こえにくいなどの経験をしている。このようなホールはステージ上での反射音の強さや方向が悪いために生じるので，反射板の構造や方向を見直す必要がある。ST1が小さいと，音響品質には影響しなくても，演奏の質には悪い影響を与えると考えられる。

アンサンブルでの演奏のしやすさはリズムの合わせやすさに大きく依存する。そのためには他の奏者のアタック音をすばやく聴き取るために早い反射音が必要であり，またその反射音には高域周波数成分を含むことが重要であることが示されている（Marshall et al., 1978）。

なお，人数の多いオーケストラの場合には，オーケストラ内での直接音，床反射音，初期反射音のエネルギーがメンバーの衣服などによって吸収されて減衰し，無人のステージ上で測定したステージサポートの値とは有意に異なってくるという指摘もなされている（Dammerud & Barron, 2010；Wenmaekers et al., 2016）。

文　献

Abel, S. M. (1972). Duration discrimination of noise and tone bursts. *Journal of Acoustical Society of America*, **51** (4 Part 2), 1219-1224.

Acoustical Society of America & American National Standards Institute. (1994). American National Standard Acoustical Terminology (ANSI S1.1-1994/ASA 111-2013), New York: Acoustical Society of America.

Acoustical Society of America & American National Standards Institute. (2013). American National Standard Acoustical Terminology (ANSI/ASA S1.1-2013), Melville: Acoustical Society of America.

Agrawal, Y., Platz, E. A., & Niparko, J. K. (2008). Prevalence of hearing loss and differences by demographic characteristics among US adults. *Archives Internal Medicine*, **168**, 14, 1522-1530.

Aibara, R., Welsh, J. T., Puria, S., & Goode, R. L. (2001). Human middle-ear sound transfer function and cochlear input impedance. *Hearing Research*, **152**, 100-109.

Aitkin, L. M., Dickhaus, H., Schult, W., & Zimmermann, M. (1978). External nucleus of inferior colliculus: Auditory and spinal somatosensory afferents and their interactions. *Journal of Neurophysiology*, **41** (4), 837-847.

Allen, D. (1967). Octave discriminability of musical and non-musical subjects. *Psychonomic Science*, **7** (12), 421-422.

American Standards Association. (1951). American Standard Acoustical Terminology (ASA Z24.1-1951). New York : American Standards Association.

安藤彰男 (2014). 音場再現. コロナ社.

Ando, Y. (1977). Subjective preference in relation to objective parameters of music sound fields with a single echo. *Journal of Acoustical Society of America*, **62** (6), 1436-1441.

Ando, Y. (1983). Calculation of subjective preference at each seat in a concert hall. *Journal of Acoustical Society of America*, **74** (3), 873-887.

Ando, Y., & Gottlob, D. (1979). Effects of early multiple reflections on subjective preference judgments of music sound fields. *Journal of Acoustical Society of America*, **65** (2), 524-527.

Ando, Y., & Imamura, M. (1979). Subjective preference tests for sound fields in concert halls simulated by the aid of a computer. *Journal of Sound and Vibration*, **65** (2), 229-239.

Ando, Y. & Kageyama, K. (1977). Subjective preference of sound with a single early reflection. *ACUSTICA*, **37** (2), 111-117.

安藤四一・森岡研三 (1981). 音場の主観的プリファレンスにおける聴取音圧レベルと両耳間相関度の影響. 日本音響学会誌, **37** (12), 613-618.

ARIB TR-B32 (2016). デジタルテレビ放送番組におけるラウドネス運用規定 1.5 版. 電波産業会.

Arnesen, A. R. (1982). Presbyacusis-loss of neurons in the human cochlear nuclei. *Journal of Laryngology & Otology*, **96** (6), 503-511.

Arthur, R. M., Pfeiffer, R. R., & Suga, N. (1971). Properties of "two-tone inhibition" in primary auditory neurons. *Journal of Physiology*. **212**, 593-609.

Ashihara, K. (2007). Hearing threshold for pure tones above 16 k Hz. *Journal of Acoustical Society of America*, **122** (3), EL52-57.

蘆原　郁・桐生昭吾 (2000). 周波数帯域の拡張に伴うスピーカの非線形歪の増加. 日本音響学会誌, **56** (8), 549-555.

Ashihara, K., & Kiryu, S. (2003). Audibility of components above 22 kHz in a harmonic complex tone. Acta ACUSTICA united with ACUSTICA, **89**, 540-546.

蘆原　郁・桐生昭吾 (2005). その後のハイサンプリングオーディオソフトの品質. 音響学会聴覚研究会資料, **35** (1), H-2005-5, 25-30.

蘆原　郁・桐生昭吾・倉片憲治・中村則雄・芝崎朱美・岩城達也 (2001). 音楽に含まれる超高周波成分が知覚に及ぼす影響 —— 主観弁別実験. AES 東京コンベンション 2001 技術発表予稿集, 18-21.

Ashihara, K., Kurakata, K., Mizunami, T., & Matsushita, K. (2006). Hearing threshold for pure tones above 20 kHz, Acoustical Science and Technology, **27** (1), 12-19.

Ashmore, J. F. (1987). A fast motile response in guinea-pig outer hair cells: The cellular basis of the cochlear amplifier. *Journal of Physiology*, **388**, 323-347.

Attneave, F., & Olson, R. K. (1971). Pitch as a medium: A new approach to psychological scaling. American Journal of Psychology, **84**, 147-166.

Babkoff, H., Muchnik, C., Ben-David, N., Furst, M., Even-Zohar, S., & Hildesheimer, M. (2002). Mapping lateralization of click trains in younger and older populations. *Hearing Research*, **165** (1-2), 117-127.

Bachem, A. (1948). Chroma fixation at the ends of the musical frequency scale. *Journal of Acoustical Society of America*, **20** (5), 704-705.

Bacon, S. P., & Grantham, D. W. (1989). Modulation masking: Effects of modulation frequency, depth, and phase. *Journal of Acoustical Society of America*, **85** (6), 2575-2580.

Bacon, S. P., & Viemeister, F. (1985). The temporal course of simultaneous tone-to-tone masking. *Journal of Acoustical Society of America*, **78** (4), 1231-1235.

Bainbridge, K. E., Hoffman, H. J., & Cowie, C. C. (2008). Diabetes and hearing impairment in the United States: audiometric evidence from the National Health and Nutrition Examination Survey, 1999 to 2004. *Annals Internal Medicine*, **149** (1), 1-10.

Barron, M. (1971). The subjective effects of first reflections in concert halls-The need for lateral reflections. *Journal of Sound and Vibration*, **15** (4), 475-494.

Barron, M. (1993). *Auditorium acoustics and architectural design*. London: E & FN Spon. London.

Barron, M. (2001). Late lateral energy fractions and the envelopment question in concert halls. *Applied Acoustics*, **62**, 185-202.

Barron, M., & Marshall, A. H. (1981). Spatial impression due to early lateral reflections in concert halls: The derivation of a physical measure. *Journal of Sound and Vibration*, **77** (2), 211–232.

Batteau, D. W. (1967). The role of the pinna in human localization. *Proceedings of the Royal Society of London, Series B, Biological Sciences*, **168** (1011), 158–180.

Baumann, S., Joly, O., Rees, A., Petkov, C. I., Sun, L., Thiele, A., & Griffiths, T. D. (2015). The topography of frequency and time representation in primate auditory cortices. *eLife*, **4** (e 03256), 1–15.

Beck, J., & Shaw, W. A. (1961). The scaling of pitch by the method of magnitude-estimation. *American Journal of Psychology*, **74**, 242–251.

Békésy, G. von (1947). The variation of phase along the basilar membrane with sinusoidal vibrations. *Journal of Acoustical Society of America*, **19** (3), 452–460.

Békésy, G. von (1949). On the resonance curve and the decay period at various points on the cochlear partition. *Journal of Acoustical Society of America*, **21** (3), 245–254.

Békésy, G. von (1960). *Experiments in Hearing*, New York: McGraw-Hill.

Bendor, D., & Wang, X. (2005). The neuronal representation of pitch in primate auditory cortex. *Nature*, **436**, 1161–1165.

Bendor, D., & Wang, X. (2006). Cortical representations of pitch in monkeys and humans. *Current Opinion in Neurobiology*, **16**, 391–399.

Beranek, L. L. (1962). Music, Acoustics & Architecture, John Wiley & Sons, Inc., New York. 長友宗重・寺崎恒正.（訳）(1972). 音楽と音響と建築. 鹿島出版会.

ベラネク・レオ・L（日高孝之訳）(2002). コンサートホール音響：補遺 2001. 日本音響学会誌, **58** (1), 61–71.

Beranek, L. L. (2003). Subjective rank-orderings and acoustical measurements for fifty-eight concert halls. *Acta Acustica united with Acustica*, **89**, 494–508.

Beranek, L. L. (2011). The sound strength parameter G and its importance in evaluating and planning the acoustics of halls for music. *Journal of Acoustical Society of America*, **129** (5), 3020–3026.

ベラネク（レオ・L）・日高孝之・永田　穂 (2005). コンサートホールとオペラハウス. シュプリンガー・フェアラーク東京.

Beranek, L. L., Marshall, J. L., Cudworth, A. L., & Peterson, A. P. G. (1951). Calculation and measurement of the loudness of sounds. *Journal of Acoustical Society of America*, **23** (3), 261–269.

Berger, K. W. (1964). Some factors in the recognition of timbre, *Journal of Acoustical Society of America*, **36** (10), 1888–1891.

Bernstein, L. R., & Green, D. M. (1987). The profile-analysis bandwidth. *Journal of Acoustical Society of America*, **81** (6), 1888–1895.

Bernstein, L. R., & Trahiotis, C. (2002). Enhancing sensitivity to interaural delays at high frequencies by using "transposed stimuli". *Journal of Acoustical Society of America*, **112** (3), Pt.1, 1026–1036.

Bismarck, G. von (1974 a). Sharpness as an attribute of the timbre of steady sounds. *Acustica*, **30**, 159–172.

Bismarck, G. von (1974 b). Timbre of steady sound: A factorial investigation of its verbal attributes, *Acustica*, **30**, 146–159.

Blauert, J. (1969/1970). Sound localization in the median plane. *ACUSTICA*, **22**, 205-213.

Blauert, J., Moebius, U., & Lindermann, W. (1986). Supplementary psychoacoustical results on auditory spaciousness. *Acustica*, **58**, 292-293.

Bloom, J. B. (1977). Determination of monaural sensitivity changed due to the pinna by use of minimum-audible-field measurements in the lateral vertical plane. *Journal of Acoustical Society of America*, **61** (3), 820-828.

Bradley, J. S., & Soulodre, G. A. (1995 a). The influence of late arriving energy on spatial impression. *Journal of Acoustical Society of America*, **97** (4), 2263-2271.

Bradley, J. S., & Soulodre, G. A. (1995 b). Objective measures of listener envelopment. *Journal of Acoustical Society of America*, **98** (5), Pt.1, 2590-2597.

Brand, A., Behrend, O., Marquardt, T., McAlpine, D., & Grothe, B. (2002). Precise inhibition is essential for microsecond interaural time difference coding. *Nature*, **417**, 543-547.

Bregman, A. S., & Campbell, J. (1971). Primary auditory stream segregation and perception of order in rapid sequences of tones. *Journal of Experimental Psychology*, **89** (2), 244-249.

Bregman, A. S., & Dannenbring, G. L. (1973). The effect of continuity on auditory stream segregation. *Perception & Psychophysics*, **13** (2), 308-312.

Bregman, A. S., & Pinker, S. (1978). Auditory streaming and the building of timbre. *Canadian Journal of Psychology*, **32** (1), 19-31.

Bregman, A. S., Abramson, J., Doehring, P., & Darwin, C. J. (1985). Spectral integration based on common amplitude modulation. *Perception & Psychophysics*, **37**, 483-493.

Broadbent, D. E., & Ladefoged, P. (1957). On the fusion of sounds reaching different sense organs. *Journal of Acoustical Society of America*, **29** (6), 708-710.

Broadbent, D. E. (1958). *Perception and Communication*. Oxford: Pergamon.

Brungart, D. S., & Rabinowitz, W. M. (1999). Auditory localization of nearby sources, Head-related transfer functions. *Journal of Acoustical Society of America*, **106** (3), Pt.1, 1465-1479.

Brungart, D. S. (2001). Informational and energetic masking effects in the perception of two simultaneous talkers. *Journal of Acoustical Society of America*, **109** (3), 1101-1109.

Burns, E. M., & Feth, L. L. (1983). Pitch of sinusoids and complex tones above 10 kHz. In R. Klinke & R. Hartmann (Eds.). *Hearing-Physiological bases and Psychophysics*. Springer-Verlag, 327-333.

Butler, R. A., & Belendiuk, K. (1977). Spectral cues utilized in the localization of sound in the median sagittal plane. *Journal of Acoustical Society of America*, **61** (5), 1264-1269.

Butler, R. A., & Humanski, R. A. (1992). Localization of sound in the vertical plane with and without high-frequency spectral cues. *Perception & Psychophysics*, **51** (2), 182-186.

Butler, R. A. (1969). Monaural and binaural localization of noise bursts vertically in the median sagittal plane. *Journal of Auditory Research*, **3**, 230-235.

Butler, R. A. (1971). The monaural localization of tonal stimuli. *Perception & Psychpphysics*, **9**, 99-101.

Buus, S. (1985). Release from masking caused by envelope fluctuations. *Journal of Acoustical Society of America*, **78** (6), 1958-1965.

Cherry, E. C. (1953). Some experiments on the recognition of speech, with one and with two ears. *Journal of Acoustical Society of America*, **25** (5), 975-979.

Chung, J. H., Des Roches, C. M., Meunier, J. & Eavey, R. D. (2005). Evaluation of noise-induced hearing loss in young people using a web-based survey technique. *Pediatrics*, **115** (4), 861-867.

Ciocca, V., & Bregman, A. S. (1987). Perceived continuity of gliding and steady-state tones through interrupting noise. *Perception & Psychophysics*, **42** (5), 476-484.

Cohen, A. (1961). Further investigation of the effects of intensity upon the pitch of pure tones. *Journal of Acoustical Society of America*, **33** (10), 1363-1376.

Cook, N. D., & Fujisawa, T. X. (2006). The psychophysics of harmony perception: Harmony is a three-tone phenomenon. *Empirical Musicology Review*, **1** (2), 106-126.

Craig, J. H., & Jeffress, L. A. (1962). Effect of phase on the quality of a two-component tone, *Journal of Acoustical Society of America*, **34**, 1752-1760.

Cruickshanks, K. J., Klein, R., Klein, B. E. K., Wiley, T. L., Nondahl, D. M., & Tweed, T. S. (1998). Cigarette smoking and hearing loss. *The epidemiology of hearing loss study*. **279** (21), 1715-1719.

Cruickshanks, K. J., Tweed, T. S., Wiley, T. L., Klein, B. E., Chappell, R., Nondahl, D. M., & Dalton, D. S. (2003). The 5-year incidence and progression of hearing loss: the epidemiology of hearing loss study. *Archives of Otolaryngology-Head & Neck Surgery*. **129** (10), 1041-1046.

Dammerud, J. J., & Barron, M. (2010). Attenuation of direct sound and the contributions of early reflections within symphony orchestras. *Journal of Acoustical Society of America*, **128** (4), 1755-1765.

Dannenbring, G. L. (1976). Perceived auditory continuity with alternately rising and falling frequency transitions. *Canadian Journal of Psychology*, **30** (2), 99-114.

Darwin, C. J. (1984). Perceiving vowels in the presence of another sound: Constraints on formant perception. *Journal of Acoustical Society of America*, **76** (6), 1636-1647.

Dau, T., Kollmeier, B., & Kohlrausch, A. (1997). Modeling auditory processing of amplitude modulation. I. Detection and masking with narrow-band carriers. *Journal of Acoustical Society of America*, **102** (5), Pt.1, 2892-2905.

David Jr., E. E., & Guttman, N. & van Bergeijk, W. A. (1959). Binaural interaction of high-frequency complex stimuli. *Journal of Acoustical Society of America*, **31** (6), 774-781.

Davis, H., Silverman, S. R., & McAuliffe, D. R. (1951). Some observations on pitch and frequency. *Journal of Acoustical Society of America*, **23** (1), 40-42.

de Boer, E. (1956). Pitch of inharmonic signals. *Nature*, **178** (Sept. 8), 535-536.

de Boer, E. (1976). On the "residue"and auditory pitch perception. In W. D. Keidel & W. D. Neff (Eds.). *Handbook of Sensory Physiology Vol, 5, Auditory system, Part 3: Clinical and special topics*. Berlin: Springer-Verlag. 479-583.

Deatherage, B. H. (1961). Binaural interaction of clicks of different frequency content. *Journal of Acoustical Society of America*, **33** (2), 139-145.

Deatherage, B. H., & Hirsh, I. J. (1959). Auditory localization of clicks. *Journal of Acoustical Society of America*, **31** (4), 486-492.

Delgutte, B. (1990). Physiological mechanisms of psychophysical masking: Observations from auditory-nerve fibers. *Journal of Acoustical Society of America*, **87** (2), 791-809.

Deutsch, D., Dooley, K., & Henthorn, T. (2008). Pitch circularity from tones comprising full harmonic series. *Journal of Acoustical Society of America*, **124** (1), 589-597.

Dimmick, F. L., & Gaylord, E. (1934). The dependence of auditory localization upon pitch. *Journal of Experimental Psychology*, **17** (4), 593-599.

Doughty, J. M., & Garner, W. R. (1947). Pitch characteristics of short tones. I. Two kinds of pitch threshold, *Journal of Experimental Pscychology*, **37**, 351-365.

Dowling, W. J. (1973). The perception of interleaved melodies. *Cognitive Psychology*, **5**, 322-337.

Dubno, J. R., Dirks, D. D., & Morgan, D. E. (1984). Effects of age and mild hearing loss on speech recognition in noise. *Journal of Acoustical Society of America*, **76** (1), 87-96.

Ebata, M., Sone, T., & Nimura, T. (1968). Improvement of hearing ability by directional information. *Journal of the Acoustical Society of America*, **43** (2), 289-297.

Ebata, M., Tsumura, N., & Okda, J. (1984). Pitch shift of tone burst in the presence of preceding or trailing tone. *Journal of Acoustical Society of Japan* (*E*), **5** (3), 149-155.

Eddins, D. A. (1993). Amplitude modulation detection of narrow-band noise: Effects of absolute bandwith and frequency region. *Journal of Acoustical Society of America*, **93** (1), 470-479.

Eddins, D. A., Hall, J. W., & Grose, J. H. (1992). The detection of temporal gaps as a function of frequency region and absolute stimulus bandwith. *Journal of Acoustical Society of America*, **91** (2), 1069-1077.

Edmonds, B. A., & Culling, J. F. (2009). Interaural correlation and the binaural summation of loudness. *Journal of Acoustical Society of America*, **125** (6), 3865-3870.

Egan, J. P., & Hake, H. W. (1950). On the masking pattern of a simple auditory stimulus. *Journal of Acoustical Society of America*, **22** (5), 622-630.

Egan, J. P., & Meyer, D. R. (1950). Changes in pitch of tones of low frequency as a function of the pattern of excitation produced by a band of noise. *Journal of Acoustical Society of America*, **22** (6), 827-833.

Ehret, G., & Merzenich, M. M. (1988). Complex sound analysis (frequency resolution, filtering and spectral integration) by single units of the inferior colliculus of the cat. *Brain Research Reviews*, **13**, 139-163.

Elliot, L. L. (1962). Backward masking: monotic and dichotic conditions. *Journal of Acoustical Society of America*, **34** (8), 1108-1115.

Elliot, L. L. (1965). Changes in the simultaneous masked threshold of brief tones. *Journal of Acoustical Society of America*, **38** (5), 738-746.

Elliot, L. L. (1969). Masking of tones before, during, and after brief silent periods in noise. Journal of Acoustical Society of America, **45** (5), 1277-1279.

Emmett, S. D., & Francis, H. W. (2015). The socioeconomic impact of hearing loss in US adults.

Otology & Neurotology, **36** (3), 545–550.

Evans, E. F. (1989). Representation of complex sounds in the peripheral auditory system with particular reference to pitch perception. In S. Nielzen & O. Olsson (Eds.). *Structure and perception of electroacoustic sound and music. Amsterdam: Excerpta Medica*. pp.117–130.

Ewert, S. D., & Dau, T. (2000). Characterizing frequency selectivity for envelope fluctuations. *Journal of Acoustical Society of America*, **108** (3), Pt.1, 1181–1196.

Feddersen, W. E., Sandel, T. T., Teas, D. C. & Jeffress, L. A. (1957). Localization of high-frequency tones. *Journal of the Acoustical Society of America*, **29** (9), 988–991.

Fiebig, A., & Sottek, R. (2015). Contribution of peak events to overall loudness. *Acta Acustica united with Acustica*, **101**, 1116–1129.

Fisher, H. G., & Freedman, S. J. (1968). The role of the pinna in auditory localization. *Journal of Auditory Research*, **8**, 15–26.

Fishman, Y. I., Reser, D. H., Areggo, J. C., & Steinschneider, M. (1998). Pitch vs. spectral encoding of harmonic complex tones in primary auditory cortex of the awake monkey. *Brain Research*, **786**, 18–30.

Fitzgibbons, P. J. (1983). Temporal gap detection in noise as a function of frequency, bandwidth, and level. *Journal of Acoustical Society of America*, **74** (1), 67–72.

Fitzgibbons, P. J., & Gordon-Salant S. (1994). Age effects on measures of auditory duration discrimination. *Journal of Speech and Hearing Research*, **37**, 662–670.

Fitzgibbons, P. J., & Gordon-Salant S. (1995). Age effects on duration discrimination with simple and complex stimuli. *Journal of Acoustical Society of America*, **98** (6), 3140–3145.

Fitzgibbons, P. J., & Wightman, F. L. (1982). Gap detection in normal and hearing-impaired listeners. *Journal of Acoustical Society of America*, **72** (3), 761–765.

Fitzgibbons, P. J., Gordon-Salant S., & Friedman, S. A. (2006). Effects of age and sequence presentation rate on temporal order recognition. *Journal of Acoustical Society of America*, **120** (2), 991–999.

Fletcher, H. (1924). The physical criterion for determining the pitch of a musical tone. *Physical Review*, **23**, 427–436.

Fletcher, H. (1940). Auditory patterns. *Reviews of Modern Physics*, **12**, 47–65.

Fletcher, H., & Munson, W. A. (1933). Loudness, its definition, measurement and calculation. *Journal of Acoustical Society of America*, **5**, 82–108.

Fletcher, H., & Munson, W. A. (1937). Relation between loudness and masking. *Journal of Acoustical Society of America*, **9** (1), 1–10.

Florentine, M., & Buus, S. (1981). An excitation-pattern model for intensity discrimination. *Journal of Acoustical Society of America*, **70** (6), 1646–1654.

Florentine, M., Buus, S., & Poulsen, T. (1996). Temporal integration of loudness as a function of level. *Journal of Acoustical Society of America*, **99** (3), 1633–1644.

Freyman, R. L., Helfer, K. S., McCall, D. D., & Clifton, R. K. (1999). The role of perceived spatial separation in the unmasking of speech. *Journal of the Acoustical Society of America*, **106** (6), 3578–

3588.

Frisina, R. D., Smith, R. L., & Chamberlain, S. C.（1990）. Encoding of amplitude modulation in the gerbil cochlear nucleus. Ⅰ. A hierarchy of enhancement. *Hearing Research*, **44**, 99–122.

Füllgrabe, C., Moore, B. C. J., & Stone, M. A.（2015）. Age-group differences in speech identification despite matched audiometrically normal hearing: contributions from auditory temporal processing and cognition. *Frontiers in Aging Neuroscience*, **6**（347）, 1–25.

Furuya, H., Fujimoto, K., Ji, C. Y., & Higa, N.（2001）. Arrival direction of late sound and listener envelopment, *Applied Acoustics*, **62**, 125–136.

Furuya, H., Fujimoto, K., Takeshima, Y. & Nakamura, H.（1995）. Effect of eraly reflections from upside on auditory envelopment. *Journal of Acoustical Society of Japan*（*E*）, **16**（2）, 97–104.

Gabriel, K. J., Koehnke, J., & Colburn, H. S.（1992）. Frequency dependence of binaural performance in listeners with impaired binaural hearing. *Journal of Acoustical Society of America*, **91**（1）, 336–347.

Gade, A. C.（1989）. Investigations of musicians' room acoustic conditions in concert halls. Part Ⅰ: Methods and laboratory experiments. *ACUSTICA*, **69**, 193–203.

Gardner, M. B.（1968）. Historical background of Haas and/or precedence effect. *Journal of Acoustical Society of America*, **43**（6）, 1243–1248.

Gardner, M. B.（1969）. Distance estimation of 0° or apparent 0°-oriented speech signals in anechoic space. *Journal of Acoustical Society of America*, **45**（1）, 47–53.

Gardner, M. B.（1973）. Some monaural and binaural facets of median plane localization. *Journal of Acoustical Society of America*, **54**（6）, 1489–1495.

Gardner, M. B., & Gardner, R. S.（1973）. Problem of localization in the median plane: effect of pinnae cavity occlusion. *Journal of Acoustical Society of America*, **53**（2）, 400–408.

Garner, W. R.（1949）. The loudness and loudness matching of short tones. *Journal of Acoustical Society of America*, **21**（4）, 398–403.

Gates, G. A., & Mills, J. H.（2005）. Presbycusis. *Lancet*, **366**, 1111–1120.

Gelfand, S. A., Piper, N., & Silman, S.（1986）. Consonant recognition in quiet and in noise with aging among normal hearing listeners. *Journal of Acoustical Society of America*, **80**（6）, 1589–1598.

Gescheider, G. A.（1997）. *Psychophysics: The fundamentals,* Third edition. Laurence Erbaum Associates, Inc. Hillsdale. 宮岡　徹（監訳）（2002）．心理物理学——方法・理論・応用．北大路書房．

Glasberg, B. R., & Moore, B. C. J.（1986）. Auditory filter shapes in subjects with unilateral and bilateral cochlear impairments. *Journal of Acoustical Society of America*, **79**（4）, 1020–1033.

Glasberg, B. R., & Moore, B. C. J.（1990）. Derivation of auditory filter shapes from notched-noise data. *Hearing Research*, **47**, 103–118.

Glasberg, B. R., & Moore, B. C. J.（2002）. A model of loudness applicable to tim-varying sounds. *Journal of Audio Engineering Society*, **50**（5）, 331–342.

Goldberg, J. M., & Brownell, W. E.（1973）. Discharge characteristics of neurons in anteroventral and dorsal cochlear nuclei of cat. *Brain Research*, **64**, 35–54.

Goldstein, J. L. (1967). Auditory nonlinearity. *Journal of Acoustical Society of America*, **41** (3), 676-689.

Goldstein, J. L. (1973). An optimum processor theory for the central formation of the pitch of complex tones. *Journal of Acoustical Society of America*, **54** (6), 1496-1516.

Goldstein, J. L., & Kiang, N. Y. S. (1968). Neural correlates of the aural combination tone 2f1-f2. *Proceedings of IEEE*, **56** (6), 981-992.

Grantham, D. W. (1984). Interaural intensity discrimination: Insensitivity at 1000 Hz. *Journal of the Acoustical Society of America*, **75** (4), 1191-1194.

Green, D. M. (1969). Masking with continuous and pulsed sinusoids. *Journal of Acoustical Society of America*, **46** (4), Part 2, 939-946.

Green, D. M. (1976). *An introduction to hearing*. Mahwah: Lawrence Eribaum Associates.

Green, D. M. (1983). Successive versus simultaneous comparison in auditory intensity discrimination. *Journal of Acoustical Society of America*, **73** (2), 639-643.

Green, D. M., Mason, C. R., & Kidd Jr, G. (1984). Profile analysis: Critical bands and duration. *Journal of Acoustical Society of America*, **75** (4), 1163-1167.

Green, D. M., & Forrest, T. G. (1989). Temporal gaps in noise and sinusoids. *Journal of Acoustical Society of America*, **86** (3), 961-970.

Grey, J. M. (1977). Multidimensional perceptual scaling of musical timbres. *Journal of Acoustical Society of America*, **61** (5), 1270-1277.

Griffiths, T. M., & Hall, D, A. (2012). Mapping pitch representation in neural ensembles with fMRI. *Journal of Neuroscience*, **32**, 13343-13347.

Grose, J. H., Poth, E. A., & Peters, R. W. (1994). Masking lecel differences for tones and speech in elderly listeners with relatively normal audiograms. *Journal of Speech and Hearing Research*, **37** (2), 422-428.

Guest, H., Munro, K. J., Prendergast, G., Millman, R. E., & Plack, C. J. (2018). Impaired speech perception in noise with a normal audiogram: No evidence for cochlear synaptopathy and no relation to lifetime noise exposure. *Hearing Research*, **364**, 142-151.

Guirao, M., & Stevens, S. S. (1964). Measurement of auditory density. *Journal of Acoustical Society of America*, **36** (6), 1176-1182.

Gummer, M., Yates, G. K., & Johnstone, B. M. (1988). Modulation transfer function of efferent neurones in the guinea pig cochlea. *Hearing Research*, **36**, 41-52.

Guthrie, E. R., & Morill, H. (1928). The fusion of non-musical intervals. *American Journal of Psychology*, **40**, 624-625.

Hackett, T. A., Stepniewska, I., & Kaas, J. H. (1998). Subdivisions of auditory cortex and ipsilateral cortical connections of the parabelt auditory cortex in macaque monkeys. *Journal of comparative neurology*, **394**, 475-495.

Hafter, E. R., & Carrier, L. C. (1972). Binaural interaction in low-frequency stimuli: The inability to trade time and intensity completely. *Journal of Acoustical Society of America*, **51** (6), Part 2, 1852-1862.

Hafter, E. R., & Jeffress, L. A. (1968). Two-image lateralization of tones and clicks. *Journal of Acoustical Society of America*, **44** (2), 563-569.

Haggard, M. P., Hall, J. W. Ⅲ, & Grose, J. H. (1990). Comodulation masking release as a function of bandwidth and test frequency. *Journal of Acoustical Society of America*, **88** (1), 113-118.

Hall, J. W. Ⅲ, & Peters, R. W. (1981). Pitch for nonsimultaneous successive harmonics in quiet and noise. *Journal of Acoustical Society of America*, **69** (2), 509-513.

Hall, J. L., & Schroeder, M. R. (1972). Monaural phase effects for two-tone signals. *Journal of Acoustical Society of America*, **51**, 1882-1884.

Hall, J. W., Haggard, M. P., & Fernandes, M. A. (1984). Detection in noise by spectro-temporal pattern analysis. *Journal of Acoustical Society of America*. **76** (1), 50-56.

Hamasaki, K., Nishiguchi, T., Okumura, R., Nakayama, Y., & Ando, A. (2008). A 22. 2 multichannel sound system for ultrahigh-definition TV (UHDTV). *SMPTE Motion Imaging Journal*, 40-49.

Hanyu, T., & Kimura, S. (2001). A new objective measure for evaluation of listener envelopment focusing on the spatial balance of reflections. *Applied Acoustics*, **62**, 155-184.

Harris, G. G. (1960). Binaural interactions of impulsive stimuli and pure tones. *Journal of Acoustical Society of America*, **32** (6), 685-692.

Hartmann, W. M. (1993). Auditory demonstrations on compact disk for large N. *Journal of Acoustical Society of America*, **93** (1), 1-16.

Hartmann, W. M. (1997). *Signals, Sound, and Sensation*. Woodbury, NY: AIP Press.

Hartmann, W. M., & Doty, S. L. (1996). On the pitch of the components of a complex tone. *Journal of Acoustical Society of America*, **99** (1), 567-578.

橋本竹夫 (1997). 機械騒音の音質改善の手法. 日本音響学会誌, **53** (6), 450-455.

羽藤　律・桑野園子・難波精一郎 (2000). 道路交通騒音のやかましさ —— 音色に影響を与える要因. 人間工学, **36** (6), 319-334.

羽藤　律・大串健吾 (1991). 高い音域における音楽的ピッチの知覚. 日本音響学会誌, **47**, 92-95.

He, N-J., Horwitz, A. R., Dubuno, J. R., & Mills, J. H. (1999). Psychometric functions for gap detection in noise measured from young and aged subjects. *Journal of Acoustical Society of America*, **106** (2), 966-978.

He, N-J., Mills, J. H., Ahlstrom, J. B., & Dubno, J. R. (2008). Age-related differences in the temporal modulation transfer function with pure-tone carriers. *Journal of Acoustical Society of America*, **124** (6), 3841-3849.

Hebrank, J., & Wright, D. (1974 a). Are two ears necessary for localization of sound sources on the median plane? *Journal of Acoustical Society of America*, **56** (3), 935-938.

Hebrank, J., & Wright, D. (1974 b). Spectral cues used in the localization of sound sources on the median plane. *Journal of Acoustical Society of America*, **56** (6), 1829-1834.

Helfer, K. S., & Wilber, L. A. (1990). Hearing loss, aging, and speech perception in reverberation and noise. *Journal of Speech and Hearing Research*, **33**, 149-155.

Hellman, R. P. (1976). Growth of loudness at 1000 and 3000 Hz. *Journal of Acoustical Society of*

America, **60** (3), 672–679.

Hellman, R. P., & Zwislocki, J. (1961). Some factors affecting the estimation of loudness. *Journal of Acoustical Society of America*, **33** (5), 687–694.

Hellman, R. P., & Zwislocki, J. (1963). Monaural loudness function at 1000 cps and interaural summation. *Journal of Acoustical Society of America*, **35** (6), 856–865.

Hellman, R. P., & Zwislocki, J. (1968). Loudness determination at low sound frequencies. *Journal of Acoustical Society of America*, **43** (1), 60–64.

Helmholtz, H. von (1877/1954). *On the sensations of tone, The second English Edition*. translated by Ellis, A. J., New York: Dover, Publication, Inc.

Helmholtz, H. L. F. (1954). *On the sansation of tone*. Dover Publications, New York.

Henning, G. B. (1974). *Detectability of interaural delay with high-frequency complex waveforms*. Journal of Acoustical Society of America, **55**, 84–90.

Herdener, M., Esposito, F., Scheffler, K., Schneider, P., Logothetis, N. K., Uludag, K., & Kayser, C. (2013). Spatial representations of temporal and spectral sound cues in human auditory cortex. *Cortex*, **49** (10), 2822–2833.

Herman, G. E., Warren, L. R., & Wagener, J. W. (1977). Auditory lateralization: Age differences in sensuitivity to dichotic time and amplitude cues. *Journal of Gerontology*, **32** (2), 187–191.

Hicks, M. L., & Bacon, S. P. (1999). Effects of aspirin on psychophysical measures of frequency selectivity, two-tone suppression, and growth of masking. *Journal of Acoustical Society of America*, **106** (3), Pt.1, 1436–1451.

Hidaka, T., & Beranek, L. L. (2000). Objective and subjective evaluations of twenty-three opera houses in Europe, Japan, and Americas. *Journal of Acoustical Society of America*, **107** (1), 368–383.

Hidaka, T., & Nishihara, N. (2004). Objective evaluation of chamber-music halls in Europe and Japan. *Journal of Acoustical Society of America*, **116** (1), 357–372.

Hidaka, T., Beranek, L. L., & Okano, T. (1995). Interaural cross-correlation, lateral fraction, and low-and high-frequency sound levels as measures of acoustical quality in concert halls. *Journal of Acoustical Society of America*, **98** (2), Pt.1, 988–1007.

Hirahara, T., Sawada, Y., & Morikawa, D. (2015). Sound localization of dynamic binaural signals provided using a pinna-less dummy head or a stereo microphone. *Interdisciplinary Information Sciences*, **21** (2), 159–166.

廣瀬錦一 (1933). 音響心理学. 学藝社.

火山浩一郎・濱崎公男 (2005). 22. 2 マルチチャンネル音響システムの開発. NHK 技研 R & D, **93**, 20–25.

Hope, A. J., Luxon, L. M., & Bamiou, D-E. (2013). Effects of chronic noise exposure on speech-in-noise perception in the presence of normal audiometry. *Journal of Laryngology & Otology*, **127** (3), 233–238.

Houtgast, T. (1973). Psychophysical experiments on tuning curves and two-tone inhibition. *Acustica*, **29**, 168–179.

Houtgast, T. (1976). Subharmonic pitches of a pure tone at low S/N ratio. *Journal of Acoustical Society of America*, **60** (2), 405-409.

Houtgast, T. (1989). Frequency selectivity in amplitude-modulation detection. *Journal of Acoustical Society of America*, **85** (4), 1676-1680.

Houtsma, A. J. M., & Fleuren, J. F. M. (1991). Analytic and synthetic pitch of two-tone complexes, *Journal of Acoustical Society of America*. **90** (3), 1674-1676.

Houtsma, A. J. M., & Goldstein, J. L. (1972). The central origin of the pitch of complex tones: Evidence from musical interval recognition. *Journal of Acoustical Society of America*, **51**, 520-529.

Houtsma, A. J. M., Rossing, T. D., & Wagenaars, W. M. (1987). *Auditory demonstrations*, Compact disc. supported by the Acoustical Society of America, Eindhoven Netherlands: IPO.

Humphries, C., Liebenthal, E., & Binder, J. R. (2010). Tonotopic organization of human cortex. *NeuroImage*, **50**, 1202-1211.

市島　龍・佐々木優子・枝松秀雄 (2016). 難聴を主訴とした受診患者における年齢別聴力像の検討 ―― 純音聴力検査と語音明瞭度の比較. Audiology Japan, **59**, 119-123.

IEC 61672-1 First edition (2002). Electroacoustics-Sound level meters-Part 1: Specifications.

IEC 61672-1 Second edition (2013). Electroacoustics-Sound level meters-Part 1: Specifications.

伊福部達 (1973). FM 音によるマスキング. 日本音響学会誌, **29** (11), 679-687.

伊福部達 (1975). AM 音によるマスキングとそのシミュレーション. 日本音響学会誌, **31** (4), 237-245.

Iida, K., Ishii, Y., & Nishioka, S. (2014). Personalization of head-related transfer functions in the median plane based on the anthropometry of the listener's pinnae. *Journal of Acoustical Society of America*, **136** (1), 317-333.

Iida, K., Itoh, I., Itagaki, A., & Morimoto, M. (2007). Median plane localization using a parametric model of the head-related transfer function based on spectral cues. *Applied Acoustics*, **68**, 835-850.

ISO 226: 1987 First edition (1987). Acoustics-Normal equal-loudness level contours.

ISO 226: 2003 Second edition (2003). Acoustics-Normal equal-loudness-level contours.

ISO 3382-1: 2009 First edition (2009). Acoustics-Measurement of room acoustic parameters-Part 1: Performance spaces.

ISO 532 (1975). Acoustics-Method for calculating loudness level.

ISO 532-1 First edition (2017). Acoustics-Methods for calculating loudness-Part 1: Zwicker method

ISO 532-2 First edition (2017). Acoustics-Methods for calculating loudness-Part 2: Moore-Glasberg method

伊藤洋一・大串健吾 (1995). 音声による積極的避難誘導システム. 照明学会誌, **79** (9), 532-537.

ITU-R BS.1770-4 (2015). Algorithms to measure audio programme loudness and true-peak audio level.

ITU-R BS.1909 (2012). Performance requirements for an advanced multichannel stereophonic sound system for use with or without accompanying picture.

ITU-R BS.775-3 (2012). Multichannel stereophonic sound system with and without accompanying picture.

ITU-R BS.1771-1 (2017). Requirements for loudness and true-peak indicating meters.

Ivarsson, C., de Ribaupierre, Y., & de Ribaupierri, F. (1980). Functional ear asymmetry in vertical localization. *Hearing Research*, **3**, 241-247.

Iwaya, Y., Suzuki, Y., & Kimura, D. (2003). Effects of head movement on front-back error in sound localization. *Acoustical Science and Technology*, **24** (5), 322-324.

Javel, E. (1980). Coding of AM tones in the chinchilla auditory nerve: implications for the pitch of complex tones. *Journal of Acoustical Society of America*, **68** (1), 133-146.

Jeffress, L. A. (1940). The pitch of complex tones. *American Journal of Psychology*, **53** (2), 240-250.

Jeffress, L. A. (1971). Detection and lateralization of binaural signals. *Audiology*, **10**, 77-84.

Jeffress, L. A., & Blodgett, H. C. & Deatherage, B. H. (1962). Effect of interaural correlation on the precision of centering a noise. *Journal of Acoustical Society of America*, **34** (8), 1122-1123.

Jeffress, L. A., & Taylor, R. W. (1961). Lateralization vs localization. *Journal of Acoustical Society of America*, **33** (4), 482-483.

Jeger, J., Jeger, S., Pepe, P., & Miller, R. (1986). Race difference in susceptibility to noise-induced hearing loss. *American Journal of Otology*, **7** (6), 425-429.

Jesteadt, W., Wier, C. C., & Green, D. M. (1977). Intensity discrimination as a function of frequency and sensation level. *Journal of Acoustical Society of America*, **61** (1), 169-177.

JIS C 1502：1990 普通騒音計

JIS C 1505：1988 精密騒音計

JIS C 1509-1：2005 電気音響 —— サウンドレベルメータ（騒音計）第 1 部：仕様

JIS C 1509-1：2017 電気音響 —— サウンドレベルメータ（騒音計）第 1 部：仕様

JIS Z 8106：2000　音響用語

JIS Z 8731：1999　環境騒音の表示・測定方法

Johnson, D. H. (1980). The relationship between spike rate and synchrony in responses of auditory-nerve fibers to single tones. *Journal of Acoustical Society of America*, **68** (4), 1115-1122.

Johnstone, B. M., Taylor, K. J., & Boyle, A. J. (1970). Mechanics of the guinea pig cochlea. *Journal of Acoustical Society of America*, **47** (2), Part 2, 504-509.

Joris, P. X., Schreiner, C. E., & Rees, A. (2004). Neural processing of amplitude-modulated sounds. *Physiological Review*, **84**, 541-577.

Joris, P. X., & Yin, T. C. T. (1992). Responses to amplitude-modulated tones in the auditory nerve of the cat. *Journal of Acoustical Society of America*, **91** (1), 215-232.

Kaas, J. H., & Hackett, T. A. (2000). Subdivisions of auditory cortex and processing streams in primates. *Proceedings of the National Academy of Science of the USA*, **97** (22), 11793-11799.

加我君孝 (2011). Auditory Nerve Disease あるいは Auditory Neuropathy. 日本耳鼻咽喉科学会会報, **114**, 520-523.

Kallman, H. (1982). Octave equivalence as measured by similarity ratings. *Perception & Psychophysics*, **32** (1), 37-49.

Kameoka, A., & Kuriyagawa, M. (1969 a). Consonance theory part I: Consonance of dyads. *Journal of Acoustical Society of America*, **45** (6), 1451-1459.

Kameoka, A., & Kuriyagawa, M. (1969 b). Consonance theory part II: Consonance of complex tones and its calculation method. *Journal of Acoustical Society of America*, **45** (6), 1460-1469.

神山五郎・戸塚元吉・船坂宗太郎 (1965). 聴力と言語障害. 紀伊国屋.

Karlsson, K. K., Harris, J. R., & Svartengren, M. (1997). Description and primary results from an audiometric study of male twins. *Ear and Hearing*, **18** (2), 114-120.

樫尾明憲・山岨達也 (2010). 老人性難聴へのアプローチ —— 酸化ストレスとミトコンドリア障害説. *Otology Japan*, **20** (3), 191-196.

Kato, M., Uematsu, H., Kashino, M., & Hirahara, T. (2003). The effect of head motion on the accuracy of sound localization. *Acoustical Science and Technology*, **24** (5), 315-317.

Katsuki, Y., Suga, N., & Kanno, Y. (1962). Neural mechanism of the peripheral and central auditory system in monkeys. *Journal of Acoustical Society of America*, **34** (8), Part 2, 1396-1410.

川瀬哲明 (2018). 聴覚臨床に役立つ聴覚メカニズムの知識 —— 音受容から聴覚情景分析まで. *Audiology Japan*, **61**, 177-186.

川浦淳一・鈴木陽一・浅野　太・曾根敏夫 (1989). 頭部伝達関数の模擬によるヘッドホン再生音像の定位. 日本音響学会誌, **45** (10), 756-766.

Keet, W. de V. (1968). The influence of early lateral reflections. *Proceedings of the 6 th International Congress on Acoustics* (*Tokyo*), E-2-4, E53-E56.

Kemp, D. T. (1978). Stimulated acoustic emissions from within the human auditory system. *Journal of Acoustical Society of America*, **64** (5), 1386-1391.

Kim, S., Lim, E. J., Kim, H. S., Park, J. H., Jamg, S. S., & Lee, S. H. (2010). Sex differences in a cross sectional study of age-related hearing loss in Korean. *Clinical and Experimental Otorhinolaryngology*, **3** (1), 27-31.

君付　隆・松本　希・柴田修明・玉江昭裕・大橋　充・野口敦子・堀切一葉・小宗静男 (2011). 語音明瞭度と純音聴力検査閾値の比較. 耳鼻と臨床, **57** (4), 158-163.

木村　翔・関口克明・井上智夫・杉山知之 (1989). 京都府民ホールの音響. 音響技術, **65** (mar). 39-46.

北村音壱 (1975). 音色と音質の研究. 放送技術, **28** (10), 75-81.

北村音壱・難波精一郎・三戸左内 (1962). 再生音の心理的評価について, 電気通信学会電気音響研究会資料, 1-27.

Kleiner, M. A. (1989). A new way of measuring the lateral energy fraction. Applied Acoustics, **27**, 321-327.

Klitzing, R. v., & Kohlrausch, A. (1994). Effects of masker level on overshoot in running- and frozen-noise maskers. *Journal of Acoustical Society of America*, **95** (4), 2192-2201.

Klumpp, R. G., & Eady, H. R. (1956). Some measurements of interaural time difference thresholds. *Journal of Acoustical Society of America*, **28**, 859-860.

Kobel, M., Le Prell, C. G., Liu, J., Hawks, J. W., & Bao, J. (2017). Noise-induced cochlear synaptopathy: Past findings and future studies. *Hearing Research*, **349**, 148-154.

Kohlrausch, A., Fassel, R., & Dau, T. (2000). The influence of carrier level and frequency on modulation and beat-detection thresholds for sinusoidal carriers. *Journal of the Acoustical Society of America.* **108** (2), 723-724.

Kolarik, A. J., Moore, B. C. J., Zahorik, P., Cirstea, S., & Pardhan, S. (2016). Auditory distance perception in humans: a review of cues, development, neuronal bases, and effects of sensory loss. *Attention, Perception, & Psychophysics*, **78**, 373-395.

小森智康・今井篤・清山信正・田高礼子・都木　徹・及川靖広 (2016). 高齢者に聞きやすい番組背景音レベル調整装置. 電子情報通信学会誌, **J 99-D** (9), 940-949.

小森智康・都木　徹・及川靖広 (2017). 空間的なマスキングリリースを利用した高齢者にも聞き取りやすい音響再生方法の検討. 映像情報メディア学会誌, **71** (5), J 172-J 178.

小森智康・渡辺　馨・小泉　悟・梅田哲夫 (1998). MPEG-2 AAC ステレオ主観評価試験とその結果. 1998 年映像情報メディア学会年次大会講演予稿集, 319-320.

久保理恵子・赤木正人 (2018). 残響時間が異なる環境において発話された音声の了解度変化 ── 高齢者を対象とした検討. 日本音響学会聴覚研究会資料 H-2018-108, **48** (6), 605-610.

Kubovy, M., Cutting, J. E., & McGuire, R. M. (1974). Hearing with the third ear: dichotic perception of a melody without monaural familiarity cues. *Science*, **186**, 272-274.

Kuhn, G. F. (1977). Model for the interaural time differences in the azimuthal plane. *Journal of Acoustical Society of America*, **62** (1), 157-167.

Kujawa, S. G., & Liberman, M. C. (2006). Acceleration of age-related hearing loss by early noise exposure: Evidence of a misspent youth. *Journal of Neuroscienc*e, **26** (7), 2115-2123.

Kujawa, S. G., & Liberman, M. C. (2009). Adding insult to injury: cochlear nerve degeneration after "temporally" noise-induced hearing loss. *Journa of Neuroscience*, **29**, 14077-14085.

Kujawa, S. G., & Liberman, M. C. (2015). Synaptopathy in the noise-exposed and aging cochlea: Primary neural degeneration in acquired sensorineural hearing loss. *Hearing Research*, **330**, 191-199.

Kurabi, A., Keithley, E. M., Housley, G. D., Ryan, A. F., & Wong, A. C-Y. (2017). Cellular mechanisms of noise-induced hearing loss. *Hearing Research*, **349**, 129-137.

倉片憲治・久場康良・木塚朝博・口ノ町康夫 (1999 a). 高齢者の聴覚レベルとテレビの聴取音量の関係. 人間工学, **35** (3), 169-176.

倉片憲治・松下一馬・久場康良・口ノ町康夫 (1999 b). 家電製品の報知音の計測 ── 高齢者の聴覚特性に基づく検討・第 2 報. 人間工学, **35** (4), 277-285.

Kurakata, K., Mizunami, T., & Matsushita, K. (2013). How large is the individual difference in hearing sensitivity?: Establishment of ISO 28961 on the statistical distribution of hearing thresholds of otologically normal young persons. *Acoustical Science and Technology*, **34** (1), 42-47.

倉片憲治・中村則雄・芝崎朱美・岩城達也・蘆原　郁・桐生昭吾 (2001). 音楽に含まれる超高周波成分が知覚に及ぼす影響 ── 脳波 α 波を指標にした脳活動の変化. AES 東京コンベンション 2001 技術発表予稿集, 22-25.

厨川　守・八尋博司・柏木成豪 (1978). 音質評価のための 7 属性. 日本音響学会誌, **34** (9),

493-500.

黒澤　明・都木　徹・山口善司（1982）. 頭部伝達関数と方向弁別能力について. 日本音響学会誌, **38**（3）, 145-151.

黒住幸一（1985）. ステレオ再生における音像の広がり感と距離感の制御法. NHK 技研月報, 480-486.

Kurozumi, K., & Ohgushi, K. (1983). The relationship between the cross-correlation coefficient of two-channel acoustic signals and sound image quality. *Journal of Acoustic Society of America*, **74** (6), 1726-1733.

黒住幸一・大串健吾（1984a）. 相関係数変化法による新しい音像の拡がり感制御方式. 電子通信学会論文誌, **J67-A**（3）, 204-245.

黒住幸一・大串健吾（1984b）. 音像の空間的印象の定量的表現. 日本音響学会誌, **40**（7）, 452-459.

黒住幸一・大串健吾（1985）. 2チャンネル音響信号の相互相関関数とヘッドホン受聴時における音像の空間的印象, 日本音響学会誌, **41**（6）, 368-377.

黒住幸一・辻本　廉・小宮山摂・盛田　章・大串健吾・氏原淳一（1988）. ハイビジョン用ステレオ音声方式. テレビジョン学会誌, **42**（6）, 579-587.

桑原尚夫・大串健吾（1983）. アナウンサー音声の音響的特徴. 電子通信学会論文誌, **J66-A**（6）, 545-552.

Langner, G., Dinse, H. R., & Godde, B. (2009). A map of periodicity orthogonal to frequency representation in the cat auditory cortex. *Frontiers in itegrative neuroscience*, **3**, Article 27, 1-11.

Langner, G., & Schreiner, C. E. (1988). Periodicity coding in the inferior colliculus of the cat. I. Neuronal mechanisms. *Journal of Neurophysiology*, **60** (6), 1799-1822.

Leakey, D. M., Sayers, B. M., & Cherry, C. (1958). Binaural fusion of low- and high-frequency sounds. *Journal of Acoustical Society of America*, **30** (3), 222-223.

Leek, M. R., Brown, M. E., & Dorman, M. F. (1991). Informational masking and auditory attention. *Percepton & Psychophysics*, **50** (3), 205-214.

Leshowitz, B. (1971). Measurement of the two-click threshold. *Journal of Acoustical Society of America*, **49** (2), Part 2, 462-466.

Lichte, W. H. (1941). Attributes of complex tones. *Journal of Experimental Psychology*, **28** (6), 455-480.

Licklider, J. C. R. (1948). Influence of interaural phase relations upon the masking of speech by white noise. *Journal of Acoustical Society of America*, **20** (2), 150-159.

Licklider, J. C. R. (1951). A duplex theory of pitch perception. *Experientia*, **7** (4), 128-134.

Licklider, J. C. R. (1954). "Periodicity" pitch and "place" pitch. *Journal of Acoustical Society of America*, **26** (5), 945.

Licklider, J. C. R. (1957). Effects of changes in the phase pattern upon the sound of 16-harmonic tone. *Journal of Acoustical Society of America*, **29** (6), 780.

Licklider, J. C. R., & Webster, J. C. (1950). The discriminability of interaural phase relations in two-component tones. *Journal of Acoustical Society of America*, **22** (2), 191-195.

Licklider, J. C. R., Webster, J. C., & Hedlun, J. M. (1950). On the frequency limits of binaural beat. *Journal of Acoustical Society of America*, **22** (4), 468-473.

Lin, F. R., Maas, P., Chien, W., Carey, J., Ferrucci, L., & Thorpe, R. (2011 b). Association of skin color, race/ethnicity, and hearing loss among adults in the USA. *Journal of Association for Research in Otolaryngology*, **13** (1), 109-117.

Lin, F. R., Thorpe, R., Gordon-Salant, S., & Ferrucci, L. (2011 a). Hearing loss prevalence and risk factors among older adults in the United States. *Journal of Gerontology, Biological sciences and medical sciences*, **66 A** (5), 582-590.

Lin, H. W., Furman, A. C., Kuwaja, S. G., & Liberman, M. C. (2011 b). Primary neural degeneration in the Guinea pig cochlea after reversible noise-induced threshold shift. *Journal of Association for Research in Otolaryngology*, **12** (5), 605-616.

Liu, L-F., Palmer, A. R., & Wallace, M. N. (2006). Phase-locked responses to pure tones in the inferior colliculus. *Journal of Neurophysiology*, **95**, 1926-1935.

Lobarinas, E., Salbi, R., & Ding, D. (2013). Insensitivity of the audiogram to carbonplatin induced inner hair cell loss in chinchillas. *Hearing Research*, **302**, 113-120.

Lochner, J. P., & Burger, J. F. (1961). Form of the loudness function in the presence of masking noise. *Journal of Acoustical Society of America*, **33** (12), 1705-1707.

Lochner, J. P. A., & Keet, W. de V. (1960). Stereophonic and quasi-stereophonic reproduction. *Journal of Acoustical Society of America*, **32** (3), 393-401.

Lokki, T., Patynen, J., Kuusinen, A., & Tervo, S. (2012). Disentangling preference ratings of cocert hall acoustics using subjective sensory profiles. *Journal of Acoustical Society of America*, **132** (5), 3148-3161.

Lumami, A., & Zhang, H. (2010). Responses of neurons in the rat's dorsal cortex of the inferior colliculus to monaural tone bursts. *Brain Research*, **1351**, 115-129.

Macpherson, E. A., & Middlebrroks, J. C. (2002). Listener weighting of cues for lateral angle: The duplex theory of sound localization revisited. *Journal of Acoustical Society of America*, **111** (5), Pt.1, 2219-2236.

前田千佳子・広田栄子・小寺一興 (1990). 感音性難聴者における語音明瞭度と補聴器使用の年齢別検討. *Audiology Japan*, **33**, 215-219.

Makary, C. A., Shin, J., Kujawa, S. G., Liberman, M. C., & Merchant, S. N. (2011). Age-related primary cochlear neuronal degeneration in human temporal bones. *Journal of Association for Research in Otolarhyngology*, **12**, 711-717.

Makous, J. C., & Middlebrooks, J. C. (1990). Two-dimensional sound localization by human listeners. *Journal of Acoustical Society of America*, **87** (5), 2188-2200.

Marks, L. E. (1978). Binaural summation of the loudness of pure tones. *Journal of Acoustical Society of America*, **64** (1), 107-113.

Marshall, A. H., Gottlob, D., & Alrutz, H. (1978). Acoustical conditions preferred for ensemble. *Journal of Acoustical Society of America*, **64** (5), 1437-1442.

Mathes, R. C., & Miller, R. L. (1947). Phase effects in monaural perception. *Journal of Acoustical*

Society of America, **19**, 780–797.

McAdams, S., & Bregman, A. (1979). Hearing musical streams. *Computer Music Journal*, **3** (4), 26–44.

McDermott, J. H., Scultz, A. F., Undurraga, E. A., & Gody, R. A. (2016). Indifference to dissonance in native Amazonians reveals cultural variation in music perception. *Nature*, **535**, 547–550.

McGill, W. J., & Goldberg, J. P. (1968 a). A study of the near-miss involving Weber's law and pure-tone intensity discrimination. *Perception & Psychophysics*, **4** (2), 105–109.

McGill, W. J., & Goldberg, J. P. (1968 b). Pure-tone intensity discrimination and energy detection. *Journal of Acoustical Society of America*, **44** (2), 576–581.

McKinney, M. F., & Delgutte, B. (1999). A possible neurophysiological basis of the octave enlargement effect. *Journal of Acoustical Society of America*, **106** (5), 2679–2692.

Mehrgardt, S., & Mellert, V. (1977). Transformation characteristics of the external human ear. *Journal of Acoustical Society of America*, **61** (6), 1567–1576.

Mershon, D. H., Ballenger, W. L., Little, A. D., McMurtry, P. L., & Buchanan, J. L. (1989). *Perception*, **18**, 403–416.

Merzenich, M. M., & M. D. Reid (1974). Representation of the cochlea within the inferior colliculus of the cat. *Brain Research*, **77**, 397–415.

Meyer, E. B., & Moran, D. R. (2007). Audibility of a CD-standard A/D/A loop inserted into high-resolution audio playback. *Journal of Audio Engineering Society*, **55** (9), 775–779.

Middlebrooks, J. C. (1999). Virtual localization improved by scaling nonindividualized external-ear transfer functions in frequency. *Journal of Acoustical Society of America*, **106** (3), Pt.1, 1493–1510.

Middlebrooks, J. C., Makous, J. C., & Green, D. M. (1989). Directional sensitivity of sound-pressure levels in the human ear canal. *Journal of Acoustical Society of America*, **86** (1), 89–108.

Miller, J. R., & Carterette, E. C. (1975). Perceptual space for musical structures. *Journal of Acoustical Society of America*, **58** (3), 711–720.

Miller, G. A. (1947). Sensitivity to changes in the intensity of white noise and its relation to masking and loudeness. *Journal of Acoustical Society of America*, **19** (4), 609–619.

Miller, G, A., & Heise, G. A. (1950). The trill threshold. *Journal of Acoustical Society of America*, **22** (5), 637–638.

Miller, G, A., & Licklider, J. C. R. (1950). The intelligibility of interrupted speech. *Journal of Acoustical Society of America*, **22** (2), 167–173.

Mills, A. W. (1958). On the minimum audible angle. *Journal of Acoustical Society of America*, **30**, 237–246.

Mills, A. W. (1960). Localization of high-frequency tones. *Journal of Acoustical Society of America*, **32** (1), 132–134.

民放連技術基準 (2017). テレビ放送における音声レベル運用基準, T032–2017. 日本民間放送連盟.

宮坂栄一 (1983). 急激な立ち上がり・立ち下りを有する正弦波信号に対する聴覚マスキング

の時空間特性．日本音響学会誌，**39**（9），614-623.

Miyazaki, K.（1977）. Pitch-intensity dependence and its implications for pitch perception. *Tohoku Psychologica Folia*, **36**, 75-88.

Miyazaki, K.（1989）. Absolute pitch identification: Effects of timbre and pitch region. *Music Perception*, **7**（1）, 1-14.

宮崎謙一・佐々木隆之（1981）．順向，逆向，および同時マスキング条件における聴覚マスキング・パターン．心理学研究，**52**（2），106-112.

Miyazaki, K., & Sasaki, T.（1984）. Pure-tone masking patterns in nonsimultaneous masking conditions. *Japanese Psychological Research*, **26**（2）, 110-119.

Moore, B. C. J.（1973）. Frequency difference limens for short-duration tones. *Journal of Acoustical Society of America*, **54**, 610-619.

Moore, B. C. J.（1989）. *An introduction to the psychology of hearing, Third edition*. London: Academic Press. 大串健吾（監訳）（1994）．聴覚心理学概論．誠信書房.

Moore, B. C. J.（2012）. *An introduction to the psychology of hearing, sixth edition*. United Kingdom: Emerald Group Publishing Limited.

Moore, B. C. J.（2014）. Development and current status of the "Cambridge" loudness Models. *Trends in Hearing*, **18**, 1-29.

Moore, B. C. J., & Glasberg, B. R.（1983）. Suggested formulae for calculating auditory-filter bandwidths and excitation patterns. *Journal of Acoustical Society of America*, **74**（3）, 750-753.

Moore, B. C. J., & Glasberg, B. R.（1995）. Comparison of auditory-filter shapes obtained with notched-noise and noise-tone maskers. *Journal of Acoustical Society of America*, **97**（2）, 1175-1182.

Moore, B. C. J., & Glasberg, B. R.（1996）. A revision of Zwicker's loudness model. *ACUSTICA acta acustica*, **82**, 335-345.

Moore, B. C. J., & Glasberg, B. R.（2007）. Modeling binaural loudness. *Journal of Acoustical Society of America*, **121**（3）, 1604-1612.

Moore, B. C. J., Glasberg, B. R., & Baer, T.（1997）. A model for the prediction of thresholds, loudness, and partial loudness. *Journal of Audio Engineering Society*, **45**（4）, 224-240.

Moore, B. C. J., Glasberg, B. R., & Peters, R. W.（1986）. Thresholds for hearing mistuned partials as separate tones in harmonic complexes. *Journal of Acoustical Society of America*, **80**（2）, 479-483.

Moore, B. C. J., Glasberg, B. R., & Schooneveldt, G. P.（1990）. Across-channel masking and comodulation masking release. *Journal of Acoustical Society of America*, **87**（4）, 1683-1694.

Moore, B. C. J., Glasberg, B. R., Varathanatha, A., & Schlittenlacher, J.（2016）. A loudness model for time-varying sounds incorporating binaural inhibition. *Trends in Hearing*, **20**, 1-16.

Moore, B. C. J., Jervis, M., Harries, L., & Schlittenlacher, J.（2018）. Testing and refining a loudness model for time-varying sounds incorporating binaural inhibition. *Journal of Acoustical Society of America*, **143**（3）, 1504-1513.

Moore, B. C. J., Peters, R. W., & Glasberg, B. R.（1990）. Auditory filter shapes at low center frequencies. *Journal of Acoustical Society of America*, **88**（1）, 132-140.

Moore, B. C. J., & Raab, D. H. (1974). Pure-tone intensity discrimination: some experiments relating to the "near-miss" to Weber's law. *Journal of Acoustical Society of America*, **55** (5), 1049-1054.

Morgan, C. T., & Garner, W. R. (1951). Pitch and intensity. *Journal of Acoustical Society of America*, **23** (6), 658-663.

森川大輔・平原達也 (2012). 高域及び低域通過雑音による水平面音像定位. 日本音響学会誌, **68** (4), 171-179.

Morimoto, M., & Ando, Y. (1980). On the simulation of sound localization. *Journal of Acoustical Society of Japan (E)*, **1** (3), 167-174.

Morimoto, M., & Aokata, H. (1984). Localization cues of sound sources in the upper hemisphere. *Journal of Acoustical Society of Japan (E)*, **5** (3), 165-173.

森本政之・藤森久嘉・前川純一 (1990). みかけの音源の幅と音に包まれた感じの差異, 日本音響学会誌, **46** (6), 449-457.

Morimoto, M., & Iida, K. (1995). A practical evaluation method of auditory source width in concert halls, *Journal of Acoustical Society of Japan (E)*, **16** (2), 59-69.

Morimoto, M., Iida, K., & Itoh, M. (2003). Upper hemisphere sound localization using head-related transfer functions in the median plane and interaural differences. *Acoustical Science and Technology*, **24** (5), 267-275.

Morimoto, M., Iida, K., & Sakagami, K. (2001). The role of reflections from behind the listener in spatial impression. *Applied Acoustics*, **62**, 109-124.

Morimoto, M., & Maekawa, Z. (1989). Auditory spaciousness and envelopement. *Proceedings of 13 th International Congress on Acoustics*, 215-218.

Morimoto, M., & Nomachi, K. (1982). Binaural disparity cues in median-plane localization. *Journal of Acoustical Society of Japan (E)*, **3** (2), 99-103.

Morimoto, M., Ueda, K., & Kiyama, M. (1995). Effects of frequency characteristics of the degree of interaural cross-correlation and sound pressure level on the auditory source width. *ACUSTICA*, **81**, 20-25.

Morimoto, M., Yairi, M., Iida, K., & Itoh, M. (2003). The role of low frequency components in median plane localization. *Acoustical Science and Technology*, **24** (2), 76-82.

Munson, W. A. (1947). The growth of auditory sensation. *Journal of Acoustical Society of America*, **19** (4), 584-591.

Muraoka, T., Iwahara, M., & Yamada, Y. (1981) Examination of Audio-Bandwidth requirement for optimum sound signal transmission. *Journal of Audio Engineering Society*, **29** (1/2), 2-9 (1981 Jan./Feb.).

村岡輝雄・山田恭裕・岩原　誠 (1980). オーディオ信号の伝送帯域上限の検討. 日本音響学会聴覚研究会資料, H-69-3.

Musicant, A. D., & Butler, R. A. (1984). The influence of pinnae-based spectral cues on sound localization. *Journal of Acoustical Society of America*, **75** (4), 1195-1200.

Nábělek, A. K. (1988). Identification of vowels in quiet, noise, and reverberation: Relationships with age and hearing loss. *Journal of Acoustical Society of America*, **84** (2), 476-484.

Nábělek, A. K., & Robinson, P. K. (1982). Monaural and binaural speech perception in reverberation for listeners of various age. *Journal of Acoustical Society of America*, **71** (5), 1242-1248.

永田 穂 (1987). ホールの規模，形状と音響効果. 日本音響学会誌，**43** (2)，78-82.

中林克巳 (1974). 水平面内における方向定位. 日本音響学会誌，**30** (3)，151-160.

Nakajima, Y., Tsumura, T., Matsuura, S., Minami, H., & Teranishi, R. (1988). Dynamic pitch perception for complex tones derived from major triads. *Music Perception*, **6** (1), 1-20.

Nakajima, Y., Sasaki, T., Kanafuka, K., Miyamoto, A., Remjin, G., & ten Hoopen, G. (2000). Illusory recouplings of onsets and terminations of glide tone components. *Perception & Psychophysics*, **62** (7), 1413-1425.

Nakayama, T., Miura, T., Kosaka, O., Okamoto, M., & Shiga, T. (1971). Subjective assessment of multichannel reproduction. *Journal of Audio Engineering Society*, **19** (9), 744-751.

難波精一郎 (1883). 音色の定義を巡って. 日本音響学会誌，**49** (11)，823-831.

難波精一郎 (1992). 音色の測定・評価法とその適用例. 応用技術出版.

難波精一郎・桑野園子 (1982). 種々の変動音の評価法としての Leq の妥当性並びにその適用範囲の検討. 日本音響学会誌，**38** (12)，774-785.

難波精一郎・桑野園子 (1998). 音の評価のための心理学的測定法. コロナ社.

難波精一郎・桑野園子・加藤 徹 (2011). 時間的に変化する複合音の大きさ評価. 音楽知覚認知研究，**17** (1 & 2), 13-33.

Namba, S., Kuwano, S., & Koyasu, M. (1993). The measurement of temporal stream of hearing by continuous judgments-In the case of the evaluation of helicopter noise. *Journal of Acoustical Society of Japan (E)*, **14** (5), 341-352.

Neff, D. L., & Callaghan, B. P. (1988). Effective properties of multicomponent simultaneous maskers under conditions of uncertainty. *Journal of Acoustical Society of America*, **83** (5), 1833-1838.

Nelson, P. G., Erulkar, S. D., & Bryan, J. S. (1966). Responses of units of the inferior colliculus to time-varying acoustic stimuli. *Journal of Neurophysiology*, **29** (5), 834-860.

日本放送協会出版協会 (1962). NHK 技術ハンドブック. pp.22-25.

日本音響学会編 (2003). 新版音響用語辞典. コロナ社.

任 書晃・吉田崇正・村上慎吾・倉智嘉久・日比野浩 (2016). 内耳蝸牛側壁の K＋輸送システムに立脚した内リンパ液高電位の成立機構. *Audiology Japan*, **59**, 109-118.

Nishiguchi, T., Hamasaki, K., Iwaki, M., & Ando, A. (2004). Perceptual discrimination between musical sounds with and without very high frequency components. *NHK Laboratories Note*, **486**, 1-11.

Nishiguchi, T., Hamasaki, K., Ono, K., Iwaki, M., & Ando, A. (2009). Perceptual discrimination of very high frequency components in wide frequency range musical sound. *Applied Acoustics*, **70**, 921-934.

西口敏行・小野一穂・渡辺 馨 (2014). 8K スーパーハイビジョン音響制作システムの開発と標準化動向. NHK 技研 R & D，**148**，12-21.

Oh, I-H., Lee, J. H., Park, D. C., Kim, M. G., Chung, J. H., Kim, S. H., & Yeo S. G. (2014). Hearing loss as a function of aging and diabetes mellitus: A cross sectional study. *Plos One*, December 30, 1-12.

大串健吾（1976a）．複合音の高さの知覚形成のメカニズム．日本音響学会誌，**32**（5），300–309.

大串健吾（1976b）．複合音の高さの知覚における時間情報の役割．日本音響学会誌，**32**（11），710–719.

大串健吾（1977）．音の協和性について．NHK技研月報，**20**（7），280–285.

Ohgushi, K.（1978）. On the role of spatial and temporal cues in the perception of the pitch of complex tones. *Journal of Acoustical Society of America*, **64**（3）, 764–771.

大串健吾（1980a）．楽器を聴きわける．サイコロジー，**9**（12），10–15.

大串健吾（1980b）．複合音の音色を支配する物理的・心理的要因について．日本音響学会誌，**36**（5），253–259.

大串健吾（1980c）．多周波複合音の音色を規定する物理的要因について．日本音響学会講演論文集，（5月），695–696.

Ohgushi, K.（1983）. The origin of tonality and a possible explanation of octave enlargement phenomenon. *Journal of Acoustical Society of America*, **73**（5）, 1694–1700.

大串健吾（1984）．複合音の高さの循環性とその応用．電子通信学会論文誌，**84**（5），J67–A，423–430.

大串健吾（2016）．音のピッチ知覚．コロナ社.

Ohgushi, K., & Hatoh, T.（1992）. The musical pitch of high frequency tones. In Y. Cazals, L. Demany & K. Horner（Eds.）. *Auditory physiology and perception*, Oxford: Pergamon Press. pp.197–203.

大串健吾・林田明子（1994）．協和性理論の再検討．日本音響学会講演論文集，（10～11月），493–494.

Ohgushi, K., Komiyama, S., Kurozumi, K., Morita, A., Ujihara, J., & Tsujimoto, K.（1987）. Subjective evaluation of multi-channel stereophony for HDTV. *IEEE Transaction on Broadcating*, **BC–33**（4）, 197–202.

大串健吾・宮坂栄一・黒住幸一（1980）．楽器音の音色の差異の視覚的表現．日本音響学会聴覚研究会資料，H–76–7，1–6.

大串健吾・中山　剛・福田忠彦（1991）．画質と音質の評価技術．昭晃堂.

Okano, T., Beranek, L. L., & Hidaka, T.（1998）. Relations among interaural cross-correlation coefficient（IACCE, lateral fraction（LFE）, and apparent source width（ASW）in concert halls. *Journal of Acoustical Society of America*, **104**（1）, 255–265.

大出訓史・小野一穂（2018）．高臨場感音響システムの評価．電子情報通信学会誌，**101**（8），798–803.

Oohashi, T., Nishina, E., Honda, M., Yonekura, Y., Fuwamoto, Y., Kawai, N., Maekawa, T., Nakamura, S., Fukuyama, H., & Shibasaki, H.（2000）. Inaudible high-frequency sounds affect brain activity: Hypersonic effect. *Journal of Neurophysiology*, **83**, 3548–3558.

Osgood, C. E.（1962）. Studies on the generality of affective meaning systems. *American Psychologist*, **17**, 10–28.

大友直人（1997）．指揮者から見たホールの音響．日本音響学会誌，**53**（5），320–322.

Otte, J., Schuknecht, H. F., & Kerr, A. G.（1978）. Ganglion cell populations in normal and pathological human cochleae. Implications for cochlear implantation. *The Laryngoscope*, **88**（8）, Part 1,

1231-1246.

Oxenham, A. J., Fligor, B. J., Mason, C. R., & Kidd, Jr., G. (2003). Informational masking and musical training. *Journal of Acoustical Society of America*, **114** (3), 1543-1549.

Oxenham, A. J., Micheyl, C., Keebler, M. V., Loper, A., & Santurette, S. (2011). Pitch perception beyond the traditional existence region of pitch. *Proceedings of the National Academy of Science (PNAS)*, **108** (18), 7629-7634.

小澤賢司 (2008). 聴覚臨場感の基礎特性――コンテンツ臨場感とシステム臨場感. 電子情報通信学会, 信学技報, EA 2008-115, 83-88.

Ozawa, K., Suzuki, Y., & Sone, T. (1993). Monaural phase effects on timbre of two-tone signals. *Journal of Acoustical Society of America*, **93** (2), 1007-1011.

Palmer, A. R., & Evans, E. F. (1980). Cochlear fibre rate-intensity functions: No evidence for basilar membrane nonlinearities. *Hearing Research*, **2**, 319-326.

Palmer, A. R., & Russel, I. J. (1986). Phase-locking in the cochlear nerve of the guinea-pig and its relation to the receptor potential of inner hair-cells. *Hearing Research*, **24**, 1-15.

Patterson, R. D. (1976). Auditory filter shapes derived with noise stimuli. *Journal of Acoustical Society of America*, **59** (3), 640-654.

Patterson, R. D., Nimmo-Smith, I., Weber, D. L., & Milroy, R. (1982). The deterioration of hearing with age: Frequency selectivity, the critical ratio, the audiogram, and speech threshold. *Journal of Acoustical Society of America*, **72** (6), 1788-1803.

Patterson, R. D., & Moore, B. C. J. (1986). Auditory filters and excitation patterns as representations of frequency resolution. In B. C. J. Moore (Ed.). *Frequency selectivity in Hearing*. Academic Press, London. pp.123-177.

Payton, K. L., Uchanski, R. M., & Braida, L. D. (1994). Intelligibility of conversational and clear speech in noise and reverberation for listeners with normal and impaired hearing. *Journal of Acoustical Society of America*, **95** (3), 1581-1592.

Pearson, J. D., Morrell, C. H., Gordon-Salant, S., Brant, L. J., Metter, E. J., Klein, L. L., & Fozard, J. L. (1995). Gender differences in a longitudinal study of age-associated hearing loss. *Journal of Acoustical Society of America*, **97** (2), 1196-1205.

Pedley, P. E., & Harper, R. S. (1959). Pitch and the vertical localization of sound. *American Journal of Psychology*, **72**, 447-449.

Perrett, S., & Noble, W. (1997 a). The effect of head rotations on vertical plane sound localization. *Journal of Acoustical Society of America*, **102** (4), 2325-2332.

Perrett, S., & Noble, W. (1997 b). The contribution of head motion cues to localization of low-pass noise. *Perception & Psychophysics*, **59** (7), 1018-1026.

Perrott, D. R., & Nelson, M. A. (1969). Limits for the detection of binaural beats. *Journal of Acoustical Society of America*, **46** (6), Part 2, 1477-1481.

Perrott, D. R., & Tucker, J. (1988). Minimum audible movement angle as a funcyion of signal frequency and the velocity of the source. *Journal of Acoustical Society of America*, **83** (4), 1522-1527.

Peters, R. W., & Moore, B. C. J. (1992). Auditory filter shapes at low center frequencies in young and elderly hearing-impaired subjects. *Journal of Acoustical Society of America*, **91** (1), 256–266.

Peters, R. W., Moore, B. C. J., & Glasberg, B. R. (1983). Pitch of components of complex tones. *Journal of Acoustical Society of America*, **73** (3), 924–929.

Petkov, C. I., Kayser, C., Augath, M., & Logothetis, N. K. (2006). Functional imaging reveals numerous fields in the monkey auditory cortex. *PLoS Biology*, **4** (7), 1231–1226.

Pfeiffer, R. R. (1966). Classification of response patterns of spike discharges for units in the cochlear nucleus: Tone-burst stimulation. *Experimental Brain Research*, **1**, 220–235.

Pickett, J. M. (1959). Backward masking. *Journal of Acoustical Society of America*, **31** (12), 1613–1615.

Piechowiak, T., Ewert, S. D., & Dau, T. (2007). Modeling comodulation masking release using an equalization-cancellation mechanism. *Journal of Acoustical Society of America*, **121** (4), 2111–2126.

Plack, C. J., Barker, D., & Prendergast, G. (2014). Perceptual consequence of "hidden" hearing loss. *Trends in Hearing*, **18**, 1–11.

Plenge, G., Jakubowski, H., & Schone, P. (1980). Which bandwidth is necessary for optimal sound transmission? *Journal of the Audio Engineering Society*, **28** (3), 114–119.

Plomp, R. (1964). Rate of decay of audibility sensation. *Journal of Acoustical Society of America*, **36** (2), 277–282.

Plomp, R. (1965). Detectability threshold for combination tones. *Journal of Acoustical Society of America*, **37** (6), 1110–1123.

Plomp, R. (1967). Pitch of complex tones. *Journal of Acoustical Society of America*, **41** (6), 1526–1533.

Plomp, R. (1970). Timbre as a multidimensional attribute of complex tones. In R. Plomp, G. F. Smoorenburg & A. W. Sijthoff (Eds.). *Frequncy analysis and periodicity detection in Hearing*. Leiden : Sijthoff. pp.397–414.

Plomp, R., & Levelt, W. J. M. (1965). Tonal consonance and critical bandwidth. *Journal of Acoustical Society of America*, **38** (4), 548–560.

Plomp, R., & Steeneken, H. J. M. (1969). Effect of phase on the timbre of complex tones. *Journal of Acoustical Society of America*, **46** (2), Part 2, 409–421.

Plomp, R., & Steeneken, H. J. M. (1971). *Pitch versus timbre. Proceedings of the 7 th International Congress on Acoustics*. Budapest: AKADEMIAI KIADO, pp.377–380.

Plomp, R., & Steeneken, H. J. M. (1973). Place dependence of timbre in reverberant sound fields. *ACUSTICA*, **28**, 50–59.

Pollack, I. (1975). Auditory information masking. *Journal of Acoustical Society of America*, **57**, S 5.

Pollack, I., & Trittipoe, W. J. (1959). Binaural listening and interaural noise cross correlation. *Journal of Acoustical Society of America*, **31** (9), 1250–1252.

Pratt, C. C. (1930). The spatial character of high and low tones. *Journal of Experimental Psychology*, **13** (3), 278–285.

Pressnitzer, D., Patterson, R. D., & Krumbholz, K. (2001). The lower limit of melodic pitch. *Journal of Acoustical Society of America*, **109** (5), Pt.1, 2074-2084.

Raiford, C. A., & Schubert, E. D. (1971). Recognition of phase changes in octave complexes. *Journal of Acoustical Society of America*, **50** (2), Part 2, 559-567.

Rakowski, A., & Hirsh, I. J. (1980). Poststimulatory pitch shifts for pure tones. *Journal of Acoustical Society of America*, **68** (2), 467-474.

Rasch, R. A. (1978). The perception of simultaneous notes such as in polyphonic music. *Acustica*, **40**, 21-33.

Rasch, R. A. (1979). Synchronization in performed ensemble music. *Acustica*, **43**, 121-131.

Rauschecker, J. P. (1998). Cortical processing of complex sounds. *Current Opinion in Neurobiology*. **8**, 516-521.

Rauschecker, J. P., & Tian, B. (2000). Mechanisms and streams for processing of "what" and "where" in auditory cortex. *Proceedings of the National Academy of Science* (*PNAS*), **97** (22), 11800-11806.

Rauschecker, J. P., Tian, B., & Hauser, M. (1995). Processing of complex sounds in the macaque nonprimary auditory cortex. *Science*, **268**, 111-114.

Raykar, V. C., Duraiswami, R., & Yagnanarayana, B. (2005). Extracting the frequencies of the pinna spectral notches in measured head related impulse responses. *Journal of Acoustical Society of America*, **118** (1), 364-374.

Rayleigh, L. (1907). On our perceptrion of sound direction. *Philosophical Magazine Series*, **6** (13), 214-232.

Recanzone, G. H., Guard, D. C., & Phan, M. L. (2000). Frequency and intensity response properties of single neurons in the auditory cortex of the behaving macaque monkey. *Journal of Neurophysiology*, **83**, 2315-2331.

Reichardt, W., Abel Alim, O., & Schmidt, W. (1975). Definition und Messgrundlage eines objectiven Masses zur Ermittlung der Grenze zwischen brauchbarer und unbrauchbarer Durchsichtigkeit bei Musikdarbietung. *Acustica*, **32**, 126-137.

Rennies, J., Holube, I., & Verhey, J. L. (2013 a). Loudness of speech and speech-like signals. *Acta Acustica united with Acustica*, **99**, 268-282.

Rennies, J., Verhey, J. L., Appell, J. E., & Kollmeier, B. (2013 b). Loudness of complex time-varying sounds? A challenge for current loudness models. *Proceedings of Meetings of Acoustics*, **19**, 1-9.

Rennies, J., Wachtler, M., Hots, J., & Verhey, J. (2015). Spectro-temporal characteristics affecting the loudness of technical sounds: Data and model predictions. *Acta Acustica united with Acustica*, **101**, 1145-1156.

Rhode, W. S. (1971). Observations of the vibration of the basilar membrane in squirrel monkeys using the Mössbauer technique. *Journal of Acoustical Society of America*, **49** (4), Part 2, 1218-1231.

Rhode, W. S., & Greenberg, S. (1994). Encoding of amplitude modulation in the cochlear nucleus of the cat. *Journal of Neurophysiology*, **71** (5), 1797-1825.

Roberts, L. A. (1986). Consonance judgements of musical chords by musicians and untrained listeners. *ACUSTICA*, **62**, 163–171.

Robinson, D. E., & Jeffress, L. A. (1963). Effect of varying the interaural noise correlation on the detectability of tonal signals. *Journal of Acoustical Society of America*, **35** (12), 1947–1952.

Robinson, D. W. (1957). The subjective loudness scale. *ACUSTICA*, **7**, 217–233.

Robinson, D. W., & Dadson, R. S. (1956). A re-determination of the equal-loudness relations for pure tones. *British Journal of Applied Physics*, **7**, 166–181.

Roffler, S. K., & Butler, R. A. (1968 a). Factors that influence the localization of sound in the vertical plane. *Journal of Acoustical Society of America*, **43** (6), 1255–1259.

Roffler, S. K., & Butler, R. A. (1968 b). Localization of tonal stimuli in the vertical plane. *Journal of Acoustical Society of America,* **43** (6), 1260–1266.

Rose, J. E., Brugge, J. F., Anderson, D. J., & Hind, J. E. (1967). Phase-locked response to low-frequency tones in single auditory nerve fibers of the squirrel monkey. *Journal of Neurophysiology*, **30** (5), 769–793.

Rose, J. E., Brugge, J. F., Anderson, D. J., & Hind, J. E. (1968). Patterns of activity in single auditory nerve fibers of the squirrel monkey. In A. V. S. de Reuck & J. Knight (Eds.). *Hearing Mechanisms in Vertebrates*. London: Churcill. pp.144–168.

Rose, J. E., Brugge, J. F., Anderson, D. J., & Hind, J. E. (1969). Some possible neural correlates of combination tones. *Journal of Neurophysiology*, **32**, 402–423.

Rosen, S., Bergman, M., Plester, D., El-Mofty, A., & Satti, M. H. (1962). Presbycusis study of a relatively noise-free population in the Sudan. *Annals of Otology, Rhinology & Laryngology*, **71**, 727–743.

Rouiller, E., Ribaupierre, Y. de, & Ribaupirre, F. de. (1979). Phase-locked responses to low frequency tones in the medial geniculate body. *Hearing Research*, **1**, 213–226.

Ruggero, M. A. (1973). Response to noise of auditory nerve fibers in the squirrel monkey. *Journal of Neurophysiology*, **36** (4), 569–587.

Ruggero, M. A., Rich, N. C., Recio, A., Narayan, S. S., & Robles, L. (1997). Basilar-membrane responses to tones at the base of the chinchilla cochlea. *Journal of Acoustical Society of America*, **101** (4), 2151–2163.

Saberi, K., Dostal, L., Sadralodabai, T., Bull, V., & Perrot, D. R. (1991). Free-field release from masking. *Journal of Acoustical Society of America*, **90** (3), 1355–1370.

Sachs, M. B., & Abbas, P. J. (1974). Rate versus level functions for auditory-nerve fibers in cats: tone-burst stimuli. *Journal of Acoustical Society of America*, **56** (6), 1835–1847.

Sachs, M. B., & Kiang, N. Y. S. (1968). Two-tone inhibition in auditory-nerve fibers. *Journal of Acoustical Society of America*, **43** (5), 1120–1128.

Saldanha, E. L., & Corso, J. F. (1964). Timbre cues and the identification of musical instruments. *Journal of Acoustical Society of America*, **36** (11), 2021–2026.

Sandel, T. T., Teas, D. C., Feddersen, W. E., & Jeffress, L. A. (1955). Localization of sound from single and paired sources. *Journal of Acoustical Society of America*, **27** (5), 842–852.

Sasaki, T. (1980). Sound restoration and temporal localization of noise in speech and music sounds.

Tohoku Psychologica Folia, **39** (1-4), 79-88.

Sayers, B. M., & Cherry, C. (1957). Mechanism of binaural fusion in the hearing of speech. *Journal of Acoustical Society of America*, **29** (9), 973-987.

Schaette, R., & McAlpine, D. (2011). Tinnitus with a normal audiogram: Physiological evidence for hidden hearing loss and computational model. *Journal of Neuroscience*, **31**, 13452-13457.

Scharf, B. (1961). Complex sounds and critical bands. *Psychological Bulletin*, **58** (3), 205-217.

Scharf, B. (1969). Dichotic summation of loudness. *Journal of Acoustical Society of America*, **45** (5), 1193-1204.

Schlittenlacher, J., Hashimoto, T., Kuwano, S., & Namba, S. (2017). Overall judgment of loudness of time-varying sounds. *Journal of Acoustical Society of America*, **142** (4), 1841-1847.

Schmiedt, R. A. (2010). The physiology of cochlear presbycusis. In S. Gordon-Salant, R. D. Frisina, A. N. Popper & R. R. Fay (Eds.). *The aging Auditory system*. New York: Springer. pp.9-38.

Schoonveldt, G. P., & Moore, B. C. J. (1989). Comodulation masking release (CMR) as a function of masker bandwidth, modulator bandwidth, and signal duration. *Journal of Acoustical Society of America*, **85** (1), 273-281.

Schouten, J. F. (1938). The perception of subjective tones. *Proceedings of Koninklijke Nederlandsche Akademie van Wetenschappen*, **41** (10), 1086-1093.

Schouten, J. F. (1940). The Perception of pitch. *Philips Technical Review*, **5** (10), 286-294.

Schouten, J. F., Ritsma, R. J., & Cardozo, B. L. (1962). Pitch of the residue. *Journal of Acoustical Society of America*, **34** (8), Part 2, 1418-1424.

Schreiner, C. E., & Langner, G. (1988). Periodicity coding in the inferior colliculus of the cat. Ⅱ. Topographical organization. *Journal of Neurophysiology*, **60** (6), 1823-1840.

Schroeder, M. R. (1959). New results concerning monaural phase sensitivity. *Journal of Acoustical Society of America*, **31** (11), 1579.

Schroeder, M. R. (1980). Toward better acoustics for concert halls, *Physics Today*, October, 24-30.

Schroeder, M. R., Gottlob, D., & Siebrasse, K. F. (1974). Comparative study of European concert halls: correlation of subjective preference with geometric and acoustic parameters. *Journal of Acoustical Society of America*, **56** (4), 1195-1201.

Schubert, E. D. & Wernick, J. (1969). Envelope versus microstructure in the fusion of dichotic signals. *Journal of Acoustical Society of America*, **45** (6), 1525-1531.

Schuknecht, H. F., & Gacek, M. R. (1993). Cochlear pathology in presbycusis. Annals of Otology, *Rhinology and Laryngology*, **102**, 1-16.

Schwarz, D. W. F., & Tomlinson, R. W. W. (1990). Spectral response patterns of auditory cortex neurons to harmonic complex tones in alert monkey (Macaca mulatta). *Journal of Neurophysiology*, **64** (1), 282-298.

Searle, C. L., Braida, L. D., Cuddy, D. R., & Davis, M. F. (1975). Binaural pinna disparity: another auditory localization cue. *Journal of Acoustical Society of America*, **57** (2), 448-455.

Seashore, C. E. (1938). *Psychology of Music*. McGraw-Hill Book Company, Inc.

Semal, C., & Demany, L. (1990). The upper limit of "musical"pitch, *Music Perception*, **8** (2), 165-

176.

Sergeyenko, Y., Lall, K., Liberman, M. C., & Kuwaja, S. G. (2013). Age-related cochlear synaptopathy: an early-onset contributer to auditory function decline. *Journal of Neuroscience*, **33**, 13686-13694.

Shailer, M. J., & Moore, B. C. J. (1983). Gap detection as a function of frequency, bandwidth, and level. *Journal of Acoustical Society of America*, **74** (2), 467-473.

Shailer, M. J., & Moore, B. C. J. (1985). Detection of temporal gaps in bandlimited noise: Effects of variations in bandwidth and signal-to-noise masker-ratio. *Journal of Acoustical Society of America*, **77** (2), 635-639.

Shailer, M. J., & Moore, B. C. J. (1987). Gap detection and the auditory filter: Phase effects using sinusoidal stimuli. *Journal of Acoustical Society of America*, **81** (4), 1110-1117.

Shaw, E. A. G., & Teranishi, R. (1968). Sound pressure generated in an external-ear replica and real human ears by a nearby point source. *Journal of Acoustical Society of America*, **44** (1), 240-249.

Shaw, E. A. G. (1974). Transformation of sound pressure level from the free field to the eardrum in the horizontal plane. *Journal of Acoustical Society of America*, **56** (6), 1848-1861.

Shelton, B. R., & Searle, C. L. (1978). Two determinants of localization acuity in the horizontal plane. *Journal of Acoustical Society of America*, **64** (2), 689-69.

Shepard, R. N. (1964). Circularity in judgments of relative pitch. *Journal of Acoustical Society of America*, **36**, 2346-2353.

柴田南雄 (1980). オーケストラの音色とその歴史. 日本音響学会誌, **36** (6), 336-339.

Shower, E. G., & Biddulph, R. (1931). Differential pitch sensitivity of the ear. *Journal of Acoustical Society of America*, **2**, 275-287.

Siegel, R. J. (1965). A replication of the mel scale of pitch. *American Journal of Psychology*, **78** (4), 615-620.

Skalevik, M. (2017). Concert hall acoustics, online rating and Beranek's data collection. *24th International congress on sound and vibration*, 1-8.

Slepecky, N. B. (1996). Structure of the mammalian cochlea. In P. Dallos, A. N. Popper & R. R. Fay (Eds.). *The cochlea*. New York: Springer-Verlag. pp.44-129.

Small, Jr., A. M. (1959). Pure-tone masking. *Journal of Acoustical Society of America*, **31** (12), 1619-1625.

Smoorenburg, G. F. (1970). Pitch perception of two-frequency stimuli. *Journal of Acoustical Society of America*, **48** (4), Part 2, 924-942.

Smoorenburg, G. F. (1972). Combination tones and their origin. *Journal of Acoustical Society of America*, **52** (2), Part 2, 615-632.

Snell, K. B. (1997). Age-related changes in temporal gap detection. *Journal of Acoustical Society of America*, **101** (4), 2214-2220.

Snow, W. B. (1931). Audible frequency ranges of music, speech and noise. *Journal of Acoustical Society of America*, **3** (1 A), 155-166.

Sommers, M. S., & Humes, L. E. (1993). Auditory filter shapes in normal-hearing, noise-masked normal, and elderly listeners. *Journal of Acoustical Society of America*, **93** (5), 2903-2914.

曽根敏夫・城戸健一・二村忠元 (1962). 音の評価に使われることばの分析. 日本音響学会誌, **18** (6), 320-326.

外林大作・辻正三・島津一夫・能見義博 (編) (1981). 誠信心理学辞典. 誠信書房.

Stevens, S. S. (1935). The relation of pitch to intensity. *Journal of Acoustical Society of America*, **6**, 150-154.

Stevens, S. S. (1955). The measurement of loudness. *Journal of Acoustical Society of America*, **27** (5), 815-829.

Stevens, S. S. (1956). Calculation of the loudness of complex noise. *Journal of Acoustical Society of America*, **28** (5), 807-832.

Stevens, S. S. (1957). On the psychophysical law. *Psychological Review*, **64** (3), 153-181.

Stevens, S. S. (1961). Procedure for calculating loudness: Mark Ⅳ. *Journal of Acoustical Society of America*, **33** (11), 1577-1585.

Stevens, S. S., & Galanter, E. H. (1957). Ratio scales and category scales for a dozen perceptual continua. *Journal of Experimental Psychology*, **54** (6), 377-411.

Stevens, S. S., & Newman, E. B. (1936). The localization of actual sources of sound. *American Journal of Psychology*, **48**, 297-306.

Stevens, S. S., & Volkmann, J. (1940). The relation of pitch to frequency: A revised scale. *American Journal of Psychology*, **53**, 329-353.

Stevens, S. S., Volkmann, J., & Newman, E. B. (1937). A scale for the measurement of the psychological magnitude pitch. *Journal of Acoustical Society of America*, **8**, 185-190.

Strouse, A., Ashmead, D. H., Ohde, R. N., & Grantham, D. W. (1998). Temporal processing in the aging auditory system. *Journal of Acoustical Society of America*, **104** (4), 2385-2399.

杉本岳大 (2016). 22.2 音声符号化方式とダイアログ制御機能. 技研だより, **131**, 4.

Suzuki, Y., & Takeshima, H. (2004). Equal-loudness-level contours for pure tones. *Journal of Acoustical Society of America*, **116** (2), 918-933.

鈴木陽一・竹島久志 (2004). 人の等ラウドネス曲線の測定と国際規格化. 電気学会誌, **124** (11), 715-718.

舘 暲・磯部 孝 (1973). 調和音の音色に及ぼす部分音の位相の影響. 医用電子と生体工学, **11** (2), 38-46.

橘 秀樹 (1999). 公共空間の音環境のあり方. 騒音制御, **23** (4), 205-210.

Takeshima, H., Suzuki, Y., & Kono, S. (1988). Growth of the loudness of a tone burst with a duration up to 10 sconds. *Journal of Acoustical Society of Japan* (*E*), **9** (6), 295-300.

田辺逸雄・藤田 尚 (1979). 番組音伝送における上限周波数の検討. 日本音響学会講演論文集 (1979. 6), 231-232.

谷口高士 (2018). 高臨場感コミュニケーションにおける聴覚臨場感の階層的印象推定モデル. 電子情報通信学会誌, **101** (8), 804-811.

Terhardt, E. (1971 a). Pitch shifts of harmonics, an explanation of the octave enlargement phenomenon. *Proceedings of the 7 th ICA, Budapest*, 621-624.

Terhardt, E. (1971 b). Die Tonhöhe Harmonischer Klänge und das Oktavintervall. *Acustica*, **24**, 126-136.

Terhardt, E. (1974). Pitch, consonance, and harmony. *Journal of Acoustical Society of America*, **55** (5), 1061-1069.

Terhardt, E. (1975). Influence of intensity on the pitch of complex tones. *ACUSTICA*, **33**, 344-348.

Terhardt, E. (1977). The two-component theory of musical consonance. Psychophysics and Physiology of Hearing, In E. F. Evans & J. P. Wilson (Eds.). *Psychophysics and physiology of hearing : an international symposium*. London: Academic Press. pp.381-390.

Terhardt, E. (1984). The concept of musical consonance: A link between music and psychoacoustics. *Music Perception*, **1** (3), 276-295.

Terhardt, E., Stoll, G., & Seewann, M. (1982). Algorithm for extraction of pitch salience from complex tone signals. *Journal of Acoustical Society of America*, **71** (3), 679-688.

Terrace, H. S., & Stevens, S. S. (1962). The quantification of tonal volume. *American Journal of Psychology*, **75**, 596-604.

Thiele, R. (1953). Richtungsverteilung und Zeitfolge der Schallruckwurfe in Raumen. *Acustica*, **3**, 291-302.

Thurlow, W, R., & Elfner, L. F. (1959). Continuity effects with alternately sounding tones. *Journal of Acoustical Society of America*, **31** (10), 1337-1339.

Thurlow, W. R., & Runge, P. S. (1967). Effects of induced head movements on localization of direction of sounds. *Journal of Acoustical Society of America*, **42** (2), 480-488.

Tian, B., & Rauschecker, J. P. (2004). Processing of frequency-modulated sounds in the lateral auditory belt cortex of the rhesus monkey. *Journal of Neurophysiology*, **92**, 2993-3013.

Tobias, J. V., & Zerlin, S. (1959). Lateralization threshold as a function of stimulus duration. *Journal of Acoustical Society of America*, **31** (12), 1591-1594.

Tomlinson, R. W. W., & Schwarz, D. W. F. (1988). Perception of the missing fundamental in nonhuman primates. *Journal of Acoustical Society of America*, **84** (2), 560-565.

戸嶋巌樹・青木茂明・平原達也 (2006). 頭部運動を再現する改良型ダミーヘッドシステム――テレヘッドⅡ. 日本音響学会誌, **62** (3), 244-254.

Tsuchitani, C., & Boudreau, J. C. (1966). Single unit analysis of cat superior olive S-segment with tonal stimuli. *Journal of Neurophysiology*, **29**, 684-697.

立木　孝 (2010). ストレプトマイシンによる難聴と内耳の遺伝性素因. *Audiology Japan*, **53**, 653-663.

立木　孝・一戸孝七 (2003). 加齢による聴力変化の計算式. *Audiology Japan*, **46**, 235-240.

立木　孝・笹森史朗・南吉　昇・一戸孝七・村井和夫・村井盛子・河嶋　寛 (2002). 日本人聴力の加齢変化の研究. *Audiology Japan*, **45**, 241-250.

Tyler, R. S., Summerfield, Q., Wood, E. J., & Fernandes, M. A. (1982). Psychoacoustic and phonetic temporal processing in normal and hearing-impaired listeners. *Journal of Acoustical Society of America*, **72** (3), 740-752.

内田育恵・中島　務 (2002). 一般地域住民における騒音暴露歴と純音聴力の関係. *Audiology*

Japan, **45**, 409-410.

内田育恵・中島 務・新野直明・安藤富士子・下方浩史（2004）．加齢および全身性基礎疾患の聴力障害に及ぼす影響．*Otology Japan*, **14**（5），708-713.

内田育恵・杉浦彩子・中島 務・安藤富士子・下方浩史（2012）．全国高齢難聴者数推計と10年後の年齢別難聴発症率 —— 老化に関する長期縦断疫学研究（NILS-LSA）より．日本老年医学会雑誌，**49**（2），222-227.

上田和夫（1988）．音色の表現語に階層構造は存在するか．日本音響学会誌，**44**（2），102-107.

Ueda, K., & Ohgushi, K.（1987）. Perceptual components of pitch: Spatial representation using a multidimensional scaling technique. *Journal of Acoustical Society of America*, **82**（4）, 1193-1200.

van Noorden, L. P. A. S.（1975）. *Temporal coherence in the perception of tone sequences*. Doctoral Dissertation, Institute for Perception Research, Eindhoven, The Netherlands.

van Noorden, L. P. A. S.（1977）. Minimum differences of level and frequency for perceptual fission of tone sequences ABAB. *Journal of Acoustical Society of America*, **61**（4）, 1041-1045.

Vernon, P. E.（1977）. Absolute pitch: A case study. *British Journal of psychology*, **68**, 485-489.

Viemeister, N. F.（1979）. Temporal modulation transfer functions based upon modulation thresholds. *Journal of Acoustical Society of America*, **66**（5）, 1364-1380.

Vogel, I., Brug, J., Hosli, E. J., van del Ploeg, C. P. B., & Raat, H.（2008）. MP3 players and hearing loss: Adolescents' perception of loud music and hearing conservation. *Journal of Pediatrics*, March, 400-403.

Vogten, L. L. M.（1978）. Simultaneous pure-tone masking: The dependence of masking asymmetris on intensity. *Journal of Acoustical Society of America*, **63**（5）, 1509-1519.

和田陽平（1950）．音響心理学．創元社.

Wakuda, A., Furuya, H., Fujimoto, K., Isogai, K., & Anai, K.（2003）. Effects of arrival direction of late sound on listener envelopment. *Acoustical Science and Technology*, **24**（4）, 179-185.

Walliser, K.（1969 a）. Über die Spreizung von empfundenen Interavallen gegenüber mathematisch harmonischen Intervallen bei Sinustönen. *Frequenz*, **23**（5）, 139-143.

Walliser, K.（1969 b）. Zusammenhänge zwischen dem Schallreiz und der Periodenhöhe. *Acustica*, **21**, 319-329.

Wang, X., & Walker, K. M. M.（2012）. Neural mechanisms for the abstraction and use of pitch information in auditory cortex. *Journal of Neuroscience*, **32**, 13339-13342.

Ward, W. D.（1954）. Subjective musical pitch. *Journal of Acoustical Society of America*, **26**, 369-380.

Ward, W. D., & Burns, E. M.（1982）. *Absolute pitch, in Deutsch（ed.）, The Psychology of Music*, Orland, FL: Academic Press, pp.431-451. 寺西立年・大串健吾・宮崎謙一（監訳）（1987）．音楽の心理学（下），西村書店.

Warren, R. M.（1970）. Perceptual restoration of missing speech sounds. *Science*, **167**, 392-393.

Warren, R. M., & Obusek, C. J.（1971）. Speech perception and phonemic restorations. *Perception & Psychophysics*, **9**（3 B）, 358-362.

Warren, R. M., & Obusek, C. J.（1972）. Identification of temporal order within auditory sequences.

Perception & Psychophysics, **12** (1 B), 86-90.

Warren, R. M., Obusek, C. J., & Ackroff, J. M. (1972). Auditory induction: Perceptual synthesis of absent sounds. *Science*, **176**, 1149-1151.

Warren, R. M., Obusek, C. J., Farmer, R. M., & Warren, R. P. (1969). Auditory sequence: Confusion of patterns other than speech or music. *Science*, **164**, 586-587.

Warren, R. M., & Sherman, G. L. (1974). Phonemic restoration based on subsequent context. *Perception & Psychophysics*, **16** (1), 150-156.

Watanabe, T., & Ohgushi, K. (1968). FM sensitive auditory neuron. *Proceedings of the Japan Academy*, **44** (9), 968-973.

Watanabe, T., & Simada, Z. (1971). Auditory temporal masking: An electrophysiological study of single neurons in the cat's cochlear nucleus and inferior colliculus. *Japanese Journal of Physiology*, **21**, 537-549.

Watkins, A. J. (1978). Psychoacoustical aspects of synthesized vertical cues. *Journal of Acoustical Society of America*, **63** (4), 1152-1165.

Watson, C. S., Kelly, W. J., & Wroton, H. W. (1976). Factors in the discrimination of tonal patterns. Ⅱ. Selective attention and learning under various levels of stimulus uncertainty. *Journal of Acoustical Society of America*, **60** (5), 1176-1186.

Wegel, R. L., & Lane, C. E. (1924). The auditory masking of one pure tone by another and its probable relation to the dynamics of the inner ear. *Physical Review*, **23**, 266-285.

Wenmaekers, R. H. C., Hak, C. C. J. M., & Hornikx, M. C. J. (2016). How orchestra members influence stage acoustic parameters on five different concrt hall stages and orchestra pits. *Journal of Acoustical Society of America*, **140** (6), 4437-4448.

Wenzel, E. M., Arruda, M., Kistler, D., & Wightman, F. L. (1993). Localization using nonindividualized head-related transfer functions. *Journal of Acoustical Society of America*, **94** (1), 111-123.

Wessel, D. L. (1979). Timbre space as a musical control structure. *Computer Music Journal*, **3** (2), 45-52.

Wever, E. G., & Bray, C. W. (1930). The nature of acoustic response: the relation between sound frequency and frequency of impulses in the auditory nerve. *Journal of Experimental Psychology*, **13**, 373-387.

Whilby, S., Florentine, M., Wagner, E., & Marozeau, J. (2006). Monaural and binaural loudness of 5- and 200-ms in normal and impaired hearing. *Journal of Acoustical Society of America*, **119** (6), 3931-3939.

Whitworth, R. H., & Jeffress, L. A. (1961). Time vs intensity in the localization of tones. *Journal of Acoustical Society of America*, **33** (7), 925-928.

Wiener, F. M., & Ross, D. A. (1946). The pressure distribution in the auditory canal in a progressive sound field. *Journal of Acoustical Society of America*, **18** (2), 401-408.

Wier, C. C., Jestead, W., & Green, D. M. (1977). Frequency discrimination as a function of frequency and sensation level. *Journal of Acoustical Society of America*, **61** (1), 178-184.

Wightman, F. L. (1973). The pattern-transformation model of pitch. *Journal of Acoustical Society of*

America, **54** (2), 407-416.

Wightman, F. L., & Kistler, D. J. (1989 a). Headphone simulation of free-field listening. Ⅰ. stimulus synthesis. *Journal of Acoustical Society of America*, **85** (2), 858-867.

Wightman, F. L., & Kistler, D. J. (1989 b). Headphone simulation of free-field listening. Ⅱ: Psychophysical validation. *Journal of Acoustical Society of America*, **85** (2), 868-878.

Wightman, F. L., & Kistler, D. J. (1992). The dominant role of low-ffrequency interaural time differences in sound localization. *Journal of Acoustical Society of America*, **91** (3), 1648-1661.

Wightman, F. L., & Kistler, D. J. (1997). Monaural sound localization revisited. *Journal of Acoustical Society of America*, **101** (2), 1050-1063.

Wightman, F. L., & Kistler, D. J. (1999). Resolution of front-back ambiguity in spatial hearing by listener and source movement. *Journal of Acoustical Society of America*, **105** (5), 2841-2853.

Wilkens, von H. (1977). Mehrdimensionale Beschreibung subjektiver Beurteilungen der Akustik von Konzertsalen. *ACUSTICA*, **38**, 10-23.

Wilson, A. S., Hall, J. W., & Grose, J. H. (1990). Detection of frequency modulation (FM) in the presence of a second FM tone. *Journal of Acoustical Society of America*, **88** (3), 1333-1338.

Wingfield, A. (1996). Cognitive factors in auditory performance: Context, speed of processing, and constraints of memory. *Journal of American Academy Audiology*, **7** (3), 175-182.

Wingfield, A., Poon, L. W., Lombardi, L., & Lowe, D. (1985). Speed processing in normal aging: Effects of speech rate, linguistic structure, and processing time. *Journal of Gerontplogy*, **40** (5), 579-585.

Woods, D. L., Herron, T. J., Cate, A. D., Yund, E. W., Stecker, G. C., Rinne, T., & Kang, X. (2010). Functional properties of human auditory cortical fields. *Frontiers in Systems Neuroscience*, **4**, Article155, 1-13.

World Health Organization Prevention of Blindness and Deafness (PBD) Program. Prevention of Deafness and Hearing Impaired Grades of Hearing Impairment.

Wright, A., Davis, A., Bredberg, G., Ulehlova, L., & Spencer, H. (1987). Hair cell distributions in the normal human cochlea. *Acta oto-laryngologica. Supplementum*, **444**, 1-48.

Wright, D., Hebrank, J. H., & Wilson, B. (1974). Pinna reflections as cues for localization. *Journal of Acoustical Society of America*, **56** (3), 957-962.

Wu, P. Z., Liberman, L. D., Bennett, K., Gruttaola, V. de, O'Malley, J. T., & Liberman, M. C. (2018). Primary neural degeneration in the human cochlea: Evidence for hidden hearing loss in the aging ear. *Neuroscience*, 2018-08-10, 1-13.

八木昌人・川端五十鈴・佐藤恒正・鳥山　稔・山下公一・牧嶋和見・村井和夫・原田勇彦・岡本牧人 (1996). 高齢者の聴力の実態について. 日本耳鼻咽喉科学会会報, **99**, 869-874.

Yamaguchi, K. (1972). Multivariate analysis of subjective and physical measures of hall acoustics. *Journal of Acoustical Society of America*, **52** (5), Pt 1, 1271-1279.

山口善司・壽司範二 (1956). 受話器の實耳レスポンスについて. 日本音響学会誌, **12** (1), 8-13.

Yamasoba, T., Lin, F. R., Someya, S., Kashio, A., Sakamoto, T., & Kondo, K. (2013). Current concepts in age-related hearing loss: Epidemiology and mechanistic pathways. *Hearing Research*, **303**, 30-38.

柳田則之・中島　務・草刈　潤・伊東善哉・市川銀一郎・山川卓也・鳥山　稔・岡本牧人・稲福　繁・齋藤春雄・副島宏美（1996）．一般高齢者 75 歳以上の純音聴力．*Audiology Japan*, **39**, 722-727.

山岨達也・越智　篤（2014）．聴覚に関わる社会医学的諸問題「加齢に伴う聴覚障害」．*Audiology Japan*, **57**, 52-62.

安川加寿子（1991）．ピアノ向き音響望む．朝日新聞，1 月 8 日 13 版，19.

Yost, W. A. (1981). Lateral position of sinusoids presented with interaural intensive and temporal differences. *Journal of Acoustical Society of America*, **70** (2), 397-409.

Yost, W. A. (1999). The precedence effect. *Journal of Acoustical Society of America*, **106** (4), Pt.1, 1633-1654.

Yost, W. A., Dye, Jr., R. H., Sheft, S. (1996). A simulated "cocktail party" with up to three sound sources. *Perception & Psychophysics*, **58** (7), 1026-1036.

Yost, W. A., & Sheft, S. (1989). Across-critical-band processing of amplitude-modulated tones. *Journal of Acoustical Society of America*, **85** (2), 848-857.

Yost, W. A., Sheft, S., & Opie, J. (1989). Modulation interference in detection and discrimination of amplitude modulation. *Journal of Acoustical Society of America*, **86** (6), 2138-2147.

弓削とよ・伊福部達（1981）．音像定位に及ぼす光刺激の影響．日本音響学会聴覚研究会資料，H-81-32.

Zahorik, P. (2002). Assessing auditory distance perception using virtual acoustics. *Journal of Acoustical Society of America*, **111** (4), 1832-1846.

Zahorik, P., Brungart, D. S., & Bronkhorst, A. W. (2005). Auditory distance perception in humans: A summary of past and present research. *Acta Acustica united with Acustica*, **91**, 409-420.

Zurek, P. M. (1980). The precedence effect and its possible role in the avoidance of interaural ambiguities. *Journal of Acoustical Society of America*, **67** (3), 952-964.

Zwicker, E. (1960). Subdivision of the audible frequency range into critical bands (Frequenz gruppen). *Journal of Acoustical Society of America*, **33**, 248.

Zwicker, E. (1961). Subdivision of the audible frequency range into critical bands (Frequenzgruppen). *Journal of Acoustical Society of America*, **33** (2), 248.

Zwicker, E. (1965 a). Temporal effects in simultaneous masking by white-noise bursts. *Journal of Acoustical Society of America*, **37** (4), 653-663.

Zwicker, E. (1965 b). Temporal effects in simultaneous masking and loudness. *Journal of Acoustical Society of America*, **38** (1), 132-141.

Zwicker, E. (1977). Procedure for calculating loudness of temporally variable sounds. *Journal of Acoustical Society of America*, **62** (3), 675-682.

Zwicker, E. (1982). *Psychoakustik*. Berlin Springer-Verlag. 山田由紀子（訳）（1992）．心理音響学．西村書店.

Zwicker, E., & Fastl, H. (1972). On the development of the critical band. *Journal of Acoustical Soci-*

ety of America, **52** (2), Part 2, 699-702.

Zwicker, E., & Fastl, H. (1990). *Psychoacoustics Facts and Models*. Berlin Springer-Verlag.

Zwicker, E., & Feldkeller, R. (1955). Uber die Lautstarke von gleichformigen Gerauschen. *ACUSTICA*, **5**, 303-316.

Zwicker, E., & Scharf, B. (1965). A model of loudness summation. *Psychological Review*, **72** (1), 3-26.

Zwicker, E., & Terhardt, E. (1980). Analytical expressions for critical-band rate and critical bandwidth as a function of frequency. *Journal of Acoustical Society of America*, **68** (5), 1523-1525.

Zwicker, E., & Zwicker, U. T. (1991). Dependence of binaural loudness summation on interaural level differences, spectral distribution, and temporal distribution. *Journal of Acoustical Society of America*, **89** (2), 756-764.

Zwicker, E., Flottorp, G., & Stevens, S. S. (1957). Critical bandwidth in loudness summation. *Journal of Acoustical Society of America*, **29** (5), 548-557.

Zwislocki, J. J., Buining, E., & Glantz, J. (1968). Frequency distribution of central masking. *Journal of Acoustical Society of America*. **43** (6), 1267-1271.

Zwislocki, J., & Feldman, R. S. (1956). Just noticeable differences in dichotic phase. *Journal of Acoustical Society of America*, **28** (5), 860-864.

あとがき

もう 30 年も昔の話であるが, 感覚知覚心理学の大家でいらっしゃる大山正先生から, 聴覚心理学の単行本を書くようにとのお言葉をいただいたことがある。そのときは「書きます」とお約束したのに，日常業務に取り紛れまた努力不足のせいで気にはなっていたものの，断片的にしか書くことができなかった。10 年ほど前から, これは本気でやらないと一生書けないままに終わってしまうと，心を入れかえて再挑戦した。しかしこれまで自分であまり関わっていない分野については，論文を読んでも断片的な知識は増えるもののその分野全体を体系化することはかなり難しくずいぶん時間がかかった。このたびなんとか 12 章からなる『音響聴覚心理学』を書き終えることができほっとしている。

さまざまな分野で新しい研究が行われ，論文が出版される。若い研究者は新しい研究に追われて古い論文を読む時間が取り難いかもしれない。新しい論文の多くは，古い論文を基礎にして発展させている。古い論文は実験法などが洗練されていなくても本質的に重要な内容を含んでいることが多いように思われる。本書では比較的古い論文も取り入れたつもりなので，とくに初学者や若い研究者には参考になると考えている。

本書は範囲がかなり広いので，次の方々，蘆原郁，安藤彰男，上田和夫，岡本幹彦，川瀬哲明，倉片憲治，黒住幸一，桑野園子，鈴木陽一，橘秀樹，津崎実，難波精一郎，日高孝之，平原達也，古川茂人，宮坂榮一，宮崎謙一，森本政之，Brian Moore，William Hartmann の各氏には草稿の一部を読んでいただいたり，関連分野の討論や助言をしていただいた。ここで厚くお礼を申し上げたい。

また長年にわたって激励をいただいた大山正先生に深く感謝の意を表する。

最後になったが，長い間辛抱強くお世話をしてくださった誠信書房編集部長の中澤美穂氏と困難な仕事をてきぱきと進めてくださった編集部の楠本龍一氏に深謝する。

2019 年 4 月　桜満開の京都にて

大串　健吾

索　引

ア行

カ行

サ行

タ行

ナ行

ハ行

マ行

ヤ行

ラ行

欧文

著者紹介

大串健吾（おおぐし けんご）

1961 年　京都大学工学部卒業
同　年　NHK 入局，松山中央放送局，放送科学基礎研究所視聴科学研究部，放送技術研究所音響聴覚研究部に勤務
1988 年　京都市立芸術大学音楽学部教授
現　在　京都市立芸術大学音楽学部名誉教授，工学博士（京都大学）

著訳書
『音楽の心理学　上・下』（共監訳）西村書店，『画質と音質の評価技術』（共著）昭晃堂，『聴覚心理学概論』『音楽の認知心理学』（監訳）『音楽と感情の心理学』（共監訳）誠信書房，『視聴覚情報処理』（共著）森北出版，『音楽と楽器の音響測定』（共著）コロナ社，『感覚知覚心理学』（共著）朝倉書店，『音のピッチ知覚』コロナ社

音響聴覚心理学（おんきょうちょうかくしんりがく）

2019 年 9 月 20 日　第 1 刷発行
2022 年 6 月 20 日　第 2 刷発行

著　者　大 串 健 吾
発行者　柴 田 敏 樹
印刷者　日 岐 浩 和

発行所　株式会社　誠 信 書 房

〒112-0012　東京都文京区大塚 3-20-6
電話 03（3946）5666
http://www.seishinshobo.co.jp/

印刷／中央印刷　製本／協栄製本　落丁・乱丁本はお取り替えいたします

Printed in Japan
ISBN 978-4-414-30015-4 C3011

聴覚心理学概論

B.C.J. ムーア 著
大串健吾 監訳

本書は聴覚心理学の基礎知識から応用面までをバランス良く網羅し、広く世界中で読まれている概説書の完訳である。心理学、医学、生理学、情報工学、オーディオ工学、音響学、音楽学など、初学者から研究者・実務家まで、広く音に関心のある人びとに役立つ好適の一冊。

目　次

A5判並製　定価(本体4500円+税)

音楽と感情の心理学

P. N. ジュスリン・J. A. スロボダ 編
大串健吾・星野悦子・山田真司 監訳

音楽は感情の言語である。音楽を聴くと、その音楽は明るい、あるいは悲しいとか、その音楽の性格を知覚することができる。作曲・演奏・音楽鑑賞は感情的な関わり抜きには語ることができない。本書は、音楽と感情の結びつきについての様々な方面からの研究成果を伝える。

目　次

A5判上製　定価(本体5600円+税)

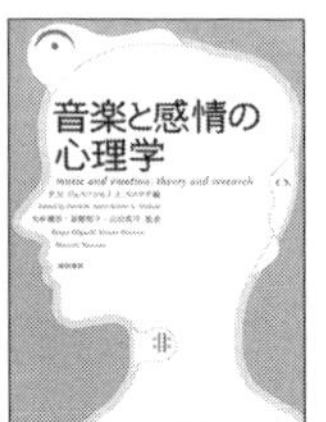